# Das Kräfteverhältnis zwischen Testamentsvollstrecker und Erbe

**Europäische Hochschulschriften Recht**

European University Studies in Law

Publications Universitaires Européennes de Droit

Band/Volume **6831**

Justin Röper

# Das Kräfteverhältnis zwischen Testamentsvollstrecker und Erbe

Eine rechtsvergleichende Studie

PETER LANG
Berlin · Bruxelles · Chennai · Lausanne · New York · Oxford

**Bibliografische Information der Deutschen Nationalbibliothek**
Die Deutsche Nationalbibliothek verzeichnet diese Publikation
in der Deutschen Nationalbibliografie; detaillierte bibliografische
Daten sind im Internet über http://dnb.d-nb.de abrufbar.

Zugl.: Hamburg, Univ., Diss., 2025

DE-18

ISSN (Print) 3052-8291
ISSN (eVersion) 3052-8305
ISBN 978-3-631-94021-1 (Print)
ISBN 978-3-631-94034-1 (E-PDF)
ISBN 978-3-631-94035-8 (E-PUB)
DOI 10.3726/b23034


Verlegt durch Peter Lang GmbH, Berlin (Deutschland)

info@peterlang.com



www.peterlang.com

*Meinem Vater*

# Inhaltsverzeichnis

Diese Arbeit wurde von der Universität Hamburg im Wintersemester 2024/2025 als Dissertation angenommen. Die Disputation fand am 30.04.2025 statt. Rechtsprechung und Literatur wurden in dieser Arbeit bis zum September 2024 berücksichtigt.

Für eine engmaschige und lehrreiche Betreuung dieser Arbeit möchte ich *Prof. Dr. Manfred Wenckstern* ganz herzlich danken. Nicht nur fachlich, aber auch persönlich durfte ich viel von ihm lernen. Für die zügige Anfertigung des Zweitgutachtens und viele konstruktive Rechtsgespräche (vor allem zum französischen Erbrecht) möchte ich *PD Dr. Jan Peter Schmidt* meinen Dank aussprechen.

Diese Arbeit entstand zum ganz maßgeblichen Teil während meiner Zeit als wissenschaftlicher Mitarbeiter am Lehrstuhl von *Prof. Dr. Wolfgang Wurmnest*. Obwohl ich nicht bei ihm promovierte, nahm er mich in seinen Lehrstuhlbetrieb auf und gab mir gleichzeitig genügend Freiheiten, um mich auf meine Dissertationsschrift zu konzentrieren. Ihm und seinem Team bzw. meinem ehemaligen Kollegium gilt mein Dank.

Ebenso zum Dank verpflichtet bin ich dem *Max-Planck-Institut für ausländisches und internationales Privatrecht Hamburg*. Das Institut nahm mich für zwei Forschungsaufenthalte im Jahr 2023 auf, sodass meine Arbeit von den zahlreichen ausländischen Originalquellen aus dem hiesigen Magazin profitieren durfte. Die Koordination dieses Aufenthalts übernahm *Elke Halsen-Raffel* mit beeindruckendem Engagement.

Ohne den Zuspruch aller meiner Freundinnen und Freunde hätte ich die Fertigstellung dieser Arbeit, die von vielen Schwierigkeiten begleitet wurde, niemals geschafft. Für ihre Unterstützung danke ich ihnen allen. Zuvörderst gilt mein Dank an dieser Stelle *Lea Bandowsky*, *Yakup Gülec*, *Dr. Timo von Haefen*, *Nicolas Riemann* und *Dr. Friederike Wolter* für kritische Lektorate und wertvolle Fachgespräche.

Zuletzt gilt mein Dank meiner Familie. Ihre bedingungslose Unterstützung meines waghalsigen Vorhabens hat mir sehr viel bedeutet.

Hamburg, im Mai 2025
Justin Röper

# Abkürzungsverzeichnis

| | |
|---|---|
| a. A. | andere Ansicht |
| a. E. | am Ende |
| a. F. | alte Fassung |
| allg. | allgemein/allgemeine |
| allg. M. | allgemeine Meinung |
| Az. | Aktenzeichen |
| BayObLGZ | Entscheidungen des Bayerischen Obersten Landesgerichts in Zivilsachen |
| BeckRS | Beck-Rechtsprechung |
| BGH | Bundesgerichtshof |
| BGHZ | Entscheidungen des Bundesgerichtshofes in Zivilsachen |
| Bull. civ. | Bulletin des arrêts des chambres civiles |
| BVerfG | Bundesverfassungsgericht |
| BVerfGE | Entscheidungen des Bundesverfassungsgerichts |
| bzw. | beziehungsweise |
| Cass. civ. | Cour de Cassation (Kassationshof Frankreich), Zivilkammer |
| C. Riom | Cour d'Appel de Riom (Berufungsgericht Riom) |
| d. h. | das heißt |
| EBzRV | Erläuternde Bemerkungen zur Regierungsvorlage |
| Einl. v. | Einleitung von |
| FGPrax | Praxis der freiwilligen Gerichtsbarkeit |
| Gazette | Gazette du Palais |
| ggf. | gegebenenfalls |
| hins. | hinsichtlich |

| | |
|---|---|
| h. M. | herrschende Meinung |
| insb. | insbesondere |
| jdfls. | jedenfalls |
| jew. | jeweils |
| JW | Juristische Wochenschrift |
| LG | Landgericht |
| m. Anm. | mit Anmerkung |
| MDR | Monatsschrift für Deutsches Recht |
| MittRhNotK | Mitteilungen der Rheinischen Notarkammer |
| NJOZ | Neue Juristische Online-Zeitschrift |
| NJWE-FER | NJW-Entscheidungsdienst Familien- und Erbrecht |
| NJW-RR | NJW-Rechtsprechungs-Report Zivilrecht |
| OGH | Der oberste Gerichtshof der Republik Österreich |
| OLG | Oberlandesgericht |
| OLGZ | Entscheidungen der Oberlandesgerichte in Zivilsachen |
| RG | Reichsgericht |
| RGZ | Entscheidungen des Reichsgerichts in Zivilsachen |
| RIS-Justiz | Rechtsinformationszentrum des Bundes (Österreich) für Justiz |
| Seuff'A | Seuffert's Archiv, Archiv für Entscheidungen der obersten Gerichte in den deutschen Staaten |
| sog. | sogenannt(er) |
| SZ | Entscheidungen des Österreichischen Obersten Gerichtshofs in Zivilsachen (amtliche Entscheidungssammlung Österreichs) |
| Tribunal Civ. Laval | Tribunal Civil de Laval |
| vgl. | vergleiche |
| Vorb. | Vorbemerkung |

# A Einleitung

## I Fragestellung

Die Testamentsvollstreckung ist ein wichtiges Instrument der Nachfolgeplanung. Das Interesse (vor allem wohlhabender) Familien an einer Drittverwaltung und -abwicklung des zu Lebzeiten erlangten Vermögens beschäftigte die Gesellschaft seit jeher. Seit vielen Jahrzehnten ist die Testamentsvollstreckung daher Gegenstand vieler letztwilliger Verfügungen, auch von Adligen: So stammte die erste in Deutschland dokumentierte Anordnung einer Testamentsvollstreckung von König Friedrich II. von Preußen im Jahr 1769[1] und damit aus einer Zeit lange vor der Schaffung des BGB. Bis zu dessen Inkrafttreten im Jahre 1900 existierten lediglich vereinzelte landesrechtliche Regelungen zum Themenkomplex der Testamentsvollstreckung (z.B. 3. Teil 2. Kapitel §§ 15 ff. *Codeus Maximilianeus Bavaricus Civilis* 1756;[2] 1. Teil 12. Kapitel §§ 557 ff. *Allgemeines Landrecht für die Preußischen Staaten* 1794;[3]

---

1 Dazu *Reimann*, FamRZ 1995, 588.

2 Der Gesetzeswortlaut ist abrufbar unter https://dlc.mpg.de/image/mpirg_sisis_119861/157/, zuletzt aufgerufen am 12.04.2024.

3 Der Gesetzeswortlaut ist abrufbar unter https://www.deutsche-digitale-bibliothek.de/item/GHNYEC6E6LTUTT4ZJRBAPPIY4YMFJVDR, zuletzt aufgerufen am 12.04.2024.

§§ 2230 ff. *Bürgerliches Gesetzbuch für das Königreich Sachsen* 1863[4]).[5] Indem sich der Gesetzgeber bei der Erarbeitung eines einheitlich-deutschen Zivilgesetzes in mehreren Sitzungen mit der Kodifizierung des Rechts der Testamentsvollstreckung befasste, schuf er mit der Kodifikation des BGB einen einheitlichen Rechtsrahmen für die drittgesteuerte Nachlassaufteilung. Das Resultat: die §§ 2197 ff. BGB.[6] Nach diesen Vorschriften kann der Testamentsvollstrecker[7] mit umfassenden Verwaltungs- und Vollstreckungsbefugnissen ausgestattet werden.[8]

Allerdings rückte das Recht der Testamentsvollstreckung im BGB schnell in den Mittelpunkt einiger Kontroversen. Besonders einzelne Aspekte der Dauer- bzw. Verwaltungsvollstreckung stehen bis heute immer wieder in der Kritik. Bisweilen wird die Dauer- und Verwaltungsvollstreckung genutzt, um Erben permanent oder vorübergehend vom Zugriff auf ihren Erbteil auszuschließen. Das *LG Düsseldorf* hatte beispielsweise über die Rechtmäßigkeit der Anordnung einer Dauervollstreckung zu entscheiden, die so lange bestehen sollte, wie der Erbe der „Scientology-Church"[9] angehört.[10]

Den Mittelpunkt der juristischen Diskussion über die Dauervollstreckung bildete jedoch das sog. „Hohenzollern"-Urteil:[11] Der *BGH* hatte darüber zu

---

4 Der Gesetzeswortlaut ist abrufbar unter https://digital.staatsbibliothek-berlin.de/werkansicht?PPN=PPN637803825&PHYSID=PHYS_0018&DMDID=, zuletzt aufgerufen am 12.04.2024.

5 Die hier aufgezählten Landesgesetze aus der Zeit vor der Kodifikation des BGB kommen freilich nicht an die Regelungsdichte des heutigen Rechts der Testamentsvollstreckung heran, dazu *Dutta* in Staudinger, Vorb. zu §§ 2197 ff., Rn. 2. Zur gesamten Historie des deutschen Rechts der Testamentsvollstreckung *Reinhard Zimmermann* in Itinera Fiduciae, 269 (269 ff.).

6 Siehe v.a. *Achilles/Gebhard/Spahn*, Prot. V, S. 247 ff.

7 Im weiteren Verlauf der Arbeit wird aus Gründen der Leserlichkeit das generische Maskulinum verwendet. Das gilt für alle angesprochenen Personen, wie Testamentsvollstrecker, Erben, Nachlassgläubiger u.a. Gemeint sind damit natürliche wie juristische Personen jeglichen Geschlechts.

8 Ähnlich *Jess*, S. 129; *H. Lange*, JuS 1970, 101; *Lehmann*, AcP 198 (1988), 1 (1 ff.); *Löhnig* in Hausmann/Hohloch, S. 1334; *Muscheler*, Haftungsordnung, S. 2 f.; *Strobel*, NJW 2020, 3745.

9 Die Scientology-Church wird allgemein, aber auch vom *LG Düsseldorf*, NJW 1987, 3141, als Sekte eingeordnet.

10 *LG Düsseldorf*, NJW 1987, 3141.

11 BGHZ 174, 346.

entscheiden, wie lange eine Dauervollstreckung andauern darf.[12] Dieser Adelsstreit, dessen juristische Aufarbeitung durch den BGH von einer Vielzahl namhafter Autoren besprochen[13] (und teils kritisiert) wurde, zeigt eindrücklich, dass der Streit über den Umfang der Rechtsmacht des Testamentsvollstreckers bis heute nicht abgeklungen ist.

Auch unabhängig vom „Hohenzollern"-Urteil hat das Schrifttum zur Testamentsvollstreckung Kritikpunkte geäußert, die an Aktualität nicht verloren haben. Angegriffen wird insbesondere die für unangemessen stark gehaltene Rechtsmacht des Testamentsvollstreckers[14] und der im Vergleich dazu unzureichende Rechtsschutz der Erben.[15] Ferner wird hinterfragt, warum der Testamentsvollstrecker keiner Aufsicht durch das Nachlassgericht unterliegt,[16] denn generell sei die Missbrauchsgefahr durch den Amtsinhaber als hoch einzuschätzen.[17] Jüngst hat *Rainer Zimmermann* den Testamentsvollstrecker auch – zugegebenermaßen etwas überspitzt – als „superbefreit und superermächtigt" bezeichnet.[18] Die aufgezeigte Kritik lässt vor allem eines erkennen: Den Wunsch nach einem ausgeglichenen *Kräfteverhältnis* zwischen Testamentsvollstrecker und Erben.

Doch ungeachtet der Kritik im Schrifttum sind die Regelungen zur Testamentsvollstreckung im deutschen Erbrecht seit Inkrafttreten des BGB weitestgehend unverändert geblieben.[19] Insbesondere die Regelungen zur Dauertestamentsvollstreckung sind trotz der dargestellten Bedenken seit der Kodifikation des Erbrechts im BGB nicht reformiert worden.[20] Die Untätigkeit des Gesetzgebers im Hinblick auf diese Thematik regt zur Prüfung an, ob

---

12 Dazu unten B.I.2.c)dd)(1).

13 *Löhnig*, JA 2008, 469; *Reimann*, ZEV 2008, 142; *W. Schubert*, JR 2009, 62; *Wellenhofer*, JuS 2008, 281; *Zimmer*, NJW 2008, 1125; *W. Zimmermann*, FamRZ 2008, 504.

14 *Dutta* in Staudinger, Vorb. zu §§ 2197 ff., Rn. 5; *Jess*, S. 71; 223; *Lauer*, S. 148 f.; *Reimann*, FamRZ 1995, 588 (588 f.).

15 So z.B. *Dutta* in Basedow/Hopt/Zimmermann, S. 1479; *Löhnig* in Hausmann/Hohloch, S. 1334; *Muscheler*, Haftungsordnung, S. 2 f.; *Reinhard Zimmermann* in Itinera Fiduciae, 269, welche die den Erben verbleibenden Befugnisse als „*nudum ius*" bezeichnen. Ferner *Lauer*, S. 241.

16 *Jess*, S. 71 f.; *Reimann*, FamRZ 1995, 588 (593).

17 *Ohr* in H. Lange, 4. Denkschrift, S. 316; *Röper*, ZEV 2023, 789 (793).

18 *Rainer Zimmermann*, ZEV 2021, 141; ZEV 2021, 222.

19 So auch *W. Zimmermann*, ZEV 2024, 68.

20 *Röthel*, FS Reuter, 307 (313).

die geäußerte Kritik auch tatsächlich berechtigt ist. Es ist außergewöhnlich, dass der Gesetzgeber eine Norm bzw. einen Normenkomplex über so viele Jahre unberührt lässt. Beruht die gesetzgeberische Missachtung der kritischen Stimmen darauf, dass die §§ 2197 ff. BGB die Testamentsvollstreckung in ein stimmiges System einbetten?

## II These und Forschungsansatz

Dass eine positive Antwort auf die zuvor aufgeworfene Frage nach der Ausgewogenheit der Regelungen zur Testamentsvollstreckung im deutschen Recht gefunden wird, erscheint im Kontext der vorstehenden Kritik unwahrscheinlich. Vielmehr ist die These aufzustellen, dass das Kräfteverhältnis zwischen Testamentsvollstrecker und Erben (entsprechend der doch beachtlichen Literaturstimmen) unausgewogen, nämlich zulasten der Erben ausgestaltet ist.

Um die Defizite des deutschen Rechts der Testamentsvollstreckung, welche diese Arbeit aufdecken soll, zu beheben, wird diese Arbeit einen Blick auf das Erbrecht von zwei europäischen Nachbarstaaten werfen. Die Forschungsmethode, der sich diese Arbeit bedient, ist daher die der *Rechtsvergleichung*. Es handelt sich hierbei um eine Methode, die durch die Studie verschiedener ausländischer Rechtsordnungen alternative Lösungswege für juristische Fragestellungen aufzeigt.[21] Insbesondere ist es möglich, bestehende Rechtsnormen im nationalen Recht dahingehend zu überprüfen, ob sie das jeweils aufgeworfene Rechtsproblem im Vergleich am besten lösen.[22]

### 1 Allgemeines zur Rechtsvergleichung

Eine Rechtsvergleichung kann sich entweder auf einzelne Rechtsinstitute (*Mikrovergleichung*)[23] oder ganze, systematische und gesellschaftliche Zusammenhänge (*Makrovergleichung*)[24] beziehen. In dieser Arbeit sollen die einzelnen Rechtsnormen zur Testamentsvollstreckung und ergänzend dazu bei Bedarf die Grundzüge des jeweiligen Erbrechts sowie die einschlägige

---

[21] *Rauscher*, Rn. 141; *Schwintowski*, JA 1991, 241 (243 f.).

[22] *Rheinstein*, S. 26.

[23] *Rauscher*, Rn. 141.

[24] *Sacco/Rossi*, Kap. 1 § 2 Rn. 29; *Zweigert/Kötz*, S. 4 f.

Rechtsprechung der miteinander zu vergleichenden Länder nur insoweit erörtert werden, als dies notwendig ist, um das Institut „Testamentsvollstreckung“ in seinem Spannungsfeld zum Erben bzw. der Erbengemeinschaft zu erfassen. Diese Arbeit beschränkt sich somit auf eine Mikrovergleichung.

Die Rechtsvergleichung spielt in der Praxis eine große Rolle für die Gesetzgebung, Rechtsprechung, Rechtsvereinheitlichung sowie die Forschung und Lehre.[25] Daher soll diese Arbeit im Ergebnis einen Reformvorschlag zu ausgewählten Vorschriften des Testamentsvollstreckerrechts produzieren und so das Spannungsverhältnis zwischen dem Testamentsvollstrecker und den Erben an den Schnittstellen auflösen, an denen sich in dieser Arbeit ein unangemessenes Kräfteungleichgewicht zeigen wird. Insofern soll diese Arbeit der Gesetzgebung und grundsätzlich auch der Rechtsvereinheitlichung dienen.

## 2 Der funktionale Ansatz

Für diese Arbeit ist vor allem die *funktionale Rechtsvergleichung*[26] von Bedeutung, da von einer begrifflichen Identität der noch zu erörternden Aspekte nicht immer die Rede sein kann.[27] Es ist daher von Vorteil, den Vergleich anhand des Sinnes und Zwecks der behandelten Vorschriften durchzuführen. In der funktionalen Rechtsvergleichung wird ein bestimmtes, soziales Problem formuliert, welches sodann hinsichtlich der vorhandenen gesetzlichen Regelungen in den verschiedenen Rechtsordnungen lösungsorientiert verglichen wird.[28] Voraussetzung dafür ist selbstverständlich, dass ein Äquivalent zum Modell der Drittverwaltung in der Nachlassabwicklung in den verglichenen Rechtsordnungen gefunden wird[29] und dieses Konzept auch von den diesen Rechtsordnungen unterworfenen Gesellschaften als regelungsbedürftig wahrgenommen wird.[30]

---

25 *Brand*, JuS 2003, 1082 (1084 f.) m.w.N.

26 Einer der Vorreiter der funktionalen Rechtsvergleichung war *Kötz* im Jahr 1963, als er den angelsächsischen *Trust* mit verschiedenen, begrifflich völlig unterschiedlichen Instituten des deutschen Rechts verglich, vgl. *Kötz*, S. 97 ff. (siehe auf S. 97 die Überschrift des Kapitels: „Funktionsverwandte Institute des deutschen Rechts“).

27 Dazu unten C.

28 *de Coninck*, RabelsZ 74 (2010), 318 (323); ferner *Brand*, JuS 2003, 1082 (1086); *Kunz*, S. 46: *„tertium comparationis“*.

29 *Kunz*, S. 46; *J. P. Schmidt*, Itinera hereditatis, S. 92.

30 *Kunz*, S. 46.

Der Ansatz der funktionalen Rechtsvergleichung sah sich im Laufe der Zeit einiger Kritik[31] ausgesetzt. Die wichtigsten Kritikpunkte[32] lauten wie folgt: Der funktionale Ansatz vermute irrigerweise, dass die verglichenen Lösungswege einen identischen Stellenwert in ihren Rechtsordnungen besitzen.[33] Gleichwertigkeit gehe aber nicht zwangsweise mit Vergleichbarkeit einher.[34] Der funktionale Vergleich sei so dafür prädestiniert, „Äpfel mit Birnen" zu vergleichen.[35] Ferner sei es unvorteilhaft, die Grenzen der juristischen und der sozialen Realität verwischen zu lassen.[36] Außerdem sei es schwer, die generelle Funktion einer Vorschrift bzw. eines Komplexes von Normen zu bestimmen, da jede Rechtsordnung aufgrund individueller gesellschaftlicher, politischer oder ökonomischer Probleme entstanden sei. Da aber nur Gleiches miteinander vergleichbar sei, stelle dieser Umstand die funktionale Betrachtungsweise immer dann vor Herausforderungen, wenn dem (augenscheinlich) selben Problem verschiedene Entstehungsgründe zugrundeliegen.[37]

Tatsächlich ist nicht von der Hand zu weisen, dass die Methode der funktionalen Rechtsvergleichung aufgrund der angesprochenen Probleme noch nicht ausgereift ist. Insbesondere fehlt es diesbezüglich an notwendigen, immanenten

---

31 *Kunz* zieht daher einen „funktionalistisch-dogmatischen" Ansatz vor. Dieser soll Gesetzeswortlaut, -dogmatik sowie Rechtsprechung auswerten und im Ergebnis eine „typisierte Interessenlage" als Vergleichsmodul heranziehen (*Kunz*, S. 47 f.), wobei sich der genaue Unterschied zum funktionalen Ansatz nicht erschließt (so auch *J. P. Schmidt*, Itinera hereditatis, S. 93, dort Fn. 534). Auch der von *Kunz* gewählte Ansatz betrachtet das Vergleichsobjekt nicht rein begrifflich, sondern bettet den Begriff in den Kontext der Rechtsordnung und der praktischen Umsetzung des Rechts ein, betrachtet also, wie das Recht ein *sozial warnehmbares Problem* löst – dieser Aufgabe widmet sich auch der funktionale Ansatz in seiner „Reinform". Ohnehin bleibt die Frage offen, inwiefern der funktionale Vergleichsansatz, der bereits als „antidogmatisch" beschrieben wurde (so *de Coninck*, RabelsZ 74 (2010), 318 (327) mit Verweis auf *Zweigert*, FS Bötticher, 443 (448), der die Rechtsvergleichung in Gänze für antidogmatisch erklärt), durch eine dogmatische Komponente angereichert werden kann.

32 Eine Aufzählung aller Kritikpunkte bietet *de Conninck*, RabelsZ 74 (2010), 318 (322 ff.) m.w.N. Eine vollständige Auseinandersetzung mit der zahlreichen Kritik, die diese Methode über die Jahre erfahren hat, soll diese Arbeit allerdings nicht leisten. Sie beschränkt sich auf die Kritik, die für diese Bearbeitung auch eine Rolle spielt.

33 *de Coninck*, RabelsZ 74 (2010), 318 (331 f.).

34 *de Coninck*, RabelsZ 74 (2010), 318 (323, 325): „*confusing comparability with similarity*".

35 *de Coninck*, RabelsZ 74 (2010), 318 (323).

36 *de Coninck*, RabelsZ 74 (2010), 318 (333); *Kunz*, S. 47.

37 *de Coninck*, RabelsZ 74 (2010), 318 (327 ff., 330).

Grenzen. Daher wird diese Arbeit im weiteren Verlauf herausarbeiten, inwiefern der funktionale Vergleich isoliert betrachtet überhaupt eine Inspirationswirkung für den Gesetzgeber entfalten kann.[38] So wird diese Arbeit den Funktionalitätsgedanken in der Rechtsvergleichung weiterentwickeln, wenn auch auf andere Weise als bisher geschehen.[39] Ferner soll mit der Anwendung dieser Vergleichsmethode nicht ausgedrückt werden, dass andere Vergleichsansätze unbrauchbar sind.[40] Tatsächlich dürfte es immer auf den Einzelfall ankommen, ob man den Vergleich begrifflich, funktional oder auf sonstige Weise anstellt.[41] Wie sich allerdings zeigen wird, stellt die im deutschen Recht vorgenommene Unterscheidung der Testamentsvollstreckung zwischen Abwicklungs- und Dauervollstreckung die Vergleichbarkeit vor gewisse Herausforderungen, denen sich der funktionale Ansatz grundsätzlich am besten stellen kann.[42]

## III Gang der Arbeit

Um den Rechtsvergleich so breit wie möglich zu gestalten, sollen diejenigen ausländischen (Erb-)Rechtsordnungen mit der Testamentsvollstreckung nach deutschem Recht verglichen werden, die sich hinsichtlich ihres Aufbaus sowie ihrer Rechtslage größtmöglich voneinander unterscheiden. Dabei soll die Suche nach den Vergleichsrechtsordnungen auf Kontinentaleuropa beschränkt werden, um das Aufkommen von für den Verfasser unüberbrückbaren Sprachdifferenzen auszuschließen.

Für diese Arbeit werden im Ergebnis die Rechtsordnungen der Länder Frankreich und Österreich herangezogen. Diese eignen sich für den in dieser Arbeit angestrebten Vergleich, da sie sich sowohl von der deutschen Rechtslage als auch untereinander unterscheiden. Zur Unterscheidung in aller Kürze:[43]

Die Machtfülle des französischen Testamentsvollstreckers hängt maßgeblich von der Erteilung der dinglichen Verfügungsgewalt über den Nachlass,

---

38 Dazu unten C.

39 Dazu unten C.III.4.

40 So bereits *J. P. Schmidt*, Itinera hereditatis, S. 93 f.

41 Ähnlich *de Coninck*, RabelsZ 74 (2010), 318 (321, 340); Für eine insgesamt pluralistische Betrachtungsweise der Rechtsvergleichung *Oderkerk*, RabelsZ 79 (2015), 589 (589 ff.).

42 Dazu unten C.

43 Eine detaillierte Darstellung der jeweiligen Rechtslagen bleibt den jeweiligen Länderberichten vorbehalten, dazu unten B.

der sog. *saisine*,[44] ab. Bemerkenswert ist, dass ihre Erteilung nicht den gesetzlichen Regelfall darstellt. Das Grundmodell des französischen Testamentsvollstreckers, der Vollstrecker ohne *saisine*, nimmt quasi keinen Einfluss auf die Nachlassaufteilung, welche von den Rechtsnachfolgern durchzuführen ist. Erhält der französische Testamentsvollstrecker jedoch die *saisine* durch testamentarische Anordnung, darf er an der Nachlassabwicklung in erheblichem Umfang mitwirken.[45]

Der österreichische Testamentsvollstrecker ist im Gegensatz dazu in seiner Verfügungsbefugnis sehr beschränkt und soll im Wesentlichen nur überwachen, ob die Erben die Verlassenschaft nach dem Willen des Verstorbenen aufteilen. Eine Überwachung ist jedoch häufig von vornherein nicht angezeigt, da der österreichische Erbfall von Amts wegen staatlich abgewickelt wird und die Erben insofern keine große Rolle für die Aufteilung spielen.[46] Darüber hinaus werden die Amtshandlungen des Testamentsvollstreckers, sollte er ausnahmsweise Verfügungsbefugnisse vom Erblasser erhalten haben, vom österreichischen Nachlassgericht (dem *Verlassenschaftsgericht*) überwacht.[47]

Die beiden dargestellten Ansätze unterscheiden sich erheblich von dem deutschen Leitbild des Abwicklungsvollstreckers, der bisweilen auch etwas polemisch als „Generalvollstrecker“[48] genannt wird. Die Ansätze sind mithin dazu geeignet, zu einer Reform der deutschen Rechtslage zu inspirieren.

Den ersten Teil dieser Arbeit bilden daher die Länderberichte [B] für das deutsche, österreichische und französische Recht. Dort soll ein besonderes Augenmerk auf den Punkten „Wesen der Testamentsvollstreckung“, „Dauer“, „Rechtsmacht des Testamentsvollstreckers“ sowie „Rechtsschutz der Rechtsnachfolger“ liegen. Nach Darlegung und Bewertung der einzelnen Rechtslagen soll sich ein Rechtsvergleich [C] der Frage widmen, wie die herangezogenen Rechtsordnungen die herausgearbeiteten Schwachstellen des deutschen Rechts lösen würden. Aufbauend auf den Ergebnissen des Rechtsvergleichs folgen verschiedene Reformvorschläge [D]. Eine Schlussbetrachtung [E] rundet die Arbeit ab.

---

[44] Dazu unten B.III.1.b)bb).
[45] Dazu unten B.III.2.
[46] Dazu unten B.II.1.
[47] Dazu unten B.II.2.
[48] Dazu unten B.I.3.

# B Länderberichte

## I Deutschland

Die Testamentsvollstreckung ist in den §§ 2197 ff. BGB geregelt. Der Gesetzgeber hat sich bemüht, in das zuvor als dunkel empfundene Institut der Testamentsvollstreckung „Klarheit"[49] zu bringen.[50] Um nachzuvollziehen, ob die der deutschen Testamentsvollstreckung zuteil werdende Kritik berechtigt ist, ist die deutsche Rechtslage im Hinblick auf die zuvor hervorgehobenen Aspekte zu erörtern: Die Rechtsnatur, die Dauer, die Rechtsmacht und der Rechtsschutz der Erben.

### 1 Wesen der Testamentsvollstreckung

Der Gesetzgeber hat es bei der Kodifizierung des BGB bewusst der Wissenschaft überlassen, die Rechtsnatur der Testamentsvollstreckung festzulegen.[51] Die herrschende Ansicht[52] hat den Ansatz entwickelt, dass der Testaments-

---

49 Motive Bd. V, S. 236.

50 *W. Zimmermann* bezeichnet die deutsche Testamentsvollstreckung in diesem Zusammenhang als rechtshistorischen „Fremdkörper" des nationalen Erbrechts, da sie faktisch ein Auseinanderfallen von Eigentum und Verfügungsbefugnis über den Nachlass bewirkt, was dem deutschen Grundsatz der privaten Nachlassabwicklung fremd ist, *W. Zimmermann* in MüKoBGB, Vor § 2197, Rn. 1; ferner *Lange/Kuchinke*, Erbrecht, § 31 II 4.

51 Motive Bd. V, S. 217.

52 BGHZ 25, 275 (279) m.w.N.; *BGH*, NJW 1988, 1390; *Tiedtke*, JZ 1981, 429; *Weidlich* in Grüneberg, Einf. v. § 2197 Rn. 2; *Winkler*, Rn. 432, *K. W. Lange*, Erbrecht, § 15 Rn. 10;

vollstrecker nicht als Vertreter der Erben oder der Nachlassmasse, sondern in eigenem Namen handelt.[53] Er ist „Partei kraft Amtes", legitimiert durch eine letztwillige Verfügung.

Die Testamentsvollstreckung beginnt zwar bereits mit dem Erbfall,[54] der Testamentsvollstrecker kann aber grundsätzlich nicht rechtswirksam tätig werden, solange er das Amt nicht angenommen hat. Ebenso wenig kann der Erbe handeln, da der Nachlass ab Erbfall der Testamentsvollstreckung unterliegt und die Erben dadurch gem. § 2211 Abs. 1 BGB die Verfügungsbefugnis[55] über die Erbmasse verlieren – dies gilt auch, wenn die Erben von ihrer Erbschaft gar nichts wissen oder der Testamentsvollstrecker das Amt noch nicht angenommen hat.[56] Lediglich ein gutgläubiger Erwerb bleibt möglich, § 2211 Abs. 2 BGB. Anknüpfungspunkt für die Verfügungsbeschränkung ist somit der Erbfall und nicht die Annahmeerklärung des Testamentsvollstreckers.[57] Weitere, insbesondere subjektive Voraussetzungen (wie die Kenntnis von der Erbenstellung) schreibt § 2211 Abs. 1 BGB nicht vor.[58]

Der Nachlass befindet sich in der Zeit zwischen Erbfall und Amtsantritt daher in einer für alle Beteiligten ungünstigen „Schwebephase". Der Testamentsvollstrecker sollte sich daher um eine schnelle Annahme des Amtes bemühen.[59] Doch auch danach ist die Schwebephase nicht immer vollstän-

---

ZEV 2023, 565; *v. Lübtow*, JZ 1960, 151; für die anderen Theorien vgl. nur *Lange/Kuchinke*, Erbrecht, § 31 III 2, 3 m.w.N.

53 Vgl. dazu die Diskussion der verschiedenen Antragsteller während der Kodifikation des BGB, *Achilles/Gebhard/Spahn*, Protokolle Bd. V, S. 287 ff.

54 Vgl. dazu nur *Dutta* in Staudinger, § 2202 Rn. 1; *W. Zimmermann* in MüKoBGB, § 2202 Rn. 1.

55 Verfügen die Erben entgegen § 2211 BGB über den Nachlass, so ist die Verfügung zunächst schwebend unwirksam. Der Testamentsvollstrecker darf die Verfügungen gem. §§ 183, 185 Abs. 1 BGB genehmigen, RGZ 87, 432 (434). Dies gilt auch, wenn sie dem Erblasserwillen widersprechen, *Dutta* in Staudinger, § 2211 Rn. 3.

56 BGHZ 48, 214 (220); 25, 275 (282); *Dutta* in Staudinger, § 2202 Rn. 1; *R. Kössinger/Zintl* in Nieder/Kössinger, § 15 Rn. 19; *W. Zimmermann*, ZEV 2006, 174.

57 ganz h. M., vgl. nur BGHZ 48, 214 (220); 25, 275 (282); *OLG Köln*, FamRZ 2020, 463 (465); *Dutta* in Staudinger, § 2212 Rn. 6; *Schild*, S. 36, 190.

58 Der Erbe soll es etwa nicht in der Hand haben, den Nachlass vor Amtsantritt durch „Verschleuderungen" der Nachlassgegenstände zu schmälern, vgl. BGHZ 48, 214; 25, 275; Gutachten im Abrufdienst des deutschen Notarinstituts, DNotI 2022, 153 (154); *W. Zimmermann* in MüKoBGB, § 2211 Rn. 3.

59 So auch *Damrau*, FS H. Lange, 797 (798); ZEV 1996, 81 (81 f.); *Winkler*, Rn. 109.

dig beseitigt. Denn der Testamentsvollstrecker benötigt in vielen Fällen ein Testamentsvollstreckerzeugnis (§ 2368 BGB)[60] zur Legitimation seiner Amtsinhaberschaft. Der Zeitraum von der Beantragung des Zeugnisses (§ 2368 BGB i.V.m. § 16 Nr. 6 RpflG) bis zur tatsächlichen Erteilung durch das Nachlassgericht kann sich über viele Monate hinziehen.

Um diesen potentiell sehr langwierigen Zustand zu beenden oder sogar ganz zu vermeiden, wurde Verschiedenes vorgeschlagen. *Damrau* möchte gem. § 1913 BGB einen Ergänzungspfleger bestellen.[61] *Bengel* sieht die Lösung des Problems in der Nachlasspflegschaft (§ 1960 analog),[62] auch wenn diesem Ansatz aus rechtshistorischer Sicht zu entgegnen ist, dass die Nachlasspflegschaft allein für Unklarheiten hinsichtlich der Erbenstellung gedacht ist.[63] Der Testamentsvollstrecker hat aber zur Aufgabe, den Nachlass unter den ihm (meistens) bekannten Erben aufzuteilen. Sind sie unbekannt, schließt die Anordnung einer Testamentsvollstreckung nicht aus, dass daneben eine Nachlasspflegschaft geschaltet wird, da die Ämter verschiedene Ziele verfolgen. Es dürfte somit bereits an einer vergleichbaren Interessenlage fehlen. In praktischer Hinsicht erübrigt sich das Problem ohnehin in einigen Fällen, da der Erblasser den Testamentsvollstrecker mit einer trans- oder postmortalen Generalvollmacht ausstatten kann.[64] Der Zeitraum zwischen Amtsannahme und Zeugniserteilung wird daher zu Recht auch die „Zeit der Vollmacht" genannt.[65] Ohnehin kann der zukünftige Testamentsvollstrecker seine vor Annahme des Amtes vorgenommenen Rechtshandlungen laut herrschender Ansicht nach Antritt seines Amtes genehmigen bzw. in diese

---

60 Zum Testamentsvollstreckerzeugnis siehe *Röper*, ZEV 2023, 789 (789 ff.).

61 *Damrau*, FS H. Lange, 797 (801); ZEV 1996, 81 (83 f.).

62 *Reimann/Bengel/Dietz*, Kap. 1 Rn. 15; wohl auch *Winkler*, Rn. 109a.

63 *Damrau*, ZEV 1996, 81 (83); Motive Bd. IV, S. 1265.

64 Siehe dazu ausführlicher *Steiner* in Groll/Steiner, Rn. 29.9 ff. Dies gilt jedenfalls hinsichtlich der Wirkung von § 2211 BGB, aber richtigerweise wird auch vertreten, dass die Vollmacht eine effektive Überbrückung bis zur Erteilung des Testamentsvollstreckerzeugnisses ist, vgl. dazu *Winkler*, Rn. 686.

65 *Mayer* in Mayer/Bonefeld/Tanck, § 6 Rn. 2. Problematischer sind die Fälle, in denen Testamentsvollstrecker und Vollmachtnehmer auseinanderfallen. Das Verhältnis beider Ämter zueinander ist unklar (dazu im Detail *BGH*, FamRZ 2022, 1807; *Keim*, ZEV 2023, 275). Auf diese Fälle soll diese Arbeit allerdings nicht eingehen.

sowohl auf schuldrechtlicher als auch auf dinglicher Ebene (sog. *Konvaleszenz*)[66] einwilligen, §§ 177, 185 Abs. 1 S. 1 2. Alt. BGB (analog).[67]

## 2 Dauer

Um die übliche und mögliche Dauer der Testamentsvollstreckung zu verstehen, sind der Beginn sowie das Ende zu erläutern.

### a) Abgrenzung des abstrakten Amtes vom konkreten Amtsinhaber

Zunächst ist zu beachten, dass die Testamentsvollstreckung als solche vom konkreten Amtsinhaber zu unterscheiden ist. Kündigt oder stirbt der Testamentsvollstrecker, bzw. verliert er aufgrund der Entlassung seiner Person gem. § 2227 BGB sein Amt, entfällt damit nur das konkrete Amt, nicht aber die Testamentsvollstreckung *an sich*.[68] Die Auslegung der letztwilligen Verfügung kann ergeben, dass das Nachlassgericht nach eigenem Ermessen[69] einen weiteren Amtsinhaber ernennen muss, der die Vollstreckung fortführt.[70] An das „Ersuchen" i.S.d. § 2200 BGB stellt die ständige Rechtsprechung hierbei keine hohen Anforderungen.[71] So genügt es bereits, dass ein konkludentes Ersuchen durch ergänzende Testamentsauslegung (§§ 133, 2084 BGB) erkennbar ist.[72] Die Rechtsprechung geht sogar davon aus, dass der Wille nicht ein-

---

66 *Danwerth*, Jura 2014, 559.

67 *OLG München*, ZEV 2006, 173 (174); *LG Saarbrücken*, FamRZ 2009, 1252 (1253) mit Verweis auf RGZ 111, 247 (250); 149, 19 (24); *Dutta* in Staudinger, § 2202 Rn. 33; *Müller*, JZ 1981, 370 (377); *Winkler*, Rn. 109e; *W. Zimmermann* in MüKoBGB, § 2202 Rn. 4; a. A. im Allgemeinen *OLG Nürnberg*, ZEV 2017, 98 (99) = MDR 2017, 38 (38 f.) m.w.N.; *Damrau* in Soergel, § 2202 Rn. 5; *M. Schmidt* in Erman, § 2202 Rn. 5; *Muscheler*, Erbrecht, Rn. 2742; a. A. nur für § 185 Abs. 2 S. 1 Alt. 1 BGB: *OLG München*, ZEV 2024, 95 (97) Rn. 41 f. in Abkehr der früheren Rechtsprechung des 32. Senats; *OLG Nürnberg*, ZEV 2017, 98 (100).

68 *Reimann*, ZEV 2000, 381 (385).

69 Vgl. dazu *Winkler*, Rn. 79; a. A. *Bestelmeyer*, RPfleger 2004, 679 (689).

70 *Reimann*, ZEV 2000, 381 (385).

71 *OLG Zweibrücken*, ZEV 2007, 31; *BayObLG*, NJW-RR 2003, 224 (225); NJW-RR 1988, 387 (388); *OLG Hamm*, ZEV 2001, 271 (272) m. Anm. *Reimann*.

72 *OLG Hamburg*, FamRZ 2019, 1016 (1017); *OLG Frankfurt*, FamRZ 2017, 488; *OLG Schleswig*, FamRZ 2016, 667 (668); *OLG Zweibrücken*, ZEV 2007, 31; *BayObLG*, NJW-RR 2003, 223 (224); *OLG Hamm*, ZEV 2001, 271 (272); *Dutta* in Staudinger, § 2200 Rn. 7.

mal *vorhanden oder bewusst sein muss*, solange er trotzdem auf die geringste Art und Weise zu Tage tritt.[73]

Die Zuständigkeit des Nachlassgerichts in den §§ 2197 ff. BGB ist abschließend geregelt und ermächtigt das Nachlassgericht nur zur Entlassung einzelner Amtsinhaber, nicht aber zur Entscheidung über die angeordnete Testamentsvollstreckung in Gänze. Diese Entscheidung ist ausschließlich dem Prozessgericht vorbehalten.[74]

Auch die 30-Jahres-Frist des § 2210 S. 1 BGB knüpft an die Beendigung der Testamentsvollstreckung als Ganzes an, sodass konkludente Ersatzernennungen auch bei Dauer- und Verwaltungsvollstreckungen möglich sind.[75] „Beginn" und „Ende" der Testamentsvollstreckung meint im Folgenden daher grundsätzlich Beginn und Ende der Amtszeit eines konkreten Amtsträgers.[76] Das Ende der Testamentsvollstreckung an sich soll im Rahmen dieser Arbeit nur anlassbezogen (z.B. i.R.d. § 2210 BGB) dargestellt werden.

### b) Beginn der Testamentsvollstreckung

Der Erblasser hat gem. § 2197 Abs. 1 BGB die Möglichkeit, durch Verfügung von Todes wegen einen oder mehrere Testamentsvollstrecker zu ernennen. Dies hat zur Folge, dass, anders als bei dem Grundsatz der Universalsukzession (§ 1922 Abs. 1 BGB), der für die Erben den sofortigen Eintritt in die Rechte und Pflichten des Erblassers bedeutet,[77] das Amt des Testamentsvollstreckers nicht sofort beginnt. Vielmehr muss er dieses

---

73 *OLG Schleswig*, FamRZ 2016, 667 (668); *OLG Zweibrücken*, NJOZ 2006, 4737 (4738); *OLG Hamm*, ZEV 2001, 271 (272).

74 BayObLGZ 1953, 357 (361) m.w.N.; *R. Kössinger/Zintl* in Nieder/Kössinger, § 15 Rn. 163; a. A. jdfls. für §§ 2227 BGB *Vogel*, JW 1934, 1400.

75 Vgl. den Wortlaut: „Eine nach § 2209 getroffene Anordnung wird unwirksam (Hervorhebungen durch den Verfasser), wenn seit Erbfall 30 Jahre verstrichen sind." Hier ist also die Vollstreckung als solche gemeint, da es um die Anordnung der Testamentsvollstreckung und nicht um die Ernennung eines Amtsinhabers geht.

76 Eine Ausnahme ist aktuell nur für das Verhindern der endgültigen Beendigung der Testamentsvollstreckung durch sog. „*Endlosschleifen*" zu machen, dazu unten B.I.2.c) dd)(1).

77 Vgl. dazu *Große-Boymann* in Burandt/Rojahn, § 1922 Rn. 20; *Leipold* in MüKoBGB, § 1922 Rn. 178.

grundsätzlich durch Erklärung gegenüber dem Nachlassgericht[78] annehmen, § 2202 Abs. 1 i.V.m. Abs. 2 S. 1 BGB.[79] Es besteht keine Pflicht zur Amtsannahme. Die Annahmeerklärung erfolgt durch formlose Erklärung gegenüber dem Nachlassgericht. Sie ist unbefristet und unwiderruflich.[80] Der Testamentsvollstrecker kann sein Amt jedoch kündigen, § 2226 BGB.[81] Auf Antrag eines Erben oder Vermächtnisnehmer setzt das Nachlassgericht dem Testamentsvollstrecker eine Frist zur Erklärung über die Annahme bzw. Ablehnung, § 2202 Abs. 3 S. 1 BGB.

Zu welchem Zeitpunkt sich der Amtsanwärter auch für seine Annahme entscheidet, die Testamentsvollstreckung als abstraktes Konstrukt beginnt grundsätzlich[82] mit dem Erbfall und auch die Erben verlieren ihre Verfügungsbefugnis bereits in diesem Moment, §§ 2202, 2211 BGB.[83]

Vor seiner Amtsannahme hat der Testamentsvollstrecker trotz der Zäsurwirkung der §§ 2202, 2211 BGB jedoch keine Befugnisse über den Nachlass. Etwaige Rechtsgeschäfte und Verfügungen des Testamentsvollstreckers sind – vorbehaltlich einer „Selbstgenehmigung" gem. § 177 ff., 185 BGB –[84] schwebend unwirksam.[85] Bei mehraktigen Verfügungstatbeständen (z.B. Übertragung von Grundbesitz) reicht es aber bereits aus,

---

[78] Teilweise wird auch vertreten, dass eine Annahmeerklärung gegenüber dem Grundbuchamt ausreichen soll, da das Grundbuchamt ein Teil des zuständigen Amtsgerichtes sei (*LG Saarbrücken*, FamRZ 2009, 1252 (1253); *M. Schmidt* in Erman, § 2202 Rn. 1; *Weidlich* in Grüneberg, § 2202 Rn. 1; *W. Zimmermann* in MüKoBGB, § 2202 Rn. 3; a. A. *OLG Nürnberg*, ZEV 2017, 98 (98 f.)). Allerdings ordnet § 342 Abs. 1 Nr. 5 FamFG die Entgegennahme von Erklärungen über die Annahme des Amtes (vgl. dazu *W. Zimmermann* in Sternal, § 342 Rn. 8) als „Nachlasssache" dem Nachlassgericht zu. Der Anknüpfungspunkt für die Zuständigkeitsregelungen in Grundbuchsachen richtet sich nach der Lage des Grundstückes, § 1 Abs. 1 S. 2 GBO. Diese Argumentation widerspricht mithin der aktuellen Rechtslage und dem eindeutigen Wortlaut in §§ 342 ff. FamFG, § 2202 BGB sowie § 1 GBO und überzeugt daher nicht.

[79] *OLG Stuttgart*, ZEV 2023, 481 (482) (Ls.) m.w.N.

[80] *Weidlich* in Grüneberg, § 2202 Rn. 1; *Winkler*, Rn. 100 f.

[81] Dazu unten B.I.3.a)aa)(3)(d).

[82] Ausnahmen von diesem Grundsatz existieren dennoch: So kann der Erblasser per letztwilliger Verfügung einen späteren Zeitpunkt hinsichtlich des Beginns festlegen, z.B. bei bedingter Testamentsvollstreckung.

[83] Siehe oben B.I.1.

[84] Dazu oben B.I.1.

[85] *W. Zimmermann* in MüKoBGB, § 2202 Rn. 4.

wenn die Berechtigung zum Zeitpunkt der Grundbucheintragung als dem letzten Übertragungsakt gegeben ist. Das gilt auch dann, wenn sie bei Vornahme des Rechtsgeschäfts noch nicht, dafür aber später vorliegt, etwa weil der Verfügende die Annahme des Amtes der Testamentsvollstreckung erst später erklärt.[86]

### c) Ende der Testamentsvollstreckung

#### *aa) Ende durch Zeitablauf*

Das Ende der Testamentsvollstreckung kann der Erblasser in seinem Testament festlegen.[87] Der Erblasserwille[88] hat mithin auch im Recht der Testamentsvollstreckung Vorrang vor gesetzlichen Regelungen.[89]

#### *bb) Allgemeine Beendigungsmöglichkeiten*

Hat der Erblasser sich letztwillig nicht zum Ende der Testamentsvollstreckung[90] geäußert, sind zunächst die „allgemeinen" gesetzlichen Beendigungsmöglichkeiten zu beachten: Der Tod des Amtsinhabers (§ 2225 Alt. 1 BGB), seine nachträgliche Geschäftsunfähigkeit (§ 2225 Alt. 2 BGB), die Kündigung des Amtes (§ 2226 BGB)[91] oder die Entlassung des Testamentsvollstreckers (§ 2227 BGB).[92]

---

86 Vgl. dazu Gutachten im Abrufdienst des deutschen Notarinstituts, DNotI 2022, 153 (154 f.).

87 *Dutta* in Staudinger, § 2202 Rn. 6, 10 ff.; *Reimann*, NJW 2007, 3034 (3036).

88 Zum grundrechtlichen Schutz der Testierfreiheit BVerfGE 99, 341 (350 f.); 91, 346 (358); 58, 377 (398); *BVerfG*, NJW-RR 2010, 156.

89 *OLG Zweibrücken*, BeckRS 1981, 3155; *Jarass* in Jarass/Pieroth: Art. 14 Rn. 102: „sonstige testamentarische Verfügungen"; *Sasse*, S. 82; *Reimann*, NJW 2007, 3034 (3036); a. A. *Pickel*, S. 1.

90 Vgl. dazu insgesamt *Werner*, ZEV 2010, 126 m.w.N.

91 Hierbei ist zusätzlich die Folge der Kündigung zur Unzeit gem. § 2226 S. 2 BGB i.V.m. § 671 Abs. 2 BGB zu beachten.

92 Vgl. dazu *OLG Naumburg*, ZEV 2021, 385 (385 f.) m. Anm. *Hindahl*; im Detail *W. Zimmermann* in MüKoBGB, § 2227 Rn. 7 ff.

### *cc) Ende der Abwicklungsvollstreckung*

Nicht normiert, aber denklogisch endet die Testamentsvollstreckung von selbst bei Erledigung[93] der dem Testamentsvollstrecker zugewiesenen Aufgaben.[94]

### *dd) Ende der Dauervollstreckung*

Anders ist dies bei der Dauervollstreckung nach §§ 2209 f. BGB, die den Nachlass entweder von vornherein oder im Anschluss an eine Abwicklungsvollstreckung der Kontrolle durch einen Dauervollstrecker unterwirft, ohne dass dieser etwas anderes tun muss, als den Nachlass zu verwalten.[95] Sie unterliegt gem. § 2210 S. 1 BGB grundsätzlich einer dreißigjährigen Frist, an deren Ende sie von selbst erlischt.[96] Es besteht jedoch gem. § 2210 S. 2 BGB auch die Möglichkeit zu einer Verlängerung, welche über 30 Jahre hinausgeht.[97] Viele Stimmen legen den Wortlaut des § 2210 S. 2 BGB weit aus. So seien mit dem Tod des Erben bzw. des Testamentsvollstreckers nicht nur die „ursprünglichen" Personen gemeint. Als „Erben" i.S.d. § 2210 S. 2 Alt. 1 BGB werden auch Nacherben,[98] als „Testamentsvollstrecker" i.S.d. § 2210 S. 2 Alt. 2 BGB auch Ersatzvollstrecker[99] verstanden. Das Gesetz erlaubt es – nach Ansicht des

---

93 In Bezug auf Abwicklungsvollstreckungen nach § 2203 BGB vertritt *W. Zimmermann* die Ansicht, dass die Testamentsvollstreckung auch bei Erledigung erst mit dem Tod des Amtsinhabers ende, vgl. *W. Zimmermann*, Testamentsvollstreckung, Rn. 837. Dies würde eine unendlich ausgeweitete Verfügungs- sowie Verpflichtungsbeschränkung der Erben nach sich ziehen. Ohnehin ist es unstrittig, dass das konkrete Amt des Vollstreckers sowie die Testamentsvollstreckung an sich getrennt betrachtet werden müssen, dazu oben B.I.2.a). *W. Zimmermanns* Ansicht kann mithin insgesamt nicht überzeugen und entzieht den Erben den Zugang auf ihren Nachlass ohne erkennbaren Nutzen. Aus Gründen des Erbenschutzes hat die Testamentsvollstreckung von selbst bei Erfüllung der Aufgaben zu enden.

94 ganz h. M., vgl. nur RGZ 81, 166 (167); BGHZ 41, 23 (25); BayObLGZ 1953, 357 (360); *Dutta* in Staudinger, § 2225 Rn. 2; *Klinger* in Bengel/Reimann/Holtz/Röhl, 8. Aufl. 2023, § 8 Rn. 58a; *Reimann*, ZEV 200, 381 (382).

95 Dazu im Detail unten B.I.3.a)bb).

96 RGZ 81, 166 (168 f.).

97 Zur Frage der Verfassungsmäßigkeit der Frist siehe *BVerfG*, NJW-RR 2010, 156.

98 *Dutta* in Staudinger, § 2210 Rn. 28; *Reimann*, NJW 2007, 3034 (3036); *Winkler*, Rn. 138; *Kipp/Coing*, § 69 III 2; *W. Zimmermann* in MüKoBGB, § 2210 Rn. 5 m.w.N.; Testamentsvollstreckung, Rn. 24.

99 *Dutta* in Staudinger, § 2210 Rn. 31 ff.; *W. Zimmermann* in MüKoBGB, § 2210 Rn. 5.

*BVerfG* auf verfassungsmäßige Weise[100] –, die Testamentsvollstreckung in den Fällen des § 2210 S. 2 Alt. 2 BGB grundsätzlich unendlich zu perpetuieren.[101] Es ist nämlich möglich, den jeweils amtierenden Testamentsvollstrecker mit der Befugnis zur Ernennung eines Nachfolgers in sein Amt auszustatten, „soweit dies gesetzlich zulässig ist".[102] Die Ausübung der Befugnis des Testamentsvollstreckers, Ersatztestamentsvollstrecker zu ernennen, löst sodann die Folge der Verlängerung nach § 2210 S. 2 Alt. 2 BGB aus. Gleiches gilt für die Ernennung eines „Ersatzersatzvollstreckers" für den Ersatzvollstrecker und so weiter. Es tritt eine Dauervollstreckung in der sog. „Endlosschleife"[103] ein, welche durch die wiederholte Ernennung eines Amtsnachfolgers die Beendigung der Testamentsvollstreckung an sich bis in die Unendlichkeit verhindern kann.[104]

### (1) Die „Endlosschleife" des § 2210 S. 2 Alt. 2 BGB

Bei der Lektüre des § 2210 S. 2 Alt. 2 BGB fällt in systematischer Hinsicht die Wortlautparallele zum Recht der Nacherbfolge auf. Denn auch dort ist die Einsetzung eines Nacherben grundsätzlich nur bis zum Ablauf von 30 Jahren nach dem Erbfall wirksam, wenn nicht vorher der Fall der Nacherbfolge eingetreten ist (§ 2109 Abs. 1 S. 1 BGB). Ausnahmen finden sich im darauffolgenden Satz. Insbesondere regelt § 2109 Abs. 1 S. 2 Nr. 1 1. Hs. BGB die Möglichkeit für eine Nacherbfolge, die 30 Jahre übersteigt, um die Vermögensnachfolge auch generationenübergreifend steuern zu können.[105] Dabei muss die Nacherbfolge für den Fall angeordnet sein, dass in der Person des Vorerben oder des Nacherben ein bestimmtes Ereignis (z.B. der Tod des Vorerben)[106] eintritt.

---

[100] *BVerfG*, NJW-RR 2010, 156 (157).

[101] Der Ansicht war zumindest das *LG Berlin*, ZEV 2006, 506 m. Anm. *W. Zimmermann*; kritisch dazu *Reimann*, NJW 2007, 3034 (3036); *Röthel*, FS Reuter, 307 (310).

[102] So ist dies z.B. im *Hohenzollern*-Fall geschehen, vgl. BGHZ 174, 346 (348).

[103] So *Dutta* in Staudinger, § 2210 Rn. 31.

[104] Diese Verlängerungsoption ist nur dann nicht möglich, wenn der Testamentsvollstrecker eine juristische Person ist, § 2210 S. 3 BGB i.V.m. § 2163 Abs. 2 BGB.

[105] *Röthel*, FS Reuter, 307 (316) mit Verweis auf *Achilles/Gebhard/Spahn*, Protokolle Bd. V, S. 86 ff.

[106] *Avenarius* in Staudinger, § 2109 Rn. 8; *Röthel*, FS Reuter, 307 (309).

Diese Ausnahmeregelung existiert auch für die Dauervollstreckung in § 2210 S. 2 BGB. Allerdings ist die Ausnahme des § 2109 Abs. 1 S. 2 Nr. 1 1. Hs. BGB begrenzt: Sie greift nur, wenn die Nacherbenernennung an ein bestimmtes Ereignis geknüpft ist und derjenige, in dessen Person das Ereignis eintreten soll, zur Zeit des Erbfalles lebt, § 2109 Abs. 1 S. 2 Nr. 1 2. Hs. BGB. Auf diese Weise soll eine unbillige Verlängerung der Nacherbfolge verhindert werden.[107] Während eine endlose Nacherbenernennung also nicht möglich ist, weil derjenige, in dessen Person das Ereignis eintreten soll, beim Erbfall bereits leben muss, besteht diese zeitliche Grenze bei der Dauertestamentsvollstreckung nicht. Diskussionswürdig ist dabei, wie dieser Umstand mit dem historischen Willen vereinbart werden kann, der wie folgt lautet:

> „*(…) Die zeitliche Grenze* [müsse] *für alle Fälle von Testamentsvollstreckungen der gedachten Art und nicht nur für solche gelten, bei welchen sich die Verwaltung auf den ganzen Nachlaß erstrecke.*“[108]

Die Begründung für eine zeitliche Begrenzung der Dauervollstreckung stützt sich dabei auf das Nacherbschaftsrecht:

> „*Was dann die Frage angehe, ob eine Testamentsvollstreckung, bei der die Verwaltung Selbstzweck sei, zeitlich beschränkt werden müsse, so würde die zeitliche Unbeschränktheit einer solchen Testamentsvollstreckung im grellen Widerspruche zu den Gründen stehen, aus welchen man bei der Nacherbschaft und dem Nachvermächtnis eine zeitliche Schranke für nothwendig erachtet habe, da alle diese Gründe auch hier zuträfen.*“[109]

Dennoch wurde der heutige § 2210 S. 2 BGB[110] ohne den wichtigen Anhang des § 2109 Abs. 1 S. 2 Nr. 1 2. Hs. BGB „*(…) und derjenige, in dessen Person das Ereignis eintreten soll, zur Zeit des Erbfalls lebt*“, kodifiziert.[111] Dabei ist der Kodifikationsdebatte um das Recht der Nacherbfolge die Erkenntnis zu

---

[107] *Avenarius* in Staudinger, § 2109 Rn. 1; *Lieder* in MüKoBGB, § 2109 Rn. 1.

[108] *Achilles/Gebhard/Spahn*, Protokolle Bd. V, S. 308.

[109] *Achilles/Gebhard/Spahn*, Protokolle Bd. V, S. 308.

[110] In der Ursprungsfassung ging es um § 1909a S. 2 BGB. Die Vorschrift ist im heutigen § 2210 S. 2 BGB zu finden.

[111] Urfassung nach *Achilles/Gebhard/Spahn*, Protokolle Bd. V, S. 308: „*Der Erblasser kann* [jedoch] *anordnen, daß die Verwaltung des Testamentsvollstreckers bis zum Tode des Erben oder des Testamentsvollstreckers oder bis zum Eintritt eines anderen Ereignisses in der Person des einen oder des anderen fortdauern soll.*“.

entnehmen, dass dieser Zusatz die Verlängerungsmöglichkeit der 30-Jahres-Frist in der Nacherbschaft entsprechend begrenzen soll:

> *„Ferner müsse daran festgehalten werden, daß der Nacherbe, in dessen Person das Ereigniß eintreten solle, zur Zeit des Erbfalls bereits erzeugt gewesen sein müsse. Der Antrag 7*[112] *wolle die erwähnte Ausnahme überhaupt nur insoweit zulassen, als auf ein Ereigniß in der Person des ersten Nacherben abgestellt sei, weil sonst die Erbfolge vielleicht sehr lange Zeit in der Schwebe bleibe und erhebliche Verwickelungen entstehen könnten. (...) Die (...) Bedingung, daß der Nacherbe zur Zeit des Erbfalls erzeugt gewesen sein müsse, gewähre gegen eine zu weite Ausdehnung der Nacherbfolge genügenden Schutz."*[113]

Die Vorschrift ist mithin maßgeblich dafür gedacht, eine „unendliche Nacherbfolge" zu verhindern. Da dieser Wortlaut in § 2210 S. 2 BGB aber fehlt, ist bei Dauervollstreckungen der Weg in die „Endlosschleife" zunächst freigegeben. Warum der Gesetzgeber sich letztlich so entschieden hat, lässt sich nicht rekonstruieren. Die Erzeugung eines „grellen Widerspruchs", den der Gesetzgeber gerade verhindern wollte,[114] haben dabei sowohl Rechtsprechung als auch Vertreter des Schrifttums erkannt. Zur Lösung des Problems wurden folgende Ansätze entwickelt:

#### *(a) Generationentheorie*

Eine Ansicht, die vor allem in der Literatur vertreten wird, möchte die Dauertestamentsvollstreckung – so wie es im Recht der Nacherbfolge nach § 2109 Abs. 1 S. 2 Nr. 1 BGB geregelt ist – dann enden lassen, wenn der letzte Ersatztestamentsvollstrecker verstirbt, der zum Zeitpunkt des Erbfalles bereits gelebt hat. Alle späteren Ernennungen seien unwirksam

---

[112] Die Kodifikation von § 1813 a. F., welche heutzutage in § 2109 Abs. 1 S. 2 Nr. 1 BGB gemündet ist, war heftigst umstritten. Es wurden sieben Anträge zu dieser Thematik gestellt und letztendlich hat sich „Antrag 6", welcher die Bedingung des „Erzeugt-Seins" für Nacherben gefordert hat, durchgesetzt, vgl. dazu *Achilles/Gebhard/Spahn*, Protokolle Bd. V, S. 83 ff. Warum letztendlich „erzeugt" zu „lebt" geworden ist, erschließt sich aus den Protokollen nicht. Offenbar handelt es sich um eine nachträgliche redaktionelle Änderung.

[113] *Achilles/Gebhard/Spahn*, Protokolle Bd. V, S. 88.

[114] Siehe Fn. 109.

(„*Generationentheorie*").[115] Beispiel:[116] In einem im Jahre 1938 geschlossenen Erbvertrag hat der Erblasser (E) seinen Sohn S als Alleinerben eingesetzt und Dauervollstreckung angeordnet. Sie gilt so lange, als es das Gesetz zulässt (§ 2210 BGB), also mindestens 30 Jahre und mindestens bis zum Tod der Testamentsvollstrecker sowie dessen Nachfolger. T wird zum Testamentsvollstrecker ernannt. Gleichzeitig wird mit ET ein Ersatztestamentsvollstrecker benannt. Die Ernennungsbefugnis für weitere Ersatztestamentsvollstrecker (§ 2198 Abs. 1 BGB) wird dem Präsidenten des *BGH*[117] übertragen. E stirbt am 20.07.1951. Im Jahr 2000 erhebt S Klage und begehrt die Feststellung, dass die Testamentsvollstreckung über den Nachlass des E beendet ist. Zu dieser Zeit waren A und B (beide im Jahr 1955 geboren) gemeinschaftliche Dauertestamentsvollstrecker (§§ 2209, 2210, 2224 BGB) über den Nachlass des E. Beide sind 1975 vom Präsidenten des Bundesgerichtshofes, nachdem T sowie ET vorverstorben waren, in ihre Ämter ernannt worden. Nach der Generationentheorie wäre die Ernennung von A und B unwirksam gewesen, da sie erst vier Jahre nach dem Erbfall geboren worden sind. § 2109 Abs. 1 S. 2 Nr. 1 BGB analog[118] verhindert mithin eine wirksame Ernennung.

#### *(b) Amtstheorie*

Nach anderer Auffassung endet die Testamentsvollstreckung dann, wenn der letzte Vollstrecker, der innerhalb von 30 Jahren ab Erbfall sein Amt antrat, verstirbt („*Amtstheorie*").[119] Der *BGH* schloss sich dieser Theorie in der „Hohenzollern"-Entscheidung am 05.12.2017 zum Az. IV ZR 275/06 an.[120]

---

[115] Vgl. nur *Bund*, JuS 1966, 60 (63 f.); *Damrau* in Soergel, § 2210 Rn. 2; *Dutta* in Staudinger, § 2210 Rn. 32; *Hoeren* in Schulze, § 2210 Rn. 4; *Kipp/Coing*, § 69 III 2; *H. Lange*, JuS 1970, 101 (105); in Bamberger/Roth/Hau/Poseck, § 2210 Rn. 4; *v. Maercken*, S. 32 f.; *Offergeld*, S. 170 f.; *Röthel*, FS Reuter, 307 (320); *W. Zimmermann* in MüKoBGB, § 2210 Rn. 6.

[116] Dem „Hohenzollern"-Urteil in abgewandelter und vereinfachter Form nachempfunden: BGHZ, 174, 346.

[117] Zur Vereinfachung der Darstellung wird fingiert, dass der *BGH* bereits im Jahr 1938 existierte.

[118] Zu den allgemeinen Analogievoraussetzungen siehe *Bork*, Rn. 143 ff.; *Würdinger*, AcP 206 (2006), 946 (949 ff.).

[119] Vgl. nur *Heintz* in jurisPK-BGB, § 2210 Rn. 3; *O. Schmidt*, ZEV 2000, 438 (439); *Stürner* in Jauernig, § 2210 Rn. 1.

[120] BGHZ 174, 346 (354 ff.); dies begrüßend *W. Schubert*, JR 2009, 62.

Wendet man diese Theorie auf obiges Beispiel an,[121] ist zunächst der Ablauf der 30-Jahres-Frist aus § 2210 S. 1 BGB zu ermitteln, da es hiernach maßgeblich darauf ankommt, ob die Ersatztestamentsvollstrecker ihre Ämter innerhalb dieser Frist angetreten haben. Gem. §§ 187 Abs. 1 Alt. 1, 188 Abs. 2 BGB endet sie mit dem Ablauf des 20.07.1981. A und B sind im Jahr 1975, also ca. 6 Jahre vor Fristablauf in ihr Amt eingetreten. Nach der Amtstheorie war die Ernennung von A und B daher wirksam, weil sie ihr Amt vor Ende der 30-Jahres-Frist angetreten haben. Sollten sie nach dem 20.07.1981 versterben, wären alle weiteren Ernennungen nach ihnen unwirksam.

#### *(c) Kombinations- und Primattheorie*

Nach der heute nur noch vereinzelt vertretenen „Kombinationstheorie" reicht es für die Verlängerung der 30-Jahres-Frist, wenn einer der obigen Fälle eintritt.[122] Im verwendeten Beispiel[123] wäre die Ernennung von A und B nach der Kombinationstheorie wirksam gewesen, da insoweit die Grundsätze der Amtstheorie greifen. Dass die Ernennung nach der Generationentheorie unwirksam gewesen wäre, spielt keine Rolle. Die Kombinationstheorie wirkt alternativ, nicht kumulativ.[124]

Zuletzt wird mit der „Primattheorie" vertreten, die Verlängerung des Amtes gelte nur für den ersten Testamentsvollstrecker, sollte dieser länger als 30 Jahre amtieren.[125] Subsumiert man diese Ansicht unter das Beispiel,[126] würde das bedeuten, dass die Ernennung von A und B noch wirksam gewesen wäre, da sie innerhalb der 30-Jahres-Frist des § 2210 S. 1 BGB in ihr Amt eingetreten sind. Mit Ablauf des 20.07.1981 würde die Dauervollstreckung

---

121 Dem „Hohenzollern"-Urteil in abgewandelter und vereinfachter Form nachempfunden: BGHZ, 174, 346.

122 Vgl. dazu nur *Mayer* in Mayer/Bonefeld/Tanck, § 13 Rn. 35.

123 Dem „Hohenzollern"-Urteil in abgewandelter und vereinfachter Form nachempfunden: BGHZ, 174, 346.

124 BGHZ 174, 346 (353); a. A. *Klinger* in Bengel/Reimann/Holtz/Röhl, 8. Aufl. 2023, § 8 Rn. 100, der die wirksame Ernennung unzutreffend bei gleichzeitigem Vorliegen beider Konstellationen vorschreibt.

125 *Peiser*, S. 226 f.; *Sasse*, S. 57 f.; *Semmler*, S. 141 ff.; *O. Schmidt*, ZEV 2000, 438 (439); *W. Zimmermann*, Testamentsvollstreckung, Rn. 25; zur Primatersatztheorie vgl. lediglich *Reimann*, NJW 2007, 3034 (3037) m.w.N.

126 Dem „Hohenzollern"-Urteil in abgewandelter und vereinfachter Form nachempfunden: BGHZ, 174, 346.

jedoch endgültig enden. Die sich aus dem Erbvertrag ergebenden Verlängerungsmöglichkeiten galten nur für T und ET.

*(d) Stellungnahme*

Die Interessenlage der Endlosschleifenproblematik bei Dauervollstreckungen ist mit der „Kettenernennung“ von Nacherben vergleichbar,[127] wie der Gesetzgeber es bereits während der Ausarbeitung des ersten BGB-Entwurfes darlegte.[128] Diesem Ansatz schloss sich *v. Maercken* zutreffend an, indem er die Erforderlichkeit einer zeitlichen Begrenzung der Dauertestamentsvollstreckung erkannte und die Erwägungsgründe des Gesetzgebers dazu rezitierte.[129] Den Erben wird die Verfügungsbefugnis über den Nachlass auf unterschiedliche Weise, aber in beiden Fällen auf erhebliche und eine potentiell sehr lange Zeit entzogen.[130] Da die Erben in beiden Fällen nicht frei auf den Nachlass zugreifen können, ist die Schutzbedürftigkeit identisch. Unstreitig erstrebte auch der Gesetzgeber eine gleichlaufende zeitliche Begrenzung.[131]

Auch kann eine planwidrige Regelungslücke angenommen werden, wie die analysierten Gesetzgebungsmaterialien unzweifelhaft klarstellen.[132] Schließlich wurden sowohl § 2109 BGB als auch § 2210 BGB eingeführt, um die sog. „*Familien-Fideikomisse*“[133] abzuschaffen und sowohl der Nacherben- als

---

[127] *Röthel*, FS Reuter, 307 (311).

[128] So bereits *Achilles/Gebhard/Spahn*, Protokolle Bd. V, S. 308.

[129] *v. Maercken*, S. 33.

[130] Vgl. für den Nacherbfall *Lieder*, MüKoBGB, § 2109 Rn. 1; *Reimann*, NJW 2007, 3034 (3035); für die Dauertestamentsvollstreckung *LG Berlin*, ZEV 2006, 506 m. Anm. *W. Zimmermann*.

[131] „*Daß die zeitliche Schranke in gleicher Weise zu bestimmen sei wie bei der Nacherbschaft darüber sei man einig.*“, *Achilles/Gebhard/Spahn*, Protokolle Bd. V, S. 308.

[132] „*Der Erblasser würde endlich ohne zeitliche Schranke in der Lage sein, ohne landesgesetzliche Genehmigung eine Stiftung oder, ohne den landesgesetzlichen Erfordernissen zu genügen, ein deutschrechtliches Familienfideikommiß ins Leben zu rufen. Um dies zu verhindern, müsse (…) die zeitliche Grenze für alle Testamentsvollstreckung (…) gelten (…).*“, *Achilles/Gebhard/Spahn*, Protokolle V, S. 308.

[133] Bei *Familien-Fideikomissen* handelte es sich um „Spezialvermögen“, welches testamentarisch von der Verfügungsbefugnis des jeweiligen Erben ausgenommen und einem Treuhänder zur Verwaltung übergeben wurde, dazu *Edenfeld*, DNotZ 2003, 4 (5 f.); *Reimann*, NJW 2007, 3034.

auch der Ersatzvollstreckerernennung ein zeitiges Ende zu setzen.[134] Dieses Ziel scheitert jedoch an der unvollständigen Kodifikation des § 2210 S. 2 BGB. Eine Erklärung dafür lässt der Gesetzgeber vermissen – vermutlich, weil es eben keine Erklärung gibt.

Es drängt sich daher die Vermutung auf, dass dem Gesetzgeber ein redaktioneller Fehler unterlaufen ist, indem § 2210 S. 2 BGB nicht nach dem Vorbild von § 2109 BGB begrenzt wurde.[135] Der *BGH* lehnt die Generationentheorie mit dem Argument ab, dass § 2210 BGB sich *„in Wortlaut, Aufbau und Struktur maßgeblich von den §§ 2109, 2163 BGB*[136]*"* unterscheide.[137] An dieser Stelle ist bereits die Auslegungsmethode des *BGH* in Frage zu stellen. Das eindeutige Bestreben des Gesetzgebers, die Dauervollstreckung im zeitlichen Aspekt identisch zu der Nacherbfolge und dem Nachvermächtnis zu regeln, wird auch vom *BGH* aufgegriffen.[138] Trotzdem misst der *BGH* dem Wortlaut des § 2210 BGB eine höhere Bedeutung bei als dem historischen Willen. Er verkennt, dass der Wortlaut bei der Auslegung einer Vorschrift nur Indizwirkung besitzt[139] und der historische Wille des Gesetzgebers grundsätzlich das letzte Wort im Auslegungsstreit hat.[140]

Jedenfalls kann nicht davon ausgegangen werden, dass § 2210 S. 3 BGB aufgrund des Einzelverweises nur auf § 2163 Abs. 2 BGB und nicht (auch) auf § 2109 Abs. 1 S. 2 Nr. 1 BGB einer historischen Auslegung im Sinne der Generationentheorie entgegensteht, wie der *BGH* meint.[141] Der historische Gesetzgeber hat genauso wenig eine Anwendung der Parallelvorschrift aus

---

134 *„Rules against perpetuities"*, vgl. *Reimann*, NJW 2007, 3034; allgemein dazu *Edenfeld*, DNotZ 2003, 4 (7 ff.).

135 Bereits *Sasse* erkannte, dass der Gesetzgeber diesen Regelungszweck übersehen haben könnte, auch wenn er sich im Ergebnis für das Gegenteil aussprach, vgl. *Sasse*, S. 57.

136 In § 2163 BGB ist die 30-Jahres-Frist bei Vermächtnissen geregelt. Ferner findet sich dort in § 2163 Abs. 1 Nr. 1 BGB die identische Regelung zur Verlängerung der 30-Jahres-Frist in § 2109 Abs. 1 S. 2 Nr. 1 BGB wieder, sodass auch hier die 30-Jahres-Frist bei Nachvermächtnissen (vgl. § 2191 BGB) durchaus verlängerbar ist. Da die Vorschriften identisch sind und eine entsprechende Anwendung des § 2163 Abs. 2 BGB auf Dauervollstreckungen in § 2210 S. 3 BGB geregelt ist, greift der *BGH* sie an dieser Stelle auf. Für diese Arbeit ist die Regelung allerdings nicht relevant.

137 BGHZ 174, 346 (355 f.).

138 BGHZ 174, 346 (355).

139 *Jess*, S. 122.

140 *Zippelius/Würtenberger*, S. 35.

141 BGHZ 174, 346 (355); zustimmend *W. Schubert*, JR 2009, 62.

dem Recht der Nacherbfolge ausgeschlossen. Die Argumentation des *BGH* geht damit ins Leere und entkräftet den Verdacht eines gesetzgeberischen Redaktionsversehens nicht. *Familien-Fideikommisse* erheben sich nur dann nicht „aus dem Grabe", wenn die Dauervollstreckung eine zeitliche Beschränkung nach dem Vorbild des Rechts der Nacherbschaft erfährt.

Im Gegenteil lassen sich für die vom *BGH* im „Hohenzollern"-Urteil vertretene Amtstheorie auch keine Ansätze in den Gesetzgebungsmaterialien finden,[142] welche eine derart extensive Auslegung[143] von § 2210 S. 2 BGB rechtfertigen. Schon deshalb kann die Amtstheorie dem Telos der Norm nicht gerecht werden. Denselben Vorwurf muss sich in diesem Zusammenhang die Kombinationstheorie machen lassen, denn sie kommt immer dann, wenn das Szenario der Amtstheorie eintritt, zu zweckwidrigen Ergebnissen. Ein alternativer Ansatz überzeugt daher nicht.

Auch die Primattheorie findet weder in den Gesetzesmaterialien noch im Wortlaut der Vorschriften ein Fundament.[144] Darüber hinaus zieht sie die zeitliche Grenze wiederum zu eng. Wendet man die Ausnahmen des § 2210 S. 2 BGB nur auf den ersten Amtsinhaber an, würde dadurch die Figur der Ersatztestamentsvollstreckung in den Fällen ins Leere laufen, in denen der erste Testamentsvollstrecker länger als 30 Jahre im Amt bleibt. Wann ein Testamentsvollstrecker sein Amt niederlegt[145] oder verstirbt und auf diese Weise aus dem Amt scheidet, ist einzelfallabhängig. Ein Amtsinhaber kann unter Umständen auch sehr plötzlich versterben oder sein Amt (wirksam)[146] kündigen. Der sodann eintretende Ersatztestamentsvollstrecker könnte dann nur noch den „unverbrauchten" Anteil der 30-Jahres-Frist nutzen. In der Folge würde es in diesen Fällen ungewollt bei der 30-Jahres-Frist bleiben. Eine konsequente Anwendung der Primattheorie lässt sich folglich nicht mit der gesetzlich verankerten Ersatztestamentsvollstreckung (§ 2197

---

142 Anders sieht das wohl, wenn auch zu Unrecht, der *BGH*, BGHZ 174, 346 (355).

143 Ähnlich auch *Zimmer*, NJW 2008, 1125: *„(…) Verwaltungsvollstreckung über einen wesentlich längeren Zeitraum ermöglicht, als bisher angenommen (…)"*.

144 So auch BGHZ 174, 346 (356).

145 Man mag noch eine gewisse Vorhersehbarkeit der Amtsniederlegung durch den Testamentsvollstrecker erahnen wollen, aber dies tut bei Weitem nicht jeder Amtsinhaber.

146 Die Kündigung eines Testamentsvollstreckers ist gem. § 2226 BGB in jedem Fall wirksam, auch wenn gegen den Grundsatz der Kündigung zur Unzeit verstoßen worden ist (§ 671 Abs. 2 S. 1 BGB), dazu unten B.I.3.a)aa)(3)(d).

Abs. 2 BGB) vereinbaren und wird dem grundsätzlich nachvollziehbaren Bedürfnis des Erblassers nicht gerecht, seinen Nachlass generationenübergreifend zu sichern. Es geht nicht darum, die Dauervollstreckung im Keim zu ersticken, sondern sie auf verhältnismäßige Weise zu begrenzen, wobei die Primattheorie dies nicht umzusetzen vermag. Sie ist daher abzulehnen.

Für die Generationstheorie spricht, dass sie den ursprünglichen Normzweck berücksichtigt. § 2210 BGB soll dem Erblasser die Möglichkeit der generationenübergreifenden Vermögensnachfolge garantieren.[147] Diesem Zweck wird die Generationentheorie gerecht, indem sie das Ende der Frist in die Folgegeneration der Erben „erster Generation" legt.

Verfassungsrechtlich[148] ist zu beachten, dass die Legislative an die verfassungsmäßige Ordnung gebunden ist, Art. 20 Abs. 3 GG. Das umfasst auch die Pflicht, langanhaltende Eingriffe in Grundrechte zum Schutz der Betroffenen zeitlich zu befristen. Beispielsweise haben das *BVerfG* und der *BerlVerfGH* entschieden, dass unbefristete Eingriffe in das Recht auf informationelle Selbstbestimmung (Art. 2 Abs. 1 i.V.m. Art. 1 Abs. 1 GG)[149] und eine unangemessen lange Untersuchungshaft[150] jeweils besonders schwere Grundrechtsverletzungen darstellen. Leitet man aus diesen Entscheidungen die Erkenntnis ab, dass den Gesetzgeber bei lang andauernden Eingriffen die Pflicht der zeitlichen Begrenzung trifft, so kann für Eingriffe in Art. 14 Abs. 1 S. 1 Alt. 2 GG aufgrund von unbefristeten Dauervollstreckungen nichts anderes gelten.[151] Dass der Erbe durch übermäßig lange Testaments-

---

147 *Achilles/Gebhard/Spahn*, Protokolle Bd. V, S. 308. Dieser Zweck entspräche dem Grund der 30-Jahres-Frist bei der Nacherbschaft, der auf die Testamentsvollstreckung zu übertragen sei.

148 Die verfassungsrechtliche Argumentation blieb in diesem Streit aus ungeklärten Gründen bisher weitestgehend aus; vgl. dazu *Wendt*, ErbR 2017, 178 (182).

149 *BVerfG*, NJW 2022, 1583 (1607 f.).

150 Je länger eine Untersuchungshaft dauert, desto schwerer sei der Freiheitsanspruch des Häftlings gegenüber dem Interesse am Strafvollzug zu gewichten, *BerlVerfGH*, NJW 1993, 513 (515).

151 In diesem Sinne auch *Schlüter*, FG Zivilrechtslehrer 1934/1935, 575 (587) mit Verweis auf *H. Lange*, JuS 1970, 101: „[Die Eigentumsgewährleistung des Art. 14 GG] *garantiert neben dem Bestand der geschützten Rechtsposition auch deren Nutzung durch den Rechtsinhaber. Schon das spricht gegen die Zulässigkeit übermäßiger wirtschaftlicher Beschränkungen des Bedachten.*". Auch eine Dauervollstreckung stellt in diesem Zusammenhang eine wirtschaftliche Beschränkung dar, da der Dauervollstrecker den Nachlass mit seinem Vergütungsanspruch (§ 2221 BGB) aufzehrt. Dazu unten B.I.3.a)aa)(3)(c).

vollstreckungen erheblich benachteiligt wird, hat bereits die Akademie für deutsches Recht erkannt.[152] Der Ansicht des *BVerfG*, § 2210 S. 2 BGB stelle eine zulässige Beschränkung i.S.d. Art. 14 Abs. 1 S. 2 GG dar und erlaube mithin eine weite Auslegung der Fristverlängerung,[153] ist vor diesem Hintergrund nicht nachvollziehbar. Dem Erblasser den Willen der unendlichen Testamentsvollstreckung zu unterstellen – denn das tut die aktuelle Rechtsprechung faktisch –, widerspricht die Erbeinsetzung an sich. Wenn der Erblasser seinen Erben den Zugriff auf sein Vermögen dauerhaft verwehren möchte, kann er eine Stiftung (sog. *„Stiftungslösung"*)[154] oder hilfsweise den Fiskus zum Erben ernennen. Bedenkt er aber freiwillig Angehörige oder Freunde, kann eine unendliche Vollstreckung nicht gewollt sein. Allein aus dem Umstand, dass der Nachlass bestimmten Personen zumindest künftig zukommen soll, ist der Wille zu entnehmen, dass die Testamentsvollstreckung zu irgendeinem Zeitpunkt sein Ende finden muss. Die Ausnahmeregelung des § 2210 S. 2 BGB muss also im Kontext der Erbrechtsgarantie beschränkt werden – und dies gewährleistet die Anwendung von § 2109 Abs. 1 S. 2 Nr. 1 2. Hs. BGB am besten.

Letztendlich vermag nur die Generationentheorie einen Kompromiss zwischen der verfassungsrechtlich geschützten Testierfreiheit (Art. 14 Abs. 1 S. 1 Alt. 2 GG)[155] und den durch dasselbe Grundgesetz ebenso garantierten Erbenschutz zu schaffen, welcher vor allem bei der Amtstheorie vernachlässigt wird. Auf Dauertestamentsvollstreckungen ist mithin § 2109 Abs. 1 S. 2 Nr. 1 BGB analog anzuwenden.[156] Eine Dauertestamentsvollstreckung endet

---

[152] *Ohr* in H. Lange, 4. Denkschrift, S. 316.

[153] *BVerfG*, NJW-RR 2010, 156 (157).

[154] Dazu *Reimann*, ZEV 2023, 9 (9 ff.); *Edenfeld*, DNotZ 2003, 4 (6 f.); *O. Schmidt*, ZEV 2000, 438 (439).

[155] Man mag über die Relevanz von verfassungsrechtlichen Aspekten in dieser Sache sicherlich streiten. Für die Beachtlichkeit von Art. 14 GG kommt es auf das Verständnis von dessen Anwendungsbereich an. Nach hier vertretener Auffassung soll „Erbrecht" i.S.d. Art. 14 Abs. 1 S. 2 Alt. 2 GG nicht nur das „vererben", sondern auch das „beerbt werden" schützen, weswegen auch die Rechtsnachfolger unter Verfassungsschutz stehen. So auch *Jarass* in Jarass/Pieroth, Art. 14 Rn. 101 ff. Für eine größere Beachtung des Art. 14 GG plädierte zutreffend bereits *W. Zimmermann*, FamRZ 2009, 504 (505); dagegen jedoch *Zimmer*, NJW 2008, 1125 (1128).

[156] Angedeutet auch *Bund*, JuS 1966, 60 (64).

gem. § 2210 S. 2 Var. 2 BGB also spätestens dann, wenn der letzte Testamentsvollstrecker verstirbt, der zum Zeitpunkt des Erbfalles gelebt hat.

#### *ee) Zusammenfassung*

Der Erblasser kann eine Testamentsvollstreckung per letztwilliger Verfügung anordnen und den Amtsinhaber entweder selbst benennen oder das Nachlassgericht zur Auswahl einer geeigneten Person ermächtigen. Außerdem muss der ausgewählte Anwärter seine Amtsannahme dem Nachlassgericht erklären.

So deutlich der Beginn der Testamentsvollstreckung auch geregelt ist, desto verschwommener sind die Grenzen, wenn es um ihr Ende geht. Erstens ist zwischen dem Ende des konkreten Amtes und dem Ende der Testamentsvollstreckung an sich zu unterscheiden – denn beides kann auseinanderfallen. Zweitens ist zwischen Abwicklungs- und Dauervollstreckung zu unterscheiden. Für die Abwicklungsvollstreckung sind einige Beendigungsgründe normiert, aber auch die Erledigung aller Aufgaben beendet die Vollstreckung. Für die Dauervollstreckung ist grundsätzlich die 30-Jahres-Frist aus § 2210 S. 1 BGB maßgebend. Sie kann gem. § 2210 S. 2 BGB jedoch verlängert werden – entgegen der Ansicht des *BGH* allerdings nur dann, wenn das Ereignis in einem Nachfolger eintritt, der beim Erbfall bereits gelebt hat *(Generationentheorie)*.

## 3 Rechtsmacht des Testamentsvollstreckers nach deutschem Recht

Nach der Dauer der Testamentsvollstreckung soll nunmehr der Umfang der Rechtsmacht des Testamentsvollstreckers näher untersucht werden. Die Befugnisse des deutschen Testamentsvollstreckers sind in den §§ 2203 – 2212, 2216 Abs. 2 S. 2 BGB geregelt. Dort ist festgelegt, wie der Testamentsvollstrecker im Wesentlichen mit dem Nachlassvermögen umgehen darf. Das folgende Kapitel untersucht, welche Befugnisse diese Vorschriften dem Testamentsvollstrecker verleihen und wie sich diese konkret auf das Rechtsverhältnis[157] zwischen ihm und den betroffenen Erben auswirken.

---

[157] Zwischen dem Testamentsvollstrecker und den Erben besteht ein gesetzliches Schuldverhältnis, BGHZ 69, 235 (237 f.); *Kunz*, S. 90; *K. W. Lange*, ZEV 2023, 565 (565 f.); *Reimann*, ErbR 2017, 186.

## a) Befugnisse des Testamentsvollstreckers

Dafür müssen zunächst seine rechtlichen Befugnisse dargelegt werden. Diesbezüglich ist zu unterscheiden, ob der Regelfall der Abwicklungsvollstreckung (vgl. § 2203 BGB) oder eine Sonderform wie z.B. die Dauervollstreckung (§ 2209 S. 1 BGB) oder die beaufsichtigende Testamentsvollstreckung (§ 2208 Abs. 2 BGB) angeordnet ist.

### *aa) Abwicklungsvollstreckung*

Den Grundfall der Testamentsvollstreckung stellt die Abwicklungsvollstreckung dar. Gem. § 2203 BGB ist es Aufgabe des Testamentsvollstreckers, die letztwilligen Verfügungen des Erblassers zur Ausführung zu bringen. Um dies zu bewerkstelligen, werden ihm in den §§ 2203 ff. BGB verschiedene Befugnisse an die Hand gegeben. Sie lassen sich in allgemeine Befugnisse, in zwingendes Recht und schließlich in dispositive Erweiterungen und Beschränkungen aufteilen.

#### (1) Grundfall: Verwaltungsbefugnis über den Nachlass, §§ 2205, 2206, 2216 ff. BGB

Die für den Testamentsvollstrecker wohl wichtigste Befugnis ist das Recht, den Nachlass zu verwalten. Zunächst nur in § 2205 BGB geregelt, schlägt es sich auch in diversen anderen Rechtsvorschriften nieder.

##### *(a) Grundsätzliches*

§ 2205 BGB regelt als „Zentralvorschrift“[158] die Verwaltungsbefugnis des Testamentsvollstreckers über den Nachlass. Aus dem Wortlaut des ersten Satzes *„hat* (Hervorhebung durch den Verfasser) *zu verwalten…*“ ergibt sich, dass die Verwaltungsbefugnis sowohl ein Recht als auch eine Amtspflicht darstellt.[159] Zuwiderhandlungen werden daher sanktioniert.[160]

Zur „Verwaltung“ i.S.d. § 2205 BGB gehört jede rechtliche oder tatsächliche Maßnahme, die zur Sicherung, Erhaltung, Nutzung oder Verwertung

---

158 *Dutta* in Staudinger, § 2205 Rn. 1.

159 So auch *Dutta* in Staudinger, § 2205 Rn. 10; *W. Zimmermann* in MüKoBGB, § 2205 Rn. 2.

160 Dazu unten in B.I.4.a)aa), B.I.4.b)aa) und B.I.4.b)bb) dieser Arbeit.

des verwalteten Vermögens dienlich ist.[161] Der Testamentsvollstrecker ist in der Lage, über das Schicksal des Nachlasses weitestgehend frei zu entscheiden – vorausgesetzt, dass er ihm dabei nicht schadet. Dieser Grundsatz findet sich im Wesentlichen auch in der Pflicht des Testamentsvollstreckers zur ordnungsmäßigen Verwaltung (§ 2216 Abs. 1 BGB) wieder. Obwohl in § 2205 S. 2 BGB zunächst nur die Verfügungsbefugnis über den Nachlass geregelt ist, werden Verfügungs- und Verpflichtungsmacht durch den Verwaltungsbegriff miteinander verknüpft. Der Testamentsvollstrecker darf auch Verbindlichkeiten eingehen (vgl. § 2206 BGB) und die Verfügungsbefugnis orientiert sich grundsätzlich an der Reichweite der Befugnis zur Eingehung von Verbindlichkeiten.[162]

Rechtshandlungen, für die der Testamentsvollstrecker nicht zuständig ist, darf er wiederum nicht vornehmen. Seine Zuständigkeit orientiert sich dabei an der des Erblassers. Dieser hat nur für seine Nachlassplanung und -abwicklung Sorge zu tragen. Rechtshandlungen bzw. Erklärungen, welche in den Tätigkeitsbereich der Erben fallen, sind davon nicht umfasst. Deshalb darf der Erbe erbenspezifische Rechte trotz einer wirksamen Testamentsvollstreckung ausüben.[163] Gleiches gilt für die Anfechtung nach §§ 2079 ff. BGB. Möchte der Testamentsvollstrecker für den Nachlass die Einrede der Anfechtbarkeit gem. § 2083 BGB erheben, bedarf er dazu der Zustimmung des Erben.[164] Ferner darf der Testamentsvollstrecker jene Rechte nicht ausüben, die ihm nach dem Erblasserwillen nicht zustehen sollen (§ 2208 Abs. 1 BGB). Ein entsprechend einschränkender Wille kann entweder ausdrücklich niedergeschrieben sein oder sich aus den Umständen ergeben.[165]

Die Verwaltungsbefugnis aus § 2205, 2216 BGB wird durch weitere Vorschriften in schuldrechtlicher wie dinglicher Hinsicht ergänzt, die im Folgenden dargestellt werden.

---

161 Statt vieler *Damrau* in Soergel, § 2205 Rn. 1.

162 *Poller* in Mayer/Bonefeld/Tanck, § 10 Rn. 6; *W. Zimmermann* in MüKoBGB, § 2205 Rn. 63.

163 Beispielsweise die Annahme oder Ausschlagung einer Erbschaft, *Damrau* in Soergel, § 2205 Rn. 1. Dasselbe gilt für die Bestattungsplanung und sonstige persönliche Bereiche des Erblassers, *W. Zimmermann*, ZEV 2024, 68 (70).

164 *BGH*, NJW 1962, 1058 (1059).

165 So auch *Zweygart-Heckschen* in Burandt/Rojahn, § 2208 Rn. 1; a. A. *Weidlich* in Grüneberg, § 2208 Rn. 1; *W. Zimmermann* in MüKoBGB, § 2208 Rn. 6, wonach die ausdrückliche Beschränkung nur eine untergeordnete Rolle spiele.

#### *(b) Die Verpflichtungsbefugnis des Testamentsvollstreckers gem. §§ 2206, 2207 BGB*

In § 2205 S. 2 BGB ist die Verfügungsbefugnis[166] des Testamentsvollstreckers geregelt. Damit er sein Amt allerdings effektiv ausführen kann, wird ihm in den §§ 2206 f. BGB das schuldrechtliche Werkzeug dazu an die Hand gegeben.

Die Verpflichtungsbefugnis ist dem Grunde nach zunächst beschränkt: Verbindlichkeiten dürfen grundsätzlich nur eingegangen werden, sofern sie zur ordnungsmäßigen Verwaltung erforderlich sind, § 2206 Abs. 1 S. 1 BGB. Der Begriff der ordnungsmäßigen Verwaltung tritt im bürgerlichen Recht mehrfach auf,[167] weswegen keine allgemeingültige Definition existiert.[168] Besonders im Rahmen der Testamentsvollstreckung gestaltet sich eine Definition als schwierig, da sowohl Schwierigkeitsgrad als auch Ablauf der konkreten Nachlassabwicklung höchst individuell sind.[169] *Jess* versuchte sich dennoch an einer Definition: Zunächst sei die Ordnungsmäßigkeit an objektiven Maßstäben zu messen, also daran, ob eine Handlung wirtschaftlich zweckmäßig sei.[170] Der objektive Ansatz verleihe dem Amtsinhaber dabei einen weiten Ermessensspielraum.[171] Ordnungsmäßige Verwaltung bedeute – angelehnt an die Grundsätze in Literatur sowie Rechtsprechung – die objektive Nützlichkeit einer Verwaltungshandlung. Die subjektive Stimmigkeit der Amtshandlung sei nur hilfsweise zu beachten, sollte das objektive Element nicht vorliegen.[172] Insgesamt seien die konkreten Verwaltungshandlungen jedoch stets einzelfallbezogen zu betrachten und entzögen sich schematischen Bewertungen.[173]

---

[166] Gemeint ist das Recht zur Aufhebung, Übertragung, Belastung oder inhaltlichen Veränderungen von dinglichen Rechten, siehe nur *W. Zimmermann* in MüKoBGB, § 2206 Rn. 62.

[167] Etwa im Handelsrecht, § 238 Abs. 1 S. 1 HGB, oder im Recht der Bruchteilsgemeinschaft, § 745 Abs. 1 S. 1 BGB.

[168] *Jess*, S. 121; *Lauer*, S. 160; *Reimann*, ZEV 2023, 9 (12).

[169] Schon der Gesetzgeber diskutierte erfolglos über eine einheitliche Definition. Die an der Diskussion Beteiligten einigten sich auf ein Abwälzen der Thematik auf die Wissenschaft und Praxis unter Maßgabe des jeweiligen Verwaltungszweckes, dazu *Achilles/Gebhard/Spahn*, Protokolle Bd. V, S. 278.

[170] *Jess*, S. 129.

[171] *Jess*, S. 129.

[172] *Jess*, S. 165 ff., 172.

[173] *Jess*, S. 173; *v. Lübtow*, JZ 1960, 151 (154).

Diese Bewertung ist zutreffend, denn eine Nachlassaufteilung muss interessengerecht sein. Es ist daher nicht zweckmäßig, den unbestimmten Verwaltungsbegriff auf Kosten der ordentlichen Nachlassabwicklung in ein „Definitions-Korsett" zu pressen, welches von vornherein keine Individualinteressen berücksichtigen kann. Die von der Rechtsprechung entwickelte[174] und von *Jess* aufgegriffene Beurteilung anhand von objektiven und subjektiven Maßstäben vermag einer Vielzahl von Fällen gerecht zu werden, weswegen ihr beigepflichtet werden muss.

§ 2206 Abs. 1 S. 1 BGB erfasst allerdings nur Verpflichtungsgeschäfte, zu deren Erfüllung es keiner Nachlassgegenstände bedarf, wie beispielsweise den Abschluss von Miet-, Darlehens oder Dienstverträgen.[175] Für die Eingehung von Verbindlichkeiten über Nachlassgegenstände fingiert § 2206 Abs. 1 S. 2 BGB die Verpflichtungsbefugnis des Testamentsvollstreckers dann, wenn ihm testamentarisch die Verfügungsbefugnis eingeräumt wurde.[176]

Die Ordnungsmäßigkeit der Verwaltung im Innenverhältnis (Erbe/Testamentsvollstrecker) spielt für die Gültigkeit des Verpflichtungsgeschäftes im Außenverhältnis (Testamentsvollstrecker/Dritter) grundsätzlich keine Rolle. Jedoch muss der Amtsinhaber während seiner Amtszeit – und somit auch bei Vertragsverhandlungen – stets den Grundsatz ordnungsmäßiger Verwaltung wahren.[177] So kann trotz der wirksamen Begründung eines Vertragsverhältnisses nach § 2206 Abs. 1 S. 2 BGB zeitgleich eine Schadensersatzpflicht gem. § 2219 BGB oder ein Entlassungsgrund i.S.d. § 2227 BGB entstehen, wenn die Verwaltung ordnungswidrig war.

Es kann auch zu einer nahezu grenzenlosen Belastung des Nachlassvermögens kommen. § 2207 BGB ermöglicht es dem Testator (mit Ausnahme von Schenkungsversprechen, § 2207 S. 2 BGB), eine unbeschränkte Verpflichtungsbefugnis im Testament anzuordnen.[178] Infolgedessen ist der

---

174 Vgl. für konkrete Beispiele aus der Rechtsprechung RGZ 130, 131 (135 ff.); 74, 215 (218 f.); BGHZ 30, 67 (69 ff.); 25, 275 (280); *BGH*, NJW-RR 1999, 574 (574 f.); NJW 1987, 1070 (1071 f.); NJW 1971, 2264 (2266 f.); WM 1967, 25 (27); NJW 1959, 1820 (1821 f.).

175 *Poller* in Mayer/Bonefeld/Tanck, § 10 Rn. 4.

176 Zu beachten ist aber, dass das Gesetz den Regelfall des „unbeschränkten Generalvollstreckers" vorsieht, hierzu statt vieler *Lange/Kuchinke*, Erbrecht, § 31 V 1; *W. Zimmermann* in MüKoBGB, § 2203 Rn. 2.

177 *BGH*, NJW-RR 1989, 642.

178 Die Anordnung kann ausdrücklich oder konkludent erfolgen (*Andeutungstheorie*), dazu *Poller* in Mayer/Bonefeld/Tanck, § 10 Rn. 15; *M. Schmidt* in Erman, § 2207 Rn. 1.

Testamentsvollstrecker zumindest im Außenverhältnis in seiner Verpflichtungsbefugnis weitestgehend unbeschränkt.[179]

#### *(c) Die Verfügungsbefugnis des Testamentsvollstreckers*

§ 2205 S. 2 BGB ermächtigt den Testamentsvollstrecker außerdem, über die Nachlassgegenstände dinglich zu verfügen. Diesbezüglich gilt der allgemeine Verfügungsbegriff des Zivilrechts.[180] Die Beweislast für die Existenz der Verpflichtungsbefugnis liegt beim Testamentsvollstrecker.[181]

Spiegelbildlich zum Erlangen der Verfügungsbefugnis auf Seiten des Testamentsvollstreckers werden den Erben ihre Rechte gem. § 2211 Abs. 1 BGB entzogen. Trotzdem durchgeführte Rechtsgeschäfte der Erben sind grundsätzlich unwirksam – ein gutgläubiger Erwerb bleibt gem. § 2211 Abs. 2 BGB i.V.m. §§ 932 ff. BGB allerdings möglich.

#### *(d) Verletzung der Verpflichtungs- oder Verfügungsbefugnis*

Jedes zulässige Rechtsgeschäft des Testamentsvollstreckers begründet eine Nachlassverbindlichkeit i.S.d. § 1967 BGB.[182] Die Erben schulden und haften also grundsätzlich unbegrenzt für wirksame Rechtshandlungen des Amtsinhabers. Handelt der Testamentsvollstrecker unter Missachtung seiner Befugnisse, ist in der Rechtsfolge zwischen dem rechtlichen Dürfen („Innenverhältnis") und dem rechtlichen Können („Außenverhältnis") zu differenzieren.

##### (aa) Überschreitungen des Innenverhältnisses

Überschreitet der Amtsinhaber seine Befugnisse im Innenverhältnis, etwa durch von seinen Befugnissen nicht gedeckte Verfügungen, so wirkt sich dies aufgrund der Schutzwürdigkeit des Dritten und des Trennungs- und Abstraktionsprinzips grundsätzlich nicht auf das Außenverhältnis aus.[183] Die Schutzwürdigkeit entfällt nur, wenn der Dritte von der ordnungswidrigen

---

[179] *Poller* in Mayer/Bonefeld/Tanck, § 10 Rn. 17; *Reimann* in Staudinger, § 2207 Rn. 4; *W. Zimmermann* in MüKoBGB, § 2207 Rn. 1.
[180] *W. Zimmermann* in MüKoBGB, § 2205 Rn. 62.
[181] *OLG Saarbrücken*, ZEV 2023, 669 Rn. 7.
[182] Siehe nur *Poller* in Mayer/Bonefeld/Tanck, § 10 Rn. 9.
[183] Siehe oben B.I.3.a)aa)(1)(b).

Verwaltung wusste oder hätte wissen müssen.[184] Ein gutgläubiger Erwerb Dritter von im Innenverhältnis nicht gedeckten Verfügungsgeschäften ist unter Umständen also möglich.[185] Diese Rechtslage entspricht auch dem konkreten Willen des Gesetzgebers, die Verfügungsmacht des Testamentsvollstreckers nach außen so wenig wie möglich zu beschränken.[186]

#### (bb) Überschreitungen des Außenverhältnisses

Wird gem. § 2206 Abs. 1 S. 2 BGB ein Schuldverhältnis begründet, so kommt es im Außenverhältnis nicht darauf an, ob im Innenverhältnis eine objektiv ordnungsmäßige Verwaltung vorlag, da die Beachtung des Innenverhältnisses keine Entstehungsvoraussetzung ist.[187] Jedoch kommen im Innenverhältnis Schadensersatzansprüche aus § 2219 BGB gegen den Testamentsvollstrecker oder Entlassungsgründe i.S.d. § 2227 BGB in Betracht.[188] Rechtsprechung sowie Literatur gehen allerdings davon aus, dass die Grundsätze zum Missbrauch der Vertretungsmacht (§§ 164 ff. BGB)[189] analog anzuwenden sind,[190] sodass es zur Wirksamkeit des Vertragsschlusses letztlich auch hier auf die Gutgläubigkeit des Vertragspartners ankommt.[191] Spiegelbildlich bleibt auch auf der Verfügungsebene gutgläubiger Erwerb bei nicht ordnungsgemäßer Verwaltung möglich.

---

184 *Achilles/Gebhard/Spahn*, Protokolle Bd. V, S. 528; RGZ 130, 131 (134); 83, 348 (353); *BGH*, NJW 1983, 40 (41).

185 Dazu unten B.I.3.a)aa)(1)(d)(bb)(aaa).

186 *Achilles/Gebhard/Spahn*, Protokolle Bd. V, S. 527; referierend *Kipp/Coing*, § 68 IV 1.

187 *Poller* in Mayer/Bonefeld/Tanck, § 10 Rn. 7.

188 *BGH*, NJW-RR 1989, 642 (643).

189 Missbraucht ein Stellvertreter seine Vertretungsmacht, so kann sich dieser Verstoß im Innenverhältnis ausnahmsweise auf die Wirksamkeit des abgeschlossenen Rechtsgeschäfts im Außenverhältnis auswirken (meist über § 138 Abs. 1 BGB), sofern der Dritte Kenntnis vom Missbrauch hatte und gezielt mit dem Stellvertreter zusammenarbeitet (*Kollusion*) oder der Missbrauch der Vertretungsmacht so offensichtlich war, dass dieser sich dem Dritten hätte aufdrängen müssen (*Evidenz*). Dazu im Detail *C. Schubert* in MüKoBGB, § 164 Rn. 225 ff.

190 RGZ 130, 131 (134); 75, 299 (301 f.); *BGH*, NJW 1983, 40 (41); *Lange/Kuchinke*, Erbrecht, § 31 VI 3 c; *Winkler*, Rn. 193; *W. Zimmermann* in MüKoBGB, § 2206 Rn. 5.

191 Das wurde auch von der Rechtsprechung vertreten, z.B. RGZ 83, 348 (353).

*(aaa) Gutgläubiger Erwerb bei nicht ordnungsgemäßer Verwaltung*

Zu beachten ist jedoch, dass sich diese Gutgläubigkeit nur auf die tatsächlich nicht existierende Verfügungsbefugnis beziehen darf.[192] Der gute Glaube eines Dritten an die unbeschränkte schuldrechtliche Verpflichtungsbefugnis ist nach allgemeiner Auffassung jedoch nicht geschützt.[193] Der Rechtsscheinstatbestand trägt grundsätzlich nur den guten Glauben an faktische Eigentumslagen, nicht aber an der mutmaßlichen Verpflichtungsbefugnis von Testamentsvollstreckern. In den speziellen Fällen der Eigentumsübertragung durch einen Testamentsvollstrecker kann der Dritte aber ausnahmsweise gutgläubig hinsichtlich des Umstandes sein, dass die Übertragung des Gegenstandes zur ordnungsgemäßen Verwaltung erforderlich sei.[194]

**Beispiel 1:** Der Käufer (K) eines Grundstücks geht irrigerweise davon aus, dass der Vertragspartner (V) tatsächlich der Eigentümer des verkauften Grundstücks ist. Ist dies tatsächlich nicht so und verkennt er dies fahrlässig, ist er diesbezüglich gutgläubig i.S.d. §§ 932 ff. Der Erwerb des Grundstücks gelingt.

Wenn sich der Sachverhalt nicht um die faktische Eigentumslage, sondern um die Verpflichtungsbefugnisse des Testamentsvollstreckers dreht, gilt folgendes:

**Beispiel 2:** K weiß, dass ihm ein Nachlassgrundstück vom Testamentsvollstrecker V verkauft wird. Er geht fahrlässigerweise davon aus, dass dieser in schuldrechtlicher Hinsicht unbeschränkt und daher zum Verkauf berechtigt ist. In dieser Konstellation scheitert ein gutgläubiger Erwerb grundsätzlich. Wie sich aber noch in diesem Kapitel zeigen wird, kann ein Testamentsvollstreckerzeugnis diesen Umstand „heilen".

Von diesem Grundsatz wird ferner folgende Ausnahme gemacht:

**Beispiel 3:** K weiß auch hier um die Begebenheiten rund um V und das Grundstück. Er geht aber davon aus, dass der Verkauf des Grundstücks ausnahmsweise erforderlich ist, damit der Testamentsvollstrecker Nachlassverbindlichkeiten

---

192 *W. Zimmermann* in MüKoBGB, § 2206 Rn. 5.

193 *Poller* in Mayer/Bonefeld/Tanck, § 10 Rn. 8; *Dutta* in Staudinger, § 2206 Rn. 13; *K.W. Lange*, Erbrecht, § 64 Rn. 123; *W. Zimmermann* in MüKoBGB, § 2206 Rn. 5.

194 *Dutta* in Staudinger, § 2206 Rn. 13; *W. Zimmermann*, MüKoBGB, § 2206 Rn. 1, 7.

befriedigen kann, die den Nachlass sonst in Bedrängnis bringen würden. Hier ist der K nach herrschender Ansicht gutgläubig. Obwohl der Grundstückskaufvertrag i.S.d. §§ 433, 311b BGB gem. § 2206 Abs. 1 S. 2 BGB nichtig ist, besteht das Verfügungsgeschäft aufgrund des Trennungs- und Abstraktionsprinzips fort.

In der Praxis sind gutgläubige Erwerbe aber unabhängig von den hier dargestellten Grundprinzipien auch dann noch möglich, wenn der Testamentsvollstrecker hinsichtlich bestimmter Nachlassgegenstände nicht immer bzw. gar nicht verfügungsbefugt ist. Beschränkungen der Verfügungsbefugnis müssen gem. § 354 Abs. 2 FamFG in das Testamentsvollstreckerzeugnis (§ 2368 BGB) eingetragen werden. Fehlen Angaben zu den Beschränkungen der Rechte in §§ 2203–2206 BGB (vgl. § 2208 Abs. 1 BGB), greifen die Vermutungsregelungen aus § 2367 S. 2 1. Hs. i.V.m. §§ 2365, 2366 BGB.[195] Über das Zeugnis kann sich der gutgläubige Dritte dann doch auf eine vorgetäuschte oder versehentlich erklärte Rechtsmacht des Testamentsvollstreckers berufen, obwohl dies für den Erwerbsvorgang in Beispiel 2 eigentlich unbeachtlich war.

Noch nicht ausdrücklich geklärt ist die Frage, ob sich der Dritte das Testamentsvollstreckerzeugnis zeigen lassen muss, oder ob er bei Verzicht darauf seine Gutgläubigkeit verliert. An dieser Stelle wäre es vorzugswürdig, die Wertung aus den vom *BGH* bereits entschiedenen Fällen des gutgläubigen Erwerbs bei abhandengekommenen Fahrzeugen zu übernehmen, welcher den gutgläubigen Erwerb bei der Nichtvorlage von KFZ-Legitimationspapieren (insb. „Zulassungsbescheinigung Teil II“) scheitern lässt.[196] Soweit ersichtlich, unterliegt der gutgläubig Erwerbende diesen Maßstäben aber (noch) nicht, wenn er mit einem Testamentsvollstrecker kontrahiert.[197] Dies kann

---

[195] Siehe statt vieler *Weidlich* in Grüneberg, § 2368 Rn. 2.

[196] Wenn sich der Käufer eines gebrauchten Fahrzeugs nicht die sog. „Zulassungsbescheinigung Teil II“ aushändigen lässt und die Eigenschaft des Verkäufers als Eigentümer des Fahrzeugs untersucht, kann er sich nicht auf gutgläubigen Erwerb berufen; dazu *BGH*, NJW 2023, 781 Rn. 16; NJW 2020, 3711 Rn. 29; NJW 2013, 1946 Rn. 13; NJW 1996, 2226 (2227) m.w.N.

[197] Gegen eine Vorlagepflicht spricht wohl zunächst § 2366 BGB. Hiernach wird die Richtigkeit des Erbscheins positiv vermutet. Um von diesem Rechtsschein geschützt zu werden, müssen sich Dritte den Erbschein nicht vorlegen lassen (sog. *abstraktes Vertrauen*), *Bredemeyer*, ZEV 2016, 65 (66). Da § 2366 BGB gem. § 2368 S. 2 1. Hs. BGB auch auf das Testamentsvollstreckerzeugnis Anwendung findet, soll in dieser Hinsicht

weitreichende Folgen für den Nachlass haben, sofern sich der Amtsinhaber diesem Nadelöhr bewusst ist und die Existenz eines falschen Testamentsvollstreckerzeugnisses verschweigt, um den Erben durch ordnungswidrige Verfügungen zu schaden.

*(bbb) Ansprüche der Erben gegen den (gutgläubigen) Dritten?*

Der Erbe kann im Außenverhältnis keine Ansprüche gegen den Dritten geltend machen. Insbesondere sind bereicherungsrechtliche Ansprüche nicht einschlägig. Ein etwaiger Anspruch aus § 816 Abs. 1 S. 1 BGB kann sich ohnehin nur gegen den Testamentsvollstrecker und nicht gegen Dritte richten. Darüber hinaus wäre er nur auf Herausgabe des durch die Verfügung Erlangten gerichtet, sodass beispielsweise beim ordnungswidrigen Verkauf von Grundbesitz nur der Kaufpreis herausverlangt werden könnte, nicht aber das Grundstück. Dieses kann der Testamentsvollstrecker ohnehin nicht mehr beschaffen – er müsste daher lediglich Wertersatz leisten, § 818 Abs. 2 BGB. Das gewünschte Ergebnis lässt sich aber auch über den Schadensersatzanspruch aus § 2219 BGB erzielen, welcher ohnehin spezieller ist.

Der Anspruch eines Berechtigten gegen einen Nichtberechtigten aus § 816 Abs. 2 BGB scheitert nach einer Ansicht an dem Erfordernis der Rechtsgrundlosigkeit.[198] Der Rechtsgrund besteht, bleibt man beim Beispiel des Grundstückskaufs, im Kaufvertrag i.S.d. §§ 433, 311b Abs. 1 BGB. In jedem Fall aber wird die Leistung dem Berechtigten gegenüber nicht wirksam. § 816 Abs. 2 BGB soll lediglich dann Kodifikationsansprüche begründen, wenn jemand versehentlich mit schuldbefreiender Wirkung an jemand anderes als den in Wahrheit Forderungsberechtigten leistet.[199] Der Testamentsvoll-

---

dasselbe gelten, siehe dazu wenn auch ohne Begründung *Joachim*, ZEV 2017, 499 (503). Detaillierter BGHZ 40, 54 (59 f.); *BGH*, WM 1961, 479 (481); *Höland*, AcP 198 (1998), 539 (567); *Raff* in Staudinger, Einl. §§ 2353–2370, Rn. 20. Dazu kritisch *Röper*, ZEV 2023, 789 (792 ff.).

198 Dieses Erfordernis ergibt sich nicht direkt aus dem Gesetz, ist aber einer Ansicht aus der Eigenschaft des Dritten als „Nichtberechtigten" herzuleiten, vgl. dazu *Reuter/Martinek*, 1. Aufl. 1983, 349; *Schwab* in MüKoBGB, § 816 Rn. 83. Entgegen der Auffassung von *Reuter/Martinek* macht diese Herleitung die Rechtsgrundlosigkeit als Tatbestandsmerkmal allerdings nicht entbehrlich, sondern ist klarstellungshalber zu berücksichtigen.

199 *Schwab* in MüKoBGB, § 816 Rn. 1.

strecker übereignet aber aus kaufvertraglichen Verpflichtungen an Dritte, nicht aufgrund von Ansprüchen der Erben. Diese Vorschrift passt also auch in Anbetracht des Kondiktionszweckes nicht in das Anspruchsrepertoire der Erben hinein. Es käme höchstens § 816 Abs. 1 S. 2 BGB in Betracht, wenn der Testamentsvollstrecker Nachlassgegenstände verschenkt.[200] Ansonsten bleibt es dabei, dass der Erbe im Außenverhältnis keine Ansprüche gegen den gutgläubig Erwerbenden besitzt.

#### (cc) Zusammenfassung

Der Testamentsvollstrecker ist im Rahmen der Abwicklungsvollstreckung grundsätzlich mit umfassenden Verwaltungsrechten ausgestattet. Sie erstrecken sich sowohl auf die Verpflichtungs- als auch auf die Verfügungsebene. Beschränkt wird er dabei nur durch Erblasseranordnungen (§ 2208 BGB) oder durch das Erfordernis der ordnungsmäßigen Verwaltung gem. § 2216 Abs. 1 BGB.[201] Bei dem Begriff der ordnungsmäßigen Verwaltung handelt es sich um einen unbestimmten Rechtsbegriff, dessen Interpretation stets einzelfallabhängig erfolgt.

Doch selbst wenn der Testamentsvollstrecker seine sich aus dem Innenverhältnis ergebenden Befugnisse überschreitet, ist im Außenverhältnis zwischen Verpflichtungs- und Verfügungsbefugnis zu differenzieren:

Bei der Eingehung von Verbindlichkeiten für den Nachlass kommt es darauf an, ob der Dritte wusste oder fahrlässig nicht wusste, dass der Testamentsvollstrecker die entsprechende Verbindlichkeit für den Nachlass nicht eingehen durfte (Verpflichtungsbefugnis).

Verfügt der Amtsinhaber dinglich über einen Nachlassgegenstand (Verfügungsbefugnis), darf der Dritte grundsätzlich auf den Inhalt des Testamentsvollstreckerzeugnisses vertrauen, da insoweit die Richtigkeitsvermutung des § 2368 BGB i.V.m. § 2365 BGB greift.

Pflichtwidrige Rechtsgeschäfte können also prinzipiell abgewickelt werden – im Innenverhältnis haben die betroffenen Erben diesbezüglich Schadensersatzansprüche gegen den Amtsinhaber aus § 2219 BGB oder die Möglichkeit

[200] Dazu unten B.I.4.a)bb).
[201] Dazu unten B.I.4.a)aa).

des Entlassungsantrages beim Nachlassgericht gem. § 2227 BGB.[202] Im Außenverhältnis sind sie dagegen grundsätzlich machtlos.

### (2) Die Kernkompetenz des Testamentsvollstreckers

Fragt man nach den konkreten Rechten des Testamentsvollstreckers, ist zunächst zwingendes Recht, mit anderen Worten das Mindestmaß an Rechten, die dem Amtsinhaber zustehen, zu erörtern. Gemeint sind alle Rechte, die der Erblasser nicht per letztwilliger Verfügung abbedingen kann. Diese sind das Recht des Testamentsvollstreckers auf Außerkraftsetzung von gewissen Anordnungen gem. § 2216 Abs. 2 S. 2 BGB,[203] sowie der Aufwendungsersatzanspruch des Testamentsvollstreckers gegen die Erben aus § 2218 Abs. 1 i.V.m. § 670 BGB.

#### *(a) Außerkraftsetzung von Anordnungen, § 2216 Abs. 2 S. 2 BGB*

In abstrakter Hinsicht regelt § 2216 BGB im ersten Absatz zunächst die durch den Erben einklagbare Pflicht des Testamentsvollstreckers zur ordnungsmäßigen Verwaltung. In § 2216 Abs. 2 S. 1 BGB wird der Testamentsvollstrecker dazu verpflichtet, die Verwaltungsanordnungen des Erblassers zu beachten (*Bindungswirkung*).[204] Ein Zuwiderhandeln verstößt gegen den Grundsatz der ordnungsmäßigen Verwaltung aus § 2216 Abs. 1 BGB[205] und zieht die daraus resultierenden Sanktionen (z.B. §§ 2219, 2227 BGB) nach sich.[206]

---

202 Dazu unten B.I.4.

203 Zwar könnte ein kritischer Blick in § 2220 BGB etwas anderes andeuten, da diese Vorschrift nur die in § 2216 BGB normierten *Pflichten* für zwingend erklärt. § 2216 Abs. 2 S. 2 BGB bestimmt aber ein *Recht* des Testamentsvollstreckers. *Argumentum e contrario* könnte das bedeuten, dass dieses Recht dispositiver Natur ist. Gegen den Umkehrschluss streitet jedoch der Normzweck. Eine Bindung des Testamentsvollstreckers an sämtliche letztwillige Verfügungen würde teils zu Ergebnissen führen, die nicht im Sinne des Erblassers wären. Damit der Testamentsvollstrecker wegen dieser faktischen Amtspflichtsverletzung keinen Schadensersatzansprüchen ausgesetzt ist, muss er nachlassgefährdende Anordnungen außer Kraft setzen können. In diesem Sinne auch *Dutta* in Staudinger, § 2216 Rn. 39, wenn auch unter unzutreffender Auslegung des Wortlauts von § 2220 BGB, da der Erblasser *„das Außerkraftsetzungsrecht des Nachlassgerichtes nicht ausschließen“* könne. Ferner *W. Zimmermann*, Testamentsvollstreckung, Rn. 387.

204 Davon abzugrenzen sind reine Wünsche oder Vorschläge des Erblassers, welche ein rechtliches Nullum darstellen, *BayObLG*, NJW 1976, 1692.

205 Dazu unten B.I.4.a)aa).

206 Ähnlich auch *BayObLG*, NJW 1976, 1692 (1693).

Dennoch lässt sich aus der Vorschrift auch ein Recht des Testamentsvollstreckers herauslesen: Auf Antrag des Testamentsvollstreckers (oder anderer Nachlassbeteiligter) beim Nachlassgericht kann eine Anordnung außer Kraft gesetzt werden. Bei mehreren Vollstreckern haben alle Amtsträger (anders als bei sonstigen[207] Nachlassbeteiligten)[208] den Antrag gemeinsam zu stellen.[209] Das Gericht gibt dem Antrag statt, wenn der Nachlass bei Befolgung der Anordnung erheblich gefährdet werden würde. Somit dient die Norm dem Nachlassschutz.[210]

Neben dem Schutzaspekt ist jedoch auch auf die Interessen der Nachlassbegünstigten abzustellen, sofern der Erblasser diese schützen oder fördern wollte.[211] Wenn die außer Kraft zu setzende Anordnung die Nachlassbeteiligten also wirtschaftlich begünstigen sollte, so ist die Außerkraftsetzung einer Anordnung nach herrschender Meinung schon dann möglich, wenn die Ausführung der Anordnung einen gegenläufigen Effekt auf den Adressaten hat, ihn also wirtschaftlich gefährden würde. Die Gefahr für den Begünstigten wird mit einer Gefahr für den Nachlass gleichgestellt.[212] Selbst wenn die Anordnung für den Nachlass fördernd, für den Begünstigten aber nachteilig wäre, kann sie außer Kraft gesetzt werden. Wollte der Erblasser also ein sog. *Behindertentestament*[213] errichten, um seinen Erben ein Einkommen zu sichern, das den Regressforderungen der Sozialhilfeträger entzogen sein soll, darf der Testamentsvollstrecker für diesen Zweck gegenläufige Anordnungen außer Kraft setzen lassen, auch wenn diese dem Nachlass eigentlich nicht schaden würden.[214]

---

207 Zu den Nachlassbeteiligten vgl. *Weidlich* in Grüneberg, § 2216 Rn. 6 m.w.N.

208 *Dutta* in Staudinger, § 2216 Rn. 45.

209 Allgemeine Ansicht, siehe nur *Dutta* in Staudinger, § 2216 Rn. 45.

210 *Lange* in BeckOKBGB, § 2216 Rn. 36.

211 BayObLGZ 1961, 155 (159) m.w.N.; *OLG München*, ZEV 2017, 710; *Weidlich* in Grüneberg, § 2216 Rn. 5.

212 *OLG München*, ZEV 2017, 710 Rn. 16; *Damrau* in Soergel, § 2216 Rn. 12; *Dutta* in Staudinger, § 2216 Rn. 41.

213 Dazu unten B.I.3.a)bb)(2).

214 *Dutta* in Staudinger, § 2216 Rn. 41 m.w.N. Diesbezügliche Kritik von *Lange/Kuchinke*, Erbrecht, § 31 V 1b, eine derartige Auslegung überdehne den Wortlaut und höhle die Norm aus, hat sich nicht durchgesetzt.

Der Amtsinhaber kann jede Anordnung aussetzen lassen, mit Ausnahme der Testamentsvollstreckung an sich.[215] Setzen Gerichte eine Anordnung außer Kraft, so sind sie nicht zur Füllung der dadurch entstehenden Lücke im Testament ermächtigt.[216] Das weitere Vorgehen liegt mithin im Ermessen des Testamentsvollstreckers.

*(b) Aufwendungsersatzanspruch, § 2218 Abs. 1 BGB i.V.m. § 670 BGB*

Sofern die Investition von Geld für die Nachlassabwicklung nötig wird, kann der Testamentsvollstrecker sie entweder aus eigenen Mitteln oder aus dem Nachlass vornehmen.[217] Nicht immer wird es sich anbieten, Geld aus dem Nachlass zu entnehmen – vor allem, wenn aus diesem noch Nachlassforderungen zu begleichen sind. Wenn also der Testamentsvollstrecker zu Amtszwecken eigenes Geld verwendet, muss eine Regressmöglichkeit für die Ausgaben des Testamentsvollstreckers bestehen.

Um den Regress sicherzustellen, wird der klassische Aufwendungsersatzanspruch (§ 670 BGB) aus dem Auftragsrecht über § 2218 Abs. 1 BGB auf das Rechtsverhältnis zwischen Erben und Testamentsvollstrecker übertragen. Sofern der Testamentsvollstrecker in seiner Amtstätigkeit eigene und erforderliche Aufwendungen[218] (sog. *freiwillige Vermögensopfer*) erbringt, kann er für diese Aufwendungen von den Erben Ersatz verlangen.[219] Voraussetzung ist ferner, dass derjenige, der Aufwendungsersatz verlangt, auch tatsächlich Testamentsvollstrecker ist oder hilfsweise auf seine Amtsinhaberschaft vertraut hat, weil er in anderen Fällen ein nicht erstattungsfähiges Eigengeschäft geführt hat.[220]

Der Aufwendungsersatzanspruch aus § 2218 Abs. 1 BGB i.V.m. § 670 BGB ist entgegen seiner Eigenschaft als „Recht" und nicht als „Pflicht" des

---

215 *KG*, JR 1951, 732 (732 f.); JW 1937, 475; *Damrau* in Soergel, § 2216 Rn. 10.

216 *KG*, OLGZ 1971, 220 (221 f.).

217 So jdfls. *Damrau* in Soergel, § 2218 Rn. 11.

218 Beispiele für erforderliche Aufwendungen sind beispielsweise Prozesskosten für den Nachlass, wovon regelmäßig auch Anwaltskosten umfasst sind, BGHZ 69, 235 (242); *BGH*, WM 1967, 25 (29); allg. auch *Zeuner*, FS Mühl, 721 (725).

219 Zu den Voraussetzungen von § 2218 Abs. 1 BGB i.V.m. § 670 BGB allgemein *W. Zimmermann* in MüKoBGB, § 2218 Rn. 20.

220 Vgl. BGHZ 69, 235 (241); ferner *OLG Karlsruhe*, BeckRS 2015, 7559; *Johannsen*, WM 1979, 598 (608).

Testamentsvollstreckers ebenfalls als zwingend anzusehen. Der Erblasser kann die Regressmöglichkeit des Testamentsvollstreckers gegenüber den Erben nicht beschneiden, da der Regressanspruch dem gesetzlichen Schuldverhältnis[221] zwischen Erben und Testamentsvollstrecker entspringt, von dem der Erblasser kein Teil ist.

### (3) Dispositives Recht

Das Recht der Testamentsvollstreckung stellt alle anderen Optionen zur Erweiterung der Rechtsmacht des Testamentsvollstreckers zur Disposition des Erblassers. In manchen Fällen lässt sich dieser Umstand aus dem Gesetz ableiten, z.B. in § 2199 Abs. 1 BGB[222] und § 2221 BGB.[223] In anderen Fällen haben deutsche Gerichte den dispositiven Charakter einiger Vorschriften festgestellt, z.B. bei der Prozessführungsbefugnis (§ 2212 BGB).[224] Das Kündigungsrecht gem. § 2226 BGB ist streng genommen nicht dispositiv, da der Erblasser das Kündigungsrecht nicht per letztwilliger Verfügung abbedingen kann.[225] Vor dem Hintergrund der Privatautonomie ist es ihm jedoch möglich, mit dem zukünftigen Testamentsvollstrecker eine Kündigungsabrede zu vereinbaren, welche ihn zu einem bestimmten Zeitpunkt zur Amtsniederlegung verpflichtet und ansonsten daran hindert.[226] Lediglich das Recht auf Kündigung aus wichtigem Grund (§ 2218 Abs. 1 BGB i.V.m. § 671 Abs. 2 BGB) ist unverzichtbar.[227] Man kann das Kündigungsrecht in § 2226 BGB also als „quasi-dispositiv" bezeichnen, weswegen auch darauf in diesem Abschnitt einzugehen ist.

---

221 Siehe Fn. 157.

222 *„Der Erblasser kann (…) ermächtigen, (…)"*.

223 *„Der Testamentsvollstrecker kann (…) verlangen, sofern nicht der Erblasser ein anderes bestimmt hat."*

224 BGHZ 38, 281 (286 f.); angedeutet auch in *BGH*, NJW 1980, 2461 (2462), wonach zwischen der Klage des *„Testamentsvollstreckers als solchem und derjenigen des Testamentsvollstreckers persönlich zu unterscheiden"* sei.

225 *Dutta* in Staudinger, § 2226 Rn. 1; *W. Zimmermann* in MüKoBGB, § 2226 Rn. 1.

226 *Dutta* in Staudinger, § 2226 Rn. 2; *Kroiß* in NoKoBGB, § 2226 Rn. 5. Nach Amtsantritt ist eine solche Abrede auch mit den Erben möglich, BGHZ 25, 275 (281); RGZ 156, 70 (75 f.); *BGH*, NJW 1962, 912 (913).

227 *Kroiß* in NoKoBGB, § 2226 Rn. 5.

### *(a) Ernennung eines Mitvollstreckers oder Nachfolgers, § 2199 BGB*

Vor allem in der Praxis für bedeutsam erachtet[228] wird das Recht des Testamentsvollstreckers zur Ernennung von Mitvollstreckern (§ 2199 Abs. 1 BGB) und Nachfolgern (§ 2199 Abs. 2 BGB) in sein Amt. Auf diese Weise soll der Erblasser seinen Nachlass dauerhaft sichern können. Die Dispositivität der Vorschrift ergibt sich aus der testamentarischen Ermächtigungshürde – befähigt der Erblasser den Amtsinhaber nicht zur Mit- und Nachernennung, sind die Ernennungen unwirksam.[229] Dasselbe gilt, wenn die Ernennungsbefugnis erteilt wurde, der „Ur-Vollstrecker" aber seinerseits unwirksam ernannt worden ist.[230] Auch kann die Ermächtigungsbefugnis im Testament aufgrund der grundsätzlichen Unzulässigkeit von Bestimmungen durch Dritte (§ 2065 Abs. 1 BGB) nicht erweitert werden.[231] Der Testamentsvollstrecker kann vom Erblasser daher nicht ermächtigt werden, einen ursprünglich ernannten Nachtestamentsvollstrecker wieder abzusetzen, da dies vom Normgehalt nicht gedeckt ist.[232]

Die Ausübung des Berufungsrechtes ist freiwillig.[233] Daher können die Erben die Ausübung der Ernennungsbefugnis durch den Amtsinhaber nicht erzwingen.[234]

Auch Nachvollstrecker können wiederum ermächtigt sein, Nachfolger in ihr Amt zu bestellen,[235] sodass § 2199 Abs. 2 BGB das Tor zur vorbenannten „Endlosschleifen"-Problematik[236] öffnet. Mithin stellt sich die Amtsnachfolge gem. § 2199 Abs. 2 BGB durchaus als problematisch heraus, sollten die Testamentsvollstrecker und deren Nachfolger von ihrem Recht kontinuierlich Gebrauch machen.

---

[228] „Von großer praktischer Bedeutung", *W. Zimmermann* in MüKoBGB, § 2199 Rn. 1.

[229] *Reimann* in Staudinger, § 2199 Rn. 1; *W. Zimmermann* in MüKoBGB, § 2199 Rn. 2.

[230] *OLG Zweibrücken*, ZEV 2001, 27 mit kritischer Anm. *Damrau*.

[231] *W. Zimmermann* in MüKoBGB, § 2199 Rn. 2.

[232] *Weidlich* in Grüneberg, § 2199 Rn. 1; a. A. *Dutta* in Staudinger, § 2199 Rn. 5; *Säcker*, ZEV 2006, 288 (290); *Winkler*, Rn. 51a.

[233] *Winkler*, Rn. 49; *W. Zimmermann* in MüKoBGB, § 2199 Rn. 3.

[234] *W. Zimmermann* in MüKoBGB, § 2199 Rn. 3.

[235] *Winkler*, Rn. 50.

[236] Siehe oben B.I.2.c)dd)(1).

### *(b) Prozessführungsbefugnis*

Zum Machtapparat des Testamentsvollstreckers gehört auch die Prozessführung durch den Amtsinhaber. Gesetzlich geregelt sind sowohl die Aktiv- als auch die Passivlegitimation. Da die Passivlegitimation gem. § 2213 BGB dem Testamentsvollstrecker aber keine Rechtsmacht im eigentlichen Sinne verleiht, soll im Folgenden nur auf die Aktivlegitimation gem. § 2212 BGB eingegangen werden.

Der Testamentsvollstrecker ist in allen Rechtsstreitigkeiten aktivlegitimiert, die den Nachlass betreffen und die seiner Vollstreckung unterfallen.[237] § 2212 BGB beachtet somit die materiell-rechtliche Verwaltungsbefugnis im Prozessrecht.[238] Folgt man der herrschenden Amtstheorie[239] (und diese Sichtweise ist am überzeugendsten), klagt der Testamentsvollstrecker als Partei kraft Amtes im eigenen Namen.

Dieser Umstand führt allerdings dazu, dass dem Amtsinhaber im Falle des Unterliegens im Prozess die Kosten auferlegt werden.[240] Dies erscheint auf den ersten Blick ungerecht, ist aber konsequent, denn der nicht am Prozess beteiligte Nachlass, welcher im Übrigen weder rechts- noch prozessfähig ist,[241] kann auch nicht zur Kostentragung verurteilt werden – Urteile und Beschlüsse gelten schließlich nur zwischen den Prozessbeteiligten, §§ 322, 325 ZPO (*materielle Rechtskraft*).[242]

Die Regelung des § 2212 BGB ist dispositiv,[243] denn die Prozessführungsbefugnis kann im Testament den Erben zugesprochen werden. Ferner kann

---

237 *BGH*, NJW 1998, 1313 (1313 f.); *OLG Hamm*, NJW-RR 2002, 729 (729 f.).

238 So auch *OLG Koblenz*, BeckRS 2017, 127120 Rn. 3; *W. Zimmermann* in MüKoBGB, § 2212 Rn. 1, 6.

239 Siehe Fn. 52. Gemeint ist damit nicht die gleichlautende Theorie, die der *BGH* bei der „Endlosschleifen"-Problematik anwendet.

240 *Dutta* in Staudinger, § 2212 Rn. 4; *W. Zimmermann* in MüKoBGB, § 2212 Rn. 13.

241 Dies ergibt sich aus dem Umstand, dass der Nachlass als Erblasservermögen zu sehen ist und im deutschen Recht somit keine juristische Person darstellt, *Weidlich* in Grüneberg, § 1922 Rn. 7.

242 Siehe nur *Gottwald* in MüKoZPO, § 322 Rn. 1 m.w.N.

243 *M. Schmidt* in Erman, § 2212 Rn. 4 mit Verweis auf BGHZ 38, 281 (286), wenn auch mit S. 287 zitiert.

der Testamentsvollstrecker selbst Erben auswählen und zur Ausübung einer gewillkürten Prozessstandschaft ermächtigen.[244]

### *(c) Vergütungsanspruch, § 2221 BGB*

Für die potentiell langwierige Tätigkeit[245] des Testamentsvollstreckers weist das Gesetz ihm einen Anspruch auf Vergütung zu, § 2221 BGB. Der Vollstrecker kann den Anspruch gegen die Erben geltend machen, da es sich bei dem Vergütungsanspruch um eine Nachlassverbindlichkeit i.S.d. § 1967 Abs. 2 BGB handelt.[246] Für die Durchsetzung des Anspruches bei Vollstreckermehrheit gilt das Prinzip „jeder für sich".[247]

Der Anspruch des Testamentsvollstreckers beschränkt sich lediglich auf die „angemessene Vergütung". Was „angemessen" sein soll, ist nicht weiter definiert – es handelt sich hierbei um einen unbestimmten Rechtsbegriff.[248] Einen Definitionsversuch wagte der *BGH* wie folgt:

> *„Maßgebend für die Vergütung des Testamentsvollstreckers sind der im Rahmen der Verfügung von Todes wegen nach dem Gesetz obliegende Pflichtenkreis, der Umfang der ihn treffenden Verantwortung und die von ihm geleistete Arbeit, wobei die Schwierigkeit der gelösten Aufgaben, die Dauer der Abwicklung oder der Verwaltung, die Verwertung besonderer Kenntnisse und Erfahrungen und auch die Bewährung einer sich im Erfolg auswirkenden Geschicklichkeit zu berücksichtigen sind."*[249]

---

[244] Ganz h. M., siehe für vergleichbare Fälle der Konkursverwaltung BGHZ 35, 180 (183); für vergleichbare Fälle der Nachlassverwaltung BGHZ 38, 281 (286); für die Testamentsvollstreckung *BFH*, BB 1988, 2024; *FG Bremen*, BeckRS 2016, 95805; *Bötticher*, JZ 1963, 582 (583 ff.); *Damrau* in Soergel, § 2212 Rn. 3; *Kipp/Coing*, § 71 I 1; *K. W. Lange* in BeckOKBGB, § 2212 Rn. 7; *Lange/Kuchinke*, Erbrecht, § 31 VI 4 lit. f); *Nirk*, NJW 1963, 300; *M. Schmidt* in Erman, § 2212 Rn. 4; a. A. *H. Koch*, JZ 1984, 809 (812 f.).

[245] Aufgrund dieses Zeitmoments wird der Testamentsvollstrecker teilweise auch „der wahre Erbe" genannt, *Reimann*, FamRZ 1995, 588. Diese Terminologie kann rechtsvergleichend wohl nicht überzeugen, da es tatsächlich Rechtsordnungen gibt, in denen derjenige, der der Figur des deutschen Testamentsvollstreckers am nähesten kommt, gesetzlicher Erbe wird. Ein solches System kennt z.B. das englische Recht mit den Figuren der *„administrators"* und *„executors"*, dazu *Häcker* in Löhnig/Dutta, S. 191 ff.

[246] *BGH*, NJW 2013, 3446 Rn. 13; NJW 1997, 1362 (1363); *W. Zimmermann* in MüKoBGB, § 2221 Rn. 3.

[247] *Becker* in Soergel, § 2221 Rn. 28; *W. Zimmermann* in MüKoBGB, § 2221 Rn. 2.

[248] Eine „vom Gesetzgeber sehr informell gehandhabte Regelung", *Eckelskemper*, RNotZ 2010, 242 (244).

[249] BGHZ 38, 281.

Letztendlich ist die Höhe der Vergütung mithin einzelfallabhängig. Die Kautelarjuristik hat in Anerkennung dieses Umstands Berechnungshilfen in Form von Tabellen erarbeitet, wovon die „Neue Rheinische Notartabelle" am prominentesten[250] ist.[251] Mithilfe dieser Tabellen und anhand der erfüllten Aufgabe kann ein Prozentsatz abgelesen werden, welcher dann in Relation zum Nachlasswert gesetzt wird. Das Ergebnis der Relation ergibt dabei die Vergütung. Es existieren jedoch auch alternative Abrechnungsmethoden, beispielsweise die der Zeiterfassung.[252]

Ferner kann der Erblasser einen Fixanspruch in seiner letztwilligen Verfügung festlegen, § 2221 BGB a. E. Aus der Systematik der Vorschrift ergibt sich der Vorrang der Erblasseranordnungen vor einer „angemessenen" Vergütung.[253]

Ob der Erblasser in seinem Testament zur Bestimmung der Vergütung überhaupt auf eine bestimmte Tabelle verweisen darf, ist umstritten.[254] Gegen dieses Vorgehen führt *W. Zimmermann* vor allem an, dass höchstens der Verweis auf die Tabelle als Anlage möglich wäre. Diese würde aber entweder dem Testament nicht beigefügt oder – falls sie beigefügt worden ist – nicht dem Formerfordernis des § 2247 BGB entsprechen.[255] Auch bestünden Zweifel hinsichtlich des Erblasserwillens, da sich dieser über die Tragweite einer solchen Anordnung mangels entsprechender Sachkenntnis meist nicht bewusst sein könne.[256]

---

250 Jüngst verwendet vom *OLG Saarbrücken*, ZEV 2024, 305 (309) Rn. 25. Alternativtabellen wurden benutzt vom *OLG Frankfurt*, MDR 2000, 788 (789) (Tabelle von *Tschischgale*) sowie *OLG Karlsruhe*, ZEV 2001, 286 (*Bengel/Reimann*, zugleich mit Verweis auf die Tabelle von *Möhring*); *OLG Köln*, NJW-RR 1987, 1414 (1415) (Tabelle von *Möhring*).

251 Kritisch gesehen werden diese Vergütungshilfen vom *OLG Köln*, NJW-RR 1995, 202 (203) und *W. Zimmermann* in MüKoBGB, § 2221 Rn. 25.

252 Siehe dazu *W. Zimmermann* in MüKoBGB, § 2221 Rn. 24 ff.; Testamentsvollstreckung, Rn. 711 ff.

253 Er kann somit eine Vergütung auch ganz ausschließen. Das benachteiligt den zukünftigen Amtsinhaber nicht auf unbillige Weise, da das Amt des Testamentsvollstreckers freiwillig ist. Bei einem nicht lukrativen Geschäft muss man das Amt nicht antreten.

254 Dafür *Reithmann*, ZEV 2001, 385; *Kroiß* in NoKoBGB, § 2221 Rn. 38; *Schiffer/Rott* in Schiffer/Rott/Pruns, § 5 Rn. 2; a. A. *W. Zimmermann* in MüKoBGB, § 2221 Rn. 4; ZEV 2001, 334.

255 *W. Zimmermann*, ZEV 2001, 334 (335).

256 *W. Zimmermann*, ZEV 2001, 334 (335).

Für die Verweisungsoption spricht schon, dass der Erblasser dem Testamentsvollstrecker für die Festsetzung der Vergütung ein einseitiges Leistungsbestimmungsrecht gem. §§ 315, 317 BGB einräumen kann.[257] Dieser Auffassung schließt sich auch *W. Zimmermann* an.[258] Dadurch entkräftet er jedoch seine Kritik – denn welche Vergütung der Testamentsvollstrecker dann letztendlich bestimmt und ob er diesbezüglich zusätzlich auf Vergütungstabellen zurückgreift, entzieht sich ebenfalls der Kenntnis des Erblassers. Dem Verweis auf Vergütungstabellen im Testament stehen somit keine gewichtigen Gründe entgegen. Auch die jüngere Rechtsprechungspraxis hat an der Ermittlung der Vergütung durch Tabellen festgehalten.[259]

Letztlich können der Testamentsvollstrecker und die Erben Vergütungsanordnungen nach dem Konsensprinzip umgehen, wenn sie sich einstimmig auf eine bestimmte Vergütungshöhe einigen.[260] Etwaige Anordnungen des Erblassers werden damit hinfällig.

Hat der Erblasser sich im Testament nicht zur Höhe geäußert und werden sich die Parteien auch sonst nicht einig, setzt das zum Rechtsstreit angerufene Prozessgericht die Vergütung nach den Bewertungsmaßstäben des *BGH* fest.[261] Sichert der Erblasser testamentarisch formwirksam eine bestimmte Vergütung zu, ist diese durch den Grundsatz der Privatautonomie vorrangig vor den anderen, oben erörterten Festlegungsmethoden. Vor unangemessen hohen Vergütungen werden die Erben nur innerhalb der weiten Grenzen der Sittenwidrigkeit (§ 138 Abs. 1 BGB) geschützt.[262]

#### *(d) Kündigungsrecht, § 2226 BGB*

Der Testamentsvollstrecker kann sein Amt gem. § 2226 S. 1 BGB jederzeit aufkündigen. Eines besonderen Grundes bedarf es dazu nicht.[263] Der historische Gesetzgeber hat aus Gründen des Schutzes des Amtsinhabers

---

257 So auch *Herberth*, S. 50.
258 *W. Zimmermann* in MüKoBGB, § 2221 Rn. 5.
259 *OLG München*, ErbR 2022, 266 (267 f.).
260 *Steiner*, ZEV 2020, 330 (333).
261 *BGH*, WM 1972, 101; BayObLGZ 1972, 379; *Johannsen*, WM 1973, 530 (536).
262 So auch *W. Zimmermann*, ZEV 2001, 334.
263 Ein Ausschluss von Kündigungsrechten wurde bei der Entstehung des BGB allerdings noch erwogen, dazu *Kühn*, ZErb 2009, 140; *Muscheler*, NJW 2009, 2081 (2081 f.); *Winkler*, Rn. 787; *W. Zimmermann* in MüKoBGB, § 2226 Rn. 1.

beschlossen, dass kein wichtiger Grund für eine wirksame Kündigung vorliegen muss.[264] Dem Grunde nach kann der Testamentsvollstrecker sein Amt also jederzeit niederlegen, ohne dass er auf die Bedürfnisse der Erben oder des Nachlasses Rücksicht nehmen muss. Damit unterscheidet sich der Testamentsvollstrecker von anderen privaten Amtsträgern mit Verwaltungs- und Verfügungsbefugnissen über fremdes Vermögen. Gesetzliche Betreuer, Vormünder oder Insolvenzverwalter können zum Beispiel grundsätzlich nur vom Gericht entlassen werden, ohne auf den Entlassungsprozess Einfluss nehmen zu können – vermutlich, weil das Gericht sie (anders als in der Testamentsvollstreckung, wo grundsätzlich der Erblasser den Amtsinhaber ernennt) selbst in ihre Ämter befördert.[265]

In zeitlicher Hinsicht ist das Kündigungsrecht begrenzt, denn gem. § 2226 S. 3 BGB gilt § 671 Abs. 2, 3 BGB entsprechend. Erfolgt die Kündigung des Amtsinhabers zu so einer unpassenden Zeit, dass die Fortführung der Vollstreckungsaufgaben unmöglich wird und die Unterbrechung zu Schäden führt, ist sie nicht gestattet.[266] In der Rechtsfolge wird die Kündigung damit allerdings nicht unwirksam, sondern kann allenfalls Schadensersatzansprüche gem. § 2219 BGB i.V.m. § 671 Abs. 2 S. 2 BGB zur Folge haben.[267] Dem Testamentsvollstrecker ist die grundlose Kündigung somit auch hiernach nicht verwehrt. Außerdem ist die begründete Kündigung jederzeit gestattet, § 2226 S. 3 BGB i.V.m. § 671 Abs. 2 S. 1 BGB. Ein besonderer Grund ist beispielsweise bei schwerer Krankheit des Amtsinhabers anzunehmen.[268]

Nach der herrschenden Meinung kann der Testamentsvollstrecker außerdem Vereinbarungen treffen, die ihn zur Amtsniederlegung verpflichten. Vereinbarungspartner können zunächst der Erblasser,[269] aber auch die Erben sein.[270]

---

264 *Achilles/Gebhard/Spahn*, Protokolle Bd. V, S. 260; mit Kritik dazu *van Venrooy*, JZ 1981, 53 (56).

265 § 1889 BGB; §§ 1975, 1951 Abs. 1 S. 1, 1889 BGB; § 59 InsO.

266 *Martinek/Omlor* in Staudinger, § 671 Rn. 16.

267 RGZ 100, 95 (97); *Dutta* in Staudinger, § 2226 Rn. 5; a. A. *van Venrooy*, JZ 1981, 53 (57), wonach die unzeitige Kündigung unter § 134 BGB fallen soll und nichtig ist. Demnach hätte der Testamentsvollstrecker sein Amt fortzuführen.

268 *Lange* in BeckOKBGB, § 2226 Rn. 2.

269 *Steiner*, ZEV 2020, 330 (331).

270 BGHZ 25, 275 (281); *BGH*, NJW 1962, 912 (913); i.E. auch *Muscheler*, NJW 2009, 2081 (2086), wenn auch differenzierter dahingehend, dass diese Verpflichtung nicht eingeklagt werden dürfe.

Die Kündigung ist dem zuständigen Nachlassgericht formlos zu erklären, § 2226 S. 3 BGB i.V.m. § 25 FamFG.

Kündigt der Testamentsvollstrecker, endet seine konkrete Amtszeit. Die Testamentsvollstreckung an sich wird davon zunächst noch nicht berührt. Es sind gegebenenfalls noch Abwicklungs- oder Verwaltungsaufgaben zu erbringen, für die ein Nachfolger in das Amt bestellt werden muss.[271] Erst wenn alle Aufgaben erledigt sind, endet zeitgleich mit der Kündigung des Amtsinhabers auch die gesamte Testamentsvollstreckung.[272]

#### bb) Dauer- bzw. Verwaltungsvollstreckung, §§ 2209, 2210 BGB

Eine weitere Form der deutschen Testamentsvollstreckung ist die der Dauer- bzw. Verwaltungsvollstreckung.[273] Sie ist in den §§ 2209, 2210 BGB geregelt und bezweckt u.a. die Konservierung des Nachlasses durch Perpetuierung der Verwaltungsbefugnisse.[274] Stimmen im Schrifttum bewerten sie daher als eine langfristige und einschneidende Anordnung in die Rechte der betroffenen Erben,[275] weswegen bereits in der Vergangenheit die Verfassungsmäßigkeit des Rechtsinstitutes angezweifelt wurde.[276]

Da diese Arbeit § 2210 BGB bereits ausführlich behandelt hat,[277] soll dieser Abschnitt im Wesentlichen auf die Verfügungs- und Verpflichtungsbefugnisse des Dauer- und Verwaltungsvollstreckers gem. § 2209 S. 1 1. Hs. bzw. 2. Hs. BGB[278] eingehen.

---

271 *Horn*, ZEV 2007, 521.

272 Dies wird aber nur selten der Fall sein, da die Testamentsvollstreckung bei Erledigung der Aufgaben ohnehin sofort zu einem Ende kommt, dazu oben B.I.2.c).

273 Zur Historie dieses Rechtsinstituts siehe *Muscheler*, S. 45 ff.

274 *Röper*, ZEV 2023, 789 (793); *J. P. Schmidt*, RabelsZ 86 (2022), 557 (558).

275 *Ohr* in H. Lange, 4. Denkschrift, S. 316; angedeutet auch *W. Zimmermann* in MüKoBGB, § 2209 Rn. 19.

276 *W. Zimmermann*, Testamentsvollstreckung Rn. 152; a. A. BGHZ 174, 346.

277 Siehe oben B.I.2.

278 Teilweise wird für beide Varianten der Begriff „Dauervollstreckung" synonym verwendet (z.B. *Dutta* in Staudinger, § 2209 Rn. 1 ff.). Aus Zwecken der Übersichtlichkeit werden die Begriffe, wie im Folgenden dargestellt, voneinander getrennt.

#### (1) Die Verwaltungsvollstreckung, § 2209 S. 1 Hs. 1 BGB

Die Grundform der Verwaltungsvollstreckung ist in § 2209 S. 1 Hs. 1 BGB geregelt. Hierbei geht es um die reine Verwaltung des Nachlasses, bei der dem Amtsinhaber sonst keine anderen Aufgaben zugeteilt werden. Der Amtsinhaber darf den Nachlass grundsätzlich weder verpflichten noch über ihn verfügen und erlangt auf den ersten Blick also nur die dingliche Verwaltungsbefugnis.[279] Von diesem Grundsatz wird „im Zweifel" eine Ausnahme gemacht, § 2209 S. 2 BGB i.V.m. § 2207 BGB. Diese Art der Testamentsvollstreckung wird teilweise als „eingeschränkte Abwicklungsvollstreckung" gesehen,[280] teils als Ausnahme von der Regel betrachtet.[281] Es ist allerdings vorzugswürdig, die beiden Vollstreckungsarten begrifflich voneinander zu trennen. Dafür streitet nicht zuletzt die Binnensystematik der §§ 2197 ff. BGB, da die Dauervollstreckung in einer eigenen Vorschrift Einzug in den 3. Abschnitt des BGB gefunden hat und nicht etwa als „§ 2203 Abs. 2 BGB" oder auf andere Weise der Abwicklungsvollstreckung untergeordnet worden ist. Auch sind Abwicklungs- und Dauervollstreckungen nicht immer miteinander vergleichbar[282] – besonders in zeitlicher Hinsicht sind gravierende Unterschiede zu erkennen.

In systematischer Hinsicht kann nicht bestritten werden, dass auch der Verwaltungsvollstrecker Kündigungsrechte, Vergütungsansprüche und alle sonstigen in den §§ 2212 ff. BGB enthaltenen Rechte besitzt. Schließlich sprechen besagte Rechte lediglich vom „Testamentsvollstrecker" und nicht nur vom „Abwicklungsvollstrecker". Die oben erörterten Rechte sind daher nicht exklusiv dem Abwicklungsvollstrecker vorbehalten, sondern allen Vollstreckungsarten und somit auch dem Verwaltungsvollstrecker sowie dem beaufsichtigenden Testamentsvollstrecker[283] zugänglich. Es stellt sich jedoch die Frage, wie es sich mit den allgemeinen Verfügungs- und Verpflichtungsbefugnissen verhält, da sie in den §§ 2205–2207 BGB geregelt und der Verwaltungsvollstreckung dadurch vorgeschaltet sind.

---

279 *Coing*, AcP 167 (1967), 99 (103).

280 *OLG Bremen*, ZEV 2013, 335 (336); *Dutta* in Staudinger, § 2209 Rn. 2; *Winkler*, Rn. 146; a. A. *W. Zimmermann* in MüKoBGB, § 2209 Rn. 1.

281 *Kroiß* in NoKoBGB, § 2209 Rn. 2; *Tanck* in Mayer/Bonefeld/Tanck, § 47 Rn. 98; *W. Zimmermann* in MüKoBGB, § 2203 Rn. 1; Testamentsvollstreckung, Rn. 153.

282 A. A. wohl *Kroiß* in NoKoBGB, § 2209 Rn. 7.

283 Dazu unten B.I.3.a)cc).

Nach vordringender Ansicht in Rechtsprechung[284] und Literatur[285] soll – als Ausnahme zu dem vorstehend erörterten Ausschluss der Verfügungsbefugnis – auch der Dauertestamentsvollstrecker „im Zweifel" (vgl. § 2209 S. 2 BGB) befugt sein, über Nachlassgegenstände gem. § 2205 S. 2 BGB zu verfügen. Die Verfügungsbefugnis wird als notwendiger Bestandteil des Verwaltungsrechtes verstanden.[286]

Dieser Ansicht ist insgesamt zuzustimmen, auch wenn die Begründung der Literatur und Rechtsprechung nicht stichhaltig ist. Die Binnensystematik des § 2205 BGB stellt klar, dass vom Verwaltungsbegriff „insbesondere" (§ 2205 S. 2 BGB) auch das Verfügungsrecht umfasst sein soll. Im Ergebnis ist § 2205 S. 2 BGB daher entgegen der Rechtsprechungspraxis[287] nicht über § 2209 S. 2 BGB i.V.m. § 2207 BGB heranzuziehen. Vielmehr muss dem Wortlaut von § 2209 S. 1 1. Hs. BGB („*Verwaltung*") die Anwendung von § 2205 BGB auch auf Fälle der reinen Verwaltungsvollstreckung entnommen werden.

Die reine Verwaltungsvollstreckung in § 2209 S. 1 Hs. 1 BGB gewährt dem Testamentsvollstrecker also zunächst nur die Befugnis, den der Testamentsvollstreckung unterliegenden Nachlass über längere Zeit zu verwalten. Andere Rechte hat er auf den ersten Blick nicht. Es hat sich jedoch gezeigt, dass die §§ 2197 ff. BGB die Verfügungsbefugnis als Bestandteil der Verwaltungsbefugnis verstehen. Der Testamentsvollstrecker ist *de lege lata* daher auch dann zur Verfügung über Nachlassgegenstände berechtigt, wenn ihm testamentarisch nur die Verwaltung des Nachlasses aufgetragen wird.

#### (2) Die Dauervollstreckung, § 2209 S. 1 Hs. 2 BGB

Der zweite Halbsatz der Norm ermöglicht es dem Erblasser, die Verwaltungsvollstreckung mit der Abwicklungsvollstreckung zu verknüpfen. Gewissermaßen wird hier die Verwaltungsvollstreckung an eine reguläre Abwicklung „angehängt" – nach Erledigung der Aufgaben verbleibt das Verwaltungsrecht

---

[284] *OLG Bremen*, ZEV 2013, 335 (336); *OLG Düsseldorf*, NJW 1952, 1259 (1260).

[285] *Dutta* in Staudinger, § 2209 Rn. 19, *W. Zimmermann* in MüKoBGB, § 2209 Rn. 10.

[286] *OLG Düsseldorf*, NJW 1952, 1259 (1260).

[287] So wendet die Rechtsprechung die Norm offenbar an, da sich die Gerichte bei der Anwendung von § 2205 S. 2 BGB auf den Wortlaut „im Zweifel" berufen, welcher in § 2209 S. 2 BGB zu finden ist, siehe nur *OLG Bremen*, ZEV 2013, 335 (336) m.w.N. Dass § 2205 BGB die Lösung dieser Thematik ist, erkennt nur *KG*, DNotZ 1944, 9.

bei dem Testamentsvollstrecker.[288] Die Erben können nach wie vor nicht über den Nachlass oder einzelne Gegenstände daraus verfügen. § 2211 BGB wirkt insoweit auch nach Erfüllung der Erblasseranordnungen fort.[289] Diese Vollstreckungsform wird Dauervollstreckung genannt.

Mithilfe der Dauervollstreckung nach § 2209 S. 1 Hs. 2 BGB werden auch die sogenannten „*Behindertentestamente*" legitimiert. Zweck dieser Testamente ist die Konservierung von Vermögen,[290] welches durch den Testamentsvollstrecker an körperlich oder geistig eingeschränkte Erben ausgezahlt wird. Auf diese Weise wird das Vermögen sowohl dem Erben, als auch – und das ist der springende Punkt dieser Konstruktion – dem Zugriff etwaiger Sozialhilfeträger entzogen, die sich ihre Sozialhilfeleistungen aus dem Nachlassvermögen zurückholen wollen (§ 2214 BGB).[291] Der Testamentsvollstrecker kann unter der sozialrechtlichen Regressgrenze hindurch regelmäßige Geldleistungen an den Erben auszahlen.[292] Damit ist diese Art der Vollstreckung die einzige Ausnahme, in welcher der bereits herausgearbeitete, zeitlich tiefgreifende Einschnitt der Dauervollstreckung für die Erben durch einen anderen Rechtsvorteil kompensiert wird. Zwar wurde zwischenzeitlich die Sittenwidrigkeit (§ 138 Abs. 1 BGB) der *Behindertentestamente* diskutiert, von der herrschenden Rechtsprechung aber zutreffend abgelehnt.[293]

### (3) Fazit

Mit der Dauervollstreckung sind verschiedene Vollstreckungsmethoden gemeint – die reine Verwaltungsvollstreckung gem. § 2209 S. 1 1. Hs. BGB sowie die Dauervollstreckung gem. § 2209 S. 1 2. Hs. BGB. Mit letzterer kann die Verwaltungsvollstreckung an die reguläre Abwicklungsvollstreckung angebunden werden, um innerhalb der 30-Jahres-Frist (§ 2210 S. 1 BGB) die Rechtsfolgen der §§ 2211, 2214 BGB auszulösen.

---

288 *Dutta* in Staudinger, § 2209 Rn. 5; *Heckschen* in Burandt/Rojahn, § 2209 Rn. 2.

289 *Dutta* in Staudinger, § 2209 Rn. 21; *Flad* in Planck, § 2209 Anm. 5b.

290 „fürsorgliche Bevormundung des Erben", *Heckschen* in Burandt/Rojahn, § 2209 Rn. 2.

291 Die Staatskassen der Sozialhilfeträger stellen nämlich grundsätzlich Nachlassgläubiger i.S.d. § 2211 BGB dar, *BGH*, ZEV 2020, 41 Rn. 10; FGPrax 2013, 167 Rn. 21.

292 *Weidlich*, ZEV 2020, 136; *Milzer*, NZFam 2019, 1046 (1047 f.).

293 BGHZ 188, 96 (99); *BGH*, ZEV 2020, 41 Rn. 12 mit Anm. *Zimmer*; ZEV 2017, 407 Rn. 12; ZEV 2017, 267 Rn. 15; FGPrax 2013, 167 Rn. 20.

Dem Wortlaut der §§ 2197 ff. BGB ist jedoch zu entnehmen, dass auch der reine Verwaltungsvollstrecker verfügungsbefugt ist. Das ist sogar nicht nur im Zweifel der Fall, wie die Rechtsprechung meint. Aus § 2205 BGB ergibt sich, dass die Verwaltung eines Nachlasses auch die Verfügungsmacht über diesen erfasst. Dieser Umstand wurde bisher nur von wenigen Gerichten erkannt, weswegen die Urteilsbegründungen diesbezüglich teils auf wackligen Beinen stehen.[294]

Die Untersuchung macht deutlich, wie sehr vor allem die §§ 2209, 2210 BGB die Erbenrechte beschränken. Die einzig erbenbegünstigende Ausnahme ist das sog. „*Behindertentestament*", da dem behinderten Erben der Sozialhilferegress erspart bleibt. Wenig überraschend wurde die Dauer- und Verwaltungsvollstreckung vermehrt und auch auf europäischer Bühne[295] kritisiert,[296] teils sogar mit guten Argumenten für verfassungswidrig gehalten.[297] Das Konstrukt der §§ 2209, 2210 BGB könne dem Sinn und Zweck der Vorschrift, besonders mit Blick auf die Schutzbedürftigkeit der Erben, nicht gerecht werden.[298] Die Risiken der in §§ 2209, 2210 BGB bewirkten Rechtsfolge war dem Gesetzgeber bereits bei der Kodifikation des BGB bekannt.[299] Dennoch ist die heutige Dauer- bzw. Verwaltungsvollstreckung, welche seit der Entstehung des BGB nicht wesentlich reformiert wurde,[300] trotz ihrer Reformbedürftigkeit seither geltendes Recht.

### cc) Sonderfall: Beaufsichtigende Testamentsvollstreckung, § 2208 Abs. 2 BGB[301]

Im deutschen Recht besteht die Möglichkeit, einen Testamentsvollstrecker dergestalt einzusetzen, dass er die vorgenannten Verwaltungsbefugnisse nicht

---

294 Siehe die Begründungsansätze in *OLG Bremen*, ZEV 2013, 335 (336); *OLG Düsseldorf*, NJW 1952, 1259 (1260).

295 Z.B. in Österreich, vgl. *Sprung/Fink*, JBl 1996, 205 (214 f.).

296 *Lange/Kuchinke*, Erbrecht, § 31 V 2 („Dauerdiktatur"); *H. Lange*, JuS 1970, 101 (102); *Ohr* in H. Lange, 4. Denkschrift, S. 318 ff.; *Reimann*, FamRZ 1995, 588 (588 f.; 590; 593 f.).

297 *W. Zimmermann*, Testamentsvollstreckung, Rn. 152.

298 *Ohr* in H. Lange, 4. Denkschrift, S. 318 ff.

299 *Achille/Gebhard/Spahn*, Protokolle Bd. 5, S. 308.

300 Dazu auch *J. P. Schmidt*, Itinera hereditatis, S. 15.

301 Es gibt auch andere Sonderfälle der Testamentsvollstreckung, wie beispielsweise die Nacherbenvollstreckung (§ 2222 BGB), die Vermächtnisvollstreckung (§ 2223 BGB),

besitzt und nur „überwachend" tätig wird. Auch die §§ 2211 – 2214 BGB greifen in solchen Fällen nicht.[302] Gem. § 2208 Abs. 2 BGB[303] kann der Testamentsvollstrecker vom Erben in solchen Fällen nur verlangen, dass dieser die Verfügungen des Erblassers ausführt, also Vermächtnisse auszahlt, Teilungsanordnungen ausführt, Gegenstände herausgibt und Auflagen beachtet.[304] Weigert der Rechtsnachfolger sich aktiv oder bleibt er schlicht untätig, kann der Testamentsvollstrecker die erforderlichen Rechtshandlungen einklagen.[305] Führt die Weigerung dazu, dass der durch die letztwillige Verfügung Begünstigte einen Schaden erleidet, kann der Testamentsvollstrecker für ihn Schadensersatz verlangen.[306] Ob der Testamentsvollstrecker in derartigen Prozessen das Kostenrisiko trägt, ist umstritten.[307]

Bleibt der beaufsichtigende Testamentsvollstrecker sehenden Auges untätig, verstößt er gegen seine Aufsichtspflicht und macht sich wiederum selbst gegenüber den Erben schadensersatzpflichtig.[308]

Die beaufsichtigende Testamentsvollstreckung wird nicht im Erbschein eingetragen, da dessen Anordnung den Erben nicht beschränkt.[309]

## b) Zusammenfassung

Der Testamentsvollstrecker im deutschen Recht ist, je nach Art der Testamentsvollstreckung, mit einigen unabdingbaren und mit zahlreichen dispositiven Befugnissen ausgestattet. Der Grundfall der Testamentsvollstreckung ist die Abwicklungsvollstreckung, in welcher der Testamentsvollstrecker als

---

oder die Mittestamentsvollstreckung (§ 2224 BGB). Für diese Arbeit sind sie allerdings nicht relevant und werden daher ausgespart.

302 *Hoeren* in Schulze, § 2208 Rn. 7.

303 In § 2208 Abs. 1 BGB ist die Möglichkeit für den Erblasser geregelt, die Verwaltungsbefugnis des Testamentsvollstreckers zu beschränken. Entgegen der Binnensystematik haben die beiden Absätze auf den ersten Blick also keine Berührungspunkte.

304 *Dutta* in Staudinger, § 2208 Rn. 21; *Zweygart-Heckschen* in Burandt/Rojahn, § 2208 Rn. 6.

305 *W. Zimmermann* in MüKoBGB, § 2208 Rn. 13.

306 *Kroiß* in NoKoBGB, § 2208 Rn. 15; *Damrau* in Soergel, § 2208 Rn. 6.

307 Zu Recht spricht sich dafür aus *Zweygart-Heckschen* in Burandt § 2208 Rn. 6; a. A. *Dutta* in Staudinger, § 2208 Rn. 23; *W. Zimmermann* in MüKoBGB, § 2208 Rn. 13.

308 Statt vieler *Kroiß* in NoKoBGB, § 2208 Rn. 15; a. A. jdfls. für die Nichtvollziehung von Auflagen *Dutta* in Staudinger, § 2209 Rn. 23.

309 *OLG Köln*, FGPrax 2017, 133; *Zweygart-Heckschen* in Burandt/Rojahn, § 2208 Rn. 6.

„Generalvollstrecker“ die umfassende Verpflichtungs- und Verfügungsbefugnis über den Nachlass hat. Er darf Verbindlichkeiten eingehen und über Nachlassgegenstände verfügen.

Auf die Abwicklungsvollstreckung kann eine Verwaltungsvollstreckung folgen, wodurch auch nach Erledigung der Abwicklungsaufgaben der Nachlass der Verfügungsbefugnis der Erben entzogen bleibt (sog. Dauervollstreckung). Möglich ist aber auch die Anordnung einer reinen Verwaltungsvollstreckung, die von Beginn an auf die bloße Verwaltung des Nachlasses über einen gewissen Zeitraum abzielt. Die wohl schwächste Form der Testamentsvollstreckung stellt die beaufsichtigende Testamentsvollstreckung dar. Dieser Testamentsvollstrecker hat lediglich dafür zu sorgen, dass die Erben den Nachlass anordnungsgerecht aufteilen.

Jeder Testamentsvollstrecker hat unabhängig von der angeordneten Form einige grundlegende Rechte (z.B. Vergütungsansprüche, Klagerechte, etc.), die ihm zur Amtsausführung oder zur Durchsetzung eigener Rechte aus der Amtstätigkeit dienen.

## 4 Schutz der Erben

Zuletzt ist der Rechtsschutz der Erben zu thematisieren. Dafür sind einerseits etwaige Beschränkungen der Rechtsmacht des Testamentsvollstreckers[310] und andererseits Möglichkeiten der Erben zur Verteidigung ihrer Rechte in Form von gesetzlichen Ansprüchen zu diskutieren, sollte der Testamentsvollstrecker rechtswidrig handeln. Die gemeinsame Diskussion beider Aspekte ist wichtig, da die Beschränkungen der Rechtsmacht mit entsprechenden Gegenansprüchen der Erben oft Hand-in-Hand gehen. Nicht direkt bedeutsam für das Rechtsverhältnis zwischen Testamentsvollstrecker und Erben, aber auch zu erwähnen ist das den Erben zustehende Ausschlagungsrecht nach § 2306 Abs. 1 BGB.

### a) Beschränkungen der Rechtsmacht

Zunächst ist zu untersuchen, inwiefern die oben erörterte Rechtsmacht des Testamentsvollstreckers beschränkt ist.

---

310 Siehe oben B.I.3.

### *aa) Gebot der ordnungsgemäßen Verwaltung, § 2216 Abs. 1, Abs. 2 S. 1 BGB*

Der Erblasser kann neben der Testamentsvollstreckung an sich auch anordnen, auf welche Weise diese stattfinden soll. Er kann z.B. bestimmen, dass Gegenstände an konkret benannte Personen vermacht oder vererbt werden sollen, welche Form der Testamentsvollstreckung[311] bestehen soll und auf welche Aufgabenbereiche und/oder Erbteile[312] sie sich erstrecken soll.

Um zu garantieren, dass der Testamentsvollstrecker derartige Anordnungen auch berücksichtigt, sind die vom Erblasser getroffenen Anordnungen gem. § 2216 Abs. 1 BGB für den Amtsinhaber bindend, sodass der Testamentsvollstrecker ihnen grundsätzlich[313] Folge zu leisten hat (§ 2216 Abs. 2 S. 1 BGB). Bloße Wünsche des Erblassers hingegen haben für die Beurteilung der ordnungsgemäßen Verwaltung keine Bedeutung.[314]

#### (1) Inhalt der Pflicht

Wie bereits erörtert,[315] ist der Begriff der ordnungsmäßigen Verwaltung unbestimmt. Daher kann sich dessen Maßstab je nach angeordneter Testamentsvollstreckung unterschiedlich ausgestalten.[316] Auch wird stets die Zusammensetzung des Nachlasses zu berücksichtigen sein.[317] An den Begriff der Ordnungsmäßigkeit sind nach Auffassung der höchstrichterlichen Rechtsprechung zwar „strenge Anforderungen“ zu stellen,[318] welche das konkret sein sollen, erörtert sie jedoch nicht. Vielmehr spricht sie dem Testamentsvollstrecker gleichzeitig einen weiten Ermessensspielraum zu, um die nötige

---

311 Für eine Übersicht über die verschiedenen Formen der Testamentsvollstreckung siehe *W. Zimmermann*, Testamentsvollstreckung, Rn. 142.

312 Bei der Anordnung einer sog. „Teilvollstreckung“ wird der Nachlassanteil, der nicht der Vollstreckung unterfällt, von den Erben neben der Testamentsvollstreckung autonom aufgeteilt, *BayObLG*, NJW 1976, 1692 (1693).

313 Eine Ausnahme sind die Fälle des § 2216 Abs. 2 S. 2 BGB, sofern der Außerkraftsetzungsantrag des Amtsinhabers erfolgreich ist.

314 *BayObLG*, NJW 1976, 1692 (Ls. 1), *Becker* in Soergel, § 2216 Rn. 8; *Lange/Kuchinke*, Erbrecht, § 31 V 1b, dort Fn. 125 m.w.N.

315 Siehe B.I.3.a)aa)(1)(a).

316 So auch *Jess*, S. 119; *W. Zimmermann* in MüKoBGB, § 2216 Rn. 2.

317 *Jess*, S. 119.

318 *BGH*, NJW 1987, 1070 (1071); NJW 1959, 1820 (1822); NJW 1959, 1429.

wirtschaftliche Flexibilität zu gewährleisten.[319] So darf er grundsätzlich selbst entscheiden, ob er eine Nachlassforderung geltend macht oder davon absieht.[320] Auch darf er Geschäfte abschließen, die für den Nachlass riskant sein können, solange das Risiko zumindest kalkulierbar und die Handlung vorteilsorientiert ist.[321] Die Regel lautet also: Der Erblasserwille ist unbeachtlich, wenn gewisse Umstände dazu führen würden, dass die Befolgung des Erblasserwillens die Erbmasse in ihrem Bestand gefährden würde. Die von der Rechtsprechung erwähnten „strengen Anforderungen" werden durch die subjektive Entscheidungsgewalt des Amtsinhabers wieder aufgeweicht.

Ferner wird der Erblasserwille durch das objektive Nachlassinteresse und den Grundsatz der Wirtschaftlichkeit begrenzt. Letzterer besagt, dass der Testamentsvollstrecker alles tun muss, um das Vermögen zu konservieren und Verluste zu minimieren.[322] Bei Investitionen ist der bestmögliche Erfolg zu erzielen – mit einem „mäßigen" Ergebnis darf der Testamentsvollstrecker sich nicht begnügen. Seine Sorgfaltspflicht ist mithin darauf gerichtet, den Nachlass vor durch die letztwilligen Verfügungen hervorgerufenen Schäden zu bewahren.

#### (2) Rechtsfolge bei nicht ordnungsgemäßer Verwaltung

Kommt der Testamentsvollstrecker seiner Verwaltungspflicht nicht ordnungsgemäß nach, können die Erben (und Vermächtnisnehmer)[323] von ihm die Erfüllung seiner Pflichten verlangen.[324] Bei einer Erbengemeinschaft steht das Recht jedem Erben einzeln zu.[325] Der Anspruch kann auf Vornahme einer gebotenen Handlung oder auf Unterlassung einer nicht ordnungsgemäßen Verwaltungshandlung gerichtet sein.[326] Diese Interpretation von § 2216 Abs. 1 BGB als Anspruch begründet sich in dessen erbenschützender

---

[319] BGHZ 25, 275 (283).
[320] BGHZ 25, 275 (283).
[321] *BGH*, NJW 1987, 1070; WM 1967, 25 (27).
[322] RGZ 130, 131 (135); *BGH*, NJW 1987, 1070; NJW 1959, 1820 (1821).
[323] *W. Zimmermann* in MüKoBGB, § 2216 Rn. 15.
[324] BGHZ 25, 275 (283); RGZ 73, 26 (28); *BGH*, WM 1967, 25 (27); *OLG Saarbrücken*, ZEV 2023, 592 Rn. 15.
[325] BGHZ 25, 275 (283).
[326] *W. Zimmermann* in MüKoBGB, § 2216 Rn. 15.

Ausrichtung.[327] Sie ergibt sich zwar nicht direkt aus dem Gesetz, entspricht aber dem Zweck der Testamentsvollstreckung, da der Testamentsvollstrecker den Nachlass nur nach den Wünschen des Erblassers aufteilen soll. Sieht man mit der herrschenden Meinung[328] die Erben als Aufsichtsorgan in der Testamentsvollstreckung, so ist § 2216 Abs. 1 BGB als Anspruch das passende Druckmittel, sollte der Amtsinhaber vom Erblasserwillen abweichen.

### *bb) Verbot der unentgeltlichen Verfügung, § 2205 S. 3 BGB*

Gem. § 2205 S. 3 BGB ist der Testamentsvollstrecker zu unentgeltlichen Verfügungen nur berechtigt, soweit sie einer sittlichen Pflicht oder einer auf den Anstand zu nehmenden Rücksicht entsprechen. Die Vorschrift beschreibt dieselben Schenkungsverbote, die bereits in §§ 534, 2113 Abs. 2, 2330 BGB geregelt sind, weswegen sich bei der Auslegung der in § 2205 S. 3 BGB verwendeten Rechtsbegriffe an ihnen orientiert werden kann.[329] Wie sich aus dem Wortlaut entnehmen lässt, entfaltet dieses Verbot nur dingliche Wirkung. Verpflichtungsgeschäfte des Testamentsvollstreckers sind daher nicht erfasst.

§ 2205 S. 3 BGB beschreibt mehrere Tatbestandsmerkmale und Ausnahmevorschriften sowie eine Rechtsfolge, auf die es im Folgenden einzugehen gilt.

#### (1) Voraussetzungen und Beweislast

Voraussetzung für das gesetzliche Verbot aus § 2205 S. 3 BGB ist zunächst eine unentgeltliche Verfügung. Gemeint ist damit der sachenrechtliche Verfügungsbegriff.[330] Unentgeltlichkeit setzt nach ständiger Rechtsprechung voraus, dass in objektiver Hinsicht ein Wert aus dem Nachlass weggegeben wird, ohne dass ein Äquivalent in ihn hineinfließt (z.B. Schenkungen). Ferner muss der Testamentsvollstrecker sich im Zeitpunkt der Verfügung der Unentgeltlichkeit bewusst gewesen sein, wobei auch fahrlässige Unkenntnis[331] ausreicht.[332]

---

[327] So jedenfalls *Jess*, S. 120.
[328] Dazu unten B.I.5.c)aa)(1).
[329] *W. Zimmermann* in MüKoBGB, § 2205 Rn. 81.
[330] *Dutta* in Staudinger, § 2205 Rn. 59.
[331] Kritisch zum subjektiven Element *Keim*, ZEV 2007, 470.
[332] Für Fälle der Vorerbschaft BGHZ 5, 173 (182); zur Testamentsvollstreckung RGZ 105, 246 (248 f.); *BGH*, NJW-RR 2016, 457 Rn. 9; NJW 1991, 842 (842 f.); NJW 1971, 2264

Ist das Kriterium der Unentgeltlichkeit zweifelhaft, muss der Testamentsvollstrecker das Gegenteil, also die Entgeltlichkeit, im Gerichtsprozess beweisen.[333] Die Anforderungen an diese Beweislast sind jedoch nicht allzu streng: Es reicht bereits, dass der Testamentsvollstrecker die entgeltliche Verfügung nachvollziehbar und glaubhaft darlegt.[334]

### (2) Ausnahmeregelungen

§ 2205 S. 3 BGB formuliert zwei Ausnahmen[335] zum Verbot der unentgeltlichen Verfügung. Zu unentgeltlichen Verfügungen ist der Testamentsvollstrecker demnach berechtigt, wenn sie einer sittlichen Pflicht (sog. *Sittenschenkungen*) oder einer auf den Anstand zu nehmenden Rücksicht entsprechen (vgl. §§ 534, 2113 Abs. 2, 2330 BGB, sog. *Anstandsschenkungen*).[336] Als Sittenschenkungen werden beispielsweise Unterhaltszahlungen an nahe, aber gesetzlich nicht unterhaltsberechtigte Verwandte verstanden.[337] Eine Anstandsschenkung liegt z.B. bei Geburtstags-, Weihnachts- und Hochzeitsgeschenken vor, wenn das Unterlassen einer Schenkung für den Schenkenden einen „Ehr- und Ansichtsverlust" mit sich bringen würde.[338] Bestanden derartige Pflichten für den Erblasser, werden sie durch § 2205 S. 3 BGB auf den Testamentsvollstrecker übertragen, sodass er in solchen Fällen ausnahmsweise unentgeltliche Verfügungen vornehmen darf.

Nach Auffassung des *RG* ist auch „eine Zweckvereinbarung zwischen Zuwendendem und Zuwendungsempfänger" möglich.[339] Diese Formulierung

---

(2265); NJW 1963, 1613 (1614); ferner zur Unentgeltlichkeit insgesamt *Kipp/Coing*, § 49 IV 2, § 68 IV 2.

333 So auch *Keim*, ZEV 2007, 470.

334 *RG*, JW 1938, 959; *KG*, JW 1932, 1390; *LG Köln*, MittRhNotK 1989, 172 (173) m.w.N.

335 Vgl. den Wortlaut: *„Zu unentgeltlichen Verfügungen ist er* [der Testamentsvollstrecker] *nur berechtigt, (…)"*.

336 Dazu allgemein *Migsch*, AcP 173 (1973), 46.

337 Damit sind alle Verwandten gemeint, die nicht familienrechtlich unterhaltsberechtigt (§ 1601, 1602 Abs. 1 BGB) sind, also z.B. Onkel, Tanten, Cousins, etc. Dazu *BGH*, NJW 1984, 2939 (2940); *Koch* in MüKoBGB, § 534 Rn. 3.

338 *BGH*, NJW 1981, 111; *Weidenkaff* in Grüneberg, § 534 Rn. 3.

339 RGZ 125, 380 (383). In dieser Sache hatte der erkennende Senat über einen Fall zu entscheiden, in welchem einer offenen Handelsgesellschaft zwei minderjährige Gesellschafter angehörten. Ihre Gesellschafterposition erwarben sie durch Verfügung von Todes wegen von ihrem Vater. Diese wollten sich nun von ihrem Onkel vertraglich

ist allerdings ungenau: Es ist nicht zulässig, mit einem Dritten zu vereinbaren, dass eine Schenkung an ihn einer sittlichen Pflicht oder dem Anstand entsprechen soll. Dies würde bedeuten, dass der Testamentsvollstrecker über den Kopf der Erben hinweg den Nachlass „verschenken“ könnte, indem er sich mit unbeteiligten Dritten zu „Zweckvereinbarungsgemeinschaften“ zusammenschließt. Der von § 2205 S. 3 BGB bezweckte Erbenschutz[340] würde dadurch verkümmern. Richtigerweise ist die Reichsgerichtsrechtsprechung also so zu verstehen, dass eine Zweckvereinbarung nur die objektive Unentgeltlichkeit einer Verfügung zum Gegenstand haben kann. Die Beurteilung der des Vorliegens einer sittlichen Pflicht oder Anstandspflicht ist anhand objektiver Sachverhaltsumstände zu treffen und löst sich vom Parteiwillen.

#### (3) Rechtsfolge

Verfügt der Testamentsvollstrecker unentgeltlich und kommen auch keine Ausnahmen in Betracht, ist die Verfügung schwebend unwirksam.[341] Da in diesen Fällen ausnahmsweise das Außenverhältnis betroffen ist, scheidet ein gutgläubiger Erwerb aus.[342] Das betrifft auch den gutgläubigen Erwerb gem. § 932 ff. BGB, da Gutgläubigkeit nicht über die fehlende Verfügungsmacht des Testamentsvollstreckers hinweghelfen kann.[343] Selbst wenn man einen

---

abfinden lassen. Bei der Frage, wie der zwischen den Söhnen und dem Onkel geschlossene Abfindungsvertrag zu charakterisieren ist, entstand der zitierte Passus.

340 *BGH*, NJW-RR 2016, 457 Rn. 9; a. A. *W. Zimmermann* in MüKoBGB, § 2205 Rn. 73, wonach auch der Vermächtnisnehmer von § 2205 S. 3 BGB geschützt sein soll.

341 *Heckschen* in Burandt/Rojahn, § 2205 Rn. 18; *W. Zimmermann* in MüKoBGB, § 2205 Rn. 91.

342 So auch *W. Zimmermann* in MüKoBGB, § 2205 Rn. 82.

343 Dazu *OLG Hamm*, ZEV 2001, 275 (276 f.), wonach ein gutgläubiger Erwerb dann möglich sein soll, wenn der Dritte gutgläubig davon ausgeht, der Testamentsvollstrecker sei in Wahrheit der berechtigte Eigentümer der Schenksache. Er hatte aber keine Kenntnis davon, dass es sich hier vielmehr um einen Testamentsvollstrecker handelte, der über Nachlassgegenstände entgegen § 2205 S. 3 BGB verfügte. Dieses Urteil steht im Einklang mit der bereits herausgearbeiteten Erkenntnis, dass nicht der gute Glaube an die bestehende Verfügungsmacht eines Testamentsvollstreckers geschützt ist, sondern nur an die faktische Eigentumslage, dazu oben B.I.3.a)aa)(1)(d)(bb)(aaa).

gutgläubigen Erwerb annehmen wollen würde, so wäre der Beschenkte gem. § 816 Abs. 1 S. 2 BGB zur Herausgabe der geschenkten Sache verpflichtet.[344]

Hinsichtlich des Verfügungsverbotes aus § 2205 S. 3 BGB haben die Erben, da sie durch diese Vorschrift geschützt werden sollen,[345] das letzte Wort. Sie können einer unentgeltlichen Verfügung durch den Testamentsvollstrecker zustimmen.[346] Bei einer Erbengemeinschaft muss dieser Beschluss einstimmig erfolgen. Sofern das Testament Vermächtnisse enthält und diese noch nicht erfüllt sind, ist der Wertung der §§ 2216, 2219 BGB[347] zu entnehmen, dass auch die Vermächtnisnehmer der unentgeltlichen Verfügung zustimmen müssen.[348]

Früher wurde noch vertreten, dass unentgeltliche Verfügungen niemals durch die Zustimmung der Erben (bzw. Vermächtnisnehmer) geheilt werden können.[349] Diese Meinung wird jedoch seit dem gegenteilig lautenden Urteil des *BGH* vom 24.09.1971[350] nicht mehr aufrechterhalten.[351]

---

344 In dieser Norm spiegelt sich der allgemeine Rechtsgedanke wider, dass Beschenkte weniger schutzwürdig sind als andere Vertragspartner, siehe dazu die ständige BGH-Rechtsprechung in BGHZ 158, 63 (65); 106, 354 (357 f.); *BGH*, NJW 2014, 782 Rn. 17.

345 Siehe Fn. 340.

346 *BGH*, NJW 1971, 2264 (2267); BayObLG NJW-RR 1989, 587; *Lange/Kuchinke*, Erbrecht, § 31 VI 2 b.

347 § 2216 BGB normiert den Grundsatz ordnungsmäßiger Verwaltung, während § 2219 Abs. 1 BGB den Gläubigerkreis des Schadensersatzanspruchs festlegt und sowohl Erben, als auch Vermächtnisnehmer einbezieht („*(...) für den daraus entstehenden Schaden dem Erben und, soweit ein Vermächtnis zu vollziehen ist, auch dem Vermächtnisnehmer verantwortlich.*“).

348 *BGH*, NJW 1971, 2264 (2267); *W. Zimmermann* in MüKoBGB, § 2205 Rn. 71; a. A. *Damrau* in Soergel, § 2205 Rn. 79; *Heckschen* in Burandt/Rojahn, § 2205 Rn. 18; *Kegel*, FS R. Lange, 927 (935); *Lange/Kuchinke*, Erbrecht, § 29 VI 2b; *Neuschwander*, BWNotZ 1978, 73 (74).

349 RGZ 105, 246 (249); 74, 215 (218); *OLG Düsseldorf*, NJW 1963 162 (163); *Horber*, GBO, 11. Aufl., § 52 Anm. 5 B b; *Imhof/Riedel*, GBO, § 35 Rn. 78.

350 *BGH*, NJW 1971, 2264.

351 So gaben z.B. *Kipp/Coing*, § 68 IV 2c) „nach erneuter Prüfung“ die bis dahin vertretene Gegenmeinung auf. *Horber* schloss sich in seiner letzten Kommentierung der GBO diesem Sinneswandel an, *Horber*, GBO, 16. Aufl., § 53 Anm. 5 B b. Das Werk wird heute von *Demharter* fortgeführt, welcher ebenfalls die h. M. vertritt: *Demharter*, GBO, 33. Aufl., § 52 Rn. 21.

### cc) Beschränkung der Rechte des Testamentsvollstreckers gem. § 2208 Abs. 1 BGB

Der Testamentsvollstrecker hat die in den §§ 2203 bis 2206 BGB bestimmten Rechte nicht, soweit anzunehmen ist, dass sie ihm nach dem Willen des Erblassers nicht zustehen sollen, § 2208 Abs. 1 S. 1 BGB. Ferner lässt § 2208 Abs. 1 S. 2 BGB eine gegenständlich beschränkte Testamentsvollstreckung zu.[352] Die Vorschrift unterscheidet also zwischen inhaltlichen und gegenständlichen Beschränkungen, welche allesamt im Testamentsvollstreckerzeugnis anzugeben sind, § 345 Abs. 3 FamFG.

Der Wille des Erblassers spielt ausweislich des Wortlauts *„(…), soweit anzunehmen ist, dass sie ihm nach dem Willen des Erblassers nicht zustehen sollen."* eine tragende Rolle bei der Beschränkung der Rechte des Testamentsvollstreckers. Da es ausreicht, wenn der Erblasserwille *„anzunehmen ist"*, genügt bereits der konkludent erklärte Wille des Erblassers.[353] Die Rechtsprechung geht aber davon aus, dass sich der Wille zumindest mit einer gewissen Eindeutigkeit aus der letztwilligen Verfügung ergeben muss.[354] In Anlehnung an die erbrechtliche *Andeutungstheorie*[355] ist damit wohl gemeint, dass sich ein etwaig beschränkender Erblasserwille im Testament zumindest im Ansatz absetzen muss. Wenn die Auslegung des Erblasserwillens zweifelhaft ist, entscheidet das Nachlassgericht über die Bedeutung der umstrittenen Verfügungen. Die Erben können sich aber gemeinsam mit dem Amtsinhaber über den Testamentsinhalt hinwegsetzen.[356]

#### (1) Inhaltliche Beschränkung, § 2208 Abs. 1 S. 1 BGB

Beschränkt der Erblasser die Rechtsmacht des Testamentsvollstreckers dem Inhalt nach, darf er bestimmte Rechtshandlungen nicht vornehmen. Beispielsweise kann dem Amtsinhaber verboten werden, bestimmte Verpflichtungen

---

352 Diese Vollstreckungsform ist in der Praxis allerdings eher selten aufzufinden, *Damrau*, ZEV 2023, 1.

353 So auch *W. Zimmermann* in MüKoBGB, § 2208 Rn. 6.

354 *RG*, JW 1938, 1454 (1454 f.); BayObLGZ 1958, 299 (304); *BayObLG*, NJW 1959, 1920 (1921 f.).

355 Dazu *Roth*, NJW-Spezial 2017, 103.

356 BGHZ 56, 275 (281); 40, 115 (118); *Dutta* in Staudinger, § 2208 Rn. 30; *Lange/Kuchinke*, Erbrecht, § 31 V 1a, dort Fn. 120; *Keim*, ZEV 2002, 132 (134); *W. Zimmermann* in MüKoBGB; § 2208 Rn. 5; skeptisch *Lehmann*, AcP 188 (1988), 1 (4 ff.).

einzugehen[357] oder über konkrete Gegenstände zu verfügen.[358] Die inhaltliche Beschränkungsbefugnis erstreckt sich also sowohl auf die schuldrechtliche als auch auf die dingliche Ebene. Da die Beschränkungen aus § 2208 Abs. 1 BGB im Testamentsvollstreckerzeugnis eingetragen werden,[359] haben sie auch im Außenverhältnis dingliche Wirkung.[360]

#### (2) Gegenständliche Beschränkung, § 2208 Abs. 1 S. 2 BGB

In Abgrenzung zur inhaltlichen Beschränkung beschreibt die gegenständliche Beschränkung aus § 2208 Abs. 1 S. 2 BGB nicht, wie das Verwaltungs- und Verfügungsrecht des Testamentsvollstreckers ausgestaltet ist, sondern regelt den „Anwendungsbereich" der Testamentsvollstreckung.[361] Der Erblasser darf demnach auch einzelne Nachlassgegenstände der Verwaltung unterwerfen. Ergibt sich aus letztwilligen Anordnungen eine gegenständliche Beschränkung,[362] so erhält der Testamentsvollstrecker nur in Bezug auf die der Vollstreckung unterliegenden Gegenstände die nötigen Verwaltungs- und Verfügungsrechte und das Verfügungsverbot aus § 2211 BGB.[363] Für alle anderen Gegenstände liegen sie bei den Erben.[364] Mindest- oder Höchstgrenzen existieren bei der gegenständlichen Beschränkung nicht, sodass z.B. einige wenige, oder die allermeisten Nachlassgegenstände der Testamentsvollstreckung zugeordnet werden können. Unabhängig von der konkreten Verwaltungsaufteilung haftet trotzdem der gesamte Nachlass für wirksam eingegangene Verbindlichkeiten des Amtsinhabers.[365]

---

[357] *W. Zimmermann* in MüKoBGB, § 2208 Rn. 7.

[358] BGHZ 56, 275; *W. Zimmermann* in MüKoBGB, § 2208 Rn. 7.

[359] Siehe oben B.I.4.a)cc).

[360] Für die gesetzlichen Verfügungsverbote siehe BGHZ 40, 115; *BGH*, NJW 1984, 2464 (2465); 1971, 2264; *Dutta* in Staudinger, § 2208 Rn. 18; *Lange/Kuchinke*, Erbrecht, § 31 V 1a; kritisch *Lehmann*, AcP 188 (1988), 1 (13 ff.).

[361] Denkbar ist auch eine Verbindung von inhaltlichen und gegenständlichen Beschränkungen, solange nicht die Grenze des Verfügungsverbots aus § 137 BGB überschritten wird.

[362] Z.B.: „*Die Testamentsvollstreckung wird nur hinsichtlich des Einfamilienhauses angeordnet.*"

[363] *W. Zimmermann* in MüKoBGB, § 2208 Rn. 9.

[364] *W. Zimmermann* in MüKoBGB, § 2205 Rn. 95, § 2208 Rn. 5.

[365] *Damrau* in Soergel, § 2206 Rn. 6; *Dutta* in Staudinger, § 2208 Rn. 11; *Kipp/Coing*, § 69 I 2.

#### *dd) Zusammenfassung*

Die Rechtsmacht des deutschen Testamentsvollstreckers ist auf dinglicher Ebene beschränkt. Schenkungen dürfen grundsätzlich nicht vorgenommen werden, diesbezüglich greift das Verfügungsverbot aus § 2205 S. 3 BGB.

Vor allem in schuldrechtlicher, aber auch in dinglicher Hinsicht kann der Erblasser die Rechtsmacht des Testamentsvollstreckers durch letztwillige Anordnungen begrenzen, § 2208 BGB. Denkbar sind inhaltliche (§ 2208 Abs. 1 S. 1 BGB) sowie gegenständliche (§ 2208 Abs. 1 S. 2 BGB) Schranken.

### b) Ansprüche der Erben

Der zweite Aspekt des Erbenschutzes betrifft die Frage, inwiefern die Erben sich gegen rechtswidrige Handlungen des Testamentsvollstreckers wehren können. Das deutsche Recht verfolgt einen anspruchbasierten Schutz, d. h. der Erbe kann ausgewählte Ansprüche entweder jederzeit zur Kompensation von Pflichtverletzungen oder für den Fall, dass der Testamentsvollstrecker zu Unrecht untätig bleibt, geltend machen. Sämtliche Verpflichtungen des Testamentsvollstreckers gegenüber den Erben sind in den §§ 2215–2219 BGB geregelt. Mit Ausnahme von § 2217 BGB sind diese Erbenrechte (§§ 2215, 2216, 2218, 2219 BGB) gem. § 2220 BGB unabdingbar. Dieser Umstand begründet sich im Erbenschutz, da es nach Ansicht des Gesetzgebers *„nicht zuzulassen* [ist], *daß ein Erblasser den Erben mit gebundenen Händen dem ausgedehnten Machtbereich des Testamentsvollstreckers überliefert.*“.[366]

#### *aa) Schadensersatzanspruch, § 2219 Abs. 1 BGB*

Die Erben können zu ihrem Schutz die Vornahme einer notwendigen Verwaltungshandlung bzw. das Unterlassen von verwaltungswidrigen Verwaltungshandlungen gem. § 2216 Abs. 1 BGB verlangen.[367] Der Anspruch aus § 2216 Abs. 1 BGB erfüllt diesen Zweck jedoch nicht, wenn der Testamentsvollstrecker bereits ordnungswidrig verfügt hat. Die Verfügung bleibt im Außenverhältnis grundsätzlich wirksam.[368] Ein Anspruch auf „Rückübertragung“ des Gegenstandes in die Erbmasse existiert nicht und würde ohnehin dann scheitern, wenn der (gutgläubige) Erwerber nicht zur Herausgabe des

---

366 So jdfls. das *RG*, RGZ 133, 128 (135).

367 Siehe Fn. 327.

368 Siehe dazu die Erörterungen in B.I.3.a)aa)(1)(d).

Nachlassgegenstandes bereit ist. In solchen Fällen sind die Erben auf einen Schadensersatzanspruch aus § 2219 Abs. 1 BGB zu verweisen. Der Gedanke des Erbenschutzes wird in dieser Vorschrift für alle Fälle fortgesetzt, in welchen der Anwendungsbereich des § 2216 Abs. 1 BGB wegen ordnungswidriger Verwaltung zum Tragen kommt. Daher kann der Erblasser den Schadensersatzanspruch ebenso wenig wie § 2216 BGB abbedingen, siehe § 2220 BGB.

Der Schadensersatzanspruch aus § 2219 Abs. 1 BGB setzt voraus, dass der Testamentsvollstrecker eine ihm obliegende Pflicht schuldhaft verletzt. Die Beweislast sowohl für die Pflichtverletzung als auch für das Verschulden soll der Erbe bzw. Vermächtnisnehmer als Anspruchsteller tragen.[369] Insofern gilt also der allgemeine Grundsatz der Beweislast im Zivilrecht, wonach jeder die Tatsachen beweisen muss, die für ihn selbst von Vorteil sind (vgl. §§ 363 BGB, 138 ZPO).[370]

### (1) Pflichtverletzung

Die zentrale Voraussetzung des Tatbestands ist eine objektive Pflichtverletzung. Hierfür ist von Bedeutung, dass die Erben und den Testamentsvollstrecker ein gesetzliches Schuldverhältnis verbindet.[371] Der Inhalt dieses Schuldverhältnisses wird durch die §§ 2203 ff. BGB bestimmt. Dabei ist er insbesondere gem. § 2203 BGB verpflichtet, die letztwilligen Verfügungen des Erblassers zur Ausführung zu bringen. Wie bereits festgestellt, haben diese Verfügungen Bindungswirkung (§ 2216 Abs. 2 S. 1 BGB).[372] Inhalt der Pflichtverletzung kann daher nicht nur ein Gesetzesverstoß sein, sondern auch eine Vollstreckungshandlung, die vom im Testament oder Erbvertrag niedergelegten Erblasserwillen abweicht.

Pflichtverletzungen sind beispielsweise:[373] Der Verstoß gegen die Pflicht zur ordnungsgemäßen Verwaltung aus § 2216 Abs. 1 BGB;[374] Zuwiderhandlungen gegen die Verwaltungspflicht aus § 2205 S. 1 BGB; der Verzicht auf die

---

[369] *OLG München*, ErbR 2018, 105 (108); hins. des Verschuldens zu Recht differenzierend *Reimann*, ZEV 2006, 186 (187 f.).

[370] Siehe auch *Heckschen* in Burandt/Rojahn, § 2219 Rn. 15 m.w.N.

[371] Siehe Fn. 157.

[372] Siehe oben B.I.4.a)aa).

[373] Für eine ausführliche Aufzählung der Rechtsprechung siehe *Weidlich* in Grüneberg, § 2219 Rn. 2.

[374] BGHZ 25, 275 (283); *BGH*, NJW 1959, 1820 (1821).

Geltendmachung eines Anspruchs, obwohl dies für die Verwaltung erforderlich war[375] (den Testamentsvollstrecker trifft in diesem Zusammenhang auch die Pflicht zur gerichtlichen Klageerhebung,[376] sofern die Prozessführung nicht überflüssig oder leichtfertig ist);[377] wenn der Testamentsvollstrecker seine Pflichten im Außenverhältnis verletzt und so eine Haftung der Erben gem. § 1967 Abs. 2 BGB bewirkt;[378] eine frühzeitige Erbauseinandersetzung, obwohl noch nicht alle Nachlassschulden beglichen worden sind;[379] die offensichtlich falsche Auslegung einer letztwilligen Verfügung.[380]

Aber auch hier gilt der Grundsatz, dass die betroffenen Erben oder Vermächtnisnehmer einer Verwaltungsmaßnahme zustimmen[381] können. Tun sie dies, liegt keine Pflichtverletzung vor.[382]

#### (2) Verschulden

Ist eine Pflichtverletzung in objektiver Hinsicht zu bejahen, so muss auf der subjektiven Ebene ein Verschulden des Amtsinhabers festgestellt werden. In Ermangelung von Spezialvorschriften ist der Grundsatz aus § 276 Abs. 1 BGB anzuwenden. Der Testamentsvollstrecker haftet also für Vorsatz und Fahrlässigkeit. An die gem. § 276 Abs. 2 BGB erforderliche Sorgfalt des Testamentsvollstreckers sind dabei strenge Anforderungen zu stellen.[383] Auch geringe Sorgfaltswidrigkeiten können daher eine Haftung auslösen.

---

375 *W. Zimmermann* in MüKoBGB; § 2216 Rn. 15.

376 *W. Zimmermann* in MüKoBGB, § 2219 Rn. 14.

377 War die Prozessführung nicht nötig, so trägt der Testamentsvollstrecker die Kosten für den Rechtsstreit, *BGH*, ZEV 2000, 195 (196).

378 *Muscheler*, S. 173.

379 *OLG Köln*, ZEV 2018, 425.

380 *OLG München*, ErbR 2018, 105; *OLG Koblenz*, FamRZ 2014, 1665.

381 Einen Zustimmungsanspruch hat der Testamentsvollstrecker gegen die Erben insbesondere, wenn er erforderliche und wunschgerechte Verbindlichkeiten eingeht, § 2206 Abs. 2 BGB. Ob der Zustimmungsanspruch auch gegenüber Vermächtnisnehmern besteht, bleibt unklar – eine analoge Anwendung von § 2206 Abs. 2 BGB dürfte aber freilich diskutabel sein. Da eine Vereinbarung zwischen Erbe und Testamentsvollstrecker allerdings auch hier Vorrang haben dürfte, müsste der Erbe in verwaltungswidrige Verbindlichkeiten einwilligen können.

382 *W. Zimmermann* in MüKoBGB, § 2219 Rn. 3.

383 RGZ 130, 131 (135).

#### (3) Rechtsfolge: Schadensersatz

Verletzt der Testamentsvollstrecker schuldhaft eine Pflicht aus dem Innenverhältnis[384] gegenüber den Erben oder Vermächtnisnehmern, ist er ihnen verantwortlich *„für den daraus entstehenden Schaden"* (vgl. § 2219 Abs. 1 BGB). Es gelten die allgemeinen Grundsätze aus dem Schadensrecht (§§ 249 ff. BGB). Der Schaden berechnet sich also nach der sowohl in Rechtsprechung und Literatur anerkannten[385] *Differenzhypothese.*[386] Auch ein Mitverschulden der Erben oder Vermächtnisnehmer ist zu berücksichtigen (§ 254 BGB).[387] Bei einer Mitvollstreckung i.S.d. § 2224 BGB haften die Amtsinhaber als Gesamtschuldner, § 2219 Abs. 2 BGB i.V.m. §§ 421 ff. BGB.

### *bb) Entlassungsantrag, § 2227 BGB*

Neben dem Schadensersatzanspruch können die „Beteiligten" einen Entlassungsantrag gem. § 2227 BGB beim Nachlassgericht[388] stellen. Der Antrag hat Erfolg, wenn ein wichtiger Entlassungsgrund vorliegt. Das Gesetz nennt hier zunächst die grobe Pflichtverletzung sowie die Unfähigkeit des Testamentsvollstreckers zur ordnungsmäßigen Geschäftsführung. Die Aufzählung ist jedoch nicht abschließend (*„ein solcher Grund ist insbesondere"* (Hervorhebung durch den Verfasser)). Daher sind auch ungeschriebene Entlassungsgründe zu beachten, auf die im Folgenden eingegangen wird. Weiter ist der Zeitpunkt der Antragstellung sowie der Beteiligtenbegriff zu erörtern.

#### (1) Zeitpunkt der Entlassung

Die Rechtsprechung hat herausgearbeitet, dass ein erfolgreicher Entlassungsantrag immer eine wirksame Ernennung des Testamentsvollstreckers

---

[384] Zum Haftungsregime des Testamentsvollstreckers im Außenverhältnis siehe *Muscheler*, S. 173 ff.

[385] Zu alternativen Schadensberechnungsmodellen, z.B. dem teils vertretenen normativen Schadensbegriff *Eisele/Bechtel*, JuS 2018, 97 (101 f.) und zur Surrogationstheorie *Mohr*, Jura 2010, 327 (328).

[386] Siehe dazu im Detail *Mohr*, Jura 2010, 327.

[387] RGZ 138, 132 (137).

[388] *W. Zimmermann* in MüKoBGB, § 2227 Rn. 2.

voraussetzt.[389] Die auf *Kipp* zurückgehende[390] „Lehre von der Doppelwirkung im Zivilrecht“,[391] die vom *BGH* in anderen Kontexten angewandt wird,[392] findet an dieser Stelle – ohne weitere Begründung – keine Anwendung.

In jüngerer Zeit haben Rechtsprechung und Schrifttum allerdings diskutiert, ab wann die Beteiligten überhaupt einen Entlassungsantrag stellen können. Die wohl herrschende Meinung geht davon aus, dass der Antrag bereits vor der Amtsannahme des Testamentsvollstreckers und damit schon vor Erteilung des Testamentsvollstreckerzeugnisses möglich sei.[393] Eine andere Meinung möchte die Prüfung eines Entlassungsgrundes nach § 2227 BGB im Erteilungsverfahren des Testamentsvollstreckerzeugnisses nicht zulassen, da Entlassungs- und Zeugniserteilungsverfahren streng voneinander zu trennen seien. Solange, wie der Amtsinhaber nicht durch ein Nachlassgericht entlassen worden ist, bestehe der Anspruch auf Zeugniserteilung.[394] Dieser Ansatz ist jedoch wenig prozessökonomisch, da ein vorschnell erteiltes Zeugnis nach dem Entlassungsbeschluss sofort wieder eingezogen werden müsste. Selbst wenn man an der Trennung der beiden Verfahren festhalten möchte, wäre eine Aussetzung des Zeugniserteilungsverfahrens aus wichtigem Grund (§ 21 Abs. 1 FamFG) bis zur Entscheidung über die Entlassung des Amtsinhabers möglich, da dieser Erteilungsbeschluss ganz von dem Bestehen oder Nichtbestehen der Testamentsvollstreckung abhängt. Zu Recht ist ein Entlassungsantrag sowohl vor der Amtsannahme als auch vor der Erteilung des Zeugnisses möglich.

---

389 *OLG Hamm*, ZErb 2012, 195; NJW-RR 2008, 1687; *Damrau* in Soergel, § 2227 Rn. 10; a. A. *BayObLG*, FamRZ 1987, 101.

390 *Kipp*, FS Martitz, 211.

391 Die Lehre von der Doppelwirkung im Recht geht davon aus, dass auch nichtige Rechtsgeschäfte durch Gestaltungsrechte angegriffen, also z.B. angefochten oder widerrufen werden können, ähnlich *Würdinger*, JuS 2011, 769.

392 Zum Widerruf nichtiger Verträge siehe *BGH*, NJW 2010, 610 (611).

393 *OLG Saarbrücken*, ZEV 2019, 29 Rn. 44 ff.; *Winkler*, Rn. 791. Vgl. auch *Lange/Kuchinke*, Erbrecht, 31 VIII 2b, wenn auch mit der Einschränkung, dass der Antrag erst nach Ernennung des Testamentsvollstreckers abhelfbar sei, da die Ernennung eine Voraussetzung für die Entlassung des Testamentsvollstreckers sei.

394 BayObLGZ 1913, 49 (60).

### (2) Der Beteiligtenbegriff

Im Gegensatz zu § 2219 Abs. 1 BGB, welcher die Anspruchsberechtigten eindeutig benennt,[395] ist der Beteiligtenbegriff des § 2227 BGB ausweislich seines unergiebigen Wortlauts weiter zu fassen. Beteiligt sind im Wesentlichen alle, die mit dem Testamentsvollstrecker in seiner Eigenschaft als Testamentsvollstrecker in Kontakt treten und deshalb betroffen sein können.[396] Dies sind natürlich zuvörderst die Erben[397] und Vermächtnisnehmer, sofern sie in ihren Rechten verletzt werden. Daneben kommen auch Pflichtteilsberechtigte,[398] Auflagenberechtigte (§ 2194 BGB),[399] oder auch ein Mitvollstrecker (§ 2224 BGB)[400] in Betracht.

Dagegen sollen nach nunmehr herrschender Rechtsprechung Nachlassgläubiger keine Beteiligten i.S.d. Vorschrift sein, da die Entlassung eines Testamentsvollstreckers deren Rechte nicht berühre.[401] Damit ist der Beteiligtenbegriff in § 2227 BGB anders zu deuten als in § 2198 Abs. 2 BGB oder § 2202 Abs. 3 S. 1 BGB, wo auch Nachlassgläubiger gemeint sind.[402] Eine uneinheitliche Auslegung des Beteiligtenbegriffes im Testamentsvollstreckerrecht überzeugt in systematischer Hinsicht jedoch nicht, da §§ 2227, 2198 Abs. 2 und 2202 Abs. 3 S. 1 BGB vom Wortlaut identisch sind. Außerdem kann auch ein Nachlassgläubiger ein rechtliches Interesse an der Entlassung des Testamentsvollstreckers haben, wenn dieser seine Ansprüche gegen den Nachlass unberechtigterweise nicht befriedigt. Er darf allerdings darauf vertrauen, dass der Amtsinhaber die Ansprüche gegen den Nachlass ordnungsgemäß erfüllen

---

395 „(...) dem *Erben und (...) dem Vermächtnisnehmer (...)*".

396 *„rechtliches und nicht nur ideales Interesse"*, BGHZ 35, 296 (299) unter Bezugnahme auf den gesetzgeberischen Willen.

397 Dies gilt sogar dann, wenn der eine Erbe seinen Erbteil an den anderen veräußert hat: *OLG Düsseldorf*, FamRZ 2018, 217 (218).

398 *OLG Hamburg*, ZEV 2020, 290 Rn. 17; *OLG Hamm*, FGPrax 2009, 267; *Muscheler*, AcP 197 (1997), 226 (239).

399 Nicht aber Auflagenbedachte i.S.d. § 913 BGB: *LG Verden*, MDR 1955, 231; ferner *Weidlich* in Grüneberg, § 2227 Rn. 7.

400 *W. Zimmermann* in MüKoBGB, § 2227 Rn. 5.

401 BGHZ 35, 296 (301).

402 *Weidlich* in Grüneberg, § 2198 Rn. 4, § 2202 Rn. 3, jew. mit Verweis auf BGHZ 35, 296.

wird.[403] Inwiefern dieses Vertrauen ohne den Rückgriff auf § 2227 BGB abgesichert werden soll, lässt die Rechtsprechung unbeantwortet.

Jedenfalls aber sind Behörden keine Beteiligten i.S.d. Norm.[404]

#### (3) Entlassungsgründe

Weiter ist für einen erfolgreichen Entlassungsantrag erforderlich, dass ein geeigneter Entlassungsgrund vorliegt. Dafür kommt eine Vielzahl an Gründen in Betracht.

##### *(a) Grobe Pflichtverletzung*

Zuerst formuliert § 2227 BGB den Grund der „groben Pflichtverletzung". Der Begriff der groben Pflichtverletzung ist enger zu fassen als in § 2219 Abs. 1 BGB, da hier nur von einer einfachen „Pflichtverletzung" gesprochen wird. Eine Pflichtverletzung, die eine Schadensersatzpflicht auslöst, ist mithin nicht immer gleichzeitig auch ein Entlassungsgrund.

Die Definition der groben Pflichtverletzung ist relativ nichtssagend: Sie soll immer dann vorliegen, wenn zu besorgen ist, dass das weitere Verbleiben des Testamentsvollstreckers als Ergebnis der Interessenabwägung der Parteien[405] im Amt zu einer Schädigung oder erheblichen Gefährdung der Nachlassmasse führt.[406] Rechtsprechung und Literatur haben jedoch herausgearbeitet, dass zumindest ein Verschulden des Testamentsvollstreckers vorauszusetzen ist.[407] Damit kann aber kein einfaches Verschulden gemeint sein, da auch die „einfache Pflichtverletzung" Verschulden voraussetzt.[408] In diesem Zusammenhang bietet sich die Anwendung der Grundsätze der groben Fahrlässigkeit an, welche dann greifen, wenn eine Handlung den Sorgfaltsmaßstab in so

---

403 Ähnlich *KG* in OLGR 40 (1920), 136 (137 f.).

404 H. M., siehe nur *Damrau* in Soergel, § 2227 Rn. 16; *Weidlich* in Grüneberg, § 2227 Rn. 8; *W. Zimmermann* in MüKoBGB, § 2227 Rn. 4.

405 *„Interesse an der Beibehaltung im Amt und dem entgegengesetzten Interesse an der Entlassung des Testamentsvollstreckers"*, *OLG Düsseldorf*, ZEV 2023, 675 Rn. 35; ZEV 2023, 82 Rn. 17.

406 *OLG Düsseldorf*, ZEV 2023, 675 Rn. 36; ZEV 2023, 82 Rn. 19; *BayObLG*, ZEV 2002, 24 (26); dazu ausführlich *Muscheler*, AcP 197 (1997), 226 (261 ff.).

407 Z.B. *OLG Düsseldorf*, ZEV 2023, 675 Rn. 36; ZEV 2023, 82 Rn. 20; *BayObLG*, FamRZ 1991, 235 (236) m.w.N.; *Lange/Kuchinke*, Erbrecht § 31 VIII 2b; *Dutta* in Staudinger, § 2227 Rn. 9.

408 Dazu oben B.I.4.b)aa)(2).

hohem Maße verletzt, dass sich die konkrete Fahrlässigkeit der Handlung jedem vernünftig denkendem Menschen aufdrängen müsste.[409] Der Verschuldensmaßstab des § 2227 BGB ist dabei an § 276 BGB zu messen.

Ferner ist der Begriff der groben Pflichtverletzung äußerst eng auszulegen, sollte die Testamentsvollstreckung in den Bereich der Unternehmensführung fallen. Dem Testamentsvollstrecker wird in solchen Fällen ein weiter Ermessensspielraum zugesprochen, der auch die Ausübung von wirtschaftlich riskanten Rechtshandlungen zulässt.[410] Er genießt dieselben Privilegien wie der Vorstand einer AG oder der Geschäftsführer einer GmbH.[411]

Von der Rechtsprechung herausgearbeitete Beispiele für eine grobe Pflichtverletzung sind u.a. die völlige Untätigkeit des Amtsinhabers,[412] die Schädigung des Nachlasses durch unangemessen hohe Vergütung,[413] der Amtsmissbrauch,[414] Vermögensverschiebungen ohne Absprache mit dem eingesetzten Nachlasspfleger[415] sowie der Verstoß gegen die Pflicht zur Erstellung eines Nachlassverzeichnisses aus § 2215 Abs. 1 BGB.[416]

#### *(b) Unfähigkeit*

Der Testamentsvollstrecker kann außerdem unfähig sein, seine Pflichten ordnungsgemäß auszuführen. Die Unfähigkeit setzt im Gegensatz zur groben Pflichtverletzung kein Verschulden voraus.[417] Daher reicht es bereits aus,

---

[409] Allgemeine Ansicht, siehe nur *BGH*, NJOZ 2013, 709 Rn. 22.

[410] BGHZ 25, 275 (283); *BayObLG*, NJW-RR 1990, 1420 (1422); ZEV 1998, 348 (350).

[411] Zum Vorstandsrecht BGHZ 135, 244 (253 f.); zur GmbH *BGH*, NJW 2008, 3361 (3362 f.); NJW 2003, 358 (359).

[412] In diesem Sinne *BGH*, NJW 1962, 912 (913).

[413] *OLG Köln*, NJW-RR 1987, 1414 (1415).

[414] Z.B. durch unberechtigte Übertragung von Vermögenswerten an sich selbst, *OLG Zweibrücken*, DNotZ 1973, 112.

[415] *OLG Düsseldorf*, ZEV 2023, 675 Rn. 42 ff.

[416] *OLG Düsseldorf*, ZEV 2023, 404; *BayObLG*, ZEV 1997, 381 (383); im Einzelfall verneinend *OLG Zweibrücken*, FGPrax 1997, 109; *Hamm*, OLGZ 1986, 1. Diesen Verstoß als Beispiel für die grobe Pflichtverletzung praktisch wertlos haltend *W. Zimmermann*, ZEV 2024, 68 (70).

[417] Allgemeine Ansicht, statt vieler *OLG Düsseldorf*, ZEV 2023, 675 Rn. 37; *W. Zimmermann* in MüKoBGB, § 2227 Rn. 9 m.w.N.

wenn die Fortsetzung der Testamentsvollstreckung durch den konkreten Amtsinhaber objektiv unzumutbar ist.[418]

Der Begriff der Unfähigkeit wurde durch richterliche Rechtsfortbildung und einschlägige Literatur weiter konkretisiert. Anerkannt ist die finanzielle Unfähigkeit, die dann vorliegt, wenn der Testamentsvollstrecker privatinsolvent wird.[419] Ein Testamentsvollstrecker kann „faktisch unfähig" sein, wenn er über einen erheblichen Zeitraum (z.B. durch Krankheit, aufgrund einer Freiheitsstrafe[420] oder sonstiger Unerreichbarkeit[421]) daran gehindert ist, seinen Amtspflichten nachzukommen.

*(c) Ungeschriebene Entlassungsgründe im Überblick*

Ferner existieren ungeschriebene Entlassungsgründe, die in diversen gerichtlichen Entscheidungen entwickelt wurden. Wenn beispielsweise zwischen den Erben und dem Testamentsvollstrecker eine „tiefgreifende" Feindschaft besteht, die über den natürlichen Konflikt zwischen den Parteien hinausgeht,[422] kann dies im Einzelfall einen Entlassungsgrund darstellen.[423]

Ähnlich ist die Rechtslage, wenn zwischen den betroffenen Erben und dem Amtsinhaber erhebliche Interessensgegensätze bestehen. Auch dieser Konflikt muss über das Maß hinausgehen, das der Beziehung der Parteien von Natur aus anhaftet.[424] Angenommen wurde ein Interessenskonflikt, wenn der

---

418 Z.B. aufgrund von mangelhaften *„persönlichen Eigenschaften und Fähigkeiten"*, *OLG Düsseldorf*, ZEV 2023, 675 Rn. 37; ferner *Werner*, ZEV 2010, 126 (128 f.).

419 *OLG Düsseldorf*, ZEV 2023, 675 Rn. 37; *Klinger* in Bengel/Reimann/Holtz/Röhl, 8. Aufl. 2023, § 8 Rn. 28.

420 *OLG Düsseldorf*, ZEV 2023, 675 Rn. 37; *Damrau* in Soergel, § 2227 Rn. 11.

421 *BayObLG*, ZEV 1998, 348; FamRZ 1991, 615 (616).

422 An das Erfordernis der tiefen Feindschaft sind strenge Anforderungen zu stellen, *BayObLG*, ZEV 2005, 207; *OLG Hamm*, ZEV 2001, 278 (279); *OLG Düsseldorf*, ZEV 1999, 226; ZEV 1994, 302 (303); BayObLGZ 1988, 42 (49); *KG* in OLGR 40 (1920), 136 (137 f.).

423 *OLG Köln*, OLGZ 1969, 281 (282); BayObLGZ 1953, 357 (364).

424 BayObLGZ 1988, 42 (49). Beispielsweise reicht es für einen erheblichen Interessensgegensatz nicht aus, wenn der Testamentsvollstrecker und die Erben über die Höhe eines Vermächtnisses streiten, das dem Testamentsvollstrecker letztwillig zugesprochen wurde (*BayObLG*, ZEV 2002, 155). Dass ein grundsätzliches Spannungsverhältnis zwischen Erben und Testamentsvollstrecker besteht, ist kein rein deutsches Phänomen. Zu dieser Erkenntnis kam beispielsweise auch die österreichische Rechtswissenschaft, so jdfls. *Schweda* in Klang, § 816 Rn. 9.

Testamentsvollstrecker zugleich Vermächtnisnehmer ist und er eine strittige Klausel aus dem Testament zu seinen Gunsten auslegt (Fallkonstellation der *eigennützigen Amtsführung*).[425]

Zuletzt ist ein Misstrauensverhältnis zwischen Erben und Testamentsvollstrecker als ungeschriebener Entlassungsgrund anerkannt, allerdings nur, wenn das Misstrauen der Erben auf egoistisches oder parteiisches Verhalten des Testamentsvollstreckers zurückzuführen ist.[426] Die Beweislast für das Verhalten liegt grundsätzlich beim Erben, allerdings ist es bereits ausreichend, wenn dieser einen Verdacht darlegt, den der Testamentsvollstrecker nicht widerlegen kann (sog. *sekundäre Darlegungslast*).[427]

#### (4) Rechtsfolge

Stellt ein Beteiligter einen Entlassungsantrag beim zuständigen[428] Nachlassgericht, beschließt dieses (vgl. § 38 FamFG) nach pflichtgemäßem Ermessen[429] über die Entlassung des angegriffenen Amtsinhabers. Die Entlassung wirkt ab Bekanntgabe (§ 40 Abs. 1 FamFG) und beendet das Amt des Testamentsvollstreckers, aber nicht unbedingt die Testamentsvollstreckung an sich.[430] Daher kann ein Nachlassgericht die Testamentsvollstreckung nicht vollständig beseitigen.[431]

Eine Teilentlassung, wodurch der Testamentsvollstrecker nur für einen bestimmten Aufgabenkreis nicht mehr tätig werden darf, ansonsten aber im Amt verbleibt, ist unzulässig.[432] Einen Anspruch auf Wiedereinsetzung

---

425 *BayObLG*, ZEV 2002, 155 (156).

426 *OLG Düsseldorf*, ZEV 2023, 675 Rn. 37; *OLG Saarbrücken*, ZEV 2019, 29 Rn. 48; *OLG Naumburg*, ZErb 2006, 199 (200); *OLG Frankfurt*, NJW-RR 1998, 795; *BayObLG*, ZEV 2000, 315 (315 f.); ZEV 1998, 348 (349); Rpfleger 1994, 213.

427 Siehe *W. Zimmermann*, Testamentsvollstreckung Rn. 800.

428 Zur Zuständigkeit siehe § 343 FamFG.

429 *OLG Düssseldorf*, FamRZ 2017, 1272 (1273 f.); *OLG Schleswig*, FamRZ 2016, 1705 (1708); *BayObLG*, NJW 1976, 1692 (1693); *OLG Celle*, OLGZ 1978, 442 (443); *Damrau* in Soergel, § 2227 Rn. 20; *Dutta* in Staudinger, § 2227 Rn. 37; angedeutet auch *OLG Hamm*, FamRZ 1994, 1419 (1421).

430 Vgl. B.I.2.a) dieser Arbeit.

431 BayObLGZ 1953, 357 (361); *Lange/Kuchinke*, Erbrecht, § 31 VIII 3, dort Fn. 409; *Winkler*, Rn. 812.

432 So *OLG Karlsruhe*, NJOZ 2017, 652 Rn. 8; a. A., wenn auch ohne Begründung *W. Zimmermann* in MüKoBGB, § 2227 Rn. 13.

hat der Testamentsvollstrecker auch bei Wegfall des Entlassungsgrundes nicht.[433] Allerdings ist wohl eine freiwillige, erneute Ernennung durch das Nachlassgericht möglich.[434]

Die veröffentlichte gerichtliche Praxis zeigt, dass sich Ablehnung und Stattgabe der Anträge insgesamt die Waage halten. In der jüngeren Rechtsprechungsgeschichte sind in etwa so viele gebilligte wie abgelehnte Entlassungsanträge gestellt worden.[435] Auffällig ist jedoch, dass in einigen Verfahren, in denen der Testamentsvollstrecker nicht entlassen wurde, trotzdem Pflichtverletzungen festgestellt worden sind. Dass der Amtsinhaber in diesen Verfahren trotzdem nicht entlassen wurde, beruhte ganz überwiegend auf Ermessensentscheidungen der oberlandesgerichtlichen Senate.[436] So führten auch grobe Pflichtverletzungen nach Auffassung der Gerichte in einigen Fällen nicht zur Entlassung des Testamentsvollstreckers, weil nach der Gesamtschau der Interessen aller Beteiligten ein Verbleib des Testamentsvollstreckers im Amt wichtig gewesen sei.[437] Gut nachvollziehbar wurde entschieden, dass ein Rechtsanwalt aufgrund seiner besonderen Fachkenntnis grob fahrlässig handelt, sofern er kein Nachlassverzeichnis i.S.d. § 2215 Abs. 1 BGB erstellt.[438] Allerdings könne er das Nachlassverzeichnis nachreichen, weswegen die grobe Pflichtverletzung nach gerichtlichem Ermessen nicht zur

---

433 *OLG Saarbrücken*, ZEV 2018, 406 Rn. 7; BayObLGZ 1964, 153; *Kipp/Coing*, § 75 VI, dort Fn. 8.

434 So jdfls. *W. Zimmermann* in MüKoBGB, § 2227 Rn. 13.

435 Einigen Entlassungsanträgen wurde beispielsweise stattgegeben, z.B. in *OLG München*, ZEV 2024, 168 Rn. 11 ff.; *OLG Düsseldorf*, ZEV 2023, 675 Rn. 57; ZEV 2023, 82 Rn. 22 ff.; *OLG Naumburg*, ZEV 2021, 385 Rn. 11 ff.; *OLG München*, NJW-RR 2020, 1084 Rn. 6 ff.; *OLG Düsseldorf*, BeckRS 2013, 00410; *OLG München*, NJW-RR 2008, 1690 (1690 ff.); *BayObLG*, NJOZ 2005, 1067 (1069); NJW-RR 1988, 645 (646); *OLG Frankfurt*, NJW-RR 1998, 795 (796 f.).

436 Lediglich in *OLG Frankfurt*, ZEV 2024, 230 Rn. 25 ff.; *OLG München*, ZEV 2009, 293 (294 ff.); *BayObLG*, NJWE-FER 2001, 262 (262 ff.) wurde bereits ein wichtiger Grund zur Entlassung abgelehnt. Den beiden letzten Entscheidungen lag jdfls. der Vorwurf der fehlerhaften Erstellung eines Nachlassverzeichnisses (§ 2215 Abs. 1 BGB) zugrunde – dies dürfte allerdings Zufall sein.

437 Z.B. *BayObLG*, NJWE-FER 2000, 212 bei jahrelanger Untätigkeit eines Testamentsvollstreckers, welcher eine Eigentumswohnung verkaufen sollte – das Gericht nahm an, dass der Verkauf des Grundstückes nur noch nicht erfolgt sei, weil die Eigentumslage hinsichtlich eines Kellerabteils noch nicht geklärt sei.

438 *OLG Hamm*, OLGZ 1986, 1 (4 ff.).

Entlassung ausreiche.[439] Das *OLG Zweibrücken* hat entschieden, dass ein Testamentsvollstrecker, der letztwillige Verfügungen zu seinen Gunsten auslegt, um eine eigene Geldforderung gegen den Nachlass zu erhöhen, grundsätzlich zur Entlassung führen kann. Nur schwer verständlich ist jedoch die Auffassung des mit der Entscheidung befassten Gerichts, die ihre Pflichten verletzende Testamentsvollstreckerin sei ausnahmsweise nicht zu entlassen, da sie immerhin die Nachlassabwicklung bis zu dieser Pflichtverletzung ordentlich vollzogen habe und sie nunmehr nur noch unbedeutende Aufgaben erfüllen müsse.[440] Am brisantesten ist eine These aus Düsseldorf, wonach die Einsetzung einer pflichtwidrig handelnden Person als Testamentsvollstrecker etwaige Entlassungsgründe unbeachtlich machen könne, weil der Erblasser ihr besonderes Vertrauen schenkte.[441] Dass ein Erblasser niemals jemanden zu seinem Testamentsvollstrecker nominieren würde, dem er misstraut, ignorierten die entscheidenden Richter. Diese und andere Fälle lassen einen deutlichen Trend dahingehend erkennen, (teils) gewichtige Amtsverstöße bei der Frage, ob sie eine Entlassung rechtfertigen, durch gerichtliche Ermessensentscheidungen zu relativieren. Aus gutem Grund haben daher einige Literaturstimmen die herrschende Meinung, welche den Wortlaut des § 2227 BGB als Ermessensentscheidung in der Rechtsfolge lesen wollen, angezweifelt.[442]

### (5) Zusammenfassung

Die Möglichkeit des Entlassungsantrages gem. § 2227 BGB bildet mit dem Schadensersatzanspruch aus § 2219 BGB den zentralen Rechtsschutz der Erben. Sie setzt eine wirksame Ernennung des Testamentsvollstreckers in sein Amt voraus. Als Entlassungsgründe sind die grobe Pflichtverletzung und die Unfähigkeit zur Amtsfortführung aufgeführt, jedoch ist die Aufzählung nicht abschließend. Liegt ein Entlassungsgrund vor, so beschließt das Nachlassgericht nach eigenem Ermessen die Enthebung des Testamentsvollstreckers aus seinem Amt.

---

439 *OLG Hamm*, OLGZ 1986, 1 (8).

440 *OLG Zweibrücken*, BeckRS 2009, 7397.

441 So *OLG Düsseldorf*, ZEV 2023, 675 Rn. 35; FamRZ 2017, 1272 Rn. 21 ff.

442 *Muscheler*, AcP 197 (1997), 226 (244 ff.); *Strobel*, NJW 2020, 3745 (3746); *W. Zimmermann*, ZEV 2024, 68 (74), dort Fn. 65.

### *cc) Freigabeverpflichtung, § 2217 Abs. 1 S. 1 BGB*

Weiter besitzen die Erben gegen den Testamentsvollstrecker einen Anspruch auf Überlassung solcher Nachlassgegenstände, derer er zur Erfüllung seiner Obliegenheiten offenbar nicht bedarf, § 2217 Abs. 1 S. 1 BGB. Man spricht in diesem Zusammenhang auch von einer *Freigabeverpflichtung.* Voraussetzung dafür ist, dass die Erben die Freigabe der Gegenstände verlangen, weil der Amtsinhaber sie offenbar nicht mehr benötigt.[443] In der Entstehungsgeschichte des BGB hat sich der Gesetzgeber zur Voraussetzung des Begriffs „offenbar" wie folgt geäußert:

> *„Die Voraussetzung des Rechtes des Erben ist (...) dahin gefaßt, daß ‚feststehen' oder ‚mit Sicherheit anzunehmen sein' müsse, daß der Testamentsvollstrecker der Gegenstände nicht bedürfe."*[444]

Die Rechtsprechung hat sich diese Erklärung zu Eigen gemacht und an das Tatbestandsmerkmal „offenbar" entsprechend hohe Anforderungen gestellt.[445] Diese restriktive Auslegung führt dazu, dass bei einer klassischen Abwicklungsvollstreckung, in welcher die Erbenauseinandersetzung zu bewirken ist, regelmäßig alle Nachlassgegenstände benötigt werden.[446] Auch bei einer Dauervollstreckung ist herrschende Auffassung, dass eine etwaige Freigabeaufforderung keinen Erfolg haben kann.[447] Der Anwendungsbereich dieses Anspruchs ist somit verschwindend gering.

Sollten die Tatbestandsvoraussetzungen dennoch vorliegen, so besitzt der Erbe einen Anspruch gegen den Testamentsvollstrecker, gegen welchen der Amtsinhaber keine Zurückbehaltungsrechte wegen ausstehender Vergütung geltend machen kann.[448] Die Freigabe des Nachlassgegenstandes erfolgt durch die empfangsbedürftige Willenserklärung (§ 130 BGB), die zur Übergabe von Verwaltungs- und Verfügungsrechten an den herauszugebenden

---

443 *Muscheler*, ZEV 1996, 402.
444 *Achille/Gebhard/Spahn*, Prot. V, 313.
445 *OLG Frankfurt*, ZEV 2011, 605 (606); *OLG Köln*, ZEV 2000, 231.
446 *Kipp/Coing*, § 73 II 4c.
447 Siehe nur BGHZ 56, 275 (284) m.w.N.; a. A. *H. Lange*, JuS 1970, 101 (106).
448 *W. Zimmermann* in MüKoBGB, § 2217 Rn. 6; a. A. *Pauli* in Bengel/Reimann, 7. Aufl. 2020, § 6 Rn. 175. Andere Einreden und Einwendungen kann der Testamentsvollstrecker gleichwohl geltend machen.

Gegenständen auffordert.[449] Die Abgabe der Willenserklärung ist auch konkludent möglich,[450] sodass in vielen Fällen die Übergabe des Nachlassgegenstandes – soweit möglich – bereits ausreicht. Der Erbe kann mit seinem Eigentum ab diesem Zeitpunkt nach eigenem Gutdünken verfahren, da sämtliche Rechte des Testamentsvollstreckers zur Verwaltung gem. § 2217 Abs. 1 S. 2 BGB erlöschen. Sollte ein Testamentsvollstreckervermerk im Grundbuch durch die Freigabeerklärung unrichtig i.S.d. § 894 BGB geworden sein, ist dies entsprechend zu berichtigen.[451]

#### *dd) Pflichten aus dem Auftragsverhältnis, § 2218 i.V.m. §§ 664, 666, 668, 670, 673 S. 2, 674 BGB*

In § 2218 Abs. 1 BGB werden einzelne Vorschriften aus dem Auftragsrecht aufgezählt, die auf das Rechtsverhältnis zwischen Testamentsvollstrecker und Erben anwendbar sind. Die Aufzählung ist abschließend, andere Ansprüche aus dem Auftragsrecht kann der Erbe daher nicht geltend machen.[452] Die Ansprüche sind gegen den Testamentsvollstrecker persönlich und nicht in seiner Eigenschaft als Partei kraft Amtes geltend zu machen, sodass ein Rückgriff auf das Nachlassvermögen ausscheidet, wenn der Testamentsvollstrecker im Falle seines Unterliegens für anfallende Prozesskosten aufkommen muss.[453] Es handelt sich um unabdingbare Ansprüche der Erben (§ 2220 BGB). Die nachfolgende Darstellung der Ansprüche folgt im Überblick. Auf die Darstellung von §§ 668, 673 S. 2, 674 BGB wird in Ermangelung von Relevanz für diese Arbeit verzichtet.

---

449 *OLG München*, NJW-RR 2020, 1210 Rn. 23; *Lange/Kuchinke*, Erbrecht, § 31 VIII 1, dort Fn. 368; *Kipp/Coing*, § 73 II 4; *Dutta* in Staudinger, § 2217 Rn. 15; *Weidlich* in Grüneberg, § 2217 Rn. 5; a. A. *OLG Hamm* OLGZ 1973, 258 (261); *M. Schmidt* in Erman, § 2217 Rn. 2: „gemischter Realakt"; wiederum a. A. *Muscheler* ZEV 1996, 402 (403): „dinglicher Vertrag" (dann könnte der Erbe ein Freigabeangebot zurückweisen; doch muss der Erbe ohnehin die Freigabe verlangen, sie kann ihm nicht aufgedrängt werden).

450 *OLG Frankfurt*, ZEV 2011, 605 (608) m.w.N.

451 *OLG Hamm*, ZEV 2023, 378 Rn. 14 ff.

452 *W. Zimmermann* in MüKoBGB, § 2218 Rn. 1.

453 BGHZ 41, 23 (30); *W. Zimmermann* in MüKoBGB, § 2218 Rn. 3.

### (1) Hinzuziehung Dritter, § 664 BGB

Gem. § 2218 Abs. 1 i.V.m. § 664 BGB ist es dem Testamentsvollstrecker verboten, das Amt an einen Dritten abzugeben. Er darf keinen Ersatz- oder Mitvollstrecker ernennen, ohne dass ihm der Erblasser die Befugnis dazu erteilt hat. Aus diesem Grund kann der Erbe auch nicht in einen solchen Vorgang einwilligen.[454] Wie § 664 Abs. 1 S. 3 BGB klarstellt, bedeutet das aber nicht, dass er sich keines Erfüllungsgehilfen für einen Teil seines Verwaltungsauftrages bedienen darf. Bei Pflichtverletzungen des Erfüllungsgehilfen ist dessen Verschulden regulär dem Testamentsvollstrecker zuzurechnen, vgl. § 664 Abs. 1 S. 3 BGB i.V.m. § 278 BGB.

Umstritten ist, inwiefern der Testamentsvollstrecker Vollmachten ausstellen darf, um Dritte dazu zu ermächtigen, in seinem Namen Rechtsgeschäfte für den Nachlass vorzunehmen: Möglich ist dies jedenfalls für einzelne Rechtsgeschäfte.[455] Die Vollmachtserteilung für einen ausgewählten Aufgabenkreis ist nämlich keine Übertragung i.S.d. § 664 Abs. 1 BGB.[456]

Diskutiert wurde jedoch die Zulässigkeit von Generalvollmachten. Die wohl herrschende Meinung erachtet diese als zulässig. Voraussetzung sei jedoch die Vereinbarkeit mit dem Erblasserwillen sowie die jederzeitige Widerrufbarkeit der Vollmacht.[457] Andere lehnen sie ab, da der Testamentsvollstrecker sein Amt grundsätzlich persönlich auszuführen habe, sofern ihm per letztwilliger Verfügung kein Ernennungsrecht von Ersatzvollstreckern eingeräumt wurde.[458]

### (2) Auskunfts- und Rechenschaftspflicht, § 666 BGB

Gem. § 666 BGB ist der Testamentsvollstrecker über § 2218 Abs. 1 BGB verpflichtet, den Erben die „erforderlichen Nachrichten“ zu geben (Alt. 1), auf Verlangen über den Stand der Nachlassabwicklung Auskunft zu erteilen

---

454 RGZ 81, 166 (170).

455 So wurde z.B. von *OLG München*, ZEV 2011, 590 der Umfang der Vollmacht diskutiert, jedoch nicht in Frage gestellt, dass der Testamentsvollstrecker eine Vollmacht im Grundbuchverkehr ausstellen darf; so auch *Lange/Kuchinke*, Erbrecht, § 31 VIII 1.

456 *Strobel*, ZEV 2020, 589 (590) m.w.N.

457 *KG*, ZEV 2019, 27 Rn. 17; *Damrau* in Soergel, § 2218 Rn. 3; *Dutta* in Staudinger, § 2218 Rn. 15; *Strobel*, NJW 2020, 589 (590); *Weidlich* in Grüneberg, § 2219 Rn. 2; i.E. wohl auch *Klumpp*, ZEV 2006, 257 (258).

458 *Kipp/Coing*, § 73 II 5b; *Winkler*, Rn. 468.

(Alt. 2) und nach Ausführung der Abwicklung Rechenschaft abzulegen (Alt. 3). Dieser dreiteilige Informationsanspruch ist relativ stark ausgestaltet, um den Erben zu schützen.[459]

Nachrichten sind vom Testamentsvollstrecker aufforderungslos zu übermitteln, sofern sie erforderlich sind.[460] Diese Erforderlichkeit tritt in den Fällen des § 666 BGB dann ein, wenn bestimmte Ereignisse von wirtschaftlicher Bedeutung für das Auftragsverhältnis (in Fällen der Testamentsvollstreckung also *für den Nachlass*) sind.[461] Der ordnungsgemäße Nachrichtenfluss sollte übrigens auch im Interesse des Amtsinhabers sein, da dieser sich sonst Schadensersatzansprüchen (§ 2219 Abs. 1 BGB) und etwaigen Entlassungsanträgen (§ 2227 BGB) aussetzt.[462]

Ferner kann der Erbe gem. § 666 Alt. 2 BGB voraussetzungslos und formfrei (also immer!) eine absolute, vollständige und richtige Auskunft über den Stand der Nachlassabwicklung verlangen – das Erforderlichkeitsmerkmal entfällt an dieser Stelle.[463]

Außerdem schuldet der Testamentsvollstrecker den Erben Rechenschaft, § 2218 Abs. 1 BGB i.V.m. § 666 Alt. 3 BGB. Um diesem Anspruch gerecht zu werden, muss der Testamentsvollstrecker seine Tätigkeit lückenlos dokumentieren. Dabei muss er sich an den üblichen Grundsätzen der Rechnungslegung orientieren: Transparenz, Übersichtlichkeit und Belegbarkeit der wirtschaftlichen Vorgänge.[464] Abzulegen ist die Rechenschaft regelmäßig erst bei Beendigung seiner Abwicklungshandlung.[465] Bei „länger dauernder Verwaltung“[466] konkretisiert § 2218 Abs. 2 BGB den Rechenschaftsanspruch aber immerhin dahingehend, dass der Erbe jährlich Rechnungslegung verlangen kann.

---

459 So jdfls. *Sarres*, ZEV 2000, 90 (91).

460 *Sarres*, ZEV 2000, 90 (91).

461 *Sarres*, ZEV 2000, 90 (91) mit einem eher unpassenden Verweis auf *BGH*, WM 1971, 995.

462 Allgemeine Ansicht, siehe nur *BayObLG*, NJW-RR 1988, 645; *Ebenroth*, Rn. 678; *Sarres*, ZEV 2008, 512 (513).

463 *Zinger* in Bengel/Reimann/Holtz/Röhl, 8. Aufl. 2023, § 6 Rn. 95 ff.

464 *Sarres*, ZEV 2000, 90 (92).

465 *W. Zimmermann* in MüKoBGB, § 2218 Rn. 1.

466 Gemeint ist damit wohl eine Testamentsvollstreckung, die länger als ein Jahr andauert, unabhängig von ihrer rechtlichen Ausgestaltung als Verwaltungs-, Abwicklungs- oder sonstige Vollstreckung, vgl. *Zweygart-Heckschen* in Burandt/Rojahn, § 2218 Rn. 23.

#### (3) Herausgabepflicht, § 667 BGB

Ferner ist der Testamentsvollstrecker gem. § 667 BGB dazu verpflichtet, den Erben den gesamten Nachlass sowie alles, was er während der Abwicklung bzw. Verwaltung erlangt hat, herauszugeben.[467]

Die Freigabeverpflichtung aus § 2217 Abs. 1 S. 1 BGB ist dabei von § 667 BGB abzugrenzen. § 2217 Abs. 1 S. 1 BGB soll den Erben schon während der laufenden Nachlassabwicklung die Gegenstände zurückgewähren, derer der Testamentsvollstrecker zur Erfüllung seiner amtlichen Pflichten nicht mehr bedarf.[468] Während dieser Anspruch also eine Abschöpfung von für die Nachlassabwicklung irrelevanten Gegenständen im laufenden Verfahren bezweckt, soll § 2218 Abs. 1 BGB i.V.m. § 667 BGB die Herausgabe des bereinigten Nachlasses am Ende der Amtstätigkeit garantieren.

Der Testamentsvollstrecker kann dem Anspruch aus § 2218 Abs. 1 BGB i.V.m. § 667 BGB aber ein Zurückbehaltungsrecht aus §§ 273, 274 BGB entgegensetzen, sofern er gegen die Erben noch Ansprüche auf Vergütung (§ 2221 BGB) oder auf Aufwendungsersatz (§ 670 BGB) besitzt.[469]

### c) Ausschlagungsrecht gem. § 2306 Abs. 1 Var. 2 BGB

Empfinden die Erben die Anordnung einer Testamentsvollstreckung beim Erbantritt als lästiges Hindernis, können sie das Erbe selbstverständlich ausschlagen. Tun sie das, müssten sie allerdings grundsätzlich den empfindlichen Verlust ihres Pflichtteilsanspruchs hinnehmen, setzt dessen Entstehen doch den Ausschluss vom Erbe und nicht die Ausschlagung des Erbes voraus, § 2303 Abs. 1 S. 1 BGB. Um die Erben nicht mit einer Situation zu konfrontieren, in welcher sie nur verlieren können, erhält ihnen § 2306 Abs. 1 BGB in bestimmten Konstellationen den Pflichtteilsanspruch – den Erben steht in diesen Fällen ein *Wahlrecht* (Pflichtteil oder Erbe?) zu.[470] Auch die Ausschlagungsfrist verlagert sich nach hinten und beginnt erst mit Kenntnisnahme von der Beschwerung, § 2306 Abs. 1 2. Hs. BGB.

---

467 *Damrau* in Soergel, § 2218 Rn. 10; *Weidlich* in Grüneberg, § 2218 Rn. 4; *W. Zimmermann* in MüKoBGB, § 2218 Rn. 17.

468 Siehe dazu B.I.4.b)cc) dieser Arbeit.

469 *OLG Königsberg*, Seuff'A 75 (1920), Nr. 227; *Dutta* in Staudinger, § 2218 Rn. 29; *Kipp/Coing*, § 73 IV 3.

470 So *K. W. Lange* in MüKoBGB, § 2306 Rn. 1.

Grundsätzlich hat § 2306 Abs. 1 BGB Beschränkungen oder Belastungen des Erbes im Blick, die dazu führen können, dass das erhaltene Erbe niedriger wäre als der Pflichtteil, der den Erben bei einer hypothetischen Enterbung zustehen würde.[471]

Als „Beschränkung" des Pflichtteilsberechtigten wird aufgrund ihrer Verwaltungs- und Verfügungsbefugnisse aus §§ 2205, 2211 BGB auch die Testamentsvollstreckung empfunden.[472] Dieses Empfinden schlägt sich auch im Wortlaut des § 2306 BGB nieder, welcher *„die Ernennung eines Testamentsvollstreckers"*[473] ausdrücklich als Beschränkung erwähnt. Zu ihrem eigenen Schutz können die Erben ihr Erbe daher gem. § 2306 Abs. 1 Var. 2 BGB ausnahmsweise gegen Erhalt ihres etwaigen Pflichtteils ausschlagen.

## 5 Zusammenfassung und Bewertung

### a) In zeitlicher Hinsicht

Die Testamentsvollstreckung beginnt mit dem Erbfall, wobei damit nicht das Amt des konkreten Testamentsvollstreckers gemeint ist. Das individuelle Amt ist freiwillig und seine Annahme muss dem Nachlassgericht angezeigt werden. Eine Annahmefrist sieht das BGB dabei nicht vor. Lehnt der Anwärter das Amt ab, so ist die Anordnungsverfügung im Zweifel hinsichtlich einer Ersatzernennung auszulegen. Meist werden die Nachlassgerichte sich als konkludent ernennungsbefugt ansehen und einen Ersatzvollstrecker berufen. Ihr Ende findet die Testamentsvollstreckung in zahlreichen Gründen, wobei die wichtigsten wohl die Erledigung der Aufgaben bei der Abwicklungsvollstreckung, die Kündigung seitens des Testamentsvollstreckers, die Entlassung auf Antrag eines Beteiligten sowie der Zeitablauf bei der Dauervollstreckung sind.

Bei Dauervollstreckungen ist *de lege lata* insbesondere problematisch, dass der Testator das Ende der Testamentsvollstreckung deutlich hinauszögern kann. Es ist aufgrund der misslungenen Regelung des § 2210 S. 2 BGB denkbar einfach, die Höchstgrenze der dreißigjährigen Frist aus § 2210 S. 1 BGB

471 *K. W. Lange* in MüKoBGB, § 2306 Rn. 1.

472 *Kerstan*, RNotZ 2021, 561 (568); *K. W. Lange*, FS 25 Jahre DNotI, 665 (674).

473 Entgegen dem Wortlaut der Norm knüpft § 2306 Abs. 1 2. Hs. BGB für die Beurteilung der Beschränkung an die Testamentsvollstreckung als solche an, nicht aber auf den konkret ernannten Testamentsvollstrecker – der Amtsinhaber ist für das Vorliegen des Wahlrechts also nicht entscheidend, so *K. W. Lange*, MüKoBGB, § 2306 Rn. 12.

zu übertreten. Das Gegensteuern der höchstrichterlichen Rechtsprechung vermag diese erbenbenachteiligende Rechtslage nur bedingt aus der Welt zu schaffen, da die Anwendung der Amtstheorie weiterhin übermäßig lange Dauervollstreckungen ermöglicht. Damit besteht auch nach dem Untergang der Fideikommisse immer noch die Möglichkeit, eine Testamentsvollstreckung mit jahrhundertelanger Knebelwirkung anzuordnen. Die Kritik an der aktuellen Rechtslage ist zahlreich[474] – und das zu Recht. Der einzige Ansatz, der sowohl die Interessen des Erblassers als auch die Interessen der betroffenen Erben in einen schonenden Ausgleich bringen kann, ist die analoge Anwendung des § 2109 Abs. 1 S. 2 Nr. 1 BGB (*Generationentheorie*).

Bereits die potentielle Dauer der deutschen Testamentsvollstreckung demonstriert das ungleiche Machtgefüge zwischen Testamentsvollstrecker und den Erben mithin eindrücklich.

### b) Hinsichtlich der Rechtsmacht

Auch die Machtfülle des Testamentsvollstreckers wird kritisch beäugt. Einige sagen ihm nach, er habe eine zu große Rechtsmacht,[475] während die betroffenen Erben nicht genügend Möglichkeiten hätten, sich gegen pflichtwidriges Verhalten zu wehren.[476]

Tatsächlich gilt im deutschen Recht das Leitbild des „unbeschränkten Generalvollstreckers". Er erhält umfassende[477] Verfügungs- und Verpflichtungsbefugnisse und ggf. auch andere Rechte,[478] welche vom Erblasser

---

474 *Lange/Kuchinke*, Erbrecht, § 31 II 2; *H. Lange*, JuS 1970, 101 (102); *Muscheler*, S. 3; *Schlüter*, FG Zivilrechtslehrer 1934/1935, 575 (587 ff.); *Windel*, S. 247 dort Fn. 25; *W. Zimmermann* in MüKoBGB, § 2210 Rn. 1. Für eine komplette Streichung der Ausnahmevorschrift des § 2210 S. 2 BGB *Offergeld*, S. 229; *Sasse*, S. 90 ff.; *Röthel*, FS Reuter, 307 (318 ff.).

475 *OLG Saarbrücken*, ZEV 2023, 591 Rn. 16 f.; *Jess*, S. 120: *„ausgedehnte Verfügungsmacht des Testamentsvollstreckers"*; *Werner*, ZEV 2010, 126: *„problematisch"*. Ähnlich auch *Rott/Kornau/Zimmermann*, § 15 Rn. 1.

476 *H. Lange*, JuS 1970, 101; *Lehmann*, AcP 188 (1988), 1 (1 ff.); *Löhnig* in Hausmann/Hohloch, S. 1334; *Muscheler*, Haftungsordnung, S. 2 f.; *Reimann*, FamRZ 1995, 588 *Strobel*, NJW 2020, 3745; *Werner*, ZEV 2010, 126.

477 Der Testamentsvollstrecker ist während seiner Amtszeit dem Grundsatz der ordnungsmäßigen Verwaltung (§ 2216 Abs. 1 BGB) und dem Schenkungsverbot (§ 2205 S. 3 BGB) unterworfen. Seine Rechtsmacht ist im BGB also (dinglich) beschränkt.

478 Gemeint ist die Ernennung eines Mitvollstreckers oder Nachfolgers, § 2199 BGB, die Prozessführungsbefugnis aus §§ 2212 f. BGB, der Vergütungsanspruch gem.

zumindest weitestgehend frei beschränkbar sind. Zwingendes Recht sind lediglich die Ermächtigung zur Außerkraftsetzung von nachlassschädigenden Anordnungen sowie der Aufwendungsersatzanspruch des Testamentsvollstreckers (vgl. §§ 2216 Abs. 2 S. 2, 2218 Abs. 1 BGB i.V.m. § 670 BGB). Diese Rechte stellen mithin den Mindestbestand seiner Rechtsmacht dar. Soll der Testamentsvollstrecker keine Verfügungsbefugnisse und nur begrenzte Verpflichtungsbefugnisse besitzen, ist eine Verwaltungsvollstreckung i.S.d. §§ 2209, 2210 BGB angeordnet. Soll er auch dies nicht dürfen und nur die Vollziehung des Erblasserwillens überwachen, spricht man von einer beaufsichtigenden Testamentsvollstreckung i.S.d. § 2208 Abs. 2 S. 2 BGB. Dies sind zugleich die drei wesentlichen Vollstreckungsarten, die für diese Arbeit von Bedeutung sind. Sie unterscheiden sich deutlich in ihrer Machtintensität, wobei der Abwicklungsvollstrecker die stärkste Machtstellung hält und der beaufsichtigende Testamentsvollstrecker im Vergleich das Schlusslicht bildet.

Problematisch ist vor allem das Fehlen von Mechanismen, welche den Testamentsvollstrecker davon abhalten, sich über die vom Erblasser gesetzten Grenzen der Verpflichtungs- sowie Verfügungsbefugnis hinwegzusetzen. Der Begriff der ordnungsmäßigen Verwaltung aus § 2206 Abs. 1 S. 1 BGB i.V.m. § 2216 Abs. 1 BGB ist beispielsweise unbestimmt und geht mit einer hohen und dem Missbrauch zugänglichen Flexibilität im Amt einher. Umso mehr überrascht es, dass die Rechtsprechung sich nicht darum bemüht, den Begriff der ordnungsmäßigen Verwaltung durch die Bildung von Fallgruppen auszufüllen, sondern dem Testamentsvollstrecker bei der Eingehung von Verbindlichkeiten einen weiten Ermessensspielraum zuspricht. Das erhöht die Wahrscheinlichkeit, dass Außerkraftsetzungsanträgen nach § 2216 Abs. 2 S. 2 BGB seitens der Nachlassgerichte im Vertrauen auf die gewissenhafte Arbeit des Antragstellers stattgegeben wird. Dass Testamentsvollstrecker durchaus eigene Interessen im Amt verfolgen können, besonders wenn sie zugleich Miterben oder Vermächtnisnehmer sind, beachtet die aktuelle Rechtsprechungspraxis nur unzureichend.

Aus welchem Grund die Rechtsprechung die Ausfüllung des Begriffes der ordnungsmäßigen Verwaltung den Testamentsvollstreckern überlässt, erklärt sie nicht direkt. Die Anlassentscheidung des *BGH*, die den Grundstein für die

---

§ 2219 BGB und durch die Möglichkeit des vertraglichen Verzichtes auch das Kündigungsrecht des Testamentsvollstreckers, § 2226 BGB.

heutige Rechtsprechungspraxis legte, erklärte ihre Auffassung lediglich mit dem Bedürfnis nach wirtschaftlicher Flexibilität.[479] Wirft man einen Blick in die Gesetzgebungsmaterialien, so lässt sich folgender Erklärungsversuch anstrengen: Der Gesetzgeber wollte die Rechtsmacht des Testamentsvollstreckers mit dem unbestimmten Begriff des § 2216 Abs. 1 BGB, der ordnungsmäßigen Verwaltung, *„eher ausdehnen als einschränken (...)"*.[480] Hieraus dem Testamentsvollstrecker einen übermäßigen Ermessensspielraum zuzubilligen, ist bei genauerer Betrachtung allerdings verfehlt. Die Aussage des historischen Gesetzgebers ist bewusst vorsichtig formuliert (*„eher"*, nicht *„unbedingt"*). Dadurch sollte lediglich der Wunsch zum Ausdruck kommen, den Testamentsvollstrecker im Hinblick auf das vor der Kodifikation des BGB geltende Recht zu stärken. Auf den historischen Willen lässt sich mithin nur die Erkenntnis stützen, dass der Begriff der ordnungsmäßigen Verwaltung bewusst unbestimmt geblieben ist, um eine gewisse Flexibilität im Amt zu garantieren. Dies hat *Jess* – wie bereits herausgearbeitet – zutreffend erkannt.[481] Eine ähnliche Auffassung vertritt auch die Rechtsprechung. Dieser kann im Ergebnis jedoch nicht beigepflichtet werden. Zwar ist Flexibilität ein anzuerkennendes Ziel in der rechtlichen Praxis. Der Begriff darf jedoch nicht überstrapaziert werden, möchte man ein Machtgleichgewicht zwischen Testamentsvollstrecker und Erben aufrechterhalten. Die aktuelle Rechtsprechungspraxis jedenfalls vermischt die praxisgünstige Auslegung unbestimmter Rechtsbegriffe mit einseitiger Machtzuweisung.

Es ist zuzugeben, dass eine gewisse Flexibilität im Amt vonnöten ist. In den Begriff der ordnungsmäßigen Verwaltung einen gewissen Ermessensspielraum hineinzulesen,[482] ist auch sinnvoll. Allerdings ist der Testamentsvollstrecker gem. § 2216 Abs. 2 S. 1 BGB an den Erblasserwillen gebunden, den es ebenso zu beachten gilt. Aktuell ist aber zu befürchten, dass der Vertrauensvorschuss, den die Gerichte dem Testamentsvollstrecker einräumen, der Wirksamkeit dieser Bindungswirkung in einigen Fällen entgegenstehen könnte. Die aktuelle Rechtsprechungspraxis stellt die Amtshoheit des

---

479 BGHZ 25, 275 (283).

480 *Achilles/Gebhard/Spahn*, Prot. V, S. 280.

481 Dazu oben B.I.3.a)aa)(1)(b).

482 So *Jess*, S. 122.

Testamentsvollstreckers über den Erblasserwillen und steigert die Rechtsmacht des Testamentsvollstreckers dadurch auf bedenkliche Weise.

Dieses Problem wird dadurch intensiviert, dass ordnungswidrig geschlossene Geschäfte mit außenstehenden Dritten (sollte die Ordnungswidrigkeit wider Erwarten festgestellt werden) grundsätzlich wirksam bleiben. Das Drei-Personen-Verhältnis, welches in der Testamentsvollstreckung ähnlich dem Modell der Stellvertretung strikt zwischen Innen- und Außenverhältnis entscheidet, baut die Verpflichtungsbefugnis des Testamentsvollstreckers mittelbar weiter aus, denn indem die herrschende Rechtsprechung die Grundsätze des Missbrauchs der Vertretungsmacht analog auf ordnungswidrige Handlungen des Testamentsvollstreckers anwendet, bleiben die eingegangenen Verbindlichkeiten zugunsten des nichtsahnenden Dritten wirksam – und zwar zu Lasten der insoweit wehrlosen Erben, die ordnungswidrigen Rechtshandlungen schutzlos ausgeliefert sind.[483]

Ähnlich liegt es bei der Verfügungsbefugnis; auch sie kann begrenzt werden. Ein gutgläubiger Erwerb bleibt jedoch vor allem mithilfe von fehlerhaften Testamentsvollstreckerzeugnissen möglich, da die §§ 2365, 2366 BGB entsprechende Richtigkeitsvermutungen aufstellen. Auch ist der Vertragspartner nicht verpflichtet, ein Testamentsvollstreckerzeugnis einzusehen, bevor er einen Vertrag mit dem Testamentsvollstrecker abschließt. Er muss von dessen Existenz nicht einmal wissen, um gutgläubig zu sein. Denkbar ist zwar die These, dass der Dritte sich nur auf Gutgläubigkeit berufen darf, wenn er sich das Testamentsvollstreckerzeugnis vorlegen lässt und es auf seine Richtigkeit hin überprüft, da der *BGH* diesen Vorgang zumindest bei Gebrauchtwagenkäufen für zwingend erachtet. Allerdings hat der *BGH* diese Wertung auf Fälle der Testamentsvollstreckung (noch) nicht übertragen und es ist fraglich, ob dies jemals geschehen wird. Dementsprechend ist die Verfügungsbefugnis des Testamentsvollstreckers nach heutiger Rechtslage „ein Fass ohne Boden".

---

[483] Sie könnten zwar vom Testamentsvollstrecker das Unterlassen einer rechtswidrigen Rechtshandlung gem. § 2216 Abs. 1 BGB verlangen, aber in der Praxis wäre über den Anspruch gerichtlich nicht schneller entschieden, als der Testamentsvollstrecker das Rechtsgeschäft eingeht. Wie die Untersuchung zum einstweiligen Rechtsschutz (B.I.5.c)aa)(2) dieser Arbeit) aber zeigen wird, besteht nach herrschender Meinung kein Eilrechtsschutz gegen Handlungen des Testamentsvollstreckers, weswegen auch ein Antrag auf eine einstweilige Unterlassungsanordnung nicht durchsetzbar ist.

Die in der Rechtswissenschaft geäußerte Kritik ist also berechtigt. Der Entzug der Verfügungsbefugnis über das Nachlassvermögen ist für den Erben ein großer Einschnitt in sein verfassungsrechtlich garantiertes Erbrecht (vgl. Art. 14 Abs. 1 S. 1 Alt. 2 GG). Erschwerend kommt hinzu, dass dem Dauertestamentsvollstrecker die Verfügungsbefugnis über den Nachlass auch dann zugesprochen wird, wenn er formell nur mit der Verwaltung beauftragt werden soll.[484] Das Missbrauchspotenzial des Amtes ist groß.[485] Es stellt sich also die Frage, inwiefern die Erben vor unzulässigen, aber im Außenverhältnis dennoch rechtswirksamen Rechtshandlungen des Amtsinhabers geschützt werden können.

### c) Hinsichtlich des Rechtsschutzes

Der Testamentsvollstrecker hat auch Pflichten, die aus dem gesetzlichen Schuldverhältnis zwischen ihm und den Erben entspringen und sich mithin zumindest im Innenverhältnis entfalten. Wie die Untersuchung der Rechtsmacht aber gezeigt hat, können diese Pflichten das Außenverhältnis nicht beeinflussen.

Immerhin besitzen die Erben Rechte, die der Prävention von ordnungswidrigem Verhalten oder der Sanktion des Testamentsvollstreckers bei bereits vollzogenem Fehlverhalten dienen sollen. Zunächst wären da Informationsrechte aus dem Auftragsrecht: Die Auskunftsansprüche des § 666 BGB geben den Erben Möglichkeiten an die Hand, um die Tätigkeit des Testamentsvollstreckers zu überwachen. Diese Ansprüche stellen die einzigen Werkzeuge zur Ausübung des Kontrollrechts dar, welche die Gesetzgeber den Erben zugebilligt haben. Ferner garantiert § 667 BGB, dass die Erben den Nettonachlass nach der Beendigung des Amtes herausverlangen können.

Den zentralen Rechtsschutz sollen die Rechte aus §§ 2219, 2227 BGB gewährleisten. Die Erben können für den entstandenen Schaden Ersatz vom Testamentsvollstrecker verlangen und unter den eher strengen Voraussetzungen des § 2227 BGB[486] die Entlassung des Testamentsvollstreckers

---

[484] Dazu oben B.I.3.a)bb)(1).

[485] Ähnlich auch *OLG Saarbrücken*, ZEV 2023, 591 Rn. 17; *Röper*, ZEV 2023, 789 (793).

[486] So zu Recht *Roth*, NJW-Spezial 2011, 39.

beantragen.[487] Letzteres liegt jedoch im Ermessen der Gerichte, welche ihr Ermessen teils zu einseitig anwenden. Der von § 2227 BGB bezweckte Erbenschutz wird dadurch erheblich aufgeweicht.

Demgegenüber hat § 2219 Abs. 1 BGB immerhin eine gebundene Rechtsfolge.[488] Der dem Schadensbegriff innewohnende Wiederherstellungsgedanke versagt aber insbesondere bei immateriellen Schäden: Verkauft der Testamentsvollstrecker beispielsweise anordnungswidrig das Familienheim (Verstoß gegen §§ 2203, 2216 Abs. 1 S. 1, Abs. 2 S. 1 BGB) und ist der gutgläubige Dritte im Anschluss nicht zur Herausgabe der Immobilie bereit, können Erben lediglich Wertersatz für die Immobilie vom Testamentsvollstrecker verlangen.[489] Der ideelle Wert des Grundstücks (sog. *Affektionsinteresse*), etwa weil die Erben in dem Haus aufgewachsen sind, dort selbst eine Familie gründen wollten, oder sonst wertvolle Erinnerungen an Momente des Familienlebens mit dem verkauften Heim verbinden, ist allerdings schadensrechtlich nicht anerkannt und somit auch nicht ersatzfähig.[490] Weder § 2219 Abs. 1 BGB noch das allgemeine Schadensrecht vermögen es, emotionalen Schäden entgegenzuwirken, die einem jeden Erbfall anhaften und durch einen böswilligen Testamentsvollstrecker noch intensiviert werden können.[491] Auch das Wahlrecht aus § 2306 Abs. 1 2. Hs. BGB, wonach der Erbe die Erbschaft entweder trotz Anordnung der Testamentsvollstreckung annehmen oder unter Erhaltung seines Pflichtteilsanspruchs ausschlagen kann, ändert daran nichts. Der Pflichtteilsanspruch stellt lediglich einen Geldanspruch dar.[492] Man mag einwenden, der dargestellte Sachverhalt skizziere das schlimmstmögliche Szenario – aber ein funktionierendes Gesetz muss dazu in der Lage sein, auch unwahrscheinliche Kausalverläufe aufzufangen. Geeignete Präventivmaßnahmen, die das Entstehen von ideellen Schäden

---

[487] Beide Ansprüche können nebeneinander geltend gemacht werden, da sie unterschiedliche Rechtsfolgen haben und somit nicht miteinander konkurrieren.

[488] Vgl. Wortlaut: „*(...) so ist* (Hervorhebung durch den Verfasser) *er, (...)*“.

[489] *W. Zimmermann*, ZEV 2024, 68.

[490] Allgemeiner Grundsatz, dazu aus rechtshistorischer Sicht *Mugdan*, Bd. II, S. 12; ferner angedeutet *OLG München*, NJW-RR 1991, 477 (478), wonach die Tötung eines Schimpansen keinen ersatzfähigen Schaden darstellen sollte, da dieser krank gewesen sei und somit nicht hätte weiterveräußert werden können; siehe auch *LG Hamburg*, NJW-RR 2000, 653.

[491] *Röper*, ZEV 2023, 789 (793).

[492] *K. W. Lange* in MüKoBGB, § 2303 Rn. 14.

verhindern, lassen die §§ 2197 ff. BGB vermissen und werden dem hier vertretenen Vollständigkeitsanspruch der Gesetzeskodifikation nicht gerecht. Mögliche Lösungsansätze sollen daher im Folgenden diskutiert werden.

*aa) Mögliche Lösungsansätze*

Die Lösung des Problems des fehlenden Präventivschutzes könnten erstens Aufsichtsrechte und Genehmigungspflichten darstellen,[493] die den Testamentsvollstrecker zur ordnungsmäßigen Verwaltung zwingen. Zweitens wäre es denkbar, das Innenverhältnis überschreitende Amtshandlungen mithilfe von Anordnungen im Eilrechtsschutz zu unterbinden, weswegen auch diese Möglichkeit als Lösungsansatz diskutiert werden soll.

#### (1) Gerichtliche Aufsicht über Testamentsvollstreckungen

Es wäre zumindest nicht abwegig, dass der Testamentsvollstrecker während seiner Amts- und Wirkzeit vom Nachlassgericht kontrolliert und überwacht wird. Für die dem Testamentsvollstrecker wesensähnlichen Ämter des Insolvenz- sowie des Nachlassverwalters bestehen derartige Aufsichtsverhältnisse, vgl. §§ 58 InsO, 1888 Abs. 1 BGB i.V.m. 1862 BGB.

*(a) Aktuelle Rechtslage*

Wirft man nun einen Blick in die §§ 2197 ff. BGB, so fällt auf, dass das Recht der Testamentsvollstreckung ein solches Aufsichtsrecht nicht enthält. Aus diesem Umstand schlossen sowohl die Rechtsprechung als auch die herrschende Literatur, dass der Testamentsvollstrecker weder der Aufsicht des Nachlassgerichtes unterliegt, noch weisungsgebunden sein soll.[494] Eine

---

[493] In diesem Zusammenhang ist zu erwähnen, dass der Erblasser gem. §§ 2208 Abs. 1 S. 1, 2216 Abs. 2 S. 1 BGB beliebigen Dritten Weisungsrechte an die Hand geben kann, die der Testamentsvollstrecker zu achten hat. Durch diese darf die Unabhängigkeit der Amtsausführung allerdings nicht beeinträchtigt werden, vgl. dazu nur *Dutta* in Staudinger, § 2216 Rn. 30. Aber auch diese Methodik vermag die Lücke im geltenden Recht nicht zu schließen, da es sich hierbei um ein Optionsrecht handelt. Diese Möglichkeit wird dem Bedürfnis nach einer Gesetzeslage, die sämtliche Szenarien abdeckt, somit nicht gerecht.

[494] RGZ 133, 128 (133); *OLG Karlsruhe*, ZEV 2013, 205 (206); *OLG Köln*, OLGZ 1987, 280; BayObLGZ 1953, 357 (361); *KG*, JR 1951, 732; *Jess*, S. 129; *Reimann*, FamRZ 1995, 588 (589); *R. Kössinger/Zintl* in Nieder/Kössinger, § 15 Rn. 88; *Winkler*, Rn. 663; *W. Zimmermann*, ZEV 2009, 53 (58).

Verlagerung der Streitigkeiten zwischen Erben und Testamentsvollstrecker in die Schiedsgerichtsbarkeit sei ebenso wenig zulässig.[495] Zur Aufsicht des Testamentsvollstreckers seien nur die Erben befugt, wobei auch diese keine Handlungsanweisungen an den Testamentsvollstrecker erteilen können.[496]

### *(b) Der Reformvorschlag der Akademie für Deutsches Recht*

Die Akademie für Deutsches Recht lieferte jedoch einen Reformvorschlag, welcher eine gerichtliche Aufsicht zum Ziel hatte.[497] Nach diesem Arbeitspapier sollte eine Aufsichtspflicht des Nachlassgerichtes nur dann bestehen, wenn „ein Beteiligter" die Aufsicht des Testamentsvollstreckers durch das Nachlassgericht aktiv beantragt.[498] Streng genommen stellte die Akademie also eine Aufsichts*option* und keine *-pflicht* in Aussicht. Bei Übertragung dieses Vorschlags in geltendes Recht würde es maßgeblich auf die Reaktionszeit der Beteiligten ankommen, ob sie einen Aufsichtsantrag rechtzeitig genug stellen, um ein amtswidriges Handeln des Testamentsvollstreckers zu verhindern. Es wäre den Beteiligten grundsätzlich zwar möglich gewesen, direkt zu Beginn der Testamentsvollstreckung einen „Präventivantrag" zu stellen, denn an etwaige Voraussetzungen sollte dieser Antrag nicht gebunden sein. Es ist aber nicht davon auszugehen, dass ein jeder Rechtsnachfolger umsichtig (oder pointiert gesagt: misstrauisch) genug ist, sich präventiv zu schützen. Daher würde die vorgeschlagene Aufsichtsoption der Missbrauchsgefahr durch den Amtsinhaber (welche auch dem Schrifttum bereits auffiel)[499] in all den Fällen nicht effektiv entgegenwirken, in welchen die Erben lediglich auf anordnungswidriges Verhalten des Testamentsvollstreckers reagieren.[500] Gleiches gilt in den Fällen, in denen die Erben schlicht untätig bleiben. Wenig

---

495 RGZ 133, 128 (133); *Damrau* in Soergel, § 2227 Rn. 1; *W. Zimmermann*, ZEV 2024, 68 (74); a. A. *Habscheid*, ZZP 66 (1953), 188 (194 ff.).

496 BGHZ 25, 275 (279); *H. Lange*, JuS 1970, 101; *W. Zimmermann*, ZEV 2024, 68.

497 *Ohr* in H. Lange, 4. Denkschrift, S. 317, 321 f.

498 *Ohr* in H. Lange, 4. Denkschrift, S. 321.

499 Z.B. *Lange/Kuchinke*, Erbrecht, § 31 III 2.: *„Die Erben sind schließlich dadurch gefährdet, daß nicht selten der Testamentsvollstrecker, bestimmt durch sein Amt und dessen Nutzen, die Testamentsvollstreckung als Lebensaufgabe betrachtet."*

500 Die bestehende Missbrauchsgefahr hat der Erbrechtsausschuss dabei auch erkannt: *„Ist der Testamentsvollstrecker Vertrauensperson des Erblassers, so rechtfertigt es sich zwar, daß in erster Linie er und die Erben die Gefahr des Vertrauensmißbrauchs* (Hervorhebung durch den Verfasser) *selbst tragen.".* *Ohr* in H. Lange, 4. Denkschrift, S. 321.

überraschend wurde der Vorschlag der Akademie für Deutsches Recht daher nicht umgesetzt.

*(c) Analogie zu bereits bestehenden Aufsichtspflichten?*

Nachdem der Vorstoß der Akademie für Deutsches Recht ergebnislos blieb, hat der Gesetzgeber bis heute keine Anstrengungen vorgenommen, um eine gerichtliche Aufsichtspflicht über Amtshandlungen des Testamentsvollstreckers zu konstituieren. Auch auf andere Aufsichtspflichten, beispielsweise aus der InsO oder anderen Teilen des BGB, verweisen die §§ 2197 ff. BGB nicht. Fällt ein Fehlverhalten des Amtsinhabers auf, so begnügt sich das Gesetz mit einer antragsbasierten Entlassungsmöglichkeit, § 2227 BGB[501] sowie einem Schadensersatzanspruch (§ 2229 BGB),[502] der von den Geschädigten ebenfalls aktiv geltend zu machen ist.

Vor diesem Hintergrund könnte eine analoge Anwendung bereits existierender Aufsichtspflichten geboten sein. In einem ersten Schritt sollen in diesem Kapitel die Aufsichtspflichten vorgestellt werden, die einem Analogieschluss zugänglich sein könnten. Die dafür nötigen Voraussetzungen sollen im Anschluss geprüft werden.

(aa) Die insolvenzgerichtliche Aufsicht, § 58 InsO

Eine umfassende[503] Aufsichtspflicht des Insolvenzgerichts über das Handeln des Insolvenzverwalters ist in § 58 InsO geregelt. Gem. § 58 Abs. 1 S. 2 InsO kann das Gericht jederzeit einzelne Auskünfte oder einen Bericht über den Sachstand und die Geschäftsführung vom Insolvenzverwalter verlangen. Anhand der erlangten Auskünfte sollen Insolvenzgerichte dann einschreiten können, wenn ein nicht mehr reversibler Schaden droht.[504] Wenn dies der Fall ist, kann das Gericht nach vorheriger Androhung Zwangsgeld gegen den rechtswidrig handelnden Insolvenzverwalter festsetzen, § 58 Abs. 2 S. 1 InsO. Auf diese Weise soll er zur Abkehr seiner masseschädigenden Handlungen

---

501 Dazu unten B.I.4.b)bb).

502 Dazu unten B.I.4.b)aa).

503 So *Ganter*, ZInsO 2017, 2517.

504 *Frind*, ZInsO 2009, 952 (955). Nach *Lissner*, ZInsO 2012, 957 (961) soll die Einschreitungspflicht schon dann bestehen, wenn lediglich ein Schaden drohe, unabhängig von dessen Heilungsmöglichkeit.

bewegt werden.[505] § 58 InsO ist mithin lediglich darauf ausgelegt, bereits entdeckte Rechtsverletzungen zu beseitigen.[506] Einen Präventivschutz gewährt die insolvenzgerichtliche Aufsicht nicht, was auch daran liegen mag, dass die gerichtliche Kenntnis über ein Fehlverhalten des Insolvenzverwalters maßgeblich von dessen Selbstauskünften abhängt.[507] Jedenfalls wäre eine analoge Anwendung von § 58 InsO auf Testamentsvollstreckungen nicht dazu imstande, die Erben von vornherein vor Schädigungen eines eigensinnig agierenden Amtsinhabers zu schützen. Wie sich aber bereits in der Analyse des Reformvorschlags der Akademie für Deutsches Recht[508] und dem obigen Problemaufriss[509] gezeigt hat, vermag nur ein solcher Präventivschutz eine hinreichende Nachlasssicherheit zu gewährleisten.

#### (bb) Die Aufsicht über die Nachlasspflegschaft

Anders liegt der Sachverhalt in den Fällen der Nachlassverwaltung bzw. -pflegschaft. § 1888 Abs. 1 BGB verweist auf die §§ 1848 ff. BGB, welche eine Reihe von genehmigungsbedürftigen Rechtsgeschäften der Amtsinhaber festlegen. Besondere Relevanz entfalten im Kontext der Testamentsvollstreckung vor allem die Genehmigungspflichten für Geldanlagen (§ 1848 BGB), für Rechtsgeschäfte über Grundstücke und Schiffe (§ 1850 BGB) und für erbrechtliche Rechtsgeschäfte (§ 1851 BGB). Genehmigungsbedürftige Rechtsgeschäfte sind ohne entsprechende Billigung zunächst schwebend und nach Ablehnung der Genehmigung absolut, also auch mit Außenwirkung unwirksam.[510] Dieses Verfahren verhindert bereits im Vorhinein, dass die betreute Vermögensmasse (ob nun vorsätzlich oder nicht) verschleudert und so der eigentliche Eigentümer geschädigt wird. Die betreuungsrechtliche Aufsicht wirkt also

---

505 Ähnlich *Ganter*, ZInsO 2017, 2517 (2520).

506 Ebenfalls *Ganter*, ZInsO 2017, 2517 (2517, 2519 ff.).

507 Vorherige Kenntnis von masseschädigenden Verfügungen wird das Insolvenzgericht daher meistens nur von den anderen Verfahrensbeteiligten erlangen können, wie beispielsweise dem Masseschuldner oder dem Gläubigerausschuss (§§ 67 ff. InsO), da sie jeweils Aufsichtsmaßnahmen beantragen können, dazu *Ganter*, ZInsO 2017, 2517. Gegen die Ablehnung von Entlassungsanträgen steht ihnen aber kein Rechtsmittel zu, *BGH*, NZI 2006, 592 (593).

508 Dazu oben B.I.5.c)aa)(1)(b).

509 Dazu oben B.I.5.c).

510 Statt vieler *Götz* in Grüneberg, Einl. v. § 1848 Rn. 7.

präventiv und könnte mithin auch für die durch Testamentsvollstreckungen belasteten Erben fruchtbar gemacht werden, um den Nachlass zu ihren Gunsten zu schützen.[511]

#### (cc) Analogievoraussetzungen

##### *(aaa) Planwidrige Regelungslücke*

Um die betreuungsrechtliche Aufsichtspflicht analog anwenden zu können, bedarf es zunächst einer planwidrigen Regelungslücke. In den Gesetzgebungsmaterialien finden sich keine Erörterungen zur Aufsicht über den Testamentsvollstrecker durch das Nachlassgericht.

Für andere Drittverwalter hingegen hat der historische Gesetzgeber entsprechende gerichtliche Aufsichtspflichten ausführlich diskutiert und schließlich auch kodifiziert. Beispielsweise wurde unter Berufung auf das Betreuungsrecht beschlossen, dass der Nachlassverwalter (§ 1975 BGB) unter der Aufsicht des Nachlassgerichtes stehen soll und dieses die ordentliche Amtsausübung zur Not zwangsweise durchsetzen kann.[512] Er unterliegt daher den dargestellten Genehmigungspflichten. Diese sind geeignete Mittel zur Konservierung des zu verwaltenden Vermögens und beugen einer Verschleuderung der Vermögensmasse durch Missbrauch der gesetzlichen Verfügungsbefugnisse des Betreuers vor. Obwohl dieses Missbrauchspotenzial aufgrund der bereits festgestellten Machtfülle[513] des Amtsinhabers auch Testamentsvollstreckungen innewohnt, hat der Gesetzgeber eine Aufsichtspflicht bei der Kodifikation des Rechts der Testamentsvollstreckung nicht angesprochen. Dies erweckt den Eindruck, dass die Möglichkeit der Aufsicht über Testamentsvollstrecker nicht bedacht wurde. Daher drängt sich im Kontext der

---

511 Bedenken könnten sich jedoch bezüglich der Vergleichbarkeit der Rechtsnaturen beider Institute ergeben. Wie sich § 1823 BGB entnehmen lässt, ist der Betreuer mit einer gesetzlichen Vertretungsmacht ausgestattet, während der Testamentsvollstrecker eigene Partei kraft Amtes ist (dazu oben B.I.1). An dieser Stelle wäre also eine doppelte Analogie, zum einen hinsichtlich der Anwendung der betreuungsrechtlichen Genehmigungspflichten auf die Testamentsvollstreckung und zum anderen hinsichtlich der Rechtsnatur (Verfügungsmacht statt Vertretungsmacht) nötig. Dieses Vorgehen stößt auf keine Bedenken, da der Testamentsvollstreckung ein Rückgriff zumindest auf die §§ 164 ff. BGB im Analogiewege nicht fremd ist (dazu oben B.I.3.a)aa)(1)(d)).

512 *Achilles/Gebhard/Spahn*, Protokolle Bd. V, S. 815.

513 Dazu oben B.I.3.b).

Entstehungsgeschichte des BGB die Frage auf, ob die Möglichkeit der Aufsicht über Testamentsvollstrecker durch das Nachlassgericht schlicht übersehen wurde. Eine planwidrige Regelungslücke liegt mithin grundsätzlich vor.

*(bbb) Vergleichbare Interessenlage*

Zweifelhaft ist jedoch, ob eine vergleichbare Interessenlage zum Betreuungsrecht gegeben ist.

Gegen die These der vergleichbaren Interessenlage könnte zunächst sprechen, dass das deutsche Erbrecht ein privates ist – grundsätzlich soll der Erblasser selbst entscheiden dürfen, wem er sein Vermögen übertragt. Der Staat erbt nur hilfsweise, um eine Herrenlosigkeit des Nachlasses zu vermeiden.[514] Der Gedanke der Privatheit des Erbrechts findet sich aber nicht nur in den Regeln zur Erbfolge, sondern auch in der Nachlassabwicklung selbst wieder: Die Rechtsnachfolger treten gem. § 1922 Abs. 1 BGB universalsukzessiv in die Herrschaftsposition über die Nachlassrechte und -pflichten ein. Da sie mit dem Tod des Erblassers auch Eigentümer über das Vermögen werden, müssen sie die nötigen Rechtshandlungen zur Abwicklung des Nachlasses (z.B. Grundbuchänderungsanträge oder die Geltendmachung von Herausgabeansprüchen) grundsätzlich selbst vornehmen. Nur in den Ausnahmefällen der Nachlasspflegschaft bzw. -insolvenz (§§ 1975 ff. BGB i.V.m. §§ 11 Abs. 2, 315 ff. InsO), in welchen die Drittverwaltung von den Erben selbst beantragt[515] wird, löst der Staat die Erben bei der Nachlassabwicklung ab.

In dieser Hinsicht unterscheidet sich das Erbrecht also vom Betreuungsrecht, denn die gesetzliche Betreuung ist grundsätzlich der staatlichen Hoheitsgewalt unterworfen Die Amtsinhaber werden vom Gericht ernannt. Eine staatliche Aufsicht ist in diesen Fällen also nicht fernliegend. Eine gerichtliche Überwachung in ein privat durchzuführendes Amt wie die Testamentsvollstreckung einzugliedern, könnte allerdings einen nicht zu verkraftenden Systembruch darstellen.

Der Befürchtung eines solchen Systembruchs könnte man allerdings entgegnen, dass schon die Möglichkeit zur Anordnung einer Testamentsvollstreckung

---

[514] *Hausmann* in Hausmann/Hohloch, S. 13; *Kipp/Coing*, § 1 I; *Lange/Kuchinke*, Erbrecht, § 1 I 1.

[515] Zwar kann auch der Nachlassgläubiger gem. § 1981 Abs. 2 BGB eine Nachlasspflegschaft beantragen, diese Möglichkeit spielt an dieser Stelle jedoch keine Rolle.

aufgrund der damit einhergehenden Aufspaltung von Eigentum und Verfügungsgewalt dem deutschen Erbrecht fremd ist, wie bereits *W. Zimmermann*, *Lange* und *Kuchinke* erkannt haben.[516] Dennoch gilt die Testamentsvollstreckung als integraler Bestandteil des deutschen Erbrechts.

Die oberlandesgerichtliche Rechtsprechung hält die Interessenlage in Konstellationen der Testamentsvollstreckung nicht für vergleichbar mit anderen Drittverwaltungen. Zumindest im Kontext von Insolvenz- und Nachlassverwaltungen[517] haben die Gerichte zutreffend erkannt, dass der Testamentsvollstrecker, anders als die Insolvenz- sowie Nachlassverwalter, vom Erblasser selbst und nicht vom zuständigen Prozessgericht ernannt wird.[518] Ferner werden sowohl die Insolvenz- als auch die Nachlassverwaltung auf Antrag eines Berechtigten angeordnet, der Testamentsvollstrecker hingegen durch letztwillige Verfügung ernannt.[519] Eine staatliche Überwachungspflicht könne aber nur für solche Ämter bestehen, die der Staat auch selbst einsetzt.[520] Das Amt sei für Insolvenz- und Nachlassverwalter außerdem verpflichtend, für Testamentsvollstrecker sei die Amtsannahme freiwillig.[521]

Diese Argumentation ignoriert den Sinn und Zweck von gesetzlichen Aufsichtspflichten. Zumindest im Insolvenzverfahren geht es darum, einen geordneten Ablauf des Insolvenzverfahrens sicherzustellen, bei welchem einerseits die Insolvenzmasse und der Insolvenzschuldner[522] geschützt sind und andererseits die gleichmäßige Befriedigung der Gläubigerschaft sichergestellt werden sollen.[523] Aber auch sonst ist zwischen Nachlassverwaltung, Insolvenzverwaltung und Testamentsvollstreckung eine strukturelle Vergleichbarkeit zu erkennen. In allen Fällen werden Verfügungsbefugnisse

---

516 Siehe die Nachweise in Fn. 50.

517 Der Nachlasspfleger ist in diese Argumentation nicht einbezogen. Da er jedoch auch vom Gericht ernannt wird, wenn bis zur Annahme der Erbschaft um die Sicherung des Nachlasses zu sorgen ist (§ 1960 Abs. 1 S. 1 BGB) oder der Erbe unbekannt ist (§ 1960 Abs. 1 S. 2), sind diese Gedanken auf ihn übertragbar.

518 *OLG Zweibrücken*, FGPrax 2004, 33; *OLG Köln*, OLGZ 1987, 280 (281).

519 *OLG Köln*, OLGZ 1987, 280 (281).

520 Dazu *Henckel* in FS Merz, 197 (204 f.).

521 *OLG Zweibrücken*, FGPrax 2004, 33; *OLG Köln*, OLGZ 1987, 280 (281).

522 Auch die Aufsicht des Nachlassgerichtes bei der Nachlasspflegschaft gem. § 1862 i.V.m. § 1915 Abs. 1 BGB bezweckt – jedenfalls nach alter Rechtslage – den Schutz der Mündelinteressen, *Kroll-Ludwigs* in MüKoBGB, § 1837 Rn. 3.

523 *Graeber* in MüKoInsO, § 58 Rn. 1.

über Vermögensmassen auf einen Dritten übertragen, während die eigentlich Berechtigten ihre Verfügungsbefugnisse über die Masse verlieren.[524] Sieht man einmal von dem Gleichbehandlungsgrundsatz[525] im Insolvenzverfahren ab, sind die hier erörterten Aufsichtspflichten zweckmäßig und strukturell somit auf alle Aufsichtskonstellationen übertragbar: Stets geht es darum, das jeweilige Verfahren möglichst masse- und kostenschonend zum Abschluss zu bringen. Ob nun der Erblasser oder ein Gericht jemanden zur Amtsausübung verpflichtet oder es freiwillig ausgeübt wird, ist für die Schutzwürdigkeit der Beteiligten irrelevant.

Richtig ist zwar, dass der Testamentsvollstrecker den Amtsantritt auch ablehnen kann, Insolvenz- und Nachlassverwalter dagegen zur Amtsausübung verpflichtet sind. Dieser kosmetische Unterschied kann aber nicht dazu führen, dass der Schutzzweck, der hinter diesen Aufsichtspflichten steckt, ausgehöhlt wird.

Der Gedanke des Schuldnerschutzes ist auf Testamentsvollstreckungen übertragbar. Die Erben sind über einen längeren Zeitraum – so wie der von der Nachlassverwaltung betroffene Erbe oder der Insolvenzschuldner – daran gehindert, auf ihr Eigentum zuzugreifen. Sie befinden sich in einem kräftemäßigen Ungleichgewicht, weshalb auch sie auf Fremdhilfe angewiesen sind. Offensichtlich ist das Missbrauchspotenzial dabei unabhängig vom konkreten Amt identisch. Alle „Fremdvollstrecker" können ihre Amtsstellung missbrauchen und den Beteiligten schaden. Eine Aufsichtspflicht der zuständigen Gerichte könnte dieses Schadenspotenzial erheblich abmildern, sofern sie ordnungswidrige Amtshandlungen verhindern kann.

Der springende Punkt, der jedoch gegen die These der vergleichbaren Interessenlage spricht, ist das Verständnis von der Entstehung des Amtes. Ein Testamentsvollstrecker wird gem. § 2197 Abs. 1 BGB grundsätzlich vom Erblasser und eben nicht vom Nachlassgericht ernannt. Auf diese Weise kommt die Testierfreiheit des Erblassers zum Ausdruck, welcher als Ausfluss des Grundsatzes der Privatautonomie[526] ein besonders hoher Stellenwert beizumessen ist. Hält ein Erblasser es also für geboten, seinen Nachlass durch einen

---

[524] Ähnlich *J. P. Schmidt*, Itinera hereditatis, S. 87.

[525] Vgl. § 1 InSO: „*Das Insolvenzverfahren dient dazu, die Gläubiger eines Schuldners gemeinschaftlich zu befriedigen, (...)*".

[526] Dazu *Krätzschel* in Krätzschel/Falkner/Döbereiner, Nachlassrecht, § 7 Rn. 1.

Dritten abwickeln zu lassen, soll die Entscheidungsgewalt über die konkrete Person auch bei ihm liegen. Trifft er eine schlechte Auswahl, müssen seine Rechtsnachfolger mit den Konsequenzen leben. Die Testamentsvollstreckung wird nicht staatlich aufgezwungen, sondern stellt einen Entschluss des Erblassers als Privatperson dar. Eine privatautonome Entscheidung darf somit nicht durch eine gerichtliche Aufsichtshoheit ausgehebelt werden. Den Erben wird in den §§ 2197 ff. BGB ein gewisser Rechtsschutz gewährt, welcher (bedauerlicherweise) nicht präventiv ausgestaltet ist. Sie müssen ihren Rechtsschutz durch das Stellen von Anträgen aktiv beim Nachlassgericht einfordern. Das Gericht wird aber nicht von Amts wegen tätig, da ein solches Vorgehen dem Grundsatz der privaten Nachlassabwicklung widerspricht.[527]

*(ccc) Ergebnis*

Eine vergleichbare Interessenlage ist mithin abzulehnen. Der Analogieschluss bleibt damit verwehrt.

(dd) Fazit

Trotz aller Kritik an der referierten oberlandesgerichtlichen Rechtsprechung liefert der Umstand, ob eine Drittverwaltung von staatlicher oder privatautonomer Seite eingerichtet wird, das tragende Argument gegen die These der vergleichbaren Interessenlage von gerichtlichen Aufsichtsrechten. Dass der Testamentsvollstrecker eine große Machtfülle besitzen kann[528] und dem Missbrauch durch ihn *de lege lata* keine Präventivmaßnahmen entgegenstehen, ist zu korrigieren. Jedoch kann die Lösung dieses Problems nicht in der analogen Anwendung von staatlichen Aufsichtspflichten liegen, da das Erbrecht in Deutschland grundsätzlich dem Grundsatz der Privatabwicklung folgt.[529] Vor allem die Integrität der Testierfreiheit ist vor staatlichen Eingriffen zu schützen. Da das materielle Zivilrecht somit keine Lösung für das aufgezeigte Problem bietet, muss untersucht werden, ob ein prozessualer Präventivschutz

---

[527] Auch *W. Zimmermann* bezeichnete die Testamentsvollstreckung jüngst als *„private Angelegenheit im Verhältnis von Testamentsvollstrecker und Erbe bzw. Erblasser“*, ZEV 2024, 68.

[528] Dazu oben B.I.3.

[529] Im Ergebnis auch *W. Zimmermann*, ZEV 2024, 68 (69 f.). Eine Ausnahme stellt jedoch die Nachlassverwaltung bzw. -insolvenz dar, §§ 1975 ff. BGB.

durch geeignete Eilrechtsschutzverfahren[530] gewährleistet werden kann und ablehnendenfalls, wie damit umzugehen ist.

### (2) Einstweiliger Rechtsschutz?

Aktuell diskutieren Stimmen in Rechtsprechung[531] und Literatur,[532] ob und in welchem Umfang einstweiliger Rechtsschutz gegen Handlungen des Testamentsvollstreckers gewährleistet ist. Insbesondere ist höchstrichterlich noch ungeklärt, inwiefern der neu eingefügte § 49 FamFG in solchen Konstellationen einschlägig wäre. Während des Geltungszeitraumes des FGG wurde die Möglichkeit eines Eilantrages gegen Verfügungen des Testamentsvollstreckers nämlich noch abgelehnt.[533]

Eine Auffassung lehnt den Eilrechtsschutz gegen Handlungen des Testamentsvollstreckers nach wie vor ab, da die Nachlassgerichte ihm gegenüber nicht weisungsbefugt seien und es somit am erforderlichen Anordnungsanspruch fehle.[534] Daran habe sich auch durch die Einführung des § 49 FamFG nichts geändert, da insofern nur eine Reform des Prozessrechtes bewirkt worden sei.[535]

Die andere Ansicht nimmt die Möglichkeit des Eilrechtsschutzes seit der Einführung des § 49 FamFG an.[536] Die diskutierte Reform habe eine „Abkoppelung"[537] der Eilrechtsverfahren von den Hauptsacheverfahren zur Folge gehabt, sodass nunmehr auch im Testamentsvollstreckerrecht Eilrechtsschutz zu gewähren sei.[538]

Nach aktueller Rechtslage ist es tatsächlich schwierig, einen Anordnungsanspruch für Eilverfahren mit Bezug zum Recht der Testamentsvollstreckung herzuleiten, da die Nachlassgerichte die dafür nötige Weisungsbefugnis von

---

530 Dazu unten B.I.5.c)aa)(2).

531 *OLG Karlsruhe*, ZEV 2013, 205 (206).

532 *Dutta* in Staudinger, § 2227 Rn. 38; *Mayer*, ZEV 2013, 469 (470 f.); *Reimann*, ZEV 2013, 207; *Weidlich* in Grüneberg, § 2216 Rn. 1; *W. Zimmermann*, ZEV 2024, 68 (70).

533 H. M., siehe nur *OLG Hamm*, ZEV 2010, 574 mit zahlreichen weiteren Nachweisen.

534 *OLG Karlsruhe*, ZEV 2013, 205 (206); *Dutta* in Staudinger, § 2227 Rn. 38.

535 *Mayer*, ZEV 2013, 469 (470 f.).

536 *Reimann*, ZEV 2013, 207; *Weidlich* in Grüneberg, § 2216 Rn. 1.

537 Nach der alten Rechtslage unter Geltung des FGG war der Eilrechtsschutz in der freiwilligen Gerichtsbarkeit akzessorisch, also untrennbar mit einem deckungsgleichen Hauptsacheverfahren verbunden. Dieses System ist heutzutage abgeschafft, vgl. *Schlünder* in BeckOKFamFG, § 49 Rn. 2.

538 *Reimann*, ZEV 2013, 207; *W. Zimmermann*, ZEV 2024, 68 (70).

sich weisen.[539] Wie sich bei der Diskussion um die Möglichkeit einer Analogie zu betreuungsrechtlichen Aufsichtsvorschriften gezeigt hat, ist dieser Schluss zumindest dogmatisch zutreffend.[540] Ohnehin ist zu beachten, dass Erbscheinsverfahren vom Eilrechtsschutz nach wie vor auszunehmen sein sollen.[541] Es liegt nahe, diesen Gedanken auf das gesamte Erbrecht und vor allem das Recht der Testamentsvollstreckung zu übertragen, da Erbschein und Testamentsvollstreckerzeugnis über § 2268 S. 1 BGB miteinander verbunden sind. Eilverfahren mit Bezug zu den §§ 2197 ff. BGB dürften daher eine ähnliche Behandlung erfahren.

Dieser Exkurs zeigt, dass auch der Eilrechtsschutz maßgeblich davon abhängt, ob dem Nachlassgericht Aufsichts- und Weisungsrechte über die Handlungen des Testamentsvollstreckers zuzuordnen sind, weswegen diese Frage für den Erbenschutz im Allgemeinen von großer Relevanz ist. Da die Einführung entsprechender Vorschriften allerdings mit erbrechtlichen Grundsätzen unvereinbar wäre, bleibt den Erben ein für den Präventivschutz bedeutsamer Eilrechtsschutz nach aktueller Prognose verwehrt. Es bleibt abzuwarten, wie sich der *BGH* in dieser Frage positionieren wird. Zum jetzigen Zeitpunkt steht allerdings fest, dass das deutsche Recht der Testamentsvollstreckung keinen Präventivschutz für die Erben beinhaltet.

### *bb) Ergebnis*

Zusammenfassend ist folgendes Ergebnis festzuhalten:

Eine Konstruktion von Aufsichtsrechten des Nachlassgerichtes analog zu §§ 1975, 1888 Abs. 1 BGB i.V.m. § 1862 BGB ist nicht mit dem Wesen des deutschen Erbrechts vereinbar. Zwar würden die der Nachlassverwaltung anhaftenden Genehmigungspflichten den Rechtsschutz in der Testamentsvollstreckung erheblich verbessern, da riskante Veräußerungen gerichtlich überprüft werden würden. Wünschenswert wären vor allem Genehmigungspflichten bei Verfügungen über Grundstücke aus dem Nachlassvermögen sowie bei Verfügungen, die den Werterhalt des Nachlasses ernsthaft bedrohen. Allerdings sind die Erben aufgrund des Grundsatzes der privaten Nachlassabwicklung tatsächlich für die Überwachung des Amtsinhabers zuständig.

---

539 Siehe B.I.5.c)aa)(1)(a).

540 Dazu oben B.I.5.c)aa)(1)(c)(cc)(bbb).

541 BT-Drs. 16/6308, S. 349.

Aus demselben Grund ist auch ein Eilrechtsschutz gegen ordnungswidrig handelnde Testamentsvollstrecker nach Maßgabe des FamFG nicht gegeben.

Die herausgearbeiteten Ansprüche der Erben gegen die Testamentsvollstrecker lassen einen zwingend notwendigen Präventivschutz daher vermissen. Die Rechtslage *de lege lata* ist in dieser Hinsicht unbefriedigend, der Rechtsschutz lückenhaft und ineffektiv.[542]

## d) Gesamtbewertung der Testamentsvollstreckung nach deutschem Recht

Bei dem Versuch, die Erbmasse mithilfe der Testamentsvollstreckung nach dem Willen des Testators zu konservieren, schießt das Gesetz über sein Ziel hinaus.

Das Recht der Testamentsvollstreckung soll maßgeblich garantieren, dass der Erblasserwille auch nach seinem Ableben beachtet wird. Das verfassungsrechtlich garantierte Recht der Erben auf den tatsächlichen Erhalt der Erbschaft darf in der nötigen Gesamtschau aber nicht außer Acht gelassen werden. Bei zwei aufeinanderprallenden Grundrechten ist es die Aufgabe des Gesetzgebers, den Konflikt in einen möglichst schonenden Ausgleich zu bringen (sog. *praktische Konkordanz*).[543] Dieser Aufgabe wird er durch die untersuchten Regelungen nicht gerecht, da er die Dauer der Testamentsvollstreckung sowie die Rechtsmacht des Testamentsvollstreckers zu großzügig geregelt hat, während der Rechtsschutz der Erben im Vergleich sehr begrenzt ist. Die Verfassungsmäßigkeit einiger Vorschriften aus dem Recht der Testamentsvollstreckung, allen voran die §§ 2205 S. 1, 2210 S. 2, 2216 Abs. 1 BGB muss in diesem Lichte bezweifelt werden, denn sie beschneiden die Rechte der Erben auf unangemessene Weise. Die Vorschriften, die eigentlich dem Erbenschutz dienen sollen – vor allem ist damit § 2220 BGB gemeint, aber auch die §§ 2219, 2227 BGB sind davon betroffen – verfehlen ihren Zweck bei Weitem. Ferner hat der Gesetzgeber es ohne triftigen Grund versäumt, präventive Mechanismen zur Verhinderung von amtsmissbräuchlichen Handlungen zu installieren, obwohl dies für den Erbenschutz nur von Vorteil wäre.

---

542 a. A. wohl *Kunz*, S. 91.

543 BT-Drs. 17/9783, S. 1, ferner *Schladebach*, Der Staat 53 (2014), 263 (265, 269 ff.).

Insgesamt privilegiert das Recht der Testamentsvollstreckung den Testamentsvollstrecker zu stark. Die aktuelle Gesetzeslage schafft es nicht, ein für die Beteiligten befriedigendes Ergebnis zu erzielen. Das Bestreben des Gesetzgebers, die Erben dem ausgedehnten Machtbereich des Testamentsvollstreckers nicht schutzlos auszuliefern,[544] bleibt unerreicht.

## II Österreich

Für den beabsichtigten Rechtsvergleich ist nunmehr das österreichische Erb- und vor allem Testamentsvollstreckerrecht zu untersuchen. Dabei ist ein besonderes Augenmerk auf die Regelungen zu richten, die im deutschen Recht der Testamentsvollstreckung der Überarbeitung bedürfen.[545] Es geht mithin auch hier um die Fragen, wie lange eine österreichische Testamentsvollstreckung dauern darf, was die Befugnisse des Amtsinhabers sind und vor allem, wie der Rechtsschutz der Erben nach österreichischem Recht ausgestaltet ist. Interessant wird dabei insbesondere sein, ob Handlungen des österreichischen Testamentsvollstreckers gerichtlich kontrolliert werden.

Doch bevor all diese Fragen beantwortet werden können, sind in einem ersten Schritt die Grundzüge eines österreichischen Erbfalls darzustellen.

### 1 Der Erbfall nach österreichischem Recht

Das österreichische Erbrecht ist in den §§ 531–858 Allgemeines bürgerliches Gesetzbuch[546] geregelt.[547] Die erbrechtlichen Vorschriften haben zwar eine größere Reform im Jahr 2016[548] erfahren, die Änderungen berührten das

544 Siehe Fn. 366.

545 Vgl. oben B.I.5.

546 Im Folgenden: ABGB.

547 Davon ausgenommen sind die Vorschriften zum Erbvertrag, welche im ABGB Bestandteil des Familienrechts sind, vgl. §§ 1249 ff. ABGB.

548 Erbrechts-Änderungsgesetz 2015 (ErbRÄG 2015, veröffentlicht im österreichischen BGBl. I Nr. 87/2015).

Recht der Testamentsvollstreckung jedoch nicht.[549] Auf sie ist hier daher nicht näher einzugehen.[550]

## a) Erbrechtliche Grundsätze

### *aa) Der Erbfall*

Die Rechtsfolgen des Erbrechts werden durch den Tod einer Person, also einen klassischen Erbfall (vgl. § 536 Abs. 1 2. Hs. ABGB[551]) ausgelöst. Die Erben erwerben gem. § 536 Abs. 1 1. Hs. ABGB[552] mit dem Tod des Verstorbenen das Erbrecht (sog. *Erbanfall*). Dieses Erbrecht wird als sog. *Titel* definiert (vgl. § 533 ABGB)[553] und kann sich aus einem Erbvertrag, aus dem „letzten Willen des Verstorbenen“[554] oder aus dem Gesetz ergeben (§§ 727 ff. ABGB).

### *bb) Die ruhende Verlassenschaft*

Die Rechte und Verbindlichkeiten des Verstorbenen bilden ab dem Erbfall die sog. *Verlassenschaft* (sofern sie nicht höchstpersönlicher Art sind), § 531 ABGB.[555] Auch wenn der Wortlaut der Norm mit den „Rechten und Verbindlichkeiten“ so klingt, als ob er nur von immateriellen Rechten spricht, umfasst die Verlassenschaft auch körperliche Gegenstände, wie

---

[549] So heißt es zur Testamentsvollstreckung in der Reformerläuterung nur: „*Zu § 816 ABGB: Diese Bestimmung regelt den Aufgabenbereich des Testamentsvollstreckers. Neben terminologischen Bereinigungen soll ausdrücklich die Aufgabe der Überwachung, ob die Anordnungen des Verstorbenen eingehalten werden, erwähnt werden.*“, Bemerkungen des österreichischen Gesetzgebers in Entwurfsbeilage zur Regierungsvorlage (im Folgenden; EBzRV) 688, 39; Der Reform ebenso wenig Relevanz zusprechend *Becker/Mohr/Seitz* in Bengel/Reimann/Holtz/Röhl, 8. Aufl. 2023, § 10 Rn. 315; zur Reform kritisch *Gruber/Sprohar-Heimlich/Scheuba* in G/K/M/S, § 19 Rn. 47: „*Das ErbRÄG 2015 hat die Chance verabsäumt, den Testamentsvollstrecker im österreichischen Recht aufzuwerten. Es ist bei der bisherigen, nur sehr schwachen Stellung geblieben (§§ 816 f.)*“.

[550] Einen Überblick verschaffen aber *Becker/Mohr/Seitz* in Bengel/Reimann/Holtz/Röhl, 8. Aufl. 2023, § 10 Rn. 313 ff.

[551] § 536 ABGB insgesamt: „*Der Erbe erwirbt das Erbrecht (Erbanfall) mit dem Tod des Verstorbenen (Erbfall) oder mit dem Eintritt einer aufschiebenden Bedingung (§§ 696 und 703).*“.

[552] Siehe Fn. 551.

[553] „*Das Erbrecht gründet sich auf einen Erbvertrag, auf den letzten Willen des Verstorbenen oder auf das Gesetz.*“.

[554] Gemeint ist damit ein Testament oder Erbvertrag, vgl. §§ 552 ff., 1249 ff. ABGB.

[555] „*Die Rechte und Verbindlichkeiten eines Verstorbenen bilden, soweit sie nicht höchstpersönlicher Natur sind, dessen Verlassenschaft.*“.

z.B. Sachen und Immobilien.[556] Auch der digitale Nachlass zählt wohl zur Verlassenschaft.[557]

Die Verlassenschaft ist nach heutigem Verständnis eine juristische Person, welche die Rechtspositionen des Verstorbenen fortführt, § 546 ABGB[558].[559] Sie tritt in alle vererblichen Rechte und Pflichten des Erblassers ein.[560] Da der Erblasser aufgrund seines Versterbens keine Zugriffsrechte *mehr* hat und die Erben aufgrund der Ausgestaltung der Verlassenschaft als juristische Person mit eigener (Rechts-)Persönlichkeit *noch* keine Ansprüche auf die Gegenstände haben, existiert zunächst keine verwaltungsbefugte Person. Man spricht im österreichischen Recht daher auch von einer *„ruhenden Verlassenschaft“*[561].[562] Das österreichische Erbrecht ließ sich dabei vermutlich vom römischen Prinzip der „ruhenden Erbschaft“, der *hereditas iacens*, inspirieren.[563] Um die Verlassenschaftsaufteilung dennoch durchführen zu können, muss die Verlassenschaft somit vertreten werden.[564] Die Erben sind dazu nur befugt, wenn sie bei Antritt der Erbschaft ihr Erbrecht hinreichend ausweisen (vgl. § 810 Abs. 1 ABGB[565]). Vertretungsbefugt sind ferner speziell ernannte Abwicklungsbeauftragte, sog. *Verlassenschaftskuratoren* (§ 156 Abs. 1

---

556 *Eccher*, Erbrecht, Rn. 1/1.

557 *Thiele*, jusIT 2010, 167 (170 f.).

558 *„Mit dem Tod setzt die Verlassenschaft als juristische Person die Rechtsposition des Verstorbenen fort.“*.

559 Dies ist durch das ErbRÄG 2015 erstmalig klargestellt worden. Dabei war dieser Umstand bereits Konsens in herrschender Rechtsprechung wie Literatur, dazu EBzRV 688, 7, sowie *OGH*, RZ 2010 145 (146); RIS-Justiz RS0012206; RIS-Justiz RS0008131; *Apathy* in K/B/B, 2. Aufl. 2007, § 547 Rn. 1; *Welser*, OeNotZ 2018, 1 (2).

560 *Eccher*, Erbrecht, Rn. 1/5.

561 Es handele sich hierbei um eine *„schlechte Übersetzung von hereditas iacens“*, *Ehrenzweig/Kralik*, Erbrecht, S. 26.

562 *Bungert*, IPRax 1992, 225 (227); *Eccher*, Erbrecht, Rn. 1/5; das Phänomen generell erklärend *Wirner*, FS Schippel, 981 (982).

563 *Wirner*, FS Schippel, 981 (982).

564 *Spruzina*, EF-Z 2019, 20.

565 *„Der Erbe, der bei Antretung der Erbschaft sein Erbrecht hinreichend ausweist, hat das Recht, das Verlassenschaftsvermögen zu benützen, zu verwalten und die Verlassenschaft zu vertreten, solange das Verlassenschaftsgericht nichts anderes anordnet. Trifft dies auf mehrere Personen zu, so üben sie dieses Recht gemeinsam aus, soweit sie nichts anderes vereinbaren.“*.

Außerstreitgesetz)[566].[567] Sie werden in begründeten Fällen von Amts wegen oder auf Antrag eines Beteiligten eingesetzt, treten jedoch nicht in jedem Erbfall auf.[568] Doch auch der Testamentsvollstrecker kann die Verlassenschaft vertreten, sofern er Verwaltungsrechte besitzt.[569]

### cc) Das Verlassenschaftsverfahren

Das Schicksal der Verlassenschaft entscheidet sich im sog. *Verlassenschaftsverfahren*, welches von Amts wegen eingeleitet wird.[570] In diesem Verfahren ermittelt ein sog. *Gerichtskommissär*, ob und welche Forderungen noch gegen die Verlassenschaft bestehen und auf welche Weise sie aufzuteilen ist. Das Verlassenschaftsverfahren ist aus dem ABGB ausgelagert und in den §§ 143 ff. AußStrG geregelt.[571]

Gerichtskommissäre sind ausschließlich Notare.[572] Sie haben die Aufgabe, die Verlassenschaft zu sortieren, zu verwalten und zu sichern.[573] Die wohl wichtigsten Rechtshandlungen eines Gerichtskommissärs sind die Errichtung eines Inventars in abschließend geregelten Fällen (siehe § 165 AußStrG),[574] die Vornahme von Sicherungsmaßnahmen bei Nachlassgefährdung oder

---

566 Im Folgenden: AußStrG.

567 *„Zur Durchführung der Abhandlung hat das Verlassenschaftsgericht über die Bestellung von Kuratoren (…) von Amts wegen oder auf Antrag zu entscheiden. (…)"*.

568 Verlassenschaftskuratoren werden u.a. ernannt, wenn der Aufenthalt eines Erben oder Pflichtteilsberechtigten unbekannt ist, § 156 Abs. 1 i.V.m. § 5 Abs. 2 Nr. 2 lit. b) AußStrG. Er ist gesetzlicher Vertreter der Verlassenschaft, vgl. die Legaldefinition in § 5 Abs. 2 Nr. 1 AußStrG („*(…) gesetzlicher Vertreter [Kurator] (…)*"). Der Verlassenschaftskurator ist daher mit dem deutschen Nachlasspfleger (§ 1960 BGB) vergleichbar, welcher den Nachlass für unbekannte Erben verwaltet und den (gesetzlichen) Erben insoweit vertritt.

569 *Eccher*, Erbrecht, Rn. 1/7; *Nemeth* in S/K, § 547 Rn. 4.

570 Siehe § 143 Abs. 1 AußStrG.

571 Das gesamte Verlassenschaftsverfahren ist in den §§ 143–185 AußStrG geregelt. Da nicht alle Vorschriften für diese Arbeit eine Rolle spielen und eine Abbildung aller Vorschriften den Rahmen dieser Arbeit sprengen würde, geht diese Arbeit nur auf die wichtigsten Vorschriften ein; auf die Darstellung der restlichen Vorschriften wird verzichtet.

572 Vgl. § 1 Abs. 1 Nr. 1 lit. b) Gerichtskommissärsgesetz.

573 Im Detail stehen ihm die Befugnisse aus §§ 145 ff. AußStrG zu. Aus Gründen der Übersichtlichkeit wird sich im Folgenden nur auf die Wesentlichen beschränkt.

574 *„Ein Inventar ist zu errichten,*
*1. wenn eine bedingte Erbantrittserklärung abgegeben wurde;*

Erbunfähigkeit der Erben (§ 147 AußStrG) und die Beaufsichtigung der Erben bei der Erfüllung des Erblasserwillens.[575]

Jede Person im Besitz eines Erbtitels (§ 533 ABGB)[576] kann nach Aufforderung durch den Gerichtskommissär entweder den Erbantritt oder die Ausschlagung erklären, § 157 Abs. 1 AußStrG.[577] Der Erbtitel an sich bewirkt somit noch nicht den automatischen Übergang der Verlassenschaft nach Tilgung aller Restschulden. Die Erklärungsfrist nach Aufforderung beträgt grundsätzlich vier Wochen, kann jedoch in Ausnahmefällen auf bis zu einem Jahr verlängert werden (§ 157 Abs. 2 AußStrG).[578] Sofern kein Verlassenschaftskurator ernannt ist, sind die Erben und nicht der Gerichtskommissär aus dem Verlassenschaftsverfahren für die Tilgung der Verlassenschaftsschulden verantwortlich, da sie bereits bei Ausweisung ihres Erbrechts (vgl. § 810 Abs. 1 ABGB),[579] spätestens aber bei unbedingter oder bedingter Erbantritts-

---

*2. wenn Personen, die als Pflichtteilsberechtigte in Frage kommen, minderjährig sind oder aus anderen Gründen einen gesetzlichen Vertreter benötigen;*
*3. wenn die Absonderung der Verlassenschaft (§ 812 ABGB) bewilligt wurde;*
*4. soweit auf eine Nacherbschaft Bedacht zu nehmen ist oder letztwillig eine Privatstiftung errichtet wurde;*
*5. wenn die Verlassenschaft dem Staat als erblos zufallen könnte (§ 184);*
*6. soweit eine dazu berechtigte Person oder der Verlassenschaftskurator dies beantragt;*
*7. wenn das Erbstatut die Haftung des Erben auf den Wert der Verlassenschaft beschränkt oder der Erbe durch Erklärung die Haftung darauf beschränkt.*".

575 So zumindest *Dutta* in Löhnig/Dutta, S. 95, da der Gerichtskommissär im Prinzip der Beauftragte des insoweit die Abwicklung beaufsichtigenden Verlassenschaftsgerichtes sei.

576 Siehe Fn. 553.

577 *„Der Gerichtskommissär hat die nach der Aktenlage als Erben in Frage kommenden Personen nachweislich aufzufordern, zu erklären, ob und wie sie die Erbschaft antreten oder ob sie diese ausschlagen wollen. Die Aufforderung hat einen Hinweis auf die Rechtsfolgen des Abs. 3 und – soweit diese Personen nicht von einem Rechtsanwalt oder Notar vertreten sind – eine Belehrung über die Rechtsfolgen der Abgabe der unbedingten und bedingten Erbantrittserklärung sowie über die Möglichkeit der Antragstellung nach § 184 Abs. 3 zu enthalten.*".

578 *„Zur Abgabe der Erbantrittserklärung ist den als Erben in Frage kommenden Personen eine angemessene Frist von mindestens vier Wochen zu setzen. Aus erheblichen Gründen kann ihnen auch eine Bedenkzeit eingeräumt werden, die insgesamt ein Jahr nicht überschreiten darf.*".

579 Siehe Fn. 565.

erklärung (vgl. §§ 800,[580] 801,[581] 802[582] ABGB) das Verfügungsrecht über die Verlassenschaft erwerben – inklusive Haftungsverantwortlichkeit.

Die Haftung der Erben für Nachlassverbindlichkeiten hängt – wie bereits angedeutet – von der konkreten Erbantrittserklärung ab. § 800 Alt. 1 ABGB[583] normiert die sog. „*unbedingte Erbantrittserklärung*", welche zur Folge hat, dass die Erben mit dem Antritt persönlich allen Gläubigern des Verstorbenen für ihre Forderungen und allen Vermächtnisnehmern für ihre Vermächtnisse verantwortlich sind, selbst wenn die Verlassenschaft zur Deckung dieser Lasten nicht hinreicht (§ 801 ABGB).[584] Die unbedingt antretenden Erben haften also unbegrenzt und mit ihrem ganzen Vermögen. Allerdings kann ein Erbe auch den „*bedingten Erbantritt*" erklären, indem er die Erklärung gem. § 800 Alt. 2 ABGB[585] unter dem Vorbehalt der Errichtung eines Inventars abgibt. In solchen Fällen errichtet das Gericht auf Kosten der Verlassenschaft ein Inventar. Die Erbenhaftung ist sodann lediglich auf den Wert der Verlassenschaft beschränkt – ist dieser ausgeschöpft, entfällt die Haftung, § 802 ABGB[586].[587]

### *dd) Die Einantwortung und das Prinzip der Universalsukzession*

Sobald der Gerichtskommissär das Verlassenschaftsverfahren durch Feststellung der Erbquoten und Erfüllung der übrigen Voraussetzungen

---

580 § 800 ABGB insgesamt: „*Die Erbantrittserklärung kann unbedingt oder bedingt, also unter dem Vorbehalt der Errichtung eines Inventars, abgegeben werden.*".

581 „*Die unbedingte Erbantrittserklärung bewirkt, dass der Erbe persönlich allen Gläubigern des Verstorbenen für ihre Forderungen und allen Vermächtnisnehmern für ihre Vermächtnisse haftet, selbst wenn die Verlassenschaft zur Deckung dieser Lasten nicht hinreicht.*".

582 „*Wird die Erbschaft mit Vorbehalt des Inventars angetreten, so hat das Gericht auf Kosten der Verlassenschaft ein Inventar zu errichten. Ein solcher Erbe haftet den Gläubigern und Vermächtnisnehmern nur so weit, als die Verlassenschaft für ihre und auch seine eigenen Forderungen, das Erbrecht ausgenommen, hinreicht.*".

583 Siehe Fn. 580.

584 Siehe Fn. 581.

585 Siehe Fn. 580.

586 Siehe Fn. 582.

587 Haftungsbeschränkungen sind auch dem deutschen Erbrecht bekannt – sie treten dort in den Fällen der Nachlassverwaltung und der Nachlassinsolvenz ein, § 1975 BGB.

(§ 177 AußStrG[588] i.V.m. § 819 ABGB[589])[590] zum Abschluss gebracht hat, folgt die sog. *Einantwortung* durch das Verlassenschaftsgericht, §§ 797 ff. ABGB. Aus den §§ 810 ff. ABGB ergibt sich, dass vor Einantwortung noch offene Forderungen der Verlassenschaftsgläubiger durch die Erben zu befriedigen sind.[591] Aus diesem Grund besitzen sie meistens das Verwaltungs- und Vertretungsrecht für die Verlassenschaft (§ 810 Abs. 1 ABGB)[592] schon vor der Einantwortung.[593] Das bedeutet jedoch nicht, dass die Erben nach freiem Ermessen über die Verlassenschaft verfügen dürfen. Sämtliche Verwaltungs- und Vertretungshandlungen vor Abgabe von Erbantrittserklärungen sowie alle Veräußerungen von Gegenständen aus dem Verlassenschaftsvermögen

---

588 *„Stehen die Erben und ihre Quoten fest und ist die Erfüllung der übrigen Voraussetzungen nachgewiesen, so hat das Gericht den Erben die Verlassenschaft einzuantworten (§ 797 ABGB).“.*

589 *„Sobald die Erbantrittserklärungen abgegeben wurden, die Erben und ihre Quoten feststehen und die übrigen Voraussetzungen erfüllt sind, wird den Erben die Erbschaft eingeantwortet und die Abhandlung beendet. Die Erben haben ihr durch die Einantwortung begründetes Eigentum an unbeweglichen Sachen in die öffentlichen Bücher eintragen zu lassen (§ 436).“.*

590 Damit sind wohl die Voraussetzungen der §§ 797 ff. ABGB gemeint, vgl. Überschrift „Voraussetzungen für den Erwerb einer Erbschaft“ und den detaillierten Bericht zum Ablauf des Verlassenschaftsverfahrens von *Bittner/Hawel* in G/K/M/S, § 11 Rn. 73 ff., in welchem beschrieben wird, welche Rolle die §§ 797 ff. ABGB für das Verlassenschaftsverfahren spielen.

591 So geht das Gesetz an einigen Stellen davon aus, dass die Erben die Forderungsschuldner der Verlassenschaftsgläubiger sind, z.B. § 812 ABGB: „*(1) Wenn die Forderung eines Gläubigers der Verlassenschaft durch Vermengung der Verlassenschaft mit dem Vermögen des Erben gefährdet wäre, kann der Gläubiger vor der Einantwortung beantragen, dass ein seiner Forderung entsprechender Teil der Verlassenschaft vom Vermögen des Erben abgesondert, vom Gericht verwahrt oder von einem Kurator verwaltet wird, bis sein Anspruch berichtigt ist.*

*(2) In einem solchen Fall haftet der Erbe den Separationsgläubigern auch nach Abgabe einer unbedingten Erbantrittserklärung nur mit der abgesonderten Verlassenschaft, den übrigen Gläubigern aber wie ein bedingt erbantrittserklärter Erbe. (…)*“ (Hervorhebung durch den Verfasser).

Besonders der zweite Absatz von § 812 ABGB macht das Befriedigungssystem des österreichischen Erbrechts deutlich. Die Haftungsfrage wird zudem durch § 815 ABGB erklärt: „*Wenn der Erbe die Aufforderung* [an die Verlassenschaftsgläubiger zur Forderungsanmeldung] *unterlässt oder nur einige Gläubiger befriedigt* (Hervorhebung durch den Verfasser)*(…)*“.

592 Siehe Fn. 565.

593 *Welser/Zöchling-Jud*, Bd. II, 14. Aufl. 2015, Rn. 2405.

bedürfen der Genehmigung des Verlassenschaftsgerichts, sofern sie nicht zum ordentlichen Wirtschaftsbetrieb gehören, § 810 Abs. 2 S. 1 ABGB.[594] Die Genehmigung ist nur zu versagen, wenn die Handlung für die Verlassenschaft offenbar nachteilig wäre, § 810 Abs. 2 S. 2 ABGB.[595] Das Verlassenschaftsgericht ist also in den meisten Fällen dazu verpflichtet, Verfügungen durch die Erben (oder Verlassenschaftskuratoren, sollte einer bestellt sein)[596] zu billigen. Die Frage, welche Geschäfte nun konkret genehmigungsbedürftig sind, hat die Praxis geklärt.[597] Bei Veräußerungen von Grundbesitz[598] und dem Eingehen von Dauerschuldverhältnissen[599] bedarf es nach einhelliger Meinung stets einer Genehmigung des Verlassenschaftsgerichts. Umstritten ist jedoch beispielsweise die Handhabung bei Verfügungen über Bankkonten und Sparbücher durch Abhebung von Bargeld.[600]

---

594 *„Verwaltungs- und Vertretungshandlungen vor Abgabe der Erbantrittserklärungen zur gesammten Verlassenschaft sowie alle Veräußerungen von Gegenständen aus dem Verlassenschaftsvermögen bedürften der Genehmigung des Verlassenschaftsgerichts, wenn sie nicht zum ordentlichen Wirtschaftsbetrieb gehören.“*.

595 *„Die Genehmigung ist zu versagen, wenn die Handlung für die Verlassenschaft offenbar nachteilig wäre.“*.

596 Zwar sei § 810 Abs. 2 S. 2 ABGB nicht entsprechend anwendbar, da die Rechte des Verlassenschaftskurators nicht so weit gehen dürfen wie die der Erben. Allerdings wird eine Analogie aus der Vorschrift über die Genehmigungsbedürftigkeit von Rechtshandlungen von Eltern in Vermögensangelegenheiten ihres Kindes, die nicht dem ordentlichen Wirtschaftsbetrieb angehören (§ 167 Abs. 3 S. 1 ABGB), gezogen. Es handelt sich um eine Parallelvorschrift des § 810 Abs. 2 S. 1 ABGB. Im Ergebnis sind einige Rechtshandlungen des Verlassenschaftskurators also genehmigungsbedürftig. Die sich aus § 810 Abs. 2 S. 2 ABGB ergebende Billigkeitsvermutung greift allerdings nicht. Das hat zur Folge, dass praktisch alle Rechtshandlungen des Verlassenschaftskurators genehmigungsbedürftig sind, das Verlassenschaftsgericht jedoch weitaus restriktiver entscheiden darf als in den Fällen des § 810 Abs. 2 ABGB, *OGH*, SZ 2015/96; EF-Z 2014, 87 mit beipflichtender Anm. *Tschugguel*.

597 Für eine detaillierte Aufzählung der aktuell anerkannten Fälle der Genehmigungspflicht siehe *Schweda* in Klang, § 810 Rn. 18.

598 So z.B. *OGH*, *SZ 2015/96*; OeNotZ 2011, 250 = SZ 2011/10; SZ 28/31.

599 *Schweda* in Klang, § 810 Rn. 18 m.w.N.

600 Eine Genehmigungspflicht nehmen an *Mondel*, OeNotZ 2006, 225 (232 f.) dort Fn. 85; *Schweda*, iFamZ 2019, 120 (122 ff.); *Verweijen*, ecolex 2019, 313 (313 f.); EF-Z 2018, 272 (272 ff.); a. A. Österreichisches Bundesministerium für Justiz (BMJ), Stellungnahme B14.100/0002-I 1/2005; B14.101/0002-I 1/2005; *Fischer-Czermak*, EF-Z 2018, 216 (216 ff.); *Spruzina*, EF-Z 2019, 20 (20 f.); in K/S, § 810 Rn. 15.

Mit der *Einantwortung* endet das Verfahren zum Rechtserwerb der Verlassenschaft durch die Erben. Sie folgen der Rechtsposition der Verlassenschaft nach, § 547 ABGB.[601] Es gilt der aus dem deutschen Recht bekannte Grundsatz der *Universalsukzession*:[602] Der Erbe tritt in alle Rechte und Pflichten der Verlassenschaft ein. Immaterielle Rechtsgüter werden ihm überschrieben, körperliche Verlassenschaftsgegenstände werden ihm übergeben.[603] Die Verlassenschaft erlischt schließlich.[604]

## b) Zusammenfassung

Der Erbfall ist im österreichischen Recht in drei Phasen aufgeteilt. In der ersten Phase, dem Erbfall, entsteht die *Verlassenschaft* als rechtsfähige juristische Person, welche das Eigentum am Vermögen des Erblassers erwirbt.

Der Gerichtskommissär nimmt die Verlassenschaft in der zweiten Phase, dem sog. *Verlassenschaftsverfahren*, in Gewahrsam. Dieser hat nach Maßgabe des AußStrG den Übergang der Verlassenschaftsmasse in das Eigentum der Erben vorzubereiten. Durch Rechtshandlungen wie die Inventarerrichtung oder die Aufforderung an die Erben zur Erbantrittserklärung stellt der Gerichtskommissär die Weichen für die letzte und dritte Phase des Erbfalls, der *Einantwortung*.

Nach Beendigung der vorbereitenden Rechtsgeschäfte des Gerichtskommissärs und abhängig von der konkreten Erbantrittserklärung müssen die Erben ggf. die noch ausstehenden Schulden des Erblassers tilgen. Dazu erwerben sie die Verwaltungsbefugnis über die Verlassenschaft. Sobald sie die „Bereinigung" der Verlassenschaft dargelegt haben, wird die Verlassenschaft vom Gerichtskommissär als letzte Amtshandlung in das Eigentum der Erben eingeantwortet, wodurch sie im Wege der Universalsukzession die neuen Eigentümer der Verlassenschaftsmasse werden.[605]

---

601 *„Mit der Einantwortung folgt der Erbe der Rechtsposition der Verlassenschaft nach; dasselbe gilt mit Übergabebeschluss für die Aneignung durch den Bund."*.

602 *Nemeth* in S/K, § 547 Rn. 1; *Welser*, OeNotZ 2018, 1 (1 f.).

603 *OGH*, OeNotZ 1995, 278 (279).

604 *OGH*, RZ 2010, 145 (146), RIS-Justiz RS0012206; *Apathy* in K/B/B, 2. Aufl. 2007, § 547 Rn. 1.

605 Denn auch die Einleitung des Einantwortungsverfahrens ist Aufgabe des Gerichtskommissärs im Verlassenschaftsverfahren, *Ferrari* in Ferrari/Likar-Peer, Rn. 12.15.

## 2 Die Testamentsvollstreckung nach österreichischem Recht

Wie ist die Verlassenschaft abzuwickeln, wenn der Erblasser sein Vermögen der Testamentsvollstreckung unterworfen hat? Die Antwort auf diese Frage lässt sich nicht ohne Weiteres dem Gesetz entnehmen, ist die Testamentsvollstreckung im österreichischen Recht doch in nur zwei Normen geregelt. Lediglich die §§ 816,[606] 817 ABGB[607] decken das Recht der Testamentsvollstreckung ab.[608] § 816 ABGB[609] ermächtigt den „Verstorbenen",[610] letztwillig einen „Vollstrecker seines letzten Willens" zu ernennen (§ 816 S. 1 ABGB).[611] Dieser hat zur Aufgabe, *„entweder als Machthaber die Anordnungen des Verstorbenen selbst zu vollziehen oder deren Einhaltung zu bewachen und den säumigen Erben zur Vollziehung zu veranlassen"* (§ 816 S. 2 ABGB[612]).[613] Das österreichische Recht kennt also, ausgehend vom Gesetzeswortlaut, grundsätzlich zwei Formen der Testamentsvollstreckung: Zum einen die verwaltende Form, bei welcher der Testamentsvollstrecker nach österreichischem Rechtsverständnis als Stellvertreter bzw. Auftragnehmer des Erblassers agiert und in dieser Funktion auch über die Verlassenschaft verfügen darf.[614] Zum anderen existiert die

---

606 *„Der Verstorbene kann letztwillig einen Vollstrecker seines letzten Willens ernennen. Übernimmt der Testamentsvollstrecker diese Aufgabe, so hat er entweder als Machthaber die Anordnungen des Verstorbenen selbst zu vollziehen oder deren Einhaltung zu überwachen und den säumigen Erben zur Vollziehung derselben zu veranlassen."*.

607 *„Ist kein Testamentsvollstrecker ernannt oder nimmt dieser seine Ernennung nicht an, so hat der Erbe dem Gericht nachzuweisen, dass er den Willen des Verstorbenen möglichst erfüllt oder Sicherheit geleistet hat."*.

608 Zu erwähnen ist jedoch, dass § 817 ABGB dem Testamentsvollstrecker weder Befugnisse verleiht, noch seine Rechtsmacht beschränkt. Die Vorschrift regelt nur, dass der Erbe dem Gericht nachzuweisen hat, dass er den Willen des Verstorbenen möglichst erfüllt oder Sicherheit geleistet hat, sofern kein Testamentsvollstrecker ernannt wurde oder dieser seine Ernennung nicht angenommen hat.

609 Siehe Fn. 606.

610 Der Begriff „Verstorbener" wird im österreichischen Recht synonym mit dem deutschen Begriff „Erblasser" verwendet. Der Begriff „Erblasser" taucht zwar vereinzelt auf, vor allem dominiert jedoch der Begriff des „Verstorbenen". Dies gilt auch für § 816 ABGB, wo die Testamentsvollstreckung geregelt ist, siehe Fn. 606.

611 Siehe Fn. 606.

612 Siehe Fn. 606.

613 Im Detail unten B.II.2.c).

614 Dazu unten B.II.2.a) und B.II.2.c).

beaufsichtigende Form, in welcher der Testamentsvollstrecker lediglich zu überwachen hat, dass die in Frage kommenden Erben nicht gegen den Willen des Verstorbenen handeln und ansonsten den Gerichtskommissär bei seiner Arbeit unterstützt.[615]

Ferner wird der Testamentsvollstrecker eher beiläufig in § 174 Abs. 1 AußStrG[616] erwähnt, wonach er für bestimmte mündliche Verhandlungen zu laden ist. Solche Verhandlungen sind zum Beispiel anzuberaumen, wenn Verlassenschaftsgläubiger vom Verlassenschaftsgericht auf Antrag des Erben[617] gem. §§ 813 ff. ABGB aufgefordert werden, ihre Rechte an der Verlassenschaft geltend zu machen.

Spezialvorschriften zu Beginn und Ende der Testamentsvollstreckung, den Befugnissen des Amtsinhabers im Einzelnen sowie zum Erbenschutz sieht das ABGB nicht vor. Grundsätze des Rechts der Testamentsvollstreckung sind in Österreich daher, vor allem mit Blick auf Dauer und Rechtsschutz der Erben, stets anlassbezogen durch gerichtliche und rechtswissenschaftliche Rechtsfortbildung aufgestellt worden, auf die es im Folgenden einzugehen gilt.

Auf Grundlage des § 816 ABGB[618] sowie einschlägiger Rechtsprechung und Literatur ist nun das Wesen der Testamentsvollstreckung, die Dauer, die Rechtsmacht des Amtsinhabers sowie der Erbenschutz nach österreichischem Recht darzustellen. Dabei soll dieser Länderbericht nicht derart ausführlich ausfallen wie der deutsche Teil dieser Arbeit, sondern sich auf eine gebündelte Darstellung derjenigen Aspekte beschränken, die im deutschen Recht zu kritisieren sind.[619]

---

615 Zum Verhältnis der beiden Vollstreckungsformen zueinander siehe unten B.II.2.c)aa).

616 *„Wird bei Aufforderung der Verlassenschaftsgläubiger (§§ 813 bis 815 ABGB) eine mündliche Verhandlung anberaumt, so hat der Gerichtskommissär deren Termin öffentlich bekannt zu machen und die vermutlichen Erben, Pflichtteilsberechtigten sowie allenfalls bestellte Verlassenschaftskuratoren und Testamentsvollstrecker zu laden.“*.

617 Denkbar ist auch der Antrag eines Verlassenschaftskurators, sofern er vorhanden ist.

618 Siehe Fn. 606.

619 Eine gute Übersicht über die Rechtsprechungshistorie sowie eine detaillierte Beschreibung der Testamentsvollstreckung bietet *Graf*, S. 13 ff. mit zahlreichen weiteren Nachweisen.

## a) Wesen der Testamentsvollstreckung

Bevor die Detailfragen zur österreichischen Testamentsvollstreckung erörtert werden können, ist dessen rechtliches Wesen darzulegen. Dieses unterscheidet sich, je nachdem welche Art der Testamentsvollstreckung angeordnet ist. Gemein ist allen Testamentsvollstreckern zunächst, dass sie privatrechtliche Ämter innehaben. Schließlich erfolgt die Ernennung eines Testamentsvollstreckers durch den Erblasser und nicht durch das Verlassenschaftsgericht.[620] Im Verlassenschaftsverfahren ist ein jeder Amtsinhaber somit Prozesspartei und ansonsten vom Gericht unabhängig.[621] Wie sich die Rechtsnatur darüber hinaus ausgestaltet, hängt von der Art der angeordneten Testamentsvollstreckung ab.

### *aa) Die Rechtsnatur des „verwaltenden" Testamentsvollstreckers*

Im österreichischen Recht ist jedenfalls der „verwaltende" Testamentsvollstrecker[622] i.S.d. § 816 S. 1 Alt. 1 ABGB[623] ein sog. *„Machthaber"* i.S.d. §§ 1002–1031 ABGB.[624] Grundsätzlich hat der Begriff der Machthaberschaft für das österreichische Erbrecht keine Relevanz: Der Machthaberschaft im österreichischen Recht liegt keine letztwillige Verfügung, sondern ein privatrechtlicher Bevollmächtigungsvertrag i.S.d. § 1002 ABGB zugrunde. Die §§ 1002 ff. ABGB normieren dabei im Wesentlichen die Rechtslage zum Auftrag bzw. der Geschäftsbesorgung. In dem Begriff „Machthaberschaft" werden mithin Stellvertretung und Grundzüge des Auftragsverhältnisses vereint. Wenn das Gesetz in den §§ 1009 ff. ABGB vom Macht- oder Gewalthaber spricht, sind damit im Wesentlichen Beauftragte gemeint.[625]

---

620 *OGH*, OeNotZ 1971, 12; *Ehn*, OeNotZ 1977, 36 (37); *Gruber/Sprohar-Heimlich/Scheuba* in G/K/M/S § 19 Rn. 47; *Mondel*, Kuratoren, Rn. 11.61; *Spruzina* in K/S, § 816 Rn. 6 m.w.N.; wohl auch *Welser* in Rummel/Lukas, § 816 Rn. 2.

621 *OGH*, OeNotZ 2004, 149 (150); *Bittner/Hawel* in G/K/M/S, § 11 Rn. 18 m.w.N.

622 In § 816 ABGB wird zwischen dem verwaltenden Testamentsvollstrecker und dem beaufsichtigenden unterschieden, dazu im Detail unten B.II.2.c).

623 Siehe Fn. 606.

624 *OGH*, OeNotZ 2002, 334; *Bydlinski*, JBl. 1981, 72 (77); *Rubin* in K/S, § 1002 Rn. 16; *Schweda* in Klang, § 816 Rn. 4, 6; *Sprung/Fink*, JBl. 1996, 205 (210). Anders sah das noch *Ehn*, OeNotZ 1977, 36 (37): *„Rechtsinstitut sui generis"*; dem zustimmend *Ehrenzweig/Kralik*, Erbrecht, S. 271: *„Rechtseinrichtung eigener Art."*.

625 *Rubin* in K/S, § 1002 Rn. 1 ff., § 1009 Rn. 2.

Gleichwohl benennt § 816 S. 2 Alt. 1 ABGB den verwaltenden Testamentsvollstrecker ausweislich seines Wortlauts explizit als Machthaber i.S.d. §§ 1002 ff. ABGB.[626] Die Rechtsnatur des verwaltenden Testamentsvollstreckers ist mithin als machthaberisch, also als Beauftragter mit stellvertretungsrechtlichen Bezügen zu definieren, was zur Folge hat, dass die Vorschriften aus dem Recht der Machthaberschaft auf den verwaltenden Testamentsvollstrecker entsprechend anwendbar sind.

Darüber hinaus nimmt der verwaltende Testamentsvollstrecker aufgrund seiner Machthaberstellung auch eine sog. „*Verwahrerstellung*" ein. Diese Stellung hat der überwachende Testamentsvollstrecker nicht, da er gem. § 816 S. 2 Alt. 2 ABGB[627] nur die Einhaltung der testamentarischen Anordnungen überwachen und die säumigen Erben zum Tätigwerden animieren darf, während die Verfügungsbefugnis über die Verlassenschaft bei den Erben liegt. Die Verwahrerstellung bewirkt, dass der verwaltende Testamentsvollstrecker Vermögenswerte vor dem Abschluss des Verlassenschaftsverfahrens grundsätzlich nur mit der Genehmigung des Verlassenschaftsgerichts an die Erben oder andere Personen auskehren darf und die Verlassenschaft ansonsten lediglich zu verwahren hat.[628]

### bb) Die Rechtsnatur des „überwachenden" Testamentsvollstreckers

Das Wesen des „überwachenden" Testamentsvollstreckers ist im Gesetz dagegen weniger deutlich herausgearbeitet worden. Die Rechtsprechung verknüpfte den Machthaberbegriff ursprünglich – und das wohl entgegen dem insoweit eindeutigen Wortlaut des § 816 S. 2 ABGB und der Ansicht von *Bydlinski*[629] – auch mit dem überwachenden Testamentsvollstrecker i.S.d. § 816 S. 2 Alt. 2 ABGB.[630] Dies hatte zwischenzeitlich zur Folge, dass jeder Testamentsvollstrecker zugleich auch Machthaber gewesen ist.[631] Das

---

626 Siehe Fn. 606, insb.: „*(…) entweder als Machthaber* (Hervorhebung durch den Verfasser) *die Anordnungen des Verstorbenen selbst zu vollziehen oder deren Einhaltung zu überwachen und den säumigen Erben zur Vollziehung derselben zu veranlassen.*".

627 Siehe Fn. 606.

628 *OGH*, OeNotZ 2002, 334 (336); *Welser*, Erbrecht, § 816 Rn. 10.

629 *Bydlinski*, JBl. 1981, 72 (77).

630 Siehe Fn. 606.

631 So jedenfalls *OGH*, OeNotZ 2002, 334; OeNotZ 1971, 12; diese These ist im Übrigen auch im Einklang mit der Auffassung *v. Zeillers*, welcher den Testamentsvollstrecker erstmalig und ohne Differenzierung zwischen verwaltender und überwachender Form

neuere Schrifttum vertritt demgegenüber die Auffassung, dass die Erben nur die verwaltende, nicht aber die überwachende Testamentsvollstreckung aufgrund der „bevollmächtigungsähnlichen Verhältnisse" widerrufen können. Es unterscheidet die Testamentsvollstreckungsformen also in ihren Wesen und weist ihnen in der Konsequenz unterschiedliche Rechte und Pflichten zu.[632]

Letztendlich hat die Rechtsprechung diese vom Schrifttum vorgenommene Aufteilung widerspruchslos übernommen.[633] Die alte Judikatur,[634] welche noch beide Arten der Testamentsvollstreckung der Machthaberschaft zuordnet, ist mithin verworfen. Der Testamentsvollstrecker nimmt im österreichischen Recht somit nur noch eine auftragsähnliche Rechtsstellung (Machthaberstellung) ein, wenn ihm per letztwilliger Verfügung Verwaltungsbefugnisse zugewiesen worden sind.

Der überwachende Testamentsvollstrecker hat damit lediglich ein privatrechtliches Amt *sui generis* inne. Es gelten die eingangs skizzierten Grundsätze.[635]

## b) Dauer der Testamentsvollstreckung

Weiter ist zu untersuchen, wie lange eine Testamentsvollstreckung im österreichischen Recht andauern kann. Auch hier erfolgt die Darstellung zweigeteilt nach Beginn und Ende der Testamentsvollstreckung.

---

als Machthaber bezeichnet hat, *v. Zeiller*, S. 859. Auch *Ehrenzweig* differenziert nicht nach Vollstreckungsart, *Ehrenzweig*, Privatrecht II/2, S. 477; ebenso wenig *Gschnitzer/Faistenberger*, S. 65.

632 *Nemeth* in S/K, § 816 Rn. 6; für die Unwiderruflichkeit des beaufsichtigenden Testamentsvollstreckers *Bydlinski*, JBl. 1981, 72 (77); *Gruber/Sprohar-Heimlich/Scheuba* in G/K/M/S, § 19 Rn. 49, 54; *Zankl*, JBl. 1998, 293 (294). Im Detail siehe B.II.2.b)bb) dieser Arbeit.

633 Z.B. *OGH*, OeNotZ 2008, 270 (271) m. Anm. *Mondel*.

634 Siehe Fn. 631.

635 Siehe oben B.II.2.a).

### *aa) Beginn der österreichischen Testamentsvollstreckung*

Der Testator hat die Möglichkeit, einen Testamentsvollstrecker in einer wirksamen letztwilligen Verfügung[636] zu ernennen.[637] Da der Höchstpersönlichkeitsgrundsatz aus § 564 ABGB[638] analog anzuwenden ist, darf nur der Erblasser selbst die Ernennungserklärung abgeben.[639]

Hat der Erblasser höchstpersönlich und formwirksam[640] einen prospektiven Amtsinhaber ernannt und ist der Erbfall eingetreten, so beginnt die Testamentsvollstreckung ab diesem Moment automatisch.[641] Gem. § 817 ABGB[642] ist die Amtsannahme des konkret ernannten Testamentsvollstreckers jedoch freiwillig.[643] Der Amtsanwärter hat es selbst in der Hand, ob und wann er den Beginn seiner Amtszeit einläutet. Lehnt der Testamentsvollstrecker das Amt ab, so fällt den Erben die Aufgabe der Testamentserfüllung zu (vgl. § 817 ABGB[644]). Die Möglichkeit einer anderweitigen Testamentsauslegung mit dem Ergebnis, dass ggf. ein Nachfolger zu ernennen ist, sieht das ABGB nicht vor.[645]

---

636 Der Begriff „letztwillige Verfügung" meint sowohl das klassische Testament als auch das sog. *Kodizill*. Im Kodizill sind neben reinen Erbanordnungen auch andere Verfügungen, wie Vermächtnisse oder Auflagen umfasst. Auch die Anordnung einer Testamentsvollstreckung sei eine sonstige Verfügung, weswegen nach früherer Auffassung die Anordnung der Testamentsvollstreckung nur dort möglich gewesen sein sollte (dazu im Detail *Schwarzenegger* in Ferrari/Likar-Peer, Rn. 5.1, 5.160). Dieser These hat die obergerichtliche Rechtsprechung aber eine Absage erteilt, z.B. *OGH*, OeNotZ 1971, 12.

637 *OGH*, OeNotZ 2004, 149 (150); 1971, 12; *Bydlinski*, JBl. 1981, 72; *Ehrenzweig/Kralik*, Erbrecht, S. 271; *Bittner/Hawel* in G/K/M/S, § 19 Rn. 47; *Welser* in Rummel/Lukas, § 816 Rn. 1.

638 *„Man kann seinen letzten Willen nur selbst erklären, den Erben nur selbst einsetzen und diese Erklärungen nicht einer dritten Person überlassen. Auch genügt die bloße Bejahung des Vorschlags einer dritten Person nicht."*.

639 *Schwarzenegger in* Ferrari/Likar-Peer, Rn. 5.3.

640 Also per letztwilliger Verfügung, siehe Fn. 637.

641 *Ehrenzweig/Kralik*, Erbrecht, S. 273; *Mondel*, Kuratoren, Rn. 11.61.

642 Siehe Fn. 607 und insb.: *„Ist kein Testamentsvollstrecker ernannt, oder nimmt dieser seine Ernennung nicht an; (...)"* (Hervorhebung durch den Verfasser).

643 So auch *Gruber/Sprohar-Heimlich/Scheuba* in G/K/M/S, § 19 Rn. 48; *Sailer* in K/B/B, 6. Aufl. 2020, § 816 Rn. 2; *Spruzina* in K/S, § 816 Rn. 3.

644 Siehe Fn. 607.

645 *Gruber/Sprohar-Heimlich/Scheuba* in G/K/M/S, § 19 Rn. 48.

Einer expliziten Annahmeerklärung gegenüber den Erben oder dem Verlassenschaftsgericht, um die Testamentsvollstreckung in Gang zu setzen, bedarf es nicht. Anders ist es, wenn der Testamentsvollstrecker sein Amt nicht annehmen möchte – die Ablehnung ist gegenüber dem zuständigen Verlassenschaftsgericht unwiderruflich und unbedingt zu erklären.[646] Tut er dies nicht, gilt das Amt als angenommen, vor allem wenn der Amtsinhaber bereits mit der Vollstreckungstätigkeit begonnen hat. Bemerkenswert ist, dass die Erklärung der Amtsablehnung nach einer Auffassung erst nach dem Erbfall möglich sein soll.[647] In der Konsequenz wäre dann jeder Testamentsvollstrecker zumindest für einen kurzen Zeitraum zur Amtsausübung verpflichtet, auch wenn er von seiner Ernennung gar nichts weiß.[648] Um den Amtsinhaber vor unbilligen Haftungsrisiken zu schützen, wird daher überwiegend und zu Recht davon ausgegangen, dass der Testamentsvollstrecker erst bei ausdrücklicher oder konkludenter[649] Amtsannahme in die bereits bestehende Testamentsvollstreckung eintritt.[650] Das österreichische Recht unterscheidet also zumindest hinsichtlich des Beginns der Testamentsvollstreckung zwischen Beginn der Testamentsvollstreckung an sich und Beginn des konkreten Testamentsvollstreckeramtes, um den Testamentsvollstrecker nicht zur Amtsausübung zu zwingen.

#### *bb) Ende der österreichischen Testamentsvollstreckung*

Die österreichische Testamentsvollstreckung kann auf vielfältige Weise ihr Ende finden:

Häufig endet sie durch Zeitablauf, da der Erblasser für die Testamentsvollstreckung einen Endzeitpunkt bestimmen kann.[651]

---

[646] *Kralik/Ehrenzweig*, Erbrecht, S. 273.

[647] So jdfls. *Kralik/Ehrenzweig*, Erbrecht, S. 273.

[648] Das Nichtwissen ist dabei unwahrscheinlich, da die Ernennung einer bestimmten Person als Testamentsvollstrecker eben dieser Person durch das Verlassenschaftsgericht von Amts wegen bekanntzumachen ist, dazu *Mondel*, Kuratoren, Rn. 11.52; *Welser*, Erbrecht, § 816 Rn. 3.

[649] Z.B. durch Übernahme von Vollstreckungsaufgaben ohne explizite Erklärung.

[650] So z.B. *Spruzina* in K/S, § 816 Rn. 3, auf dessen Aussage sich auch *Schweda* in Klang, § 816 Rn. 3 stützt.

[651] Statt vieler *Welser* in Rummel/Lukas, § 816 Rn. 16.

Zweitens kann die Testamentsvollstreckung durch Erledigung der aufgetragenen Aufgaben enden.[652] Soll der Testamentsvollstrecker die Verlassenschaft aktiv verwalten und aufteilen, so erledigt sie sich grundsätzlich mit der Einantwortung der Verlassenschaft in das Eigentum der Erben.[653] Doch auch nach Einantwortung kann die Verwaltungsvollstreckung in bestimmten Fällen fortdauern.[654] Ebenso kann die Überwachungsvollstreckung im Anschluss an die Einantwortung vom Erblasser noch gewünscht sein, weswegen sie sich grundsätzlich nicht notwendig mit Beendigung des eigentlichen erbrechtlichen Verfahrens erledigt.[655]

Ferner ist das Verlassenschaftsgericht ermächtigt, den Testamentsvollstrecker seines Amtes zu entheben.[656] Diese Enthebung muss sich auf einen

---

652 *Spruzina* in K/S, § 816 Rn. 15; *Welser* in Rummel/Lukas, § 816 Rn. 16.

653 H. M., siehe nur *Schweda* in Klang, § 816 Rn. 12; *Gruber/Sprohar-Heimlich/Scheuba* in G/K/M/S, § 19 Rn. 52.

654 So z.B. *Graf*, S. 13 f. unter Berufung auf die Entscheidung des *OGH*, OeNotZ 2004, 149. In dem Fall sollte der Testamentsvollstrecker sicherstellen, dass die Kinder des Erblassers bis zur jeweiligen Vollendung des 27. Lebensjahres nicht über ihr Erbe verfügen können. Im Gegenzug dazu bekamen sie regelmäßige Geldzahlungen aus dem Nachlass. Der Erblasserwille stritt in diesem Fall für eine Verlängerung der Amtstätigkeit auch über die Einantwortung hinaus.

655 *OGH*, SZ 41/70; *Bittner/Hawel* in G/K/M/S, § 11 Rn. 47; *Bydlinski*, JBl 1981, 72 (73); *Dengler*, OeNotZ 1978, 106 (107); *Ehrenzweig*, Privatrecht II/2, S. 478; *Grüll*, OeNotZ 1956, 38 (40); *Gruber/Sprohar-Heimlich/Scheubda* in G/K/M/S, § 19 Rn. 52; *Gschnitzer/Faistenberger*, S. 66; *Iro*, OeNotZ 1977, 18.

656 Dass das Verlassenschaftsgericht einen Testamentsvollstrecker entlassen kann, ergibt sich nicht aus dem Gesetz. Das gilt sowohl für § 816 ABGB als auch für die Vorschriften im AußStrG. Gegen eine Enthebungsbefugnis des Verlassenschaftesgerichtes lässt sich freilich dasselbe Argument anführen, welches bereits bei der Frage nach der Rechtsnatur des Testamentsvollstreckers angeführt wurde: Der Testamentsvollstrecker ist nicht vom Gericht, sondern vom Erblasser zu ernennen vgl. B.II.2.a) dieser Arbeit und Fn. 620. Als *„actus contrarius“* wäre es daher konsequent, die Enthebungsbefugnis in Ermangelung von Spezialvorschriften den Erben als dessen Rechtsnachfolger zu überlassen. Dennoch haben Literatur (statt vieler *Schweda* in Klang, § 816 Rn. 9 m.w.N.) und die *OGH*-Rechtsprechung (*OGH*, OeNotZ 2008, 270) die Enthebungsbefugnis der Gerichte herausgearbeitet. Diese Auffassung ist auf keine Gegenstimmen gestoßen (*„Unbestritten“*), *Bydlinski*, JBl. 1981, 72 (73)).

wichtigen Grund[657] stützen.[658] Auch kann der Amtsinhaber sein Amt aus wichtigen Gründen selbst kündigen.[659] Der Begriff des „wichtigen Grundes" ist dabei identisch zu definieren.[660]

„Ordentlich" kann nur der verwaltende Vollstrecker kündigen, da Art. 1021 ABGB[661] ausschließlich den Machthabern[662] ein ordentliches Kündigungsrecht zuspricht, der überwachende Vollstrecker aber kein solcher[663] ist.[664] Kündigt der Amtsinhaber jedoch zur Unzeit, schuldet er den Erben für den daraus entstandenen Schaden Ersatz (§ 1021 S. 2 2. Hs. ABGB).[665]

Wenn der Testamentsvollstrecker stirbt[666] oder geschäftsunfähig wird,[667] endet sein Amt ebenfalls.

Neben dem Verlassenschaftsgericht können auch die Erben den verwaltenden Testamentsvollstrecker aus eigenem Recht entlassen. Diese Möglichkeit soll sich aus seiner Eigenschaft als Machthaber[668] ergeben, da die Erben als eigentlich Berechtigte und Rechtsnachfolger des Erblassers auch sein Enthebungsrecht erwerben.[669] Die Enthebung sei „jederzeit und grundlos"

---

657 Wichtige Gründe sind beispielsweise Interessenskollisionen zwischen Erben und Amtsinhaber (*OGH*, OeNotZ 1971, 12) sowie verlorenes Vertrauen in die Arbeit des Testamentsvollstreckers (*OGH*, SZ 16/189; *Grüll*, OeNotZ 1956, 38 (40) dazu und zu anderen „wichtigen Gründen" *Schweda* in Klang, § 816 Rn. 9 m.w.N.

658 *OGH*, OeNotZ 2013, 308 (310); OeNotZ 1999, 26 (29) m.w.N.; *Bydlinski*, JBl 1981, 72 (73) m.w.N.; *Ehn*, OeNotZ 1977, 36 (38); *Iro*, OeNotZ 1997, 18; *Sprung/Fink*, JBl 1996, 205 (215 f.); *Welser* in Rummel/Lukas, § 816 Rn. 14.

659 *Nemeth* in S/K, § 816 Rn. 9; *Sprung/Fink*, JBl 1996, 205 (216).

660 *Spruzina* in K/S, § 816 Rn. 15.

661 *„Auch der Machthaber kann die angenommene Vollmacht aufkünden. Wenn er sie aber vor Vollendung des ihm insbesondere aufgetragenen, oder vermöge der allgemeinen Vollmacht angefangenen Geschäftes aufkündet; so muß er, dafern nicht ein unvorhergesehenes und unvermeidliches Hinderniß eingetreten ist, allen daraus entstandenen Schaden ersetzen."*.

662 Zum Begriff siehe Fn. 625.

663 Dazu oben B.II.2.a).

664 So zu Recht *Schweda* in Klang, § 816 Rn. 10. Die Auffassung von *Welser* in Rummel/Lukas, § 816 Rn. 14, wonach die ordentliche Kündigung für alle Testamentsvollstrecker ausgeschlossen sei, ist in Anbetracht der erörterten Grundsätze zur Rechtsnatur des Testamentsvollstreckers als ungenau abzutun.

665 Siehe Fn. 661.

666 *Welser* in Rummel/Lukas, § 816 Rn. 16.

667 *Ferrari* in Ferrari/Likar-Peer, Rn. 5.296 m.w.N.

668 Vgl. dazu oben B.II.2.a)aa) und dort insb. Fn. 625.

669 So *Zankl*, JBl 1998, 293 (295 ff.).

möglich,[670] notwendige Bedingung sei lediglich ein einstimmiger Beschluss der Erbengemeinschaft.[671]

Dass die grundlose Enthebungsoption ein sehr ungleiches Machtgefüge zugunsten der Erben begründet, bemerkte bereits die (Kommentar-)Literatur. Schließlich könnte auf diese Weise der oben bereits herausgearbeitete Grundsatz, dass sich die Überwachung der Einhaltung des Erblasserwillens auch nach Einantwortung nicht unbedingt erledigt, mit Leichtigkeit durch die Erben umgangen werden. Wenig überraschend hat sich daher *Welser* gegen die Entlassungsbefugnis der Erben ausgesprochen.[672] Auch der *OGH* sah es zunächst kritisch, die Erben mit einer solchen Macht auszustatten.[673] Seine ablehnende Haltung hat das höchstinstanzliche Gericht in der Folgezeit jedoch zumindest teilweise aufgegeben. Das Enthebungsrecht der Erben wurde aber immerhin begrenzt: Die Erben haben nur noch die Möglichkeit, die verwaltende Testamentsvollstreckung durch Widerruf zu beenden, ohne dass der Erblasser[674] oder der Testamentsvollstrecker dies verhindern können.

Der überwachende Testamentsvollstrecker entzieht sich jedoch weiterhin der Dispositionsbefugnis der Erben, da seine Überwachungsrechte in jedem Fall und durch § 816 ABGB[675] garantiert werden.[676] Dieser Umstand vermag jedoch den großen Einfluss, den die grundlose und jederzeit mögliche Enthebungsbefugnis der Erben auf die Testamentsvollstreckung in der Praxis hat, letztendlich wohl nicht zu schmälern.

Die überwachende Testamentsvollstreckung beschneidet die Rechtsnachfolger nicht stark in ihren Rechten, weswegen eine Entlassung dieser Amtsinhaber eher selten praktisch relevant werden dürfte.

---

670 *OGH*, OeNotZ 2013, 308; 2008, 270; *Bydlinski*, JBl 1981, 72 (77); *Sprung/Fink*, JBl 1996, 205 (210, 216 f.); *Zankl*, JBl 1998, 293 (295).

671 *OGH*, OeNotZ 2013, 308 (310); *Bydlinski*, JBl 1981, 72 (77); *Mondel*, Kuratoren, Rn. 11.58; *Schweda* in Klang, § 816 Rn. 7.

672 *Welser* in Rummel/Lukas, § 816 Rn. 17.

673 *OGH*, OeNotZ 1999, 26 (28 f.).

674 Der Erblasser hätte lediglich die Möglichkeit, eine Quasi-Bindungswirkung zu konstruieren, indem er die Erben durch Auflagen oder Bedingungen dazu bringt, die Testamentsvollstreckung zu dulden, *Bydlinski*, JBl 1981, 72 (78); *Sprung/Fink*, JBl 1996, 205 (210); *Zankl*, JBl 1998, 293 (294).

675 Siehe Fn. 606.

676 Dazu insgesamt *OGH*, OeNotZ 2013, 308 (311); OeNotZ 2008, 270; ferner *Welser*, Erbrecht, § 816 Rn. 15; a. A. angedeutet *Spruzina* in K/S, § 816 Rn. 15.

### cc) *Zusammenfassung*

Das Amt des Testamentsvollstreckers beginnt mit dem Erbfall automatisch, ohne dass eine Annahmeerklärung seitens des ernannten Testamentsvollstreckers nötig ist. Anders ist das bei der Amtsablehnung – die Absicht, das Amt nicht auszuüben, muss der Auserwählte aktiv kundtun. Befugnisse zur Ernennung eines Ersatztestamentsvollstreckers besitzt nur der Erblasser, nicht aber das Gericht. Lehnen die Amtsanwärter also die Übernahme der Testamentsvollstreckung ab, so endet sie.

Anders ist die Rechtslage beim Ende der Testamentsvollstreckung. Sofern der Testamentsvollstrecker die Amtsübernahme nicht abgelehnt hat, kann die Testamentsvollstreckung unter anderem durch ein testamentarisch festgelegtes Enddatum, die Erledigung seiner Aufgaben, den Tod des Amtsinhabers oder Enthebung des Testamentsvollstreckers durch das Verlassenschaftsgericht aus wichtigem Grund enden.

Durch einen eigenen Willensentschluss kann der österreichische Testamentsvollstrecker die Testamentsvollstreckung nur im Einzelfall beenden, denn eine ordentliche Kündigung steht nur den verwaltenden Vollstreckern zu, der überwachende Testamentsvollstrecker kann lediglich aus wichtigem Grund außerordentlich kündigen.

Die Erben können dem überwachenden Testamentsvollstrecker das Amt hingegen regelmäßig nicht aufkündigen, es dafür aber (auch grundlos) widerrufen, sofern sie mit einer verwaltenden Testamentsvollstreckung konfrontiert sind.

## c) Rechtsmacht des Testamentsvollstreckers nach österreichischem Recht

Welche Rechte dem Testamentsvollstrecker zur Verfügung stehen, ist – wohl aufgrund der kaum vorhandenen Normen, die für das Amt gelten – umstritten.[677] Dass § 816 ABGB[678] die Rechtsmacht des Amtsinhabers nicht abschließend regelt, liegt auf der Hand. Vielmehr erklärt diese Norm nur, dass entweder ein verwaltender oder ein überwachender Testamentsvollstrecker ernannt werden kann. Andere Formen der Testamentsvollstreckung normiert

---

[677] So beispielsweise *Bydlsinki*, JBl 1981, 72 (72, 74) und *Welser/Zöchling/Jud*, Bd. II, Rn. 2151.
[678] Siehe Fn. 606.

das österreichische Recht nicht, auch wenn Literatur und Rechtsprechung einige Sonderformen anerkennen.[679]

Sowohl Literatur als auch Rechtsprechung haben verschiedene Grundsätze herausgearbeitet, die sowohl das Mindestmaß als auch die Obergrenze der rechtlichen Befugnisse von österreichischen Testamentsvollstreckern festlegen. Wesentliche Unterschiede in der Rechtsmacht lassen sich dabei an der jeweils angeordneten Art der Testamentsvollstreckung ausmachen.[680] Da die Art der Testamentsvollstreckung den Grundstein für die Rechtsmacht des Amtsinhabers setzt, wird zuerst der Unterschied zwischen den geregelten Fällen der verwaltenden und überwachenden Testamentsvollstreckung dargestellt. Auf diese Weise werden die jeweils formspezifischen Befugnisse herausgearbeitet. Sodann gilt es, sich einen Überblick über einige Rechte zu verschaffen, die sowohl der überwachende als auch der verwaltende Testamentsvollstrecker geltend machen kann.

Vorauszuschicken ist dabei jedoch, dass die ganz herrschende Ansicht in der österreichischen Rechtswissenschaft und Rechtsprechung den überwachenden Testamentsvollstrecker als Leitbild des österreichischen Rechtes der Testamentsvollstreckung ansieht.[681] Das Bedürfnis, einen Grundfall der Testamentsvollstreckung aus den beiden Varianten des § 816 ABGB[682] zu ermitteln, ist vor dem Hintergrund, dass das Gesetz das Verhältnis der beiden Varianten zueinander offenlässt,[683] nachvollziehbar. Allerdings ist eben nicht ersichtlich, warum der überwachende Testamentsvollstrecker dem verwaltenden Gegenstück vorgehen soll. Auch die Gesetzessystematik spricht eher für eine anderweitige Auslegung, da der verwaltende Testamentsvollstrecker zuerst erwähnt wird. Gleichwohl ist die oben referierte Ansicht des Vorranges der

---

679 Zur Vermächtnisvollstreckung *OGH*, OeNotZ 1971, 12; zur Dauervollstreckung *OGH*, OeNotZ 2004, 149; zur Teilvollstreckung siehe *Welser*, § 816 Rn. 10 f.

680 Es ist mithin möglich, beide Vollstreckungsformen in einem Amtsinhaber zu vereinen, *OGH*, OeNotZ 2013, 308 (308 f.).

681 Allg. Ansicht, siehe nur *Schweda* in Klang, § 816 Rn. 5 m.w.N.; *Welser* in Rummel/Lukas, § 816 Rn. 5.

682 Siehe Fn. 606.

683 *„Der Verstorbene kann letztwillig einen Vollstrecker seines letzten Willens ernennen. Übernimmt der Testamentsvollstrecker diese Aufgabe, so hat er entweder als Machthaber die Anordnungen des Verstorbenen selbst zu vollziehen oder deren Einhaltung zu überwachen und den säumigen Erben zur Vollziehung derselben zu veranlassen.“* (Hervorhebungen durch den Verfasser).

Überwachungsvollstreckung auch in der Rechtsprechung vorherrschend[684] und lässt sich ggf. dadurch erklären, dass der verwaltende Testamentsvollstrecker zu stark mit dem „*Verlassenschaftskurator*"[685] konkurrieren würde, sollte die Verwaltungsvollstreckung den Regelfall im österreichischen Recht darstellen.[686] Auch wenn zuzugeben ist, dass dieses Argument im Ergebnis wohl nicht überzeugen kann, soll der Aufbau dieses Kapitels dem Verhältnis der beiden Arten der Testamentsvollstreckung zueinander folgen, den die herrschende Auffassung im österreichischen Rechtsraum festgelegt hat. Das Kapitel beginnt daher mit der Darlegung der Rechtsmacht des überwachenden Testamentsvollstreckers und endet mit Ausführungen zur Rechtsmacht des verwaltenden Testamentsvollstreckers.

#### *aa) Der überwachende Testamentsvollstrecker*

Der überwachende Testamentsvollstrecker hat lediglich die Erfüllung der Anordnungen des Erblassers durch die Erben zu beaufsichtigen. Er wird dabei unterstützend für das Verlassenschaftsgericht tätig, dem die Aufgabe eigentlich zufällt.[687] Das österreichische Recht degradiert den Testamentsvollstrecker also von Natur aus zum Erfüllungsgehilfen des Gerichtes bzw. des eingesetzten Gerichtskommissärs. Führen die Erben nach Auffassung des Amtsinhabers die Aufteilung der Verlassenschaft falsch aus, kann der Amtsinhaber beim zuständigen Gericht die Korrektur der angegriffenen Maßnahme beantragen.[688] Andere Befugnisse, wie beispielsweise die Abwicklung der Verlassenschaft nach den Anweisungen des Erblassers, stehen dem überwachenden Testamentsvollstrecker nicht zu. Insbesondere besitzt er keine Befugnis zur Tilgung von Schulden oder Zahlung von Pflichtteilen.[689]

---

684 Siehe z.B. *OGH*, OeNotZ 1998, 79 (80).

685 Zum Begriff des Verlassenschaftskurators siehe Fn. 568.

686 So auch *Mondel*, Kuratoren, Rn. 11.56, wonach nur der überwachende Testamentsvollstrecker neben dem Verlassenschaftskuratel existieren könne, ferner Rn. 11.62: „*Ist ein Testamentsvollstrecker mit der Verwaltung und Vertretung der gesamten Verlassenschaft betraut, verbleibt kein Raum für die Bestellung eines Verlassenschaftskurators.*".

687 Allg. Ansicht, statt vieler *OGH*, OeNotZ 2002, 334; *Bydlinski*, JBl 1981, 72; *Mondel*, Kuratoren, Rn. 11.55.

688 *Welser* in Rummel/Lukas, § 816 Rn. 8 m.w.N.

689 *Nemeth* S/K, § 816 Rn. 5. Nach einer Ansicht soll dies sogar dann unmöglich sein, wenn der Erblasser die verwaltende Testamentsvollstreckung anordnet und den Amtsinhaber

### *bb) Der verwaltende Testamentsvollstrecker*

Vom Modell der überwachenden Testamentsvollstreckung kann der Erblasser nur durch explizite Anordnung einer sog. verwaltenden Testamentsvollstreckung abweichen.[690] Verwaltungsrechte kann der Testamentsvollstrecker also nur per testamentarischer Anordnung erhalten, automatisch vorgesehen sind sie nicht.[691] Hat der Testamentsvollstrecker Verwaltungsrechte erhalten, darf der Testamentsvollstrecker aktiv in das Geschehen eingreifen, um die Aufteilung der Vermögensmasse nach den Wünschen des Erblassers zu vollziehen.[692]

Dabei ist jedoch zu berücksichtigen, dass die Erben im österreichischen Recht auch während einer verwaltenden Testamentsvollstreckung ihre eigenen Verwaltungs- und Verfügungsbefugnisse über die Verlassenschaft behalten. Ihr Verwaltungsrecht ergibt sich aus § 810 Abs. 1 S. 1 ABGB[693] und wird durch die Anordnung der Testamentsvollstreckung nicht verdrängt. Man könnte zwar erwägen, dass die jeweiligen Verwaltungsrechte der Parteien nebeneinander bestehen – schließlich findet jede Partei den Rechtsgrund ihrer Befugnisse entweder aus dem Gesetz (so die Erben) oder aus einem wirksam errichteten Testament (so der Testamentsvollstrecker). Der *OGH* hat allerdings entschieden, dass die Verwaltungsrechte des Erben denen des Testamentsvollstreckers vorgehen.[694] Die Mehrheit des neueren Schrifttums teilt diese Auffassung.[695]

Das vorrangige Verwaltungsrecht der Erben und die rechtliche Ausgestaltung des Testamentsvollstreckers als Machthaber hat – wie oben bereits

---

in diesem Zuge zur Schuldentilgung und Pflichtteilszahlung explizit ermächtigt, *Kralik/Ehrenzweig*, Erbrecht, S. 273 m.w.N.

690 *OGH*, OeNotZ 2008, 270.

691 So *OGH*, OeNotZ 2008, 270; *Ferrari* in Ferrari/Likar-Peer, Rn. 5.287; *Gruber/Sprohar-Heimlich/Scheuba* in G/K/M/S, § 19 Rn. 49, auch wenn dies dem Wortlaut von § 816 ABGB wohl widerspricht.

692 Die aus dem deutschen Recht bekannte Abwicklungsvollstreckung wird in Österreich also Verwaltungsvollstreckung genannt.

693 Siehe Fn. 592.

694 *OGH*, OeNotZ 2008, 270 (271); OeNotZ 1999, 26 (29); OeNotZ 1998, 79 (80 ff.); JBl 1993, 310 (311); in diesem Sinne bereits *Bydlinski*, JBl 1981, 72 (75).

695 Siehe *Bydlinski*, JBl 1981, 72 (75 f.); *Gruber/Sprohar-Heimlich/Scheuba* in G/K/M/S, § 19 Rn. 50; *Welser* in Rummel/Lukas, § 816 Rn. 12; a. A. nur *Koziol/Welser*, Bd. II, 5. Aufl. 1979, S. 288, wobei dieser Ansatz in der aktuellen 14. Aufl. 2015 nicht mehr zu finden ist. Ferner *Ehrenzweig*, Privatrecht II/2, S. 478 f.; *Zankl*, OeNotZ 1998, 71 (71 f.); JBl 1998, 293 (295 ff.).

festgestellt –[696] zur Folge, dass die Erben die Verwaltungsvollstreckung jederzeit widerrufen können. In der Praxis hat sich daher auch der verwaltende Testamentsvollstrecker nach den Vorstellungen der Erben zu richten. Er kann sie wohl nur darum bitten, den Nachlass wunschgerecht aufzuteilen, da sein eigenes Verwaltungsrecht von dem der Erben überlagert wird.[697]

Ebenso ist bereits bekannt, dass die Verwaltungsvollstreckung in einigen Fällen auch noch nach Einantwortung (also formeller Beendigung der Nachlassaufteilung) fortbesteht.[698] Ab dem Moment der Einantwortung sind die Erben allerdings nicht mehr an den Erblasserwillen gebunden. Daher dürfen sie auch solche Verfügungen vornehmen, denen der Testamentsvollstrecker widerspricht.[699]

### cc) OGH *v. 16.10.2003, Az. 2 Ob 239/03s – Anerkennung der Dauervollstreckung?*

§ 816 ABGB[700] bildet grundsätzlich nur für die Ernennung einer Überwachungs- oder Verwaltungsvollstreckung die geeignete Rechtsgrundlage. Andere Vollstreckungsformen, wie die Vermächtnis- oder Teilvollstreckung, wurden in der Vergangenheit nur durch Rechtsfortbildungen anerkannt.[701] Für den angestrebten Rechtsvergleich wäre insbesondere von Relevanz, ob eine dieser Rechtsfortbildungen die Verwaltung des Nachlasses über einen längeren Zeitraum hinweg, also einer Dauervollstreckung, zum Gegenstand hatte. In diesem Kontext könnte ein Urteil des *OGH* vom 16.10.2003 – 2 Ob 239/03s von Bedeutung sein:[702] Die Kinder des Erblassers fochten aus für diese Arbeit irrelevanten Gründen ein Testament an, welches sie zu Erben ihres Vaters ernannte. Punkt 5 des Testaments lautete wie folgt:

> *„5. Zum Testamentsvollstrecker bestimmte ich Herrn Dr. Georg P*****, insbesondere mit dem Auftrag, dafür Sorge zu tragen, daß meinen Kindern laufend bis zur Vollendung*

---

696 Siehe oben B.II.2.b)bb).

697 *OGH*, OeNotZ 1999, 26 (29); JBl 1993, 310 (311).

698 Siehe oben B.II.2.b)bb) dieser Arbeit.

699 *Zankl*, JBl 1998, 293 (297 ff.); kritisch dazu *Nemeth* in S/K, § 816 Rn. 6, der eine *„Verwaltung nach Einantwortung nur im Wege der Auflage“* für möglich hält. Zustimmend *Iro*, OeNotZ 1977, 18. Zur „Auflagen-Lösung“ siehe oben Fn. 674.

700 Siehe Fn. 606.

701 Siehe Fn. 679.

702 Abgedruckt in OeNotZ 2004, 149.

*ihres 27. Lebensjahres Zahlungen geleistet werden und sie bis dahin nicht allein über ihren Erbteil verfügen können und die Aufteilung meines Nachlasses einvernehmlich erfolgt, wobei vorzeitige Zahlungen im Interesse des Wohles eines Kindes nach reiflicher Überlegung und in Abstimmung mit meinem Bruder Martin zulässig sind. Auch Gelder aus den Lebensversicherungen sind nach diesen Grundsätzen zu behandeln. Wohl verstanden ist, daß sämtliche Gelder, die der Testamentsvollstrecker für meine Kinder zu verwalten hat, bestmöglich zu veranlagen sind.*“[703]

In anderen Worten: Der Testamentsvollstrecker soll den Nachlass so lange erhalten, bis die beiden Erben 27 Jahre alt geworden sind. Bis dahin sollen sie nur einen Anspruch auf Geldzahlungen nach Bedarf besitzen, während der Nachlass gewinnbringend anzulegen ist. Der *OGH* hat es bedauerlicherweise versäumt, sich mit dieser Klausel inhaltlich auseinanderzusetzen und das Testament aus Gründen, die für diese Arbeit nicht relevant sind, für unwirksam erklärt. Eine Kategorisierung der angeordneten Testamentsvollstreckung blieb dabei aus. Wie im Laufe dieser Arbeit aber noch rechtsvergleichend zu diskutieren sein wird,[704] könnte dieses Urteil erstmalig die Anordnung einer Testamentsvollstreckung zumindest stillschweigend gebilligt haben, die funktional der deutschen Dauervollstreckung nahe kommt.

#### *dd) Sonstige Rechte*

Abgesehen von den formspezifischen Befugnissen existieren noch einige „allgemeine“ Rechte, die ein jeder Testamentsvollstrecker unabhängig von seiner konkreten rechtlichen Ausgestaltung besitzt. Erwähnt seien an dieser Stelle etwaige Prozessführungsrechte (sog. *Rekursrechte*)[705] des Testamentsvollstreckers. Vergütungsansprüche soll er grundsätzlich nicht besitzen.[706] Da diese für die vorliegende Arbeit jedoch keine Relevanz entfalten, soll es der Vollständigkeit halber bei einer bloßen Erwähnung bleiben.

#### *ee) Zusammenfassung*

Die Rechtsmacht des österreichischen Testamentsvollstreckers unterscheidet sich je nach angeordnetem Vollstreckungsmodus. Der überwachende Testamentsvollstrecker unterstützt lediglich das Nachlassgericht bei der

703 *OGH*, OeNotZ 2004, 149.
704 Dazu unten C.I.1.
705 Allgemein dazu *Dengler*, OeNotZ 1978, 106 (106 f.).
706 So auch *Ehn*, OeNotZ 1977, 36 (37).

Überwachung des Erblasserwillens, während der Testamentsvollstrecker mit Verwaltungsrechten auch in die Aufteilung der Verlassenschaft eingreifen darf. Seine Verwaltungsrechte sind jedoch unbeachtlich, wenn die Erben von ihren eigenen Verwaltungsrechten Gebrauch machen. Andere als die in § 816 ABGB[707] geregelten Vollstreckungsformen existieren zwar, müssen sich hinsichtlich ihrer Befugnisse aber damit zufriedengeben, was ihnen durch entsprechende Rechtsfortbildungen zugebilligt wird.

## d) Rechtsschutz der österreichischen Erben

Auch zu der Frage, inwieweit die Erben vor rechtswidrigen Handlungen des Testamentsvollstreckers geschützt sind, äußert sich § 816 ABGB[708] nicht. Die folgenden, im Überblick dargestellten Schutzaspekte sind daher ebenso auf Erkenntnisse zurückzuführen, die sich Rechtsprechung und Wissenschaft gemeinschaftlich erarbeitet haben.

### *aa) Enthebung des Testamentsvollstreckers aus wichtigem Grund*

Da das Widerrufsrecht der Erben – wie oben festgestellt –[709] nur Verwaltungsrechte des Testamentsvollstreckers beseitigen kann, ist die Frage zu stellen, ob und wie die Erbengemeinschaft sich des überwachenden Testamentsvollstreckers entledigen kann. Dies ist besonders vor dem Hintergrund von Bedeutung, dass die Überwachungsvollstreckung auch noch nach erfolgreicher Einantwortung fortdauern kann,[710] gleichzeitig aber die Überwachung des Testamentsvollstreckers durch das Verlassenschaftsgericht endet.[711] Der Testamentsvollstrecker ist dementsprechend nach der Einantwortung wesentlich mächtiger als zuvor.

Um die überwachende Testamentsvollstreckung zwangsweise beenden zu können, wird den Erben seit 1998[712] ein Antragsrecht auf Enthebung des Amtsinhabers aus seiner Überwachungsfunktion zugesprochen.[713] Vorausset-

707 Siehe Fn. 606.
708 Siehe Fn. 606.
709 Dazu oben B.II.2.b)bb) dieser Arbeit.
710 Dazu oben B.II.2.b)bb) dieser Arbeit.
711 Dazu oben B.II.2.d)cc) dieser Arbeit.
712 *OGH*, OeNotZ 1999, 26.
713 *OGH*, OeNotZ 2013, 308; OeNotZ 1999, 26 (29).

zung dafür ist ein „wichtiger Enthebungsgrund".[714] Dieser kann beispielsweise darin bestehen, dass das Vertrauen in die Fähigkeit des Amtsinhabers nachträglich entfallen ist.[715] Insofern gelten dieselben Grundsätze wie in Konstellationen, in denen das Verlassenschaftsgericht von Amts wegen die Enthebung des Testamentsvollstreckers aus wichtigem Grund beschließt.[716] Erachtet das Verlassenschaftsgericht den Antrag des bzw. der Erben[717] (§§ 550,[718] 810 Abs. 1 S. 2 ABGB[719]) für statthaft und begründet, beschließt es die Enthebung des Testamentsvollstreckers aus seinem Amt. Auch wenn diese Enthebungsmöglichkeit sich streng genommen wohl nicht auf den überwachenden Testamentsvollstrecker beschränkt, sondern auch auf den verwaltenden Amtsinhaber Anwendung findet, wird ihr praktischer Anwendungsbereich für Letzteren eher gering sein, weil die Erben sämtliche Verwaltungsbefugnisse ohnehin grundlos widerrufen können.[720]

#### *bb) Schadensersatzanspruch der Erben*

Die Erben haben die Möglichkeit, für rechtswidrige Handlungen des Testamentsvollstreckers Schadensersatz zu verlangen, sofern durch diese Schäden entstanden sind.[721] Eine rechtswidrige Handlung ist beispielsweise in der unrechtmäßigen Herausgabe von Verlassenschaftsgegenständen durch den Testamentsvollstrecker zu sehen.[722]

---

714 *OGH*, OeNotZ 2013, 308 (310); OeNotZ 1999, 26 (29); *Ferrari* in Ferrari/Likar-Peer, Rn. 5.284, 5.296; *Ehn*, OeNotZ 1977, 36 (38); *Iro*, NZ 1977, 18; *Bydlinski*, JBl 1981, 72 (73); *Nemeth* in S/K, § 816 Rn. 9; *Zankl*, JBl. 1998, 293 (297).; a. A. *Ehrenzweig/Kralik*, Erbrecht, S. 276: *„Dafür fehlt aber jede Grundlage im Gesetz."*.

715 Vgl. die Nachweise in Fn. 657.

716 Siehe im Detail oben B.II.2.b)bb).

717 Das Widerrufsrecht der Erben hins. der Verwaltungsaufgaben des Testamentsvollstreckers steht nach Ansicht des *OGH* und Stimmen in der Literatur bei Erbenmehrheit nur allen Erben gemeinsam zu (siehe nur *OGH*, OeNotZ 2008, 270 (271) und *Ferrari* in Ferrari/Likar-Peer, Rn. 5.292). Dieses aus §§ 550, 810 ABGB entspringende Einstimmigkeitsgebot betrifft auch auf das Antragsrecht der Erben zu Enthebungszwecken des Testamentsvollstreckers, *Ferrari* in Ferrari/Likar-Peer, Rn. 5.296 m.w.N.

718 *„Mehrere Erben bilden in Ansehung ihres gemeinschaftlichen Erbrechts eine Erbengemeinschaft. Der Anteil eines dieser Miterben richtet sich nach seiner Erbquote. Im Übrigen sind die Bestimmungen des Fünfzehnten und Sechzehnten Hauptstücks entsprechend anzuwenden."*.

719 Siehe Fn. 565.

720 Dazu oben B.II.2.b)bb).

721 *Zankl*, JBl. 1998, 293 (298 f.).

722 *OGH*, OeNotZ 2002, 334.

Nach Ansicht von *Zankl* ergibt sich der Schadensersatzanspruch aus §§ 1009,[723] 1012 ABGB[724] mithin aus dem Recht der Machthaberschaft.[725] Wendet man vor diesem Hintergrund die herrschende Ansicht an – welche auch *Zankl* vertritt –[726] wonach nur der verwaltende Testamentsvollstrecker ein Macht- bzw. Gewalthaber ist, so müssen Schadensersatzansprüche gegen den lediglich überwachenden Testamentsvollstrecker scheitern. Dieser Umstand dürfte allerdings keine große Bedeutung in der Praxis haben, da Fälle rechtswidriger Überwachungshandlungen selten sein dürften. Zeigt der Testamentsvollstrecker zu Unrecht Defizite in der Nachlassverwaltung beim Gericht an, so wird das Gericht den Antrag ablehnen. Schäden für die Erben sind dadurch nicht zu befürchten.

#### *cc) Überwachung durch das Verlassenschaftsgericht*

Für den verwaltenden Testamentsvollstrecker (und nur für diesen)[727] haben Rechtsprechung und Schrifttum gleichermaßen herausgearbeitet, dass er hinsichtlich seiner Verwaltungsmaßnahmen aufgrund seiner „Verwahrerstellung“[728] der Überwachung durch das Verlassenschaftsgericht unterliegt.[729] Konkret bedeutet das, dass gewisse Rechtshandlungen des Testamentsvollstreckers der Genehmigung des Verlassenschaftsgerichts bedürfen.[730] Der Testamentsvollstrecker muss etwa, möchte er Veräußerungen vornehmen

---

723 *„Der Gewalthaber ist verpflichtet, das Geschäft seinem Versprechen und der erhaltenen Vollmacht gemäß, emsig und redlich zu besorgen, und allen aus dem Geschäfte springenden Nutzen dem Machtgeber zu überlassen. Er ist, ob er gleich eine beschränkte Vollmacht hat, berechtiget, alle Mittel anzuwenden, die mit der Natur des Geschäftes nothwendig verbunden, oder der erklärten Absicht des Machtgebers gemäß sind. Ueberschreitet er aber die Gränzen der Vollmacht; so haftet er für die Folgen.“*.

724 *„Der Gewalthaber ist schuldig, dem Machtgeber den durch sein Verschulden verursachten Schaden zu ersetzen, und die bey dem Geschäfte vorkommenden Rechnungen, so oft dieser es verlangt, vorzulegen.“*.

725 Vgl. zum Begriff Fn. 625.

726 *Zankl*, JBl 1998, 293 (294).

727 *Mondel*, Kuratoren, Rn. 11.61. Dies leuchtet auch ein, da der überwachende Testamentsvollstrecker selbst Kontrollorgan ist und Fehlverhalten der Erbschaft an das Verlassenschaftsgericht melden soll. Eine „Kontroll-Kontrolle“ ist nicht sinnig.

728 Der Testamentsvollstrecker mit Verwaltungsaufgaben ist als Machthaber mit Verwahrerstellung der Genehmigungspflicht unterworfen, vgl. dazu oben B.II.2.a).

729 *OGH*, JBl 1997, 643 (644); *Nemeth* in S/K, § 816 Rn. 6; *Sprung/Fink*, JBl 1996, 205 (216); *Spruzina* in K/S, § 816 Rn. 6, 8.

730 *OGH*, JBl 1997, 643 (644); *Ferrari* in Löhnig/Dutta, S. 101.

oder Verlassenschaftsgegenstände an Dritte oder Erben herausgeben, das Verlassenschaftsgericht[731] vorher um Erlaubnis bitten.[732] Nach Auswertung von bereits entschiedenen Fällen durch den *OGH* lässt sich der Grundsatz aufstellen, dass alle Rechtshandlungen genehmigungsbedürftig sind, die nicht lediglich Geschäfte des täglichen Lebens darstellen.[733]

Ist das Verlassenschaftsgericht zur Genehmigung angerufen worden oder erfährt es von selbst von einem genehmigungsbedürftigen Vorgang, so prüft es zunächst die Rechtslage. Rechtswidrige Handlungen werden für unzulässig erklärt. Die vorzunehmende oder vorgenommene Handlung ist bzw. wird damit unwirksam.[734]

Die Überwachungspflicht des Verlassenschaftsgerichts endet mit Beendigung des Einantwortungsverfahrens.[735] Danach kann der Testamentsvollstrecker, sollten seine Verwaltungshandlungen nicht mit der Einantwortung enden, auch ohne gerichtliche Genehmigung handeln.

#### *dd) Zusammenfassung*

Rechtsprechung sowie Literatur haben im Wege der Rechtsfortbildung Instrumente entwickelt, die den Erben vor missbräuchlichen Rechtshandlungen des Testamentsvollstreckers schützen sollen. Aber auch gesetzliche Schutzmechanismen sind im ABGB verankert.

Heutzutage ist Konsens, dass die Erben jedenfalls den überwachenden Testamentsvollstrecker nur dadurch seines Amtes entheben können, dass sie dessen Entlassung beim Verlassenschaftsgericht aus wichtigem Grund beantragen. Hingegen können sie den verwaltenden Testamentsvollstrecker auch grundlos seines Amtes entheben, da die Verwaltungsrechte des oder der Erben denen des Testamentsvollstreckers vorgehen. Bei Pflichtverletzungen kann zumindest gegen den verwaltenden Testamentsvollstrecker ein aus dem Recht der Machthaberschaft entspringender Schadensersatzanspruch geltend gemacht werden.

---

731 Siehe bereits oben B.II.2.a) dieser Arbeit.

732 Siehe Fn. 628.

733 Genehmigungsbedürftig ist z.B. auch die Gründung eines Vereins, sofern dessen Gründung dem Erblasserwillen entspricht: *OGH*, JBl 1997, 643.

734 So z.B. in *OGH*, JBl 1997, 643 (644).

735 *Bydlinski*, JBl 1981, 72 (73); *Ferrari* in Löhnig/Dutta, S. 100; *Welser* in Rummel/Lukas, § 816 Rn. 15.

Aber auch ohne Zutun der Erben bleibt das Verlassenschaftsgericht nicht untätig. Der Testamentsvollstrecker wird von Amts wegen gerichtlich überwacht, solange die Verlassenschaft nicht eingeantwortet ist. Der verwaltende Testamentsvollstrecker benötigt für einige Verwaltungshandlungen sogar eine gerichtliche Genehmigung. Wird diese versagt, ist die Rechtshandlung unwirksam.

## 3 Bewertung der österreichischen Testamentsvollstreckung

Die Testamentsvollstreckung hat in der österreichischen Erbrechtspraxis nur eine geringe Bedeutung.[736] Der Zweck der Testamentsvollstreckung ist es, die Durchsetzung des Erblasserwillens zu garantieren.[737] Dieses Ziel ist aber bereits durch das Verlassenschaftsverfahren und dem dort verpflichtend einzusetzenden Gerichtskommissär hinreichend erreichbar.[738] Der staatliche Einfluss in Verlassenschaftsverfahren macht die Existenz eines verwaltenden Testamentsvollstreckers weitestgehend überflüssig. Und auch im Falle der Anordnung der Testamentsvollstreckung ist es dem Amtsinhaber aufgrund seiner geringen Rechtsmacht nicht immer möglich, die ihm übertragenen Aufgaben zu erfüllen.[739] Das gilt insbesondere für den überwachenden Testamentsvollstrecker, der lediglich den Gerichtskommissär unterstützt und bei Diskrepanzen in der erbeneigenen Verlassenschaftsverwaltung das Verlassenschaftsgericht um Hilfe bitten kann.

Die Erben haben im Gegensatz dazu ab dem Zeitpunkt ihrer Erbantrittserklärung die Verfügungsbefugnis über die Verlassenschaft aus § 810 Abs. 1 S. 1 ABGB[740] sowie umfassende Rechtsschutzmöglichkeiten inne und haben

---

[736] Internationaler Konsens, vgl. z.B. in der deutschen Rechtswissenschaft *Becker/Mohr/Seits* in Bengel/Reimann/Holtz/Röhl, 8. Aufl. 2023, § 10 Rn. 315; *Dutta* in Löhnig/Dutta, S. 95; *Reinhard Zimmermann* in Itinera Fiduciae, 269 (290); aus österreichischer Sicht *Ehn*, OeNotZ 1977, 36; *Graf*, S. 15; *Gruber/Sprohar-Heimlich/Scheuba* in G/K/M/S, § 19 Rn. 46; *Mondel*, Kuratoren, Rn. 11.53; *Nemeth* in S/K, § 816 Rn. 2; *Spruzina* in K/S, § 816 Rn. 1. A. A. nur *Zankl*, JBl 1998, 293 („*Die Testamentsvollstreckung zählt seit jeher zu den praktisch bedeutsamen Rechtsinstituten des Erbrechts.*“).

[737] So z.B. *Gruber/Sprohar-Heimlich/Scheuba* in G/K/M/S, § 19 Rn. 49.

[738] Diese Aussagen tätigen insbesondere in rechtsvergleichender Perspektive *Mondel*, Kuratoren, Rn. 11.53; *Spruzina* in K/S, § 816 Rn. 1.

[739] *Gruber/Sprohar-Heimlich/Scheuba* in G/K/M/S, § 19 Rn. 46.

[740] Siehe Fn. 565.

somit eine deutlich stärkere Rechtsposition als der den Testamentsvollstrecker inne.[741] Letzteres haben die Erben nicht zuletzt den Thesen von *Bydlinski* zu verdanken, der mit seinem Plädoyer für die Anwendung der §§ 1002 ff. ABGB auf die Verwaltungsvollstreckung im Jahre 1981 den ersten populären[742] Grundstein für die Widerrufsmöglichkeit der Erben im Falle der Verwaltungsvollstreckung legte.[743] Überraschenderweise geht das heutige Schrifttum nur am Rande darauf ein, dass den Erben damit ein äußerst starkes Recht an die Hand gegeben wird. Teils erwähnen die Autoren zwar die untergeordnete Position des Testamentsvollstreckers[744] und vereinzelt auch die starke Stellung der Erben.[745] Sie machen die Rechtslage aber nicht an § 1020 ABGB[746] fest, obwohl dort der Stützpfeiler für die Rechtsmacht der Erben zu verorten ist.

Die Untersuchung hat ergeben, dass die begrenzten Handlungsmöglichkeiten des Testamentsvollstreckers sowie die im Vergleich dazu zahlreichen Rechtsschutzmöglichkeiten der Erben sein Tätigkeitsfeld enorm einschränken. Dies liegt auch daran, dass die Rechtsnatur der Testamentsvollstreckung, insbesondere die der überwachenden Variante, in der Wissenschaft bis heute nicht abschließend geklärt ist. Da § 816 ABGB[747] das Recht der Testamentsvollstreckung nicht abschließend regelt, ist das Amt auf ergänzende Regelungen, beispielsweise aus dem Recht der Machthaberschaft, angewiesen, um einen spürbaren Effekt auf die Verlassenschaftsabwicklung zu haben. Schrifttum und Rechtsprechung legen sich aber nicht präzise fest, ob nun alle Testamentsvollstrecker „Machthaber“ i.S.d. ABGB sind oder ausschließlich

---

741 So auch *Graf*, S. 15: *„Nähere Analyse zeigt, dass die Rsp des OGH hier generell eine Entwicklung genommen hat, welche dem Testamentsvollstrecker gegenüber den Erben eine schwache Stellung zuweist.“*.

742 Zwar ging die ähnlich lautende Rechtsauffassung *v. Zeillers*, S. 859, dem Aufsatz von *Bydlinski* voraus, blieb aber im Wesentlichen bis zur Arbeit des genannten Autors unbeachtet.

743 *Bydlinski*, JBl 1981, 72 (74 ff., 77).

744 Z.B. *Graf*, S. 15; *Gruber/Sprohar-Heimlich/Scheuba* in G/K/M/S, § 19 Rn. 46; *Mondel*, Kuratoren, Rn. 11.53; *Nemeth* in S/K, § 816 Rn. 2; *Spruzina* in K/S, § 816 Rn. 1.

745 *Graf*, S. 15.

746 *„Es steht dem Machthaber frey; die Vollmacht nach Belieben zu widerrufen; doch muß er dem Gewalthaber nicht nur die in der Zwischenzeit gehabten Kosten und den sonst erlittenen Schaden ersetzen; sondern auch einen der Bemühung angemessenen Theil der Belohnung entrichten. Dieses findet auch dann Statt, wenn die Vollendung des Geschäftes durch einen Zufall verhindert worden ist.“*.

747 Siehe Fn. 606.

der verwaltende Amtsinhaber. Ohne weitere Begründung wird häufig lediglich vom „Testamentsvollstrecker als Machthaber" gesprochen[748] und nur vereinzelt mit Hinblick auf den Wortlaut des § 816 ABGB[749] differenziert. Ferner wurden die nun schon seit längerem aufgezeigten Missstände der Testamentsvollstreckung durch die Erbschaftsreform 2016 nicht behoben, weswegen die Rechtslage weiterhin unsicher bleibt. Dennoch lassen sich aus dem österreichischen Recht nützliche Erkenntnisse ziehen. Vor allem die Entlassungsmöglichkeiten des Amtsinhabers regen zum Nachdenken an. Ob die Impulse sich auf das deutsche Recht übertragen lassen, wird sich noch zeigen.[750]

## III Frankreich

Im letzten Länderbericht behandelt diese Arbeit das französische Testamentsvollstreckungsrecht im Kontext der Kritik zu seinem deutschen Gegenstück. Die zu untersuchende Rechtslage lässt sich dabei größtenteils dem französischen Zivilgesetzbuch, dem *Code Civil*,[751] entnehmen.

### 1 Der Erbfall nach französischem Recht

Auch hier ist es vor der Darstellung der französischen Testamentsvollstreckung sinnvoll, den Erbfall und seine Abwicklung im französischen Recht zumindest in Grundzügen zu erörtern. So wird der nötige Kontext für etwaige Verflechtungen des allgemeinen französischen Erbrechts mit den Befugnissen des Amtsinhabers geschaffen. An einigen Stellen wird vor allem eine im Jahr 2006 angestoßene Reform[752] relevant, die für alle Nachlasseröffnungen

[748] Z.B. *OGH*, OeNotZ 2002, 334; *Bydlinski*, JBl 1981, 72 (77); *Ehrenzweig*, Privatrecht II/2, S. 477; *Rubin* in K/S, § 1002 Rn. 16; *Schweda* in Klang, § 816 Rn. 4; *Sprung/Fink*, JBl 1996, 205 (210); *Zankl*, JBl 1998, 293 (295); *v. Zeiller*, S. 859.

[749] Siehe Fn. 606.

[750] Dazu C.II.1.

[751] Im Folgenden: CC.

[752] Im Folgenden „Erbrechtsreform 2006". Der französische Gesetzgeber machte es sich zur Aufgabe, mit der Reform eine größere Testierfreiheit zu schaffen, um so die Verwaltung und Abwicklung des Nachlasses zu erleichtern, dazu *Delfosse/Peniguel*, Rn. 5.

ab dem 01.01.2007 gilt[753] und an den entsprechenden Stellen zur Sprache kommt. Vor allem aber konzentriert sich dieses Kapitel auf einen Überblick über die relevanten erbrechtlichen Sachnormen im CC sowie auf grundsätzliche erbrechtliche Prinzipien.

### a) Das französische Erbrecht im Überblick

Das französische Erbrecht ist in Art. 720 – 1099-1 CC geregelt. Wie in den meisten Rechtsordnungen auch, unterscheidet das französische Recht zwischen gesetzlicher und gewillkürter Erbfolge. Ferner ist für diese Arbeit zu beachten, dass mit der Erbrechtsreform 2006 eine neue Form der Drittverwaltung, das *mandat à effet posthume*, Einzug in das französische Erbrecht gefunden hat.

#### *aa) Gesetzliche Erbfolge*

Das gesetzliche Erbrecht ist in den Art. 720 ff. CC verankert. Dort herrscht ein Ordnungs- und Stammsystem vor, welches die Erbfolge für Blutsverwandte des Erblassers festlegt.[754] Dem Ehegatten steht ein gesonderter Erbteil zu, Art. 756 ff. CC.[755]

Eine (rechtshistorisch umstrittene)[756] Besonderheit der gesetzlichen Erbfolge und auch des Schenkungsrechts[757] in Frankreich ist das sogenannte Vorbehaltserbrecht.[758] Das Vorbehaltserbe (*réserve héréditaire*) ist der „Teil der Güter und Rechte erbrechtlichen Ursprungs", bei dem das Gesetz den Übergang frei von Lasten an die Vorbehaltserben (*héritiers réservataires*) sicherstellt,

---

753 *Döbereiner*, ZEuP 2010, 588 (589); *Lefebvre*, Rn. 4520; *Letellier*, Jurisclasseur Civil 2016, Art. 1025 à 1034, Rn. 9, 19.

754 Detailliert dazu *Grimaldi*, Successions, Rn. 120 ff.; *Guével*, Rn. 93 ff.

755 Dazu auch *Gresser*, ZErb 2007, 406 (408).

756 Für eine Abschaffung sprach sich beispielsweise *Borillo* aus, vgl. den Nachweis in *Tisserand-Martin*, Mélanges Batteur, 589, dort Fn. 1.

757 Ausweislich der Binnensystematik der Art. 718 ff. CC werden sowohl das Erb- als auch das Schenkungsrecht unter dem Begriff „*liberalités*", zu Deutsch „Freizügigkeit", zusammengefasst.

758 Im französischen Recht als *réserve héréditaire* (z.B. in Art. 912 CC) bezeichnet, innerhalb der deutschen Rechtswissenschaft teils auch *Noterbe* genannt, z.B. *Dostal*, ZEV 1997, 96 (102).

sofern sie die gesetzliche Erbfolge annehmen, Art. 912 Abs. 1 CC.[759] Der Gesetzgeber bezweckte mit dieser Regelung, die Abkömmlinge des Erblassers besonders zu schützen.[760] Über die Vorbehaltserbschaft darf der Erblasser also weder schenkweise zu Lebzeiten noch von Todes wegen verfügen (Art. 913 CC),[761] da dieser Erbteil in jedem Fall in das Vermögen der Vorbehaltserben fällt – er ist in seiner Testierfreiheit insoweit beschränkt.[762] Verfügt der Erblasser dennoch über die Grenzen des *quotité indisponible* hinaus, wird das Testament bzw. die Einzelverfügung dadurch nicht unwirksam. Der Vorbehaltserbe muss vielmehr eine sog. „*action en réduction*" (Herabsetzungsklage) gegenüber den durch die Verfügung Begünstigten anstrengen, Art. 921 ff. CC. Dieser Schutzmechanismus macht die zentrale Rolle des

---

759 „*La réserve héréditaire est la part des biens et droits successoraux dont la loi assure la dévolution libre de charges à certains héritiers dits réservataires, s'ils sont appelés à la succession et s'ils l'acceptent.*"/Offizielle Übersetzung von *F/F/H*, Frankreich Texte S. 105: „*Der Vorbehaltsanteil ist der Teil der Gegenstände und Berechtigungen des Nachlasses, dessen lastenfreier Übergang an bestimmte Erben, Vorbehaltserben genannt, vom Gesetz sichergestellt wird, wenn jene zur Erbschaft berufen sind und diese annehmen.*".

760 *Pérès/Potentier*, Rapport du groupe de travail, La réserve héréditaire, S. 63: „*Le groupe de travail partage la forte conviction que la réserve héréditaire des descendants est nécessaire.*"/ Wörtliche Übersetzung: „*Die Arbeitsgruppe teilt die starke Überzeugung, dass das Vorbehaltserbe der Abkömmlinge notwendig ist.*".

761 „*Les libéralités, soit par acte entre vifs, soit par testament, ne pourront excéder la moitié des biens du disposant, s'il ne laisse à son décès qu'un enfant ; le tiers, s'il laisse deux enfants, le quart, s'il en laisse trois ou un plus grand nombre.*

*L'enfant qui renonce à la succession n'est compris dans le nombre d'enfants laissés par le défunt que s'il est représenté ou s'il est tenu au rapport d'une libéralité en application des dispositions de l'article 845.*"/Offizielle Übersetzung von *F/F/H*, Frankreich Texte S. 105: „*Freigiebigkeiten, sowohl durch Rechtsgeschäft als auch durch Testament, können nicht die Hälfte des Vermögens des Verfügenden übersteigen, wenn derselbe bei seinem Tode nur ein Kind hinterlässt; nicht den dritten Teil, wenn er zwei Kinder hinterlässt; nicht den vierten Teil, wenn er deren drei oder eine größere Zahl hinterlässt.*

*Das Kind, welches die Erbschaft ausschlägt, wird bei der Zahl der vom Erblasser hinterlassenen Kinder nur berücksichtigt, wenn es repräsentiert wird oder wenn es zur Rückführung einer Freigiebigkeit unter Anwendung der Vorschriften des Artikels 845 verpflichtet ist.*".

762 Im Detail *Döbereiner* in Süß, Frankreich Rn. 124 f. Dieser Umstand wird kritisiert, da die Vorbehaltserbschaft auf diese Weise entwertet und die Berechtigten aus ihrer Erbposition verdrängt würden: *Tisserand-Martin*, Mélanges Batteur, 589 (590).

Vorbehaltserbes für das französische Erbrecht deutlich,[763] auch wenn die heutige Rechtslage deutlich testierfreundlicher geworden ist.[764]

Umfang und Begünstigte der Vorbehaltserbschaft sind in Art. 913 CC[765] festgelegt. Vorbehaltserben 1. Ordnung sind die Kinder des Erblassers – hinterlässt er ein Kind, beträgt die Vorbehaltserbschaft die Hälfte der Gesamterbschaft, bei zwei Kindern darf er nur über ein Drittel als Freigiebigkeit (Schenkung oder Erbschaft) und bei drei oder mehr Kindern darf er nur über ein Viertel als Freigiebigkeit verfügen, Art. 913 Abs. 1 CC.[766] Sind keine Kinder vorhanden, wird ausnahmsweise der Ehegatte Vorbehaltserbe. Die Vorbehaltserbschaft beträgt in diesen Fällen ein Viertel, Art. 914-1 CC.[767] Wie der Gesetzeswortlaut klarstellt, sind Vorbehaltserben Erben i.S.d. Art. 724 CC[768] und besitzen somit, gemeinsam mit den „ordentlichen" Erben, die mit dem Erbfall stets die *saisine*[769] übertragen bekommen,[770] Verfügungsrechte am Nachlass (sog. *saisine héréditaire*),[771] welche sie zur unmittelbaren Einverleibung des ihnen zustehenden Erbteils ermächtigen.[772]

Das Vorbehaltserbrecht hat mit Wirkung zum 01.01.2007 ebenfalls eine Reform erfahren, welche für diese Arbeit jedoch keine Relevanz entfaltet. Auf sie soll daher nicht im Detail eingegangen werden.[773]

---

763 So auch *Mikalef-Toudic*, Mélanges Didier, 369: *„un rôle essentiel pour le droit successoral français"*/Wörtliche Übersetzung: *„Eine essentielle Rolle für das französische Erbrecht"*.

764 So *Mikalef-Toudic*, Mélanges Didier, 369 (370).

765 Siehe Fn. 761.

766 Siehe Fn. 761.

767 *„Les libéralités, par actes entre vifs ou par testament, ne pourront excéder les trois quarts des biens si, à défaut de descendant, le défunt laisse un conjoint survivant, non divorcé."*/ Offizelle Übersetzung von *F/F/H*, Frankreich Texte S. 105 f.: *„Die Freigiebigkeiten, durch Rechtsgeschäfte unter Lebenden oder durch Testament, können nicht drei Viertel des Vermögens übersteigen, wenn, ohne das Abkömmlinge vorhanden sind, der Verstorbene einen überlebenden, nicht geschiedenen Ehegatten hinterlässt."*.

768 Ähnlich auch *Lammerding*, S. 85 f.

769 Dazu unten B.III.1.b)bb).

770 *J. P. Schmidt*, Itinera hereditatis, S. 329.

771 Zum Begriff *Aubry/Rau*, S. 343.

772 So auch *F/F/H*, Frankreich Rn. 229.

773 „Aszendenten", also in Seitenlinie Verwandte (Eltern und Geschwister) sind mit der Reform aus dem Vorbehaltserbrecht ausgeschieden, *Delfosse/Peniguel*, Rn. 310; zur Reform des Noterbrechts insgesamt *Delfosse/Peniguel*, Rn. 309 ff.

### *bb) Gewillkürte Erbfolge*

Die gewillkürte Erbfolge ist (sieht man von der Unterbrechung durch das Vorbehaltserbrecht in Art. 912 ff. CC ab) in den Art. 893–1099-1 CC geregelt.

Das französische Erbrecht kennt gem. Art. 969 CC[774] grundsätzlich drei[775] Testamentsformen, mit denen die gewillkürte Erbfolge zum Ausdruck gebracht werden kann: Das *testament olographe,*[776] das *testament public*[777] und das *testament mystique.*[778] Ist ein Testament wirksam errichtet, gehen dessen Verfügungen der gesetzlichen Erbfolge vor, Art. 721 CC.[779] Anders als in der gesetzlichen Erbfolge heißen die per letztwilliger Verfügung Bedachten nicht Erben (*héritiers*), sondern Vermächtnisnehmer (*légataires*)[780].[781] Streng genommen kann der französische Erblasser in seinem Testament also nicht die Erbfolge, sondern nur die Zuwendung von Vermächtnissen regeln.[782] Es handelt sich hierbei allerdings um sog. *Vindikationslegate,*[783] welche (zumindest für

---

[774] *„Un testament pourra être olographe ou fait par acte public ou dans la forme mystique.“*/ Offizielle Übersetzung von *F/F/H*, Frankreich, Texte S. 118: *„Ein Testament kann eigenhändig sein oder durch öffentliche Urkunde oder in verschlossener Form errichtet werden.“.*

[775] Es existieren auch außerordentliche Testamentsformen, auf welche diese Arbeit nicht eingehen soll. Dazu aber *Döbereiner*, ZEuP 2010, 588 (589), dort Fn. 2.

[776] Wörtlich „holographisches Testament“, was „eigenhändiges Testament“ bedeutet.

[777] Wörtlich „öffentliches Testament“, was „notarielles Testament“ bedeutet. Auch *testament authentique* genannt, z.B. in *Malaurie/Brenner/Aynès;* Rn. 392.

[778] Wörtlich: „mystisches Testament“, was ein verschlossenes Testament meint, *F/F/H*, Frankreich, S. 118.

[779] *„Les successions sont dévolues selon la loi lorsque le défunt n'a pas dispose de ses biens par des libéralités.“*/Offizielle Übersetzung von *F/F/H*, Frankreich Texte S. 30: *„Erbschaften fallen nach dem Gesetz an, wenn der Erblasser nicht im Wege von Freigebigkeiten Verfügungen getroffen hat.“.*

[780] Siehe den Wortlaut von Art. 898 CC: *„La disposition par laquelle un tiers serait appelé à recueillir le don, la succession ou le legs, dans le cas où le donataire, l'héritier institué ou le légataire ne le recueillerait pas, ne sera pas regardée comme une substitution et sera valable.“*/ Offizielle Übersetzung von *F/F/H*, Frankreich Texte S. 99: *„Die Verfügung, durch welche ein Dritter berufen wird, eine Schenkung, eine Erbschaft oder ein Vermächtnis zu empfangen, wenn der Beschenkte, der eingesetzte Erbe oder der Vermächtnisnehmer den Gegenstand nicht empfängt, gilt nicht als Substitution und ist unwirksam.“* (Hervorhebungen durch den Verfasser).

[781] Diese Unterscheidung lässt sich rechtshistorisch damit begründen, dass nach früherem Verständnis nicht der Mensch, sondern nur Gott einen Erben ernennen durfte, dazu *Reinhard Zimmermann* in Itinera Fiduciae, 269 (292).

[782] So auch *F/F/H*, Frankreich Rn. 1; *Gresser*, ZErb 2006, 407 (412).

[783] Dazu im Detail unten B.III.1.b)aa).

die *légataires universels*, die nicht mit Vorbehaltserben konkurrieren müssen) genau wie das gesetzliche Erbrecht den Vonselbsterwerb des Nachlasses zur Folge haben.[784]

Das *testament olographe* muss gem. Art. 970 CC[785] eigenhändig ge- und unterschrieben sowie mit einem Datum[786] versehen sein.

Das *testament public* wird vom Erblasser im Beisein von zwei Notaren oder einem Notar und zwei der französischen Sprache und des Unterzeichnens mächtigen[787] rechtsfähigen und volljährigen (vgl. Art. 980 S. 1 CC)[788] Zeugen

---

784 Siehe dazu oben B.III.1.b).

785 *„Le testament olographe ne sera point valable s'il n'est écrit en entire, date et signé de la main du testateur : il n'est assujetti á aucune autre forme.“*/Offizielle Übersetzung von *F/F/H*, Frankreich, Texte S. 118: *„Ein eigenhändiges Testament ist nicht gültig, wenn es nicht mit der Hand des Testierenden vollständig geschrieben, datiert und unterzeichnet ist: Es unterliegt keiner anderen Form.“*.

786 Das Schicksal des Testaments bei fehlender oder fehlerhafter Datierung war lange Zeit umstritten: Die frühere Rechtsprechung und Teile des Schrifttums waren der Ansicht, dass ein Testament mit einem unvollständigen (so *Cass. civ.*, Bull. civ. 2003 I, Nr. 46; *Malaurie/Brenner/Aynès*, Rn. 386; kritisch *Voirin*, La Semaine Juridique 1952, Bd. II Nr. 7179.) oder durch einen Dritten geschriebenen Datum unwirksam sei (so *Malaurie/Brenner/Aynès*, Rn. 386). Die jüngere Rechtsprechung schlägt unter dem Gesichtspunkt der Geltungserhaltung von Testamenten einen milderen Weg ein: Ist ein Testament undatiert, lässt sich aber durch Auslegung der äußeren Umstände, die einen Bezug zur Testamentserstellung aufweisen, belegen, dass das Testament in einem bestimmten Zeitraum von einem testierfähigen Autor geschrieben wurde, so soll das Testament neuerdings wirksam bleiben (*Cass. civ.*, Bull. civ. 2007 I, Nr. 182; 1992 I, Nr. 215; 1983 I, Rn. 95; erläuternd *Malaurie/Brenner/Aynès*, Rn. 386. In diesem Sinne bereits *Savatier*, RTDciv 1952, 527 (532); *Voirin*, La Semaine Juridique 1952, Bd. II Nr. 7179; *Voirin/Goubeaux*, Rn. 790. Zustimmend ferner *Beaubrun*, Defrénois 2007 1,2, 1432 (1439 ff.); *Grimaldi*, RTDciv. 2007, 600 (604); Defrénois 1984 1, 1105 (1118); *Nicod*, Defrénois 2014, 628 (630), *Terré/Lequette/Gaudemet*, Rn. 420). In dieser Auslegung ist aber keine Abkehr der Rechtsprechung vom grundsätzlichen Datumserfordernis auf Testamenten zu erblicken (So zumindest *Malaurie/Brenner/Aynès*, Rn. 386).

787 Die französische Staatsangehörigkeit ist dabei keine Voraussetzung, *Döbereiner*, ZEuP 2010, 588 (589).

788 *„Les témoins appelés pour être présents aux testaments devront compendre la langue française et être majeurs, savoir signer et avoir la jouissance de leurs droits civils.“*/Offizielle Übersetzung von F/F/H, Frankreich, Texte S. 121: *„Die Zeugen, welche zur Testamentserrichtung beigezogen werden, müssen die französische Sprache verstehen, volljährig, des Unterzeichnens kundig und im Genuss ihrer bürgerlichen Rechte sein.“*.

per Diktat errichtet, Art. 971 CC.[789] Einer der angerufenen Notare führt das Diktat sodann hand- oder maschinenschriftlich aus, Art. 972 S. 1 CC.[790] Anschließend unterschreibt der Erblasser das Dokument in Anwesenheit aller Beteiligten, Art. 974 CC.[791]

Am *testament mystique* sind ein Notar sowie zwei Zeugen beteiligt. Das Testament wird ihnen gem. Art. 976 S. 2 CC[792] vorgelegt. Das Testament kann entweder bereits in einem verschlossenen Umschlag abgegeben („*clos, cacheté et scellé*") oder im Beisein aller Beteiligten vor Ort versiegelt („*il le fera clore, cacheter et sceller*") werden. Anschließend nimmt der Notar es zur Verwahrung entgegen.

Voraussetzung für Testamentserrichtungen jeglicher Art ist gem. Art. 901 S. 1 CC[793] die Testierfähigkeit bzw. ein gesunder Verstand (*sain d'esprit*) des Erblassers, anderenfalls ist das Testament (relativ)[794] nichtig.[795]

### *cc) Das posthume Mandat nach französischem Recht*

Eine mit der Erbrechtsreform 2006 eingeführte Neuheit im französischen Erbrecht ist das sog. *mandat (à effet) posthume*.[796] Diese besondere Form der

789 „*Le testament par acte public est reçu par deux notaires ou par un notaire assisté de deux témoins.*"/Offizielle Übersetzung von *F/F/H*, Frankreich, Texte S. 118: „*Das öffentliche Testament wird von zwei Notaren oder von einem Notar unter Mitwirkung von zwei Zeugen aufgenommen.*".

790 „*Si le testament est reçu par deux notaires, il leur est dicté par le testateur; l'un de ces notaires l'écrit lui-même ou le fait écrire á la main ou mécaniquement.*"/Offizielle Übersetzung von *F/F/H*, Frankreich Texte S. 118: „*Wird das Testament von zwei Notaren aufgenommen, so wird es ihnen vom Testierenden diktiert; einer der Notare schreibt es selbst auf oder lässt es mit der Hand oder maschinell niederschreiben.*".

791 „*Le testament devra être signé par les témoins et par le notaire.*"/Offizielle Übersetzung von *F/F/H*, Frankreich Texte S. 119: „*Das Testament ist von den Zeugen und dem Notar zu unterzeichnen.*".

792 „*Le testateur le* [le papier ou l'enveloppe] [leur] *présentera (…).*"/Offizielle Übersetzung von *F/F/H*, Frankreich Texte, S. 120: „*Der Testierende legt es (…) dem Notar und zwei Zeugen vor (…).*".

793 „*Pour faire une libéralité, il faut être sain d'esprit.*"/Offizielle Übersetzung von *F/F/H*, Frankreich, Texte S. 101: „*Um eine Freigiebigkeit zu gewährleisten, muss man bei gesundem Verstand sein.*".

794 Das französische Erbrecht unterscheidet zwischen relativer, also teilweiser und absoluter, also vollständiger Nichtigkeit, vgl. *Ferid/Sonnenberger*, Bd. 1/1, Rn. 1 Fn. 905 ff.

795 *Döbereiner*, ZEuP 2010, 588 (590).

796 Dieser Begriff bedeutet so viel wie „*postmortale Vollmacht*".

Vollmacht soll Schwierigkeiten bei der Rechtsnachfolge entgegenwirken, die dann bestehen, wenn die Erben aus persönlichen Gründen (z.B. altersbedingter Unerfahrenheit) zur Verwaltung des Nachlasses ungeeignet sind,[797] oder wenn besonders anspruchsvolle Vermögensstrukturen in den Nachlass fallen.[798] Gleichzeitig soll der Ablauf der Nachlassabwicklung vereinfacht und ihre Dauer verkürzt werden.[799] Systematisch als Spezialform der Stellvertretung in das Gesetz integriert, erkannten schon *Terré*, *Lequette* und *Gaudemet*, dass diese postmortale Vollmacht sich funktional nicht unbedingt mit der klassischen Stellvertretung vergleichen lässt.[800] Vielmehr ist das französische posthume Mandat nach der Ansicht französischer Literaturstimmen sowie der Gesetzgebungsmaterialien in funktionaler Hinsicht mit dem angelsächsischen *Trust*[801] vergleichbar.[802] Dieser Rechtsfigur bediente sich der französische Gesetzgeber als Vorbild („*mécanisme similaire à la fiducie*").[803] Welche Rolle der *Trust* für die funktionale Vergleichbarkeit des *mandataire posthume* mit dem Dauervollstrecker spielt, wird sich im weiteren Verlauf dieser Arbeit zeigen.[804]

Um das Mandat wirksam anzuordnen, muss der Erblasser die Erteilung gem. Art. 812-1-1 Abs. 3 CC[805] in notarieller Form („*la forme authentique*") erklären. Anordnungen in anderer Form sind unwirksam.[806]

Zur Würdigung des Umstandes, dass die ansonsten in ihrer Rechtsstellung unantastbaren (Vorbehalts-)Erben[807] aus ihrem Verfügungsrecht verdrängt werden und um ferner den Erblasser vor den Folgen der Anordnung zu

---

797 Dazu *Delfosse/Peniguel*, Rn. 174; *de Richemont*, Rapp. Sénat n° 343, 2005–2006, S. 130; *J. P. Schmidt*, Itinera hereditatis, S. 439 ff.; *Terré/Lequette/Gaudemet*, Rn. 861.

798 *Delfosse/Peniguel*, Rn. 174.

799 „*objectif de simplification et de raccourcissement*"/Wörtliche Übersetzung: „*Aufgabe der Vereinfachung und der Verkürzung*", *de Richemont*, Rapp. Sénat n° 343, 2005–2006, S. 125.

800 *Terré/Lequette/Gaudemet*, Rn. 862.

801 Zum *Trust* s. im Detail *Kötz*, S. 26 ff.

802 *Grimaldi*, Successions, Rn. 444; Defrénois 2007 1,1, 3 (4). Anders sehen dies *Terré/Lequette/Gaudemet*, Rn. 862, welche die Vollmacht als „unvollständige Stellvertretung" („*représentation imparfaite*") einordnen. Referierend *Gresser* in Löhnig/Dutta, S. 138.

803 *de Richemont*, Rapp. Sénat n° 343, 2005–2006, S. 130.

804 Dazu unten C.I.2.b).

805 „*Il* [le mandat] *est donné et accepté en la forme authentique.*"/Offizielle Übersetzung von *F/F/H*, Frankreich Texte S. 62: „*Die Erteilung und die Annahme der Vollmacht bedarf der Form einer öffentlichen Urkunde.*".

806 *Terré/Lequette/Gaudemet*, Rn. 870.

807 Dazu unten B.III.1.a)aa).

belehren und zu warnen,[808] verlangt Art. 812-1-1 Abs. 1 CC[809] ferner die *legitime, ernste und begründete* Anordnung des posthumen Mandats.

Die Überprüfung des Vorliegens dieses Anordnungsgrundes ist grundsätzlich Aufgabe der Erben. Sind sie sich über die Notwendigkeit der Anordnung einig, so ist sie ohne gerichtliche Überprüfung wirksam.[810] Ist das Vorliegen der Anordnungsvoraussetzungen unter den Erben jedoch streitig, so entscheidet das Nachlassgericht auf Antrag eines Nachlassbeteiligten (also eines Erben oder eines Nachlassgläubigers) über die Wirksamkeit der Anordnung.[811]

Dem Gesetzgeber ging es bei der Kodifikation vor allem darum, den Nachlass vor zu jungen, ungeeigneten oder verschwenderischen Rechtsnachfolgern zu schützen,[812] weswegen sich dieses Bestreben weitestgehend in dem von Art. 812-1-1 Abs. 2 S. 2 CC[813] mittelbar[814] festgelegten Anordnungsmaßstab wiederfindet: So kann die Geschäftsunfähigkeit oder die altersbedingte

---

808 *de Richemont*, Rapp. Sénat n° 343, 2005–2006, S. 132; *J. P. Schmidt*, S. 351; *Terré/Lequette/Gaudemet*, Rn. 864.

809 *„Le mandat n'est valable que s'il est justifié par un intérêt sérieux et légitime au regard de la personne de l'héritier ou du patrimoine successoral, précisément motivé."*/Offizielle Übersetzung von *F/F/H*, Frankreich Texte S. 62: *„Die Vollmacht ist nur dann wirksam, wenn sie aufgrund eines ernsthaften und berechtigten Interesses mit Rücksicht auf die Person des Erben oder auf das Nachlassvermögen gerechtfertigt ist und substantiiert begründet wird."*.

810 *Lefebvre*, Rn. 2400.

811 *Cass. Civ.*, Bull. civ. 2015 I, 141; *Lefebvre*, Rn. 2400.

812 *de Richemont*, Rapp. Sénat n° 343, 2005–2006, S. 132.

813 *„Il est donné pour une durée qui ne peut excéder deux ans, prorogeable une ou plusieurs fois par décision du juge, saisi par un héritier ou par le mandataire. Toutefois, il peut être donné pour une durée de cinq ans, prorogeable dans les mêmes conditions, en raison de l'inaptitude, de l'âge du ou des héritiers, ou de la nécessité de gérer des biens professionnels."*/Offizielle Übersetzung von *F/F/H*, Frankreich Texte S. 62: *„Sie wird für eine Dauer erteilt, die zwei Jahre nicht übersteigen kann und ist durch richterliche Entscheidung auf Antrag eines Erben oder des Bevollmächtigten einmal oder mehrmals verlängerbar. Sie kann jedoch aus Gründen der Unfähigkeit, des Alters des oder der Erben oder aus der Notwendigkeit der Geschäftsführung über Unternehmensgegenstände für eine Dauer von fünf Jahren erteilt werden und ist unter den gleichen Voraussetzungen verlängerbar."*.

814 Eigentlich drückt diese Vorschrift nur die Verlängerungsoption der ursprünglichen Anordnung aus, verhält sich aber eindeutig zu den Verlängerungsgründen, die geltend gemacht werden können. Wenn die dort aufgezählten Faktoren eine Verlängerung des posthumen Mandats rechtfertigen, müssen sie erst recht dessen Anordnung begründen können.

Ungeeignetheit der Erben[815] bzw. die Existenz von Geschäftsvermögen eine Anordnung begründen.

Liegen die Anordnungsvoraussetzungen vor, so beginnt das *mandat à effet posthume* mit Testamentseröffnung[816] und dauert grundsätzlich zwei Jahre, in bestimmten Fallkonstellationen auch fünf Jahre an, Art. 812-1-1 Abs. 2 CC.[817] Auf Antrag des Vollmachtnehmers oder der *héritiers* kann das Mandat mehrmals und auf unbestimmte Zeit[818] verlängert werden, sofern die Verlängerung vor den Nachlassgerichten mit dem Fortbestehen eines Anordnungsgrundes begründet wird, Art. 812-1-1 Abs. 2 S. 2 CC.[819]

Neben dem in Art. 812-1-1 Abs. 2 CC[820] normierten Zeitablauf regelt Art. 812-4 CC[821] die Beendigungsgründe des *mandat à effet posthume* abschließend. Hervorzuheben ist an dieser Stelle die Möglichkeit für die *héritiers*, einen Entlassungsantrag beim Nachlassgericht zu stellen, Art. 812-4 Nr. 3 CC.[822] Ein Entlassungsantrag muss mit dem Fehlen des Anordnungsinteresses oder der schlechten Ausübung des Mandats seitens des Vollmachtnehmers begründet werden. Auffällig ist auch, dass das Mandat gem. Art. 812-4 Nr. 5 CC[823]

---

815 Damit kann sowohl ein zu wenig als auch ein zu weit fortgeschrittenes Alter gemeint sein, *Terré/Lequette/Gaudemet*, Rn. 871.

816 So zumindest *Terré/Lequette/Gaudemet*, Rn. 468, 861.

817 Siehe Fn. 813.

818 *de Richemont*, Rapp. Sénat n° 343, 2005–2006, S. 133.

819 Siehe Fn. 813.

820 Siehe Fn. 813.

821 Auf eine vollständige Darstellung dieser umfangreichen Norm wird an dieser Stelle verzichtet, da es für diese Arbeit nur auf die Beendigungsgründe in Art. 812-4 Nr. 3, 5 CC ankommt, siehe dazu Fn. 822, 823.

822 „*Le mandat prend fin par l'un des événements suivants : (…)*
*N° 3 La révocation judiciaire, à la demande d'un héritier intéressé ou de son représentant, en cas d'absence ou de disparition de l'intérêt sérieux et légitime ou de mauvaise exécution par le mandataire de sa mission (…)*"/Offizielle Übersetzung von *F/F/H*, Frankreich Texte S. 63 f.: „*Die Vollmacht endet mit dem Eintritt eines der nachfolgend genannten Ereignisse: (…) die gerichtliche Abberufung auf Antrag eines betroffenen Erben oder seines Repräsentanten wegen Fehlens oder Wegfalls eines ernsthaften und berechtigten Interesses oder wegen nicht ordnungsgemäßer Ausführung des dem Bevollmächtigten erteilten Auftrags (…)*".

823 „*Le mandat prend fin par l'un des événements suivants : (…)*
*N° 5 L'aliénation par les héritiers des biens mentionnés dans le mandat (…)*"/Offizielle Übersetzung von *F/F/H*, Frankreich Texte S. 63 f.: „*Die Vollmacht endet mit dem Eintritt eines der nachfolgend genannten Ereignisse: (…)*
*5. die Veräußerung der in der Vollmacht bezeichneten Gegenstände durch die Erben (…)*".

erlöschen kann, wenn die Erben die der postmortalen Vollmacht unterfallenden Nachlassgegenstände veräußern. Offenbar behalten die *héritiers* ihre Verfügungsbefugnisse über den Nachlass also auch, wenn ein *mandataire à effet posthume* amtiert. Wie diese Rechtslage umgangen werden kann, soll sich im weiteren Verlauf der Arbeit noch zeigen.[824]

Jedes Jahr und bei Ende des Mandats ist der *mandataire* – bzw. im Falle seines Vorversterbens seine Rechtsnachfolger – den *héritiers* zur Rechenschaft verpflichtet, Art. 812-7 CC.[825]

### b) Weitere Prinzipien des französischen Erbrechts

Für den Kontext ist es ferner wichtig, diejenigen Grundprinzipien darzustellen, die das französische Erbrecht prägen. Dadurch wird der nötige Kontext für die nachfolgenden Ausführungen zum französischen Erbrecht an sich geschaffen.

#### *aa)* Principe de l'unité de la succession *und Vonselbsterwerb*

Charakteristisch für das französische Erbrecht ist zunächst der Grundsatz der Universalsukzession, das *„principe de l'unité de la succession"*[826].[827] Ähnlich wie im deutschen Recht geht ein Nachlass vollständig mit allen Rechten und Pflichten[828] an einen Nachfolger über.[829] Eine Nachlassspaltung ist also ausgeschlossen. Die Erbberechtigten setzen die Rechtsposition des Verstorbenen fort.[830] Der Nachlass wird nicht zur juristischen Person.[831] Ursprünglich in

---

824 Dazu unten B.III.2.a)cc).

825 *„Chaque année et en fin de mandat, le mandataire rend compte de sa gestion aux héritiers intéressés ou à leurs représentants et les informe de l'ensemble des actes accomplis. À défaut, une révocation judiciaire peut être demandée par tout intéressé. Si le mandat prend fin par suite du décès du mandataire, cette obligation incombe à ses héritiers."*/Offizielle Übersetzung von *F/F/H*, Frankreich Texte S. 65: *„Jedes Jahr und am Ende seiner Vollmacht legt der Bevollmächtigte Rechenschaft über seine Geschäftsführung gegenüber den betroffenen Erben oder ihren Repräsentanten ab und informiert sie über alle vorgenommenen Rechtsgeschäfte. Andernfalls kann eine gerichtliche Abberufung von jedem Betroffenen verlangt werden. Endet die Vollmacht durch das Ableben des Bevollmächtigten, dann obliegt diese Pflicht seinen Erben."*.

826 Wörtliche Übersetzung: *„Prinzip der Nachlasseinheit"*.

827 *Grimaldi*, Successions, Rn. 115; *Terré/Lequette/Gaudemet*, Rn. 76; *Aubry/Rau*, S. 343 f.

828 *„en ensemble de biens et de dettes"*, *Terré/Lequette/Gaudemet*, Rn. 76.

829 Dazu *Boulanger*, Rn. 136.

830 *„continuateur de la personne du défunt"*, *Sipp-Mercier*, S. 28 unter Berufung auf die Rechtsprechung des *Cass. civ.*

831 *Guével*, Rn. 78.

Art. 732 CC a. F.[832] kodifiziert, ist der Grundsatz der Universalsukzession nunmehr in Art. 724 CC[833] zu finden und mithin auch heute noch anzuerkennen.[834]

Ferner gilt der Grundsatz des Vonselbsterwerbs: Der Nachlass geht mit dem Erbfall automatisch und in Gänze (also vor allem dinglich!)[835] auf die Rechtsnachfolger über.[836] Dieser Mechanismus ist allgemein anerkannt, obwohl er sich nicht aus dem Gesetz ergibt.[837]

Der Vonselbsterwerb gilt nicht nur für die gesetzlichen Erben,[838] sondern auch für die Vermächtnisnehmer. Das französische Erbrecht arbeitet also mit dem *Vindikationslegat.*[839] Unter dem Begriff des Vindikationslegats ist ein dinglich wirkendes Vermächtnis zu verstehen. Dem Vermächtnisnehmer wird ohne weitere Zwischenschritte eine Eigentümerstellung an dem Vermächtnis gewährt.[840] Das Gegenstück dazu ist das im deutschen Rechtsraum existierende *Damnationslegat*, welches dem Vermächtnisnehmer lediglich einen schuldrechtlichen Anspruch auf die Auszahlung des Vermächtnisses zuspricht.[841]

---

832 *„La loi ne considère ni la nature ni l'origine des biens pour régler la succession."*/Wörtliche Übersetzung: *„Für die Regelung des Nachlasses spielt weder die Art noch die Herkunft des Vermögens eine Rolle."*.

833 *„Les héritiers désignés par la loi sont saisis <u>de plein droit</u> des biens, droits et actions du défunt. Les légataires et donataires universels sont saisis dans les conditions prévues au titre II du présent livre. À leur défaut, la succession est acquise à l'État, qui doit se faire envoyer en possession."*/Offizielle Übersetzung von *F/F/H*, Frankreich Texte S. 30: *„Die vom Gesetz benannten Erben werden <u>von Rechts wegen</u> in die Gegenstände, Rechte und Klagerechte des Erblassers eingewiesen. Die Universalvermächtnisnehmer und Universalbeschenkten werden unter den in Titel II dieses Buches vorgesehenen Voraussetzungen eingewiesen. In Ermangelung solcher, fällt die Erbschaft dem Staat zu, welcher der Besitzeinweisung bedarf."* (Hervorhebungen durch den Verfasser).

834 *Grimaldi*, Successions, Rn. 115; *Lequette*, Études Simler, 167 (172 ff.); *Döbereiner* in Süß, Frankreich Rn. 48 ff.; *Terré/Lequette/Gaudemet*, Rn. 81; a. A. wohl *J. P. Schmidt*, Itinera hereditatis, S. 337: *„ungeschriebene Regel des französischen Rechts"*.

835 *Malaurie/Brenner/Aynés*, Rn. 3: *„(...) une transmission du patrimoine à titre universel (...)"*/Wörtliche Übersetzung: *„(...) eine Übertragung des gesamten Vermögens (...)"*.

836 *F/F/H*, Frankreich Rn. 106; *Malaurie/Brenner/Aynès*, Rn. 39 f.

837 *Terré/Lequette/Gaudemet*, Rn. 786.

838 Dazu detaillierter unten B.III.1.a)aa).

839 *F/F/H*, Frankreich, Rn. 107; *Leitzen*, ZEV 2018, 311 (312); a. A. *J. P. Schmidt*, RabelsZ 77 (2013), 1 (20) hinsichtlich des *légataire particulier*, welcher seine Rechtsposition erst im Wege der *délivrance* sichert (dazu unten B.III.1.b)bb)(1)).

840 *J. P. Schmidt*, RabelsZ 77 (2013), 1 (2); *Süß*, RabelsZ 65 (2001), 245 (246, 256).

841 Hierzu rechtsvergleichend *Boulanger*, Rn. 136.

### bb) *Die* saisine

Ursprünglich ein sachenrechtlicher Begriff,[842] hat das „*saisine*"-System heutzutage ebenso im französischen Erbrecht immens an Bedeutung gewonnen. Zwar ist das Wort „*saisine*" im erbrechtlichen Kontext auf den ersten Blick nichtssagend[843] – wörtlich übersetzt bedeutet es so viel wie „Anrufung" (wörtliche Übersetzung des Verfassers). Im Erbrechtskontext beschreibt der Begriff das Recht des Inhabers der *saisine*, sich des Nachlasses besitzrechtlich zu bemächtigen und die Fähigkeit, ihn zu verwalten und über ihn verfügen zu können.[844] Spiegelbildlich dürfen alle anderen Nachlassbeteiligten, welche die Befugnis der *saisine* nicht haben, über die entsprechenden Nachlassgegenstände nicht verfügen.[845] Die *saisine* soll den Rechtsnachfolgern also dabei helfen, den Nachlass abzuwickeln.[846] Der im vorangegangenen Kapitel angesprochene Grundsatz der Universalsukzession räumt den *héritiers* und *légataires* bei genauerer Betrachtung mithin lediglich rechtlich die Eigentümerstellung über die ihnen zugesprochenen Nachlassgegenstände ein. Diese ist vom tatsächlichen Besitz (also der tatsächlichen Sachherrschaft) über den Nachlass isoliert zu betrachten – den unmittelbaren Besitz haben sich die Rechtsnachfolger mithilfe der *saisine* erst selbst zu verschaffen.

#### (1) Kreis der *saisine*-Berechtigten

Das Recht der *saisine* steht grundsätzlich den gesetzlichen Erben (*héritiers*) zu (Art. 724 Abs. 1 CC).[847] Hat der Erblasser seinen letzten Willen nicht testiert, fällt die Verfügungsbefugnis über den Nachlass mithin an seine gesetzlichen Rechtsnachfolger.

---

842 Für eine historische Darstellung des Begriffs siehe *J. P. Schmidt*, Itinera hereditatis, S. 329 ff.

843 Auch hinsichtlich der rechtlichen Bedeutung ist vieles unklar – so bezeichnen *Terré*, *Lequette* und *Gaudemet* die *saisine* als „*difficile à definir*"/Wörtliche Übersetzung: „*schwer zu definieren*" (*Terré/Lequette/Gaudemet*, Rn. 787). *Vialleton* bezeichnet das Prinzip der *saisine* als „*difficile à pénétrer*" (*Vialleton*, Mélanges Roubier, 283)/Wörtliche Übersetzung: „*schwer zu durchdringen*". Letztendlich ist die Kritik an der *saisine* vom Gesetzgeber bis dato ungehört geblieben.

844 *F/F/H*, Frankreich Rn. 120, 469 ff.; *J. P. Schmidt*, Itinera hereditatis, S. 337; *Sipp-Mercier*, S. 33, 35 f.; *Vialleton*, Mélanges Roubier, 283 (297).

845 *Terré/Lequette/Gaudemet*, Rn. 788.

846 *J. P. Schmidt*, Itinera hereditatis, S. 341; *Sipp-Mercier*, S. 36.

847 Siehe Fn. 833.

Aber auch im französischen Erbrecht ist die Testierfreiheit des Erblassers vor dem gesetzlichen Erbrecht vorrangig: Wählt der Erblasser seinen Nachfolger per gewillkürter Erbfolge, so erhalten die durch das Testament[848] berufenen Universalvermächtnisnehmer (*légataires universels*)[849] unter den Voraussetzungen der Art. 724 Abs. 2,[850] 1006,[851] 1011,[852] 1014 CC[853] die *saisine.*

---

848 Früher regelte Art. 1008 CC, dass ein Universalvermächtnisnehmer sich durch gerichtlichen Beschluss (vgl. dazu *J. P. Schmidt*, Itinera hereditatis, S. 343) immer dann in den Besitz einweisen lassen musste, wenn das ihn begünstigende Testament nicht notariell, sondern eigenhändig oder mystisch errichtet worden ist. Diese Vorschrift wurde aber gem. Art. 44 des Gesetzes Nr. 2016-1547 vom 18. November 2016 zur Reform des Rechts des 21. Jahrhunderts („*loi n° 2016-1547 du 18 novembre 2016 de modernisation de la justice du XXI*e *siècle*", im Folgenden: Reformgesetz 2016) mit Wirkung zum 18. November 2017 abgeschafft, Art. 114 Abs. 3 Reformgesetz 2016. Da keine Ersatzvorschrift geschaffen wurde, müsste ein Universallegatar heute bei Abwesenheit von Vorbehaltserben immer die *saisine* über sein Vermächtnis erhalten, unabhängig von der Form des einschlägigen Testaments. Dennoch soll das *leg universel* nur dann wirksam angeordnet werden können, wenn es in einem notariellen Testament niedergeschrieben ist (so *Terré/Lequette/Gaudemet*, Rn. 791). Weshalb dieses Formerfordernis bestehen soll, bleibt ungeklärt.

849 Zum erbrechtlichen System und dem Verhältnis der *héritiers* und *légataires* zueinander siehe oben B.III.1.a)bb).

850 Siehe Fn. 833.

851 „*Lorsqu'au décès du testateur il n'y aura pas d'héritiers auxquels une quotité de ses biens soit réservée par la loi, le légataire universel sera saisi de plein droit par la mort du testateur, sans être tenu de demander la délivrance.*"/Offizielle Übersetzung von *F/F/H*, Frankreich Texte, S. 1127: „*Sind beim Ableben des Testierenden keine Erben vorhanden, denen das Gesetz eine Quote an seinen Gegenständen vorbehalten hat, so wird der Universalvermächtnisnehmer von Rechts wegen mit dem Tod des Testierenden eingesetzt, ohne gehalten zu sein, die Herausgabe zu verlangen.*".

852 „*Les légataires à titre universel seront tenus de demander la délivrance aux héritiers auxquels une quotité des biens est réservée par la loi ; à leur défaut, aux légataires universels et, à défaut de ceux-ci, aux héritiers appelés dans l'ordre établi au titre "des successions".*"/Offizielle Übersetzung von *F/F/H*, Frankreich Texte S. 129: „*Die Anteilsvermächtnisnehmer sind gehalten, die Herausgabe von den Erben zu verlangen, denen ein Anteil an den Gegenständen durch das Gesetz vorbehalten ist; in deren Ermangelung von den Universalmächtnisnehmern oder, in deren Ermangelung, von den Erben, welche in der im Titel „Von den Erbschaften" bestimmten Reihenfolge berufen sind.*".

853 „*Tout legs pur et simple donnera au légataire, du jour du décès du testateur, un droit à la chose léguée, droit transmissible à ses héritiers ou ayants cause. Néanmoins le légataire particulier ne pourra se mettre en possession de la chose léguée, ni en prétendre les fruits ou intérêts, qu'à compter du jour de sa demande en délivrance, formée suivant l'ordre établi par l'article 1011, ou du jour auquel cette délivrance lui aurait été volontairement consentie.*"/ Offizielle Übersetzung von *F/F/H*, Frankreich Texte, S. 129: „*Jedes uneingeschränkte*

Der Geltendmachung eines Herausgabeanspruchs, welche für das in Deutschland existierende Damnationslegat charakterisierend ist, bedarf es regelmäßig nicht. Die Universalvermächtnisnehmer sind aufgrund ihrer Besitzergreifungsbefugnis und ihrer besitzrechtlichen Verfügungsbefugnis dazu befugt, mit dem Nachlass nach Belieben zu verfahren.

Existieren allerdings Erben, deren Nachlassanteil weder zu Lebzeiten noch von Todes wegen geschmälert werden darf – sog. Vorbehaltserben i.S.d. Art. 912 ff. CC (*héritiers réservataires*)[854] – so haben diese zur Sicherung und Durchsetzung ihres unerschütterlichen Erbanteils auch stets das *saisine*-Recht inne. Die *légataires universels* müssen von diesen dann, so wie dies bei den Anteilsvermächtnisnehmern („*légataires à titre universel*") und Einzelvermächtnisnehmern („*légataires particuliers*")[855] stets der Fall ist, ausnahmsweise die Herausgabe des Nachlasses verlangen, Art. 724 Abs. 2 CC[856] i.V.m. Art. 1004 CC (sog. *délivrance*).[857]

Letztendlich erachtet das französische Erbrecht die *héritiers*, zumindest die *héritiers réservataires*, für schützenswerter als die *légataires*.[858] Aber auch

---

*Vermächtnis gibt dem Vermächtnisnehmer vom Todestag des Testierenden an ein Recht auf die vermachte Sache, das auf seine Erben oder Rechtsnachfolger übertragbar ist. Gleichwohl kann sich der Einzelvermächtnisnehmer nur von dem Tag an in den Besitz der vermachten Sache setzen oder deren Früchte oder Zinsen beanspruchen, an dem er die Herausgabe gemäß der in Artikel 1011 bestimmten Reihenfolge verlangt hat, oder an dem ihm diese Herausgabe freiwillig eingeräumt worden ist.*".

[854] Dazu oben B.III.1.a)bb).

[855] Der *légataire à titre universel* bekommt einen bestimmbaren Anteil am Vermächtnis zugesprochen, beispielsweise „das Immobiliarvermögen". Abzugrenzen davon sind die „*légataires particuliers*", also solchen, die per gesetzlicher Erbfolge nur spezifische Nachlassgegenstände erhalten. Diese müssen vom Inhaber der *saisine* den Gegenstand herausverlangen, so wie dies in Rechtsystemen, die das sog. *Damnationslegat* kennen, üblich ist.

[856] Siehe Fn. 833.

[857] „*Lorsqu'au décès du testateur il y a des héritiers auxquels une quotité de ses biens est réservée par la loi, ces héritiers sont saisis de plein droit, par sa mort, de tous les biens de la succession ; et de légataire universel est tenu de leur demander la délivrance des biens compris dans le testament.*"/Offizielle Übersetzung von *F/F/H*, Frankreich Texte S. 127: „*Sind beim Ableben des Testierenden Erben vorhanden, denen das Gesetz eine Quote seiner Gegenstände vorbehält, so werden diese Erben durch dessen Tod von Rechts wegen in alle Gegenstände des Nachlasses eingesetzt; und der Universalvermächtnisnehmer ist gehalten, von ihnen die Herausgabe der vom Testament erfassten Gegenstände zu verlangen.*".

[858] So auch *J. P. Schmidt*, Itinera hereditatis, S. 339.

innerhalb der *légataires* ist eine klare Abstufung zu erkennen, wenn es um den Erwerb der *saisine* geht: Nur der Universalvermächtnisnehmer ist in bestimmten Fällen *saisine*-berechtigt. Die nur mit einem Teilvermächtnis bedachten Vermächtnisnehmer müssen die Herausgabe des ihnen zustehenden Vermächtnisses stets verlangen. Sie können also niemals Inhaber der *saisine* werden.

*J. P. Schmidt* schlägt vor diesem Hintergrund vor, den letztbenannten Vermächtnissen daher den Vindikationscharakter abzusprechen.[859] Dem ist beizupflichten: Bei näherer Betrachtung sollte sogar darüber nachgedacht werden, diese These auf Universalvermächtnisnehmer auszuweiten, sofern sie mit existierenden Vorbehaltserben konkurrieren. Schließlich erwerben die *légataires universels* in diesen Fällen keine *saisine* über den Nachlass und müssen sich ebenso der Herausgabeklage („*délivrance*") bedienen wie die übrigen Vermächtnisnehmer.[860]

Wie sich im Laufe der Bearbeitung noch zeigen wird, kann auch dem *exécuteur testamentaire* die *saisine* erteilt werden.[861]

### (2) Übertragung und Wirkung der *saisine*

Die *saisine* wird durch den Erbfall automatisch an die berechtigten Rechtsnachfolger übertragen: „*le mort saisit le vif*".[862] Da die *saisine* jedoch nur die Stellung des (mittelbaren) Nachlassbesitzers fingiert, aber keine Eigentümerstellung vermittelt, ist ihr Erwerb nicht mit einem publizitätslosen Eigentumserwerb gleichzusetzen.[863]

Der Eigentumserwerb tritt vielmehr (wie bereits herausgearbeitet)[864] universalsukzessiv ein, Art. 724 CC.[865] Um dem Auseinanderfallen von Besitz und Eigentum zu vorzubeugen – was durchaus erstrebenswert sein könnte, wenn man eine praktikable Nachlassabwicklung anstrebt –, könnte

---

859 *J. P. Schmidt*, RabelsZ 77 (2013), 1 (20).
860 *J. P. Schmidt*, RabelsZ 77 (2013), 1 (20).
861 Dazu unten B.III.2.c)bb).
862 Dazu ausführlich *J. P. Schmidt*, Itinera hereditatis, S. 331 m.w.N.
863 Ähnlich auch *J. P. Schmidt*, Itinera hereditatis, S. 331 f., welcher die *saisine* funktional mit § 857 BGB vergleicht.
864 Dazu oben B.III.1.b)aa).
865 Siehe Fn. 833.

Art. 724 CC[866] dahingehend auszulegen sein, den Erwerb der *saisine* ebenso einem Eigentumserwerb gleichzusetzen. Ob dieser Schluss wirklich zutrifft, darf allerdings bezweifelt werden.[867] Schließlich lässt das Gesetz auch zu, dass der *exécuteur testamentaire* die erbrechtlichen Verfügungsbefugnisse über den Nachlass erhält.[868] Dass der Amtsinhaber zum Volleigentümer über den Nachlass ernannt werden soll, widerspricht seiner (nach der von der Rechtsprechung vertretenen) Rechtsnatur als Stellvertreter des Verstorbenen[869] und der Konzeption des französischen Rechts der Testamentsvollstreckung: Die Testamentsvollstreckung mit *saisine* ist zeitlich eng begrenzt,[870] eine „Eigentümerstellung auf Zeit" ist aber weder der Testamentsvollstreckung dienlich noch gibt es irgendwelche gesetzlichen Anhaltspunkte dafür, dass die Erben während der Testamentsvollstreckung aus ihrer Eigentümerposition verdrängt werden sollen, die ihnen Art. 724 CC[871] einräumt. Im Ergebnis ist daher festzuhalten, dass die *saisine* sich nur besitzrechtlich auswirkt und in diesem Zusammenhang Verwaltungs- sowie Verfügungsrechte verleiht, ohne die Eigentumspositionen zu berühren.

### c) Zusammenfassung

Das französische Erbrecht kennt die Grundsätze der Universalsukzession und des Vonselbsterwerbs. Ferner ist ein fixer Erbteil den *héritiers réservataires* vorbehalten, wobei die Höhe des Vorbehaltserbes von der Zahl und Art der vorhandenen Vorbehaltserben abhängt. Ansonsten folgt das gesetzliche Erbrecht einem Ordnungs- und Stammsystem. Testamentarisch können *légataires universels, particuliers* oder *à titre universel* ernannt werden, wobei erstere aufgrund des dem französischen Erbrecht innewohnenden Vindikationssystems ebenso universalsukzessiv „erben" wie die gesetzlichen *héritiers*. Für diese Arbeit ferner bedeutsam ist der Einfluss der *saisine* auf die Nachlassabwicklung nach französischem Recht sowie die Einführung des *mandat à effet posthume*, welches der Erblasser unter bestimmten Voraussetzungen anordnen kann, um seinen Nachlass der Drittverwaltung zu unterstellen und

---

[866] Siehe Fn. 833.
[867] Kritisch auch *J. P. Schmidt*, Itinera hereditatis, S. 335 ff.; *Sipp-Mercier*, S. 33.
[868] Dazu unten B.III.2.c)bb).
[869] Dazu unten B.III.2.a).
[870] Dazu unten B.III.2.c)bb)(2).
[871] Siehe Fn. 833.

so zu verhindern, dass sein Nachlass durch Rechtsnachfolger verschleudert wird, die mit ihrem Erbe (noch) nicht umgehen können.

## 2 Die Testamentsvollstreckung nach französischem Recht

Das Recht der Testamentsvollstreckung (*l'éxecution testamentaire*) ist in den Art. 1025–1034 CC geregelt.[872] Die folgenden Kapitel beschreiben zunächst die Rechtsnatur der französischen Testamentsvollstreckung, um dann auf Dauer und Rechtsmacht des *exécuteur testamentaire* und zuletzt auf den Rechtsschutz der *héritiers* einzugehen. An den relevanten Stellen soll dieses Kapitel auch den Einfluss der Erbrechtsreform 2006 auf das französische Recht der Testamentsvollstreckung darstellen.

### a) Rechtsnatur der französischen Testamentsvollstreckung

Die Rechtsnatur der *exécution testamentaire* ist in der französischen Rechtswissenschaft umstritten. Ferner ergeben sich zu anderen erbrechtlichen Rechtsfiguren erwähnenswerte Abgrenzungsschwierigkeiten, auf welche dieses Kapitel eingeht.

#### *aa) Die Rechtsnatur im Allgemeinen*

Einigkeit besteht dahingehend, dass der *exécuteur testamentaire* sein Amt unparteiisch auszuüben hat.[873] Was neben der Unparteilichkeit des Amtsinhabers die Rechtsnatur der französischen Testamentsvollstreckung sein soll, ist indes umstritten: Nach einer Auffassung, die sich vor allem in der Rechtsprechung wieder findet, ist der *exécuteur testamentaire* Stellvertreter des Verstorbenen, also „*mandataire du défunt*“.[874] Andere vertreten die Ansicht,

---

[872] Vgl. Überschrift des CC: „*Section 7 : Des exécuteurs testamentaires*“/Offizielle Übersetzung von *F/F/H*, Frankreich Texte S. 131: „*Abschnitt 7: Von den Testamentsvollstreckern*“.

[873] *Letellier*, Jurisclasseur Civil 2016, Art. 1025 à 1034, Rn. 11.

[874] *Cass. civ.*, La Semaine Juridique 1942 II Nr. 2033: „*(...) l'exécuteur testamentaire (...) est le représentant de la succession, puisqu'il a été investi par le de cujus d'un mandate post mortem.*“/Wörtliche Übersetzung: „*Der Testamentsvollstrecker (...) ist Vertreter des Nachlasses, da er vom Erblasser mit einer postmortalen Vollmacht ausgestattet worden ist.*“; ferner *Godechot*, Rn. 272; *Guével*, Rn. 421; *Trasbot/Loussouarn*, Rn. 676; *Mazeaud-Leverner*, Dr. Pat. 09/2007, Nr. 162, 58 (59); *Sauvage*, Exécution testamentaire, Nr. 4. Kritisch zu dieser Auffassung *Malaurie/Brenner/Aynès*, Rn. 538: „*l'analyse est contestable car les traits caractéristiques du mandat (...) ne se retrouvent pas en l'hypothèse.*“/Wörtliche Übersetzung:

der Amtsinhaber führe die Rechte des Verstorbenen genauso fort, wie es die *héritiers* und *légataires* tun würden – er nehme also eine erbenähnliche Stellung ein.[875] Neuerdings sprechen einige Stimmen dem *exécuteur testamentaire* eine „Rechtsnatur eigener Art" zu, da er mit der Erbrechtsreform 2006 Inhaber von eigenen Rechten und Pflichten geworden sei und sich diese Einordnung in rechtsvergleichender Hinsicht auch mit der Rechtslage in kontinentaleuropäischen Nachbarstaaten decke.[876]

Gleich welcher Charakterisierung des Amtes man folgt, ist es jedenfalls nicht vererbbar (Art. 1025 Abs. 3 CC)[877] und mithin höchstpersönlicher Natur.[878] Lediglich die Pflicht zur Rechnungslegung aus Art. 1033 Abs. 1 CC[879] wird mit dem Tod des Amtsinhabers zur Aufgabe seiner Rechtsnachfolger, Art. 1033 Abs. 2 CC[880].[881] Ferner ist das Amt grundsätzlich unentgeltlich aus-

*„Diese Analyse ist angreifbar, da die charakteristischen Merkmale der Stellvertretung (…) sich nicht in der Hypothese* [, dass die Testamentsvollstreckung eine Form der Stellvertretung sei] *wiederfinden.*". Undifferenziert *Terré/Lequette/Gaudemet*, Rn. 468.

875 Kritisch referierend *Malaurie/Brenner/Aynès*, Rn. 538.

876 *Letellier*, Jurisclasseur Civil 2016, Art. 1025 à 1034, Rn. 10; *Malaurie/Brenner/Aynès*, Rn. 538; *Süß* in Bengel/Reimann/Holtz/Röhl, 8. Aufl. 2023, § 10 Rn. 240, welcher diese Meinung als herrschend bezeichnet.

877 *„Les pouvoirs de l'exécuteur testamentaire ne sont pas transmissibles à cause de mort."*/ Offizielle Übersetzung von *F/F/H*, Frankreich Texte S. 132: *„Die Befugnisse des Testamentsvollstreckers sind nicht von Todes wegen übertragbar.*".

878 Ähnlich *F/F/H*, Frankreich Rn. 431: *„Das Amt des Testamentsvollstreckers ist an die vom Testierenden bestimmte Person gebunden.*".

879 *„L'exécuteur testamentaire rend compte dans les six mois suivant la fin de sa mission."*/ Offizielle Übersetzung von *F/F/H*, Frankreich Texte S. 133: *„Der Testamentsvollstrecker legt innerhalb von sechs Monaten nach Beendigung seines Amts Rechenschaft ab.*".

880 *„Si l'exécution testamentaire prend fin par le décès de l'exécuteur, l'obligation de rendre des comptes incombe à ses héritiers."*/Offizielle Übersetzung von *F/F/H*, Frankreich Texte S. 133: *„Endet die Testamentsvollstreckung durch den Tod des Vollstreckers, so obliegt die Verpflichtung, Rechenschaft abzulegen, seinen Erben.*".

881 Dazu im Detail unten B.III.2.d) dieser Arbeit.

zuführen, Art. 1033-1 CC.[882] Für freiwillige Vermögensopfer existiert jedoch ein Aufwendungsersatzanspruch in Art. 1033-1,[883] 1034 CC[884].[885]

### *bb) Abgrenzung zum* administrateur provisoire

Der im französischen Recht recht eng gezogene Zeitrahmen[886] reicht für den Amtsinhaber nicht immer aus, um seine Vollstreckungsaufgabe ordentlich abzuschließen – das erkannten bereits die Gerichte im frühen 20. Jahrhundert. Auf sie geht eine Rechtsfortbildung zurück, wonach im Anschluss an den Ablauf der damals noch strengen 1-Jahres-Frist der Testamentsvollstreckung eine provisorische Nachlassverwaltung (*administration provisoire*)[887] möglich sein sollte. Testamentsvollstreckung und *administration provisoire* können jedoch niemals ko-existieren. Voraussetzung für die Ernennung ist, dass die nötige Nachlassabwicklung durch den *exécuteur testamentaire* nicht rechtzeitig beendet worden ist.[888] An durch Zeitablauf beendete Testamentsvollstreckungen wird, sofern der betroffene Nachlass noch der professionellen Abwicklung bedürftig und zugänglich ist, die *administration provisoire*

---

[882] *„La mission d'exécuteur testamentaire est gratuite, sauf libéralité faite à titre particulier eu égard aux facultés du disposant et aux services rendus.“*/Offizielle Übersetzung von *F/F/H*, Frankreich Texte S. 133: *„Das Amt des Testamentsvollstreckers wird unentgeltlich ausgeführt, unbeschadet einer Einzelfreigebigkeit unter Berücksichtigung der finanziellen Möglichkeiten des Verfügenden und der geleisteten Dienste.“*. Dazu *Guével*, Rn. 424.

[883] Siehe Fn. 882.

[884] *„Les frais supportés par l'exécuteur testamentaire dans l'exercice de sa mission sont à la charge de la succession.“*/Offizielle Übersetzung von *F/F/H*, Frankreich Texte S. 133 f.: *„Die vom Testamentsvollstrecker in Ausübung seines Amtes getragenen Ausgaben gehen zu Lasten des Nachlasses.“*.

[885] *Voirin/Goubeaux*, Rn. 841.

[886] Vgl. Art. 1031, 1032 CC, dazu im Detail unten B.III.2.b).

[887] Zur *administration provisoire* siehe *Grimaldi*, Successions, Rn. 469.

[888] *Cass. civ.*, Recueil Dalloz 1904, 113 (wenn auch zur alten Rechtslage): *„Lorsque l'exécuteur testamentaire auquel le* de cujus *a conféré la saisine n'a pas terminé sa mission dans l'année, le président du tribunal civil, statuant en référé, peut le commettre, pour continuer, en qualité d'administrateur judiciaire, à gérer jusqu'au partage les valeurs de la succession.“*/ Wörtliche Übersetzung: *„Wenn der Testamentsvollstrecker, der vom Erblasser ernannt worden ist, seine Aufgabe nicht innerhalb eines Jahres beendet hat, kann der Präsident des Zivilgerichtes ihm per einstweiliger Verfügung gestatten, als gerichtlicher Verwalter bis zur Nachlassteilung fortzufahren.“*; ferner *Tribunal. Civ Laval*, Gazette 1943 II, 152 (152 f.); *Sipp-Mercier*, S. 43.

sodann angehängt. Das Amt des *administrateur provisoire* soll also unbeendete Testamentsvollstreckungen nach deren Zeitablauf auffangen und ergänzen.

### cc) *Abgrenzung zum* mandataire à effet posthume

Bei dem *mandat à effet posthume* handelt es sich um eine Vollmacht, die einen Dritten dazu berechtigt, den Vollmachtgeber im Rahmen der Art. 812–812-7 CC über den Tod hinaus zu vertreten. Somit ist das Mandat ähnlich wie die Testamentsvollstreckung nur von postmortaler Relevanz.[889]

Die Testamentsvollstreckung ist hinsichtlich ihrer Reichweite jedoch ausschließlich auf die Aufteilung des Nachlasses innerhalb der testamentarischen sowie gesetzlichen Grenzen beschränkt. Das *mandat à effet posthume* hingegen berechtigt den Amtsinhaber grundsätzlich[890] zur formellen Nachlassverwaltung und -konservierung, ohne zunächst über ihn verfügen zu dürfen.[891] Die Verfügungsgewalt über den Nachlass verbleibt bei den Erben.[892] Dieser Umstand wird *de lege lata* allerdings durch eine beliebige Erweiterungsoption der Mandatsbefugnisse in letztwilligen Verfügungen entkräftet. So kann der Erblasser dem *mandataire posthume* in seinem Testament auch unbeschränkte Verfügungsbefugnisse zuweisen.[893] Diese kautelarjuristische Möglichkeit ergibt sich aus dem Grundsatz der Testierfreiheit. Eine gesetzliche Begrenzung dieser Erweiterungsoption lassen die Art. 812 ff. CC indes vermissen; eine von der Rechtsprechung herausgearbeitete Korrektur der geltenden Rechtslage ist ebenso wenig ersichtlich. Die erbrechtlichen Beschränkungen aus dem Recht der *saisine* und dem *quotité indisponible* können mithin, anders als in

---

[889] So auch *Grimaldi*, Successions, Rn. 455 m.w.N. Zur postmortalen Rechtsnatur des Testamentsvollstreckers siehe *Cass. civ.*, Semaine Juridique 1942 II Nr. 2033.

[890] Verfügungsbefugnisse soll der *mandataire posthume* nur dann haben, wenn sie zur Erhaltung der Nachlassmasse erforderlich sind. Diese Befugnis ist inhaltsgleich mit der Befugnis des *exécuteur testamentaire* ohne *saisine*, der gem. Art. 1029 CC eben jene Sicherheitsmaßnahmen durchführen darf, siehe dazu im Detail unten B.III.2.c)aa)(2).

[891] *Gresser* in Löhnig/Dutta, S. 137; *Grimaldi*, Successions, Rn. 455; a. A. *Delfosse/Peniguel*, Rn. 174, und v.a. Rn. 482: „*(...) le mandataire posthume ne peut être chargé de l'exécution des dernières volontés du défunt.*"/Wörtliche Übersetzung: „*(...) Der postmortal Beauftragte kann nicht mit der Vollstreckung des letzten Willens des Verstorbenen beauftragt werden.*".

[892] Vgl. dazu die Wertung von Art. 812-4 Nr. 5 CC in Fn. 823. Dazu *Gresser* in Dutta/Löhnig et al., S. 139, wenn auch unter unzutreffendem Normzitat. Treffender *Delfosse/Peniguel*, Rn. 174; *Leveneur*, S. 632 m.w.N.

[893] *Terré/Lequette/Gaudemet*, Rn. 873.

der *exécution testamentaire*,[894] ausgehebelt werden, indem der Vollmachtgeber dem *mandataire* per letztwilliger Verfügung die unbeschränkte Verfügungsmacht (*saisine*) erteilt.[895] Der *mandataire posthume* kann hinsichtlich seiner Rechtsmacht also deutlich mächtiger sein als der *exécuteur testamentaire*.[896]

#### *dd) Zusammenfassung*

Die konkrete Rechtsnatur des *exécuteur testamentaire* ist in der französischen Rechtswissenschaft umstritten. Die Rechtsprechung des *Cass. civ.* betrachtet ihn als Stellvertreter des Verstorbenen, eine neuere Strömung des Schrifttums möchte ihn aber als Amtsträger *sui generis* einstufen. Ferner ist die Rechtsfigur des *exécuteur testamentaire* zum einen von der des *administrateur provisoire* abzugrenzen, da beide Institute zwar überwiegend denselben Aufgabenkreis haben, allerdings nur hintereinander und nicht nebeneinander existieren können und zum anderen vom *mandataire à effet posthume*, da dieser im Gegensatz zum *exécuteur testamentaire* den Nachlass nur konservieren soll und nicht in die Nachlassabwicklung selbst eingreift – auch, wenn die Erweiterungsmöglichkeiten der Rechtsmacht des *mandataire posthume* wohl grenzenlos sind.

### b) Dauer der französischen Testamentsvollstreckung

Zur Beantwortung der Frage, wie lange eine französische Testamentsvollstreckung andauern kann, sind sowohl gesetzliche Beschränkungen als auch judikative Einflüsse[897] zu beachten.

#### *aa) Anfangs- und Endpunkte*

Der Wortlaut des Art. 1032 CC lautet wie folgt: *„La mission de l' exécuteur testamentaire prend fin au plus tard deux ans après l'ouverture du testament sauf*

---

[894] Der Umgehung der *saisine* stehen für Testamentsvollstreckungen Art. 912, 1030-1 CC entgegen, dazu unten B.III.2.c)bb).

[895] *Terré/Lequette/Gaudemet*, Rn. 864.

[896] In diesem Sinne auch *Grimaldi*, Defrénois 2007 1,1 3 (6). Dies wird teilweise kritisch gesehen, z.B. von *Terré/Lequette/Gaudemet*, Rn. 864, welche in der Verfügungsmacht der Rechtsnatur des *mandat posthume* einen Verstoß gegen den französischen *ordre public* erblicken. *Sauvage*, Exécution testamentaire, Nr. 23, hält den Testamentsvollstrecker nach französischem Recht sogar für mächtiger als den posthumen Bevollmächtigten.

[897] Für Rechtsprechungsbeispiele seit 1886 vgl. den Verweis von *Trasbot/Loussouarn*, Rn. 626, dort. Fn. 3.

*prorogation par le juge.*"(Hervorhebung durch den Verfasser)[898] Die Amtszeit des Amtsanwärters ist also an die Testamentseröffnung gebunden, welche nach Art. 1032 CC[899] gleichzeitig auch den Beginn des Amtes zur Folge hat.[900] Da das Amt des *exécuteur testamentaire* als letzter Freundschaftsdienst freiwillig ist, ist weitere Voraussetzung für den Beginn der Testamentsvollstreckung, dass der designierte Amtsinhaber sein Amt – formlos – annimmt.[901]

Ersatzernennungsbefugnisse sieht das Gesetz nicht vor und sie sind auch nicht gerichtlich anerkannt,[902] weswegen die Testamentsvollstreckung mit Ablauf der zwei Jahre grundsätzlich ihr Ende findet.[903] Wie sich aus Art. 1032 CC[904] a. E. ergibt, kann der Zweijahreszeitraum jedoch durch einen gerichtlichen Beschluss verlängert werden.[905] Der Gesetzeswortlaut enthält keine Beschränkungen und lässt daher den Schluss zu, dass eine unbefristete Verlängerungsmöglichkeit besteht.[906]

### *bb) Abwicklungsspezifische Unterschiede*

Im Grundsatz bemisst sich die Frist jeder Testamentsvollstreckung unabhängig von ihrer Form nach Art. 1032 CC[907] und beträgt damit eine Dauer von zwei Jahren vorbehaltlich gerichtlicher Verlängerung, die potenziell unendlich oft erfolgen kann.

---

898 Offizielle Übersetzung von *F/F/H*, Frankreich Texte S. 133: „*Das Amt des Testamentsvollstreckers endet spätestens zwei Jahre nach Testamentseröffnung, vorbehaltlich einer Verlängerung durch den Richter.*".

899 Auch wenn es sich hierbei um eine Vorschrift handelt, die streng genommen nur das Ende der Testamentsvollstreckung regelt, lässt der Zwei-Jahres-Zeitraum mit dem Anknüpfungspunkt der Testamentseröffnung in Ermangelung anderer Anhaltspunkte nur den Schluss zu, dass der Beginn der Amtszeit ebenda zu verorten ist.

900 In diesem Sinne auch *Chamoulaud-Trapiers*, Recueil Dalloz 2006, 2577 (2578); *Terré/Lequette/Gaudemet*, Rn. 468.

901 *Sauvage*, Exécution testamentaire, Nr. 16.

902 Statt vieler *Sauvage*, Exécution testamentaire, Nr. 16 m.w.N.

903 Vor der Erbrechtsreform 2006 war die Testamentsvollstreckung auf ein Jahr beschränkt. Diese zeitliche Grenze wurde zur Stärkung des Amtes des Testamentsvollstreckers nunmehr auf zwei Jahre angehoben, *Delfosse/Peniguel*, Rn. 479; *Lefebvre*, Rn. 4520, 4538.

904 Siehe Fn. 898.

905 Diese Möglichkeit besteht erst seit der Erbrechtsreform 2006.

906 In diesem Sinne ebenfalls *Letellier*, Jurisclasseur Civil 2016, Art. 1025 à 1034, Rn. 60.

907 Siehe Fn. 898.

Daneben setzt Art. 1031 CC[908] allerdings eine zweite Frist für solche Fälle in Gang, in denen der *exécuteur testamentaire* Verfügungsrechte über den Nachlass (die *saisine*)[909] besitzt: Die Verfügungsbefugnisse bestehen[910] grundsätzlich nur für zwei Jahre ab Eröffnung des Testamentes, Art. 1031 S. 1 CC.[911] Das Ende der Verfügungsbefugnis kann gem. Art. 1031 S. 2 CC durch gerichtlichen Beschluss um bis zu ein Jahr aufgeschoben werden.[912] Nach Ablauf der Zwei- bzw. Drei-Jahres-Frist wird die Testamentsvollstreckung an sich jedoch nicht beendet, denn sie bemisst sich allein nach Art. 1032 CC.[913] Im Ergebnis führt der *exécuteur testamentaire* sein noch bestehendes Amt ab diesem Zeitpunkt ohne *saisine*,[914] also als beaufsichtigender Testamentsvollstrecker fort (Art. 1025 S. 1 Alt. 1 CC)[915].[916] Das französische Recht geht also davon aus, dass die Verfügungsbefugnisse eines *exécuteur testamentaire* grundsätzlich[917] höchstens drei Jahre Bestand haben können, die Testamentsvollstreckung

---

908 Art. 1031 CC insgesamt: „*Les habilitations mentionnées aux articles 1030 et 1030-1 sont données par le testateur pour une durée qui ne peut excéder deux années à compter de l'ouverture du testament. Une prorogation d'une année au plus peut être accordée par le juge.*"/Offizielle Übersetzung von F/F/H, Frankreich Texte S. 133: „*Die in Artikel 1030 und 1030-1 bezeichneten Befugnisse werden für eine Dauer erteilt, die zwei Jahre von der Testamentseröffnung an nicht übersteigen können. Eine Verlängerung um höchstens ein Jahr kann vom Richter gewährt werden.*".

909 Zum allgemeinen Begriff der *saisine* siehe oben B.III.1.b)bb), zur Testamentsvollstreckung mit *saisine* siehe unten B.III.2.c)bb).

910 Daneben statuiert Art. 1031 CC allerdings eine zweite Frist für solche Fälle, in denen der *exécuteur testamentaire* die *saisine* über den Nachlass erhält. Diese Verfügungsbefugnisse entfallen spätestens nach drei Jahren, Art. 1031 CC. Dadurch wird aber die Testamentsvollstreckung an sich nicht beendet. Siehe im Detail unten B.III.2.c).

911 Siehe Fn. 908.

912 Siehe Fn. 908.

913 Siehe Fn. 898.

914 Dazu unten B.III.2.c)aa).

915 „*Le testateur peut nommer un ou plusieurs exécuteurs testamentaires jouissant de la pleine capacité civile pour veiller ou procéder à l'exécution de ses volontés.*"/Offizielle Übersetzung von F/F/H, Frankreich Texte S. 131 f.: „*Der Testierende kann zur Überwachung oder Vollstreckung seines Willens einen oder mehrere Testamentsvollstrecker bestellen, die über die volle Rechts- und Geschäftsfähigkeit verfügen.*".

916 In diesem Sinne auch *Sauvage*, Exécuteur testamentaire, Nr. 48 f.

917 Eine Ausnahme wird nur bei der Testamentsvollstreckung über geistiges Eigentum wie z.B. bei Literatur- oder Kunsturheberschaft gemacht. Hier kann die Testamentsvollstreckung den Zwei-Jahres-Zeitraum von Art. 1031 CC überschreiten, *Sauvage*, Exécution testamentaire, Nr. 5, 49.

ohne *saisine* jedoch auch unendlich verlängert werden darf. Nicht jedes Amt endet also automatisch mit dem Ablauf von zwei bzw. höchstens drei Jahren. Dies wird von den meisten deutschen,[918] aber auch einigen französischen Literaturstimmen[919] missverstanden.

Das Ende der Testamentsvollstreckung tritt aber nicht nur bei Zeitablauf gem. Art. 1031,[920] 1032 CC[921] ein. Auch durch den Tod des *exécuteur testamentaire* endet die Testamentsvollstreckung.[922] Dasselbe gilt, wenn er geschäftsunfähig wird.[923]

Ab dem Moment, in dem der *exécuteur testamentaire* das Amt annimmt, ist er an dieses gebunden, Art. 1025 Abs. 2 CC.[924] Ein eigenes Kündigungsrecht räumt ihm das Gesetz nicht ein und ein solches kann der Erblasser ihm auch

---

918 *F/F/H*, Frankreich Rn. 428; *J. P. Schmidt*, Itinera Hereditatis, S. 348; *Süß* in Bengel/Reimann/Holtz/Röhl, 8. Aufl. 2023, § 10 Rn. 243.

919 Z.B. *Pérès/Vernières*, Rn. 552: „*Le dessaisissement [d'héritiers] est néanmoins limité dans le temps puisque la mission de l'excécuteur ne peut excéder deux années à compter de l'ouverture du testament, sauf prorogation d'une année au plus par le juge.*"/Wörtliche Übersetzung: „*Die Entmachtung [der Erben] ist nichtsdestotrotz zeitlich begrenzt, da die Mission des Testamentsvollstreckers zwei Jahre seit der Testamentseröffnung nicht überschreiten darf, vorbehaltlich einer höchstens einjährigen Verlängerung durch den Richter.*"; so auch *Lefebvre*, Rn. 4538. Auf die Verlängerungsoptionen gar nicht eingehend *Guével*, Rn. 424. Richtig einordnend lediglich *Chamoulaud-Trapiers*, Recueil Dalloz 2006, 2577 (2578); v.a. *Voirin/Goubeaux*, Rn. 841: „*La durée de la mission de l'exécuteur testamentaire est limitée à deux ans à compter de l'ouverture du testament, sauf prorogation par le juge (art. 1032).*"/Wörtliche Übersetzung: „*Die Dauer der Aufgabe des Testamentsvollstreckers ist auf zwei Jahre ab Eröffnung des Testaments beschränkt, vorbehaltlich der Verlängerung durch einen Richter (Art. 1032).*"; *Letellier*, Jurisclasseur Civil 2016, Art. 1025 à 1034, Rn. 61; *Malaurie/Brenner/Aynès*, Rn. 412; *Sauvage*, Exécuteur testamentaire, Nr. 48 f.

920 Siehe Fn. 908.

921 Siehe Fn. 898.

922 Dieser Beendigungsgrund ergibt sich nicht aus dem Gesetz, ist aber in Art. 1032 CC a. F. offenbar ursprünglich geregelt gewesen, hierzu *Ferid/Sonnenberger*, Bd. 3, Rn. 5 C 159. Dieses Ende ist auch heutzutage noch anerkannt. Zur Rechtsprechung zur alten Rechtslage *C. Riom*, Recueil Dalloz 1965, 202 (203); ferner *Letellier*, Jurisclasseur Civil 2016, Art. 1025 à 1034, Rn. 62; *Malaurie/Brenner/Aynès*, Rn. 409, 412.

923 *Letellier*, Jurisclasseur Civil 2016, Art. 1025 à 1034, Rn. 62; *Sauvage*, Exécuteur testamentaire, Nr. 50.

924 „*L'exécuteur testamentaire qui a accepté sa mission est tenu de l'accomplir.*"/Offizielle Übersetzung von *F/F/H*, Frankreich Texte S. 132: „*Der Testamentsvollstrecker, der sein Amt angenommen hat, ist verpflichtet, dieses auszuüben.*".

nicht testamentarisch verleihen.[925] Daher kann ihn nur das Nachlassgericht aus wichtigen Gründen aus seinem Amt entheben, Art. 1026 CC.[926]

Ferner endet die Testamentsvollstreckung bei Erledigung der Aufgaben.[927]

### c) Rechtsmacht des Testamentsvollstreckers nach französischem Recht

Bei der Frage nach der Rechtsmacht des *exécuteur testamentaire* ist im Wesentlichen zwischen der Amtsdurchführung mit und ohne Zuweisung der *saisine*[928] zu unterscheiden.

#### *aa) Die Amtsdurchführung ohne saisine, Art. 1028 CC*

##### (1) Grundsätzliches

In der Grundkonstellation hat der *exécuteur testamentaire* lediglich die Nachlassabwicklung zu überwachen.[929] Im Falle einer Testamentsanfechtung ist er Prozessbeklagter, vgl. Art. 1028 CC[930].[931] Er hat die Rechtshandlungen

---

[925] *Mazeaud-Leveneur*, Dr. Pat. 09/2007, Nr. 162, 58 (59).

[926] *„L'exécuteur testamentaire peut être relevé de sa mission pour motifs graves par le tribunal."*/ Offizielle Übersetzung von *F/F/H*, Frankreich Texte S. 132: *„Der Testamentsvollstrecker kann von seinem Amt aus wichtigen Gründen vom Gericht entbunden werden."*. Siehe dazu im Detail unten B.III.2.d).

[927] Dazu *Ferid/Sonnenberger*, Bd. 3, Rn. 5 C 159; *Sauvage*, Exécuteur testamentaire, Nr. 47.

[928] Dazu bereits oben B.III.1.b), sowie unten B.III.2.c)bb).

[929] Das umfasst im Wesentlichen die Organisation der Beisetzung, die ordnungsgemäße Aufteilung der Vermächtnisse, sowie die Begleichung der Nachlassverbindlichkeiten, *Voirin/Goubeaux*, Rn. 840.

[930] *„L'exécuteur testamentaire est mis en cause en cas de contestation sur la validité ou l'exécution d'un testament ou d'un legs. Dans tous les cas, il intervient pour soutenir la validité ou exiger l'exécution des dispositions litigeuses."*/Offizielle Übersetzung von *F/F/H*, Frankreich Texte S. 132: *„Steht die Gültigkeit oder die Vollstreckung eines Testaments in Streit, so richtet sich das Verfahren gegen den Testamentsvollstrecker. In allen Fällen schreitet er ein, um sich für die Gültigkeit der streitigen Verfügungen einzusetzen oder um ihre Vollstreckung zu fordern."*.

[931] So vor allem *Malaurie/Brenner/Aynés*, Rn. 539: *„Aujourd'hui comme hier, l' exécution testamentaire consiste essentiellement à surveiller et contrôler la bonne exécution des dispositions testamentaires."*/Wörtliche Übersetzung: *„Damals wie heute beinhaltet das Amt der Testamentsvollstreckung im Wesentlichen Überwachungs- und Kontrollfunktionen hinsichtlich der ordentlichen Ausübung der testamentarischen Verfügungen."*; ferner *Chamoulaud-Trapiers*, Recueil Dalloz 2006, 2577 (2579); *Letellier*, Jurisclasseur Civil 2016, Art. 1025 à 1035, Rn. 1; *Mazeaud-Leveneur*, Dr. Pat. 09/2007, Nr. 162, 58 (59): *„Surveiller, c'est essentiellement le rôle ici confié à l'exécuteur testamentaire."*/Wörtliche Übersetzung:

der *héritiers* und/oder *légataires* zu beachten und sie auf ihre Richtigkeit hin zu überprüfen.[932] Aktivlegitimiert ist der Amtsinhaber nur, wenn er die Wirksamkeit des Testaments feststellen lassen oder die Erben zur ordnungsgemäßen Verwaltung zwingen möchte.[933]

### (2) Sicherungsmaßnahmen zur Nachlasssicherung, Art. 1029 CC[934]

Der überwachende *exécuteur testamentaire* hat grundsätzlich nicht das Recht, Sicherungsmaßnahmen in Bezug auf den Nachlass vorzunehmen. Diese Aufgabe ist laut Art. 1304 ff. Code de procédure civile[935] dem Gerichtsvollzieher („*huissier de justice*") vorbehalten. Die konkreten Sicherungsmaßnahmen

---

*„Überwachen, dies ist die wesentliche Aufgabe des Testamentsvollstreckers."*. Dies war bereits vor der Reform 2006 die maßgebliche Funktion des Amtes, dazu *Delfosse/Peniguel*, Rn. 490; *Godechot*, Rn. 272; *Lefebvre*, Rn. 4526.

932 *Sauvage*, Exécuteur testamentaire, Nr. 25.

933 *Cass. civ.*, Bull. civ. 2008 I Nr. 140: *„Mais attendu qu'étant chargé, aux termes de l'article 1031, alinéa 4, du code civil, dans sa rédaction antérieure à la loi n° 21006-728 du 23 juin 2006, de veiller à l'exécution du testament, l'exécuteur testamentaire a le pouvoir, au nom et dans l'intérêt collectif des légataires, d'agir en justice pour obtenir des héritiers l'exécution des volontés du testateur (...)*"/Wörtliche Übersetzung: *„In Anbetracht der Tatsache, dass der Testamentsvollstrecker gem. Art. 1031 Abs. 4 CC in der Fassung Nr. 21006-728 vom 23. Juni 2006 die Aufgabe hat, die Nachlassaufteilung zu überwachen, ist er befugt, im Namen und Interesse der Vermächtnisnehmer die Erfüllung des Erblasserwillens auch gerichtlich zu bewirken."*; *Letellier*, Jurisclasseur Civil 2016, Art. 1025 à 1034, Rn. 30; *Malaurie/Brenner/Aynès*, Rn. 540; *Maveaud-Leveneur*, Dr. Pat. 09/2007, Nr. 162, 58 (59); *Sauvage*, Exécution testamentaire, S. 6.

934 Art. 1029 CC insgesamt: *„L'exécuteur testamentaire prend les mesures conservatoires utiles à la bonne exécution du testament.*

*Il peut faire procéder, dans les formes prévues à l'article 789, à l'inventaire de la succession en présence ou non des héritiers, après les avoir dûment appelés.*

*Il peut provoquer la vente du mobilier à défaut de liquidités suffisant pour acquitter les dettes urgentes de la succession.*"/Offizielle Übersetzung von *F/F/H*, Frankreich Texte S. 123: *„Der Testamentsvollstrecker trifft die auf die Erhaltung gerichteten Maßnahmen, welche für die ordnungsgemäße Vollstreckung des Testaments nützlich sind.*

*Er kann, in den in Artikel 789 vorgesehenen Formen, ein Inventar des Nachlasses erstellen lassen, in Gegenwart der Erben oder nicht, nachdem er diese ordnungsgemäß herbeigerufen hat.*

*Er kann den Verkauf der beweglichen Gegenstände erwirken, wenn keine ausreichenden Barmittel zur Begleichung dringender Nachlassverbindlichkeiten vorhanden sind."*.

935 Im Folgenden: C. Proc. C.

hängen vom Einzelfall ab, werden aber in Art. 1304 C. Proc. C.[936] beispielhaft aufgezählt. Ein *huissier de justice* kann beispielsweise die Nachlassgegenstände versiegeln und eine Bestandsaufnahme durchführen („*l'apposition des scellés ou l'état descriptif*"), wertlose Möbel in einem „Protokoll des Mangels" festhalten („*dresse un procés-verbal de carence*"), oder ein Nachlassverzeichnis erstellen, welches, sofern es nicht angegriffen wird, die Durchführung anderer Sicherungsmaßnahmen verhindert. („*Lorsqu'un inventaire a été dressé, aucune mesure conservatoire prévue par la présente section ne peut être ordonnée, à moins que celui-ci ne soit attaqué*").

Die Maßnahmen, die in den Verantwortungsbereich des Gerichtsvollziehers fallen, darf der *exécuteur testamentaire* – mit Ausnahme der Erstellung eines Nachlassverzeichnisses, welches der Testamentsvollstrecker freiwillig erstellen kann, vgl. Art. 1029 Abs. 2 CC[937] –[938] somit grundsätzlich nicht durchführen. Sein Interventionsrecht beschränkt sich darauf, den Gerichtsvollzieher auffordern zu dürfen, die jeweils notwendigen Sicherungsmaßnahmen für den Nachlass zu treffen, Art. 1305 Nr. 3 Alt. 1 C. Proc. C.[939]

Der *exécuteur testamentaire* kann in bestimmten Fällen jedoch auch Nachlassgegenstände in Besitz nehmen[940] und (mit Ausnahme von Immobilien)

---

936 „*Un huissier de justice peut accomplir les mesures conservatoires qui s'imposent après le décès d'une personne. Ces mesures conservatoires sont, selon la valeur des biens trouvés sur place, l'apposition des scellés ou l'état descriptif. Si les meubles sur place sont manifestement dénués de valeur marchande, l'huissier de justice dresse un procès-verbal de carence. Lorsqu'un inventaire a été dressé, aucune mesure conservatoire prévue par la présente section ne peut être ordonnée, à moins que celui-ci ne soit attaqué.* "/Wörtliche Übersetzung: „*Ein Gerichtsvollzieher kann die Sicherungsmaßnahmen, die ihm nach dem Tod einer Person aufgetragen worden sind, ausführen. Diese Sicherungsmaßnahmen sind, je nach Wert der auffindbaren Gegenstände, die Versiegelung des Nachlasses oder die Bestandsaufnahme. Wenn die Mobilien vor Ort wertlos sind, erstellt der Gerichtsvollzieher ein Mängelprotokoll. Wenn ein Inventar erstellt wurde, können keine Sicherungsmaßnahmen durchgeführt werden, außer dieses Inventar wird angegriffen.*".

937 Siehe Fn. 934.

938 *Letellier*, Jurisclasseur Civil 2016, Art. 1025 à 1034, Rn. 39.

939 „*Les mesures conservatoires peuvent être demandées : par l'exécuteur testamentaire ou le mandataire désigné pour l'administration de la succession.*"/Wörtliche Übersetzung: „*Die Sicherungsmaßnahmen können beantragt werden: vom Testamentsvollstrecker oder des zur Verwaltung des Nachlasses Bevollmächtigten.*".

940 *Delfosse/Peniguel*, Rn. 489; als „*mesures conservatoires*", also Sicherungsmaßnahmen bezeichnet dieses Recht *Sauvage*, Exécution testamentaire, Nr. 28.

„veräußern“. Voraussetzung ist, dass dies zur Tilgung von Nachlassschulden dringend notwendig ist, Art. 1029 Abs. 3 CC.[941] Der Amtsinhaber besitzt also ein Notrecht zur Verwaltung und Verfügung, welches nur dann ausgeübt werden darf, wenn sich der Nachlass in einem anders nicht behebbaren Liquiditätsengpass befindet.[942] Der Anwendungsbereich des Art. 1029 CC[943] ist entsprechend engen Grenzen unterworfen[944] und berechtigt nur so lange zum Verkauf von Gegenständen, bis die nötige Liquidität (wieder-)hergestellt ist.[945]

Zur Ausübung dieses Rechtes bedarf es keiner gesonderten Ermächtigung im Testament. Art. 1029 CC[946] berechtigt jedoch nur dazu, den Verkauf von beweglichem Vermögen in Gang zu setzen – verfügungsbefugt ist der überwachende Testamentsvollstrecker damit nicht, da er nicht im Besitz der *saisine* ist. Die Wirksamkeit des Verfügungsgeschäftes hängt mithin von der dinglichen Genehmigung der *héritiers* oder, sollten diese die Verkaufsgenehmigung zu Unrecht verweigern, der gerichtlichen Ersatzanordnung ab.[947] Bis zur gerichtlichen Entscheidung bzw. bis zum Auslaufen seiner Verfügungsbefugnisse gem. Art. 1031,[948] 1032 CC[949] darf der Amtsinhaber die Rückgabe des zu verkaufenden beweglichen Vermögens an die *héritiers* jedoch verweigern.[950]

---

941 Siehe Fn. 934.

942 Dazu *Mazeaud-Leveneur*, Dr. Pat. 09/2007, Nr. 162, 58 (60); *Sauvage*, Exécution testamentaire, Nr. 28.

943 Siehe Fn. 932.

944 A. A wohl *Chamoulaud-Trapiers*, Recueil Dalloz 2006, 2577 (2579), welche das Konservierungsrecht im Vergleich zum alten Recht als nunmehr unbeschränkt ansieht. Dass diese Wertung nicht überzeugen kann, zeigt einerseits der eindeutig restriktive Wortlaut des Art. 1029 CC sowie der Grundsatz des Vorranges des Gerichtsvollziehers, der sich der Wertung des Art. 1305 Nr. 3 Alt. 1 C. Proc. C. entnehmen lässt, siehe Fn. 939.

945 *Letellier*, Jurisclasseur Civil 2016, Art. 1025 à 1034, Rn. 40.

946 Siehe Fn. 934.

947 *Sauvage*, Exécuteur testamentaire, Nr. 30.

948 Siehe Fn. 908.

949 Siehe Fn. 898.

950 So jedenfalls *Sauvage*, Exécuteur testamentaire, Nr. 38.

#### *bb) Die Vollstreckung mit* saisine, *Art. 1030, 1030-1 CC*

Zusätzlich zu dem in Art. 1029 CC[951] normierten „Notwehrrecht“ kann der Erblasser dem Testamentsvollstrecker gem. Art. 1030 CC[952] explizite und unbegrenzte Verfügungsrechte übertragen. Das Gesetz spricht seit der Reform im Jahr 2006 nicht mehr von der *saisine*, sondern verwendet nunmehr den Begriff „*l'envoi en possession*“, was so viel wie „Einweisung in den Besitz“ bedeutet. Gemeint ist aber nach wie vor die *saisine*, weswegen in vielen Texten noch von ihr gesprochen wird.[953] Voraussetzungen und Wirkung der *saisine*-Erteilung erklärt das folgende Kapitel.

#### (1) Voraussetzung der *saisine*-Erteilung

Damit der *exécuteur testamentaire* die *saisine* über den Nachlass erlangt, muss der Erblasser über die *saisine* entsprechend letztwillig verfügen. Tut er dies, entzieht diese Anordnung die *saisine* den eigentlich Berechtigten im angeordneten Umfang.[954] Der Wunsch des Erblassers, das Verfügungsrecht dem *exécuteur testamentaire* zu übertragen, geht mithin dem Verfügungsrecht der Rechtsnachfolger vor.[955]

#### (2) Wirkungen der *saisine*-Erteilung

Bei wirksamer Anordnung der Testamentsvollstreckung durch den Erblasser wird der *exécuteur testamentaire* anstelle der Erben ermächtigt, den letzten

---

951 Siehe Fn. 934.

952 „*Le testateur peut habiliter l'exécuteur testamentaire à prendre possession en tout ou partie du mobilier de la succession et à le vendre s'il est nécessaire pour acquitter les legs particuliers dans la limite de la quotité disponible.*“/Offizielle Übersetzung von *F/F/H*, Frankreich Texte S. 132: „*Der Testierende kann dem Testamentsvollstrecker die Befugnis erteilen, die beweglichen Gegenstände des Nachlasses in Besitz zu nehmen und zu verkaufen, wenn dies zur Erfüllung der Einzelvermächtnisse in den Grenzen des verfügbaren Teils notwendig ist.*“.

953 Z.B. *J. P. Schmidt*, S. 335 ff. Der Einfachheit halber soll diese Arbeit auf dieselbe Weise mit den Begrifflichkeiten umgehen.

954 Dies sind meist die *héritiers réservataires*, ausnahmsweise auch die *légataires universels*, dazu bereits oben B.III.1.b)bb)(1).

955 *Mazeaud-Leveneur*, Dr. Pat. 09/2007, Nr. 162, 58.

Willen des Verstorbenen selbst und nach eigenem Ermessen auszuführen, Art. 1025 Abs. 1 Alt. 2 CC[956].[957]

Das Verfügungsrecht aus Art. 1030 CC[958] ist allerdings (im Unterschied zur *saisine* der *héritiers* und *légataires universels*) zweckgebunden.[959] Neben der Tilgung der Schulden des Erblassers hat der mit der *saisine* ausgestattete Testamentsvollstrecker insbesondere die Erfüllung der *legs particuliers* und die Herausgabe des Nachlasses an die *légataires universels* zu besorgen.[960] Zu diesem Zweck darf er sogar den (Mobiliar)Nachlass in Besitz nehmen und über ihn verfügen.[961] Außerhalb der Grenzen des Erblasserwillens darf der *exécuteur testamentaire* indes nicht verfügen.

Ferner hat der Amtsinhaber zu beachten, dass er auch innerhalb der Grenzen des Erblasserwillens nur über den Teil verfügen darf, der nicht vom indisponiblen Vorbehaltserbe[962] umfasst ist. Seine Verfügungsbefugnis beschränkt sich mithin auf den im Einzelfall zu ermittelnden verfügbaren Erbanteil, dem sog. *quotité disponible*, Art. 1030 CC.[963] Nur innerhalb dieser gesetzlichen Begrenzung ist die Verwaltungsvollstreckung stärker als die Grundform des Überwachungsvollstreckers ausgestaltet.[964] Es ist Aufgabe des Amtsinhabers, sich die nötige Kenntnis über etwaige Vorbehaltserben

---

956 *„Le testateur peut nommer un ou plusieurs exécuteurs testamentaire jouissant de la pleine capacité civile pour (…) procéder à l'exécution de ses volontés."*/Wörtliche Übersetzung von *F/F/H*, Frankreich Texte, S. 131 f.: *„Der Testierende kann zur (…) Vollstreckung seines Willens einen oder mehrere Testamentsvollstrecker bestellen, die über die volle Rechts- und Geschäftsfähigkeit verfügen."*.

957 *Letellier*, Jurisclasseur Civil 2016, Art. 1025 à 1034, Rn. 44.

958 Siehe Fn. 952.

959 Ähnlich *Reinhard Zimmermann* in Itinera Fiduciae, 269 (294 f.).

960 *Letellier*, Jurisclasseur Civil 2016, Art. 1025 à 1034, Rn. 42, 45, 52, 57.

961 *Sauvage*, Exécution testamentaire, Nr. 38.

962 Siehe dazu oben B.III.1.a)aa).

963 Siehe Fn. 952.

964 Sie wird im deutschsprachigen Raum auch „Verstärkte Testamentsvollstreckung" genannt, z.B. *F/F/H*, Frankreich Rn. 433. In der französischen Rechtswissenschaft wird dafür teils zwischen bevollmächtigt und nicht bevollmächtigt (*„habilité"* und *„non habilité"*) unterschieden, *Mazeaud-Leveneur*, Dr. Pat. 09/2007, Nr. 162, 58 (59). Diese Auffassung verkennt freilich, dass jeder Testamentsvollstrecker, ob mit oder ohne Verfügungsrecht, nach herrschender Ansicht ein Stellvertreter, also Bevollmächtigter des Erblassers ist.

zu verschaffen.[965] Übersieht er die Existenz von Vorbehaltserben, sind seine über die *quotité disponible* hinausgehenden Verfügungen grundsätzlich dennoch wirksam. Insofern gilt, was diese Arbeit bereits zur *quotité indisponible* herausgearbeitet hat: Die *héritiers réservataires* können im Wege der Herabsetzungsklage („*action en réduction*") den Wert der unerlaubten Verfügung des *exécuteur testamentaire* in Geld gem. Art. 921 ff. CC von den durch die Verfügung Begünstigten zurückverlangen.[966]

Art. 1030 CC[967] stellt klar, dass die *saisine* über Mobiliarvermögen immer vom Erblasser auf den *exécuteur testamentaire* übertragen werden kann. Anders ist dies bei der Verfügungsbefugnis über Immobilien: Über dieses Vermögen darf der Amtsinhaber gem. Art. 1030-1 Abs. 1 CC[968] nur dann verfügen, wenn keine Vorbehaltserben (*héritiers réservataires*)[969] vorhanden sind bzw. sie ihr Erbe nicht antreten. In diesem Fall hat der *exécuteur testamentaire* im Umgang mit den Nachlassimmobilien lediglich Folgendes zu beachten: Den *héritiers* ist gem. Art. 1030-1 Abs. 2 CC[970] anzuzeigen, wenn der Amtsinhaber

---

965 *Letellier*, Jurisclasseur Civil 2016, Art. 1025 à 1034, Rn. 49.

966 Dazu oben B.III.1.a)aa).

967 Siehe Fn. 952.

968 „*En l'absence d'héritier réservataire acceptant, le testateur peut habiliter l'exécuteur testamentaire à disposer en tout ou partie des immeubles de la succession, recevoir et placer les capitaux, payer les dettes et les charges et procéder à l'attribution ou au partage des biens subsistants entre les héritiers et les légataires.*"/Offizielle Übersetzung von *F/F/H*, Frankreich Texte S. 133: „*Ist kein annehmender Vorbehaltserbe vorhanden, so kann der Testierende dem Testamentsvollstrecker die Befugnis erteilen, im Ganzen oder in Teilen über die unbeweglichen Gegenstände des Nachlasses zu verfügen, Barvermögen zu empfangen und anzulegen, die Schulden und Lasten zu begleichen und die Zuteilung oder die Teilung der verbleibenden Gegenstände zwischen den Erben und Vermächtnisnehmern vorzunehmen.*".

969 Der „Vorbehaltserbenvorbehalt" ist das Ergebnis einer Rechtsfortbildung des *Cass. civ.*, welche mit der Erbrechtsreform 2006 Eingang ins Gesetz gefunden hat, dazu *Cass. civ.*, Bull. civ. 1990 I, Rn. 274: „*(…) l'exécuteur testamentaire n'a pas, en présence d'héritiers réservataires, le pouvoir de vendre un immeuble successoral.*"/Wörtliche Übersetzung: „*(…) Der Testamentsvollstrecker hat bei Vorhandensein von Vorbehaltserben nicht das Recht, Nachlassimmobilien zu verkaufen.*"; dazu auch *Delfosse/Peniquel*, Rn. 495 f.

970 „*À peine d'inopposabilité, la vente d'un immeuble de la succession ne peut intervenir qu'après information des héritiers par l'exécuteur testamentaire.*"/Offizielle Übersetzung von *F/F/H*, Frankreich Texte S. 133: „*Der Verkauf eines unbeweglichen Gegenstands des Nachlasses kann nur nach Mitteilung durch den Testamentsvollstrecker an die Erben erfolgen, andernfalls ist er ihnen gegenüber nicht wirksam.*"; außerdem *Letellier*, Jurisclasseur Civil 2016, Art. 1025 à 1034, Rn. 50.

eine Immobilie verkaufen will. Bleibt eine solche Information[971] aus, ist das Geschäft nichtig.[972]

Die aktuelle Rechtslage geht auf die französische Rechtsprechung vor der Erbrechtsreform 2006 zurück.[973] Die Reformgeber führten den vom *Cass. civ.* vertretenen Gedanken zur Verfügungsbefugnis des *exécuteur testamentaire* über Immobiliarvermögen (bzw der Restriktion dessen) fort und weiteten das grundsätzliche Verfügungsverbot des Art. 1030-1 Abs. 1 CC[974] über Immobiliarvermögen hinaus auf weitere, risikobehaftete Rechtsgeschäfte aus: Untersagt ist dem Amtsinhaber, jedenfalls in Anwesenheit von das Erbe antretenden Vorbehaltserben, die Anlage von Kapital aus Barvermögen („*recevoir et placer les capitaux*"), der nicht dem Notwehrrecht aus Art. 1029 CC[975] unterliegenden Tilgung von dringenden Nachlassschulden („*payer les dettes et les charges*") sowie die Aufteilung der verbleibenden Nachlassgegenstände („*procéder à l'attribution ou au partage des biens subsistants entre les héritiers et les légataires*").[976]

Die *saisine* über Immobiliarvermögen ist im Recht der Testamentsvollstreckung also in zweierlei Hinsicht begrenzt: Einerseits muss der Amtsinhaber sich bei Verfügungen an den mit der Testamentsvollstreckung verknüpften

---

971 Der Testamentsvollstrecker mit *saisine* ist ausdrücklich nur dazu verpflichtet, die *héritiers* über den Verkauf zu informieren. Auf deren Zustimmung kommt es nicht an, *Chamoulaud-Trapiers*, Recueil Dalloz 2006, 2577 (2579). An dieser Stelle gehen seine Befugnisse also über die Sicherungsrechte aus Art. 1029 CC hinaus.

972 *Döbereiner* in Süß, Frankreich Rn. 129; *Lefebvre*, Rn. 4532: der Verkauf „*serait inopposable*"/„*wird unwirksam*".

973 *Cass. civ.*, Bull. civ. 1990 I, Nr. 274: „*Attendu que, selon le premier de ces textes la loi applicable aux immeubles dans les successions testamentaires est la loi de situation de l'immeuble, laquelle régit également les pouvoirs de l'exécuteur testamentaire ; qu'il résulte de la combinaison de deux autres textes que l'exécuteur testamentaire n'a pas, en présence d'héritiers réservataires, le pouvoir de vendre un immeuble successoral (…)*"/Wörtliche Übersetzung: „*Aus den Gründen, dass der erste dieser Texte das Recht regelt, das auf die den testamentarischen Erbfolge unterworfenen Grundstücken anwendbar ist und somit ebenfalls die Rechte des Testamentsvollstreckers regelt, ergibt sich in Kombination mit zwei weiteren Texten, dass der Testamentsvollstrecker in Anwesenheit von Vorbehaltserben nicht das Recht hat, über den Nachlass zu verfügen (…)*"

974 Siehe Fn. 968.

975 Siehe Fn. 934.

976 Dazu im Detail *Sauvage*, Exécuteur testamentaire, Nr. 35.

Zweck halten[977] und andererseits hat er die Grenzen zu beachten, die das Gesetz bei Immobiliarvermögen, sonstigen wirtschaftlich riskanten Rechtsgeschäften sowie bei den *quotité indisponible* missachtenden Verfügungen zieht.

### (3) Der Einfluss des *testament authentique* auf das Erfordernis der *saisine*-Erteilung

Für die Übertragung der *saisine* ist die Niederschrift in einem notariellen Testament (*testament authentique*) zwar nicht nötig, jedoch hilft diese Testamentsform dem Testamentsvollstrecker gem. Art. 1030-2 CC[978] erheblich, da ein durch das notarielle Testament ernannter Testamentsvollstrecker auch ohne *saisine* verwaltend und verfügend tätig werden darf.[979] Das notarielle Testament tritt also an die Stelle der Notwendigkeit der Besitzverschaffung („*l'envoi en possession*") und dient, wie auch das deutsche Testamentsvollstreckerzeugnis, als Legitimationspapier, um Verfügungen wirksam durchführen zu können.

### (4) Einflüsse der Erbrechtsreform 2006 auf die Verfügungsbefugnisse des Testamentsvollstreckers

Dass der Erblasser die Möglichkeit hat, dem Testamentsvollstrecker konkrete Verfügungsrechte über den Nachlass zu geben, ist keine Selbstverständlichkeit, sondern eine Errungenschaft der Erbrechtsreform 2006.[980] Davor fungierte er nämlich im Wesentlichen als Überwachungsorgan für die Nachlassbegünstigten, welche den Nachlass selbst aufteilten und über ihn verfügten.[981] Wie die vorangegangene Untersuchung gezeigt hat, darf der Erblasser dem Amtsinhaber die *saisine* über den Nachlass nun sowohl

---

977 Wobei es diese Beschränkung auch im alten Recht schon gab, vgl. *Chamoulaid-Trapiers*, Recueil Dalloz 2006, 2577 (2579).

978 „*Lorsque le testament a revêtu la forme authentique, l'envoi en possession n'est pas requis pour l'exécution des pouvoirs mentionnés aux articles 1030 et 1030-1.*"/Offizielle Übersetzung von *F/F/H*, Frankreich Texte S. 133: „*Nimmt das Testament die notarielle Form ein, so ist die Einweisung in den Besitz für die Ausübung der in Artikel 1030 und 1030-1 bezeichneten Befugnisse nicht notwendig.*".

979 Im Einklang mit der Gesetzeslage *Letellier*, Jurisclasseur Civil 2016, Art. 1024 à 1035, Rn. 56; *Mazeaud-Leveneur*, Dr. Pat. 09/2007, Nr. 162, 58 (60).

980 *Delfosse/Peniguel*, Rn. 479; *Lefebvre*, Rn. 4520; *Sauvage*, Exécution testamentaire, Nr. 5.

981 *Delfosse/Peniguel*, Rn. 479. Zur alten Rechtslage siehe *Reinhard Zimmermann* in Itinera Fiduciae, 269 (294 ff.).

für Mobiliar- als auch für Immobiliarvermögen übertragen, was sich positiv auf seine Rechtsmacht auswirkt.[982] Zum größten Teil sind damit die Befugnisse, die dem *exécuteur* bisher durch Rechtsfortbildung der französischen Gerichte zugesprochen wurden, nunmehr Bestandteil des CC geworden.[983] Die Umsetzung der Rechtsprechung in geschriebenes Recht sollte die bisher stark in den Hintergrund gerückte Figur des Testamentsvollstreckers modernisieren und „wiederbeleben".[984] Weggefallen ist dafür die Pflicht zur Erstellung eines Nachlassverzeichnisses. Die Erstellung ist gem. Art. 1029 Abs. 2 CC[985] freiwillig geworden.[986]

### *cc) Zusammenfassung und Bewertung*

Die Rechtsmacht des *exécuteur testamentaire* steht und fällt mit der ihm anvertrauten *saisine.* Grundsätzlich als Überwachungsvollstreckung ausgestaltet, hat der Vollstrecker lediglich Überwachungs- und Prozessführungsbefugnisse. Nur im Notfall dürfen nachlasserhaltende Maßnahmen (beispielsweise die Erstellung eines Vermögensverzeichnisses oder der Verkauf von beweglichem Vermögen zur Tilgung dringender Nachlassverbindlichkeiten)[987] durchgeführt werden.

Überlässt der Erblasser ihm per letztwilliger Verfügung die *saisine* über den Nachlass, so darf der Amtsinhaber die Nachlassgegenstände in seinen Besitz nehmen und über sie verfügen. Bei beweglichem Vermögen gilt dies weitestgehend unbeschränkt. Das Immobiliarvermögen hingegen unterliegt nur der Verwaltung des *exécuteur testamentaire*, wenn keine *héritiers réservataires* vorhanden sind bzw. sie ihr Vorbehaltserbe nicht angenommen haben. Die *saisine*, die der *exécuteur testamentaire* erhält, ist also wesentlich beschränkter als die, die den *héritiers* und *légataires universels* mit dem Erbfall zugesprochen wird. Dies erscheint auf den ersten Blick unschlüssig, können doch zumindest Testamentsvollstrecker und Universalvermächtnisnehmer beide nur testamentarisch ernannt werden. Der dennoch bestehende Unterschied

---

982 Dazu *Lefebvre*, Rn. 4527, 4532.
983 *Delfosse/Peniguel*, Rn. 479.
984 So z.B. *Chamoulaud-Trapiers*, Recueil Dalloz 2006, 2577: *„L'exécuteur testamentaire renaîtrait-il de ses cendres ?"/ „Ersteht der Hinsichtlich der Verpflichtungsbefugnis?".*
985 Siehe Fn. 934.
986 *Lefebvre*, Rn. 4530; *Sauvage*, Exécution testamentaire, Nr. 29.
987 So *Malaurie/Brenner/Aynès*, Rn. 410.

in der Verfügungsmacht kann nur durch das verstärkte Misstrauen erklärt werden, das der Gesetzgeber einem Drittverwalter im Verhältnis zu den blutsverwandten Erben oder anderen engen Vertrauten des Erblassers im Kontext der Nachlassabwicklung entgegenbringt.

Die Übertragung der *saisine* ist entbehrlich, sofern die Testamentsvollstreckung mit entsprechendem Verfügungsbefehl in einem *testament authentique* angeordnet wird. Andere Machtmittel genießt der per notariellem Testament ernannte Amtsinhaber allerdings nicht. Daher ist auch er letztendlich an die testamentarischen Anordnungen gebunden und in seiner Rechtsmacht genauso beschränkt wie ein *exécuteur testamentaire* mit *saisine.*

### d) Rechtsschutz der *héritiers* und *légataires*

Der Rechtsschutz der *héritiers* und *légataires* ist relativ schwach ausgestaltet. Das Gesetz gewährt den Erbberechtigten lediglich einen Anspruch auf Rechenschaft des *exécuteur testamentaire* (Art. 1033 Abs. 1 i.V.m. 2 CC),[988] sowie einen Schadensersatzanspruch (Art. 1033 Abs. 3 CC).[989] Zuletzt kann der *exécuteur testamentaire* aus wichtigem Grund entlassen werden, Art. 1026 CC.[990]

#### *aa) Rechenschaftspflicht des Amtsinhabers, Art. 1033 Abs. 1 i.V.m. 2 CC*

Der Amtsinhaber muss den *héritiers* und/oder *légataires*[991] innerhalb von sechs Monaten nach Beendigung der Testamentsvollstreckung Rechenschaft über seine Arbeit ablegen, Art. 1033 Abs. 1 CC.[992] Dies kann formfrei geschehen[993] und umfasst sowohl die Gegenüberstellung der Einnahmen und Ausgaben im Zusammenhang mit der Vollstreckung, als auch die Dokumentation und Darstellung der einzelnen Rechtshandlungen.[994] Entgegen des doch

---

988 Siehe Fn. 879, 880.

989 *„Il assume la responsabilité d'un mandataire à titre gratuit.“*/Offizielle Übersetzung von *F/F/H*, Texte S. 133: *„Er unterliegt der Haftung eines unentgeltlich tätigen Beauftragten.“*.

990 Siehe Fn. 926.

991 *F/F/H*, Frankreich Rn. 435; *Sauvage*, Exécution testamentaire, Nr. 54.

992 Vgl. Fn. 879.

993 *Sauvage*, Exécution testamentaire, Nr. 54.

994 *Letellier*, Jurisclasseur Civil 2016, Art. 1025 à 1034, Rn. 64: *„Rendre compte, ce n'est pas non seulement "faire les comptes", c'est-à-dire la comptabilité financière de la mission par les dépenses et les encaissements que l'exécuteur a pu faire, mais c'est aussi faire rapport à l'héritier de l'ensemble des démarches qui ont été faites dans le cadre de cette mission.“*/Wörtliche Übersetzung: *„Die Rechenschaftslegung umfasst nicht nur das ‚Ablegen der Rechenschaft',*

eher weichen Wortlauts ist anerkannt, dass die Rechenschaftslegung eine Pflicht ist, die von den Rechtsnachfolgern im Falle der Untätigkeit einklagbar ist.[995] Verstirbt der Testamentsvollstrecker während seiner Amtszeit, so fällt die anschließende Rechnungslegungspflicht seinen Erben zu, Art. 1033 Abs. 2 CC.[996] Der Grundsatz der Unvererblichkeit des Amtes aus Art. 1025 Abs. 3 CC[997] wird an dieser Stelle zugunsten des effektiven Rechtsschutzes durchbrochen, weswegen die Rechenschaftspflicht auch nicht abdingbar ist.[998]

### *bb) Schadensersatzanspruch der* héritiers*, Art. 1033 Abs. 3 CC*

In Art. 1033 Abs. 3 CC[999] ist ein Schadensersatzanspruch der Erben gegenüber dem Testamentsvollstrecker normiert. Nach dieser Vorschrift haftet er wie ein Auftragnehmer. Die Vorschrift verweist ins französische Auftragsrecht, also die Art. 1984 ff. CC. Die Pflicht des *„mandataire à titre gratuit"*, Schadensersatz zu leisten, ist in Art. 1992 CC geregelt. Dort ist in Art. 1992 Abs. 1 CC zunächst festgelegt, dass der Beauftragte für Vorsatz und Fehlern bei der Geschäftsführung haftet.[1000] Der Haftungsmaßstab ist jedoch aufgrund der Unentgeltlichkeit der Tätigkeit schädigerfreundlich auszulegen, Art. 1992 Abs. 2 CC.[1001]

---

*d. h. die finanzielle Abrechnung des Amtes, welche der Testamentsvollstrecker vornehmen konnte, sondern sie umfasst auch einen Bericht an die Erben über sämtliche Schritte, die der Testamentsvollstrecker im Rahmen seines Auftrages unternommen hat."*.

995 So zu Recht *Letellier*, Jurisclasseur Civil 2016, Art. 1025 à 1034, Rn. 64: *„cette obligation"*.

996 *„Si l'exécution testamentaire prend fin par le décès de l'exécuteur, l'obligation de rendre ses comptes incombe à ses héritiers."*/Offizielle Übersetzung von *F/F/H*, Frankreich Texte S. 133: *„Endet die Testamentsvollstreckung durch den Tod des Vollstreckers, so obliegt die Verpflichtung, Rechenschaft abzulegen, seinen Erben."*

997 Siehe Fn. 877.

998 *Letellier*, Jurisclasseur Civil 2016, Art. 1024 à 1035, Rn. 64; *Sauvage*, Exécution testamentaire, Nr. 54.

999 Siehe Fn. 989.

1000 *„Le mandataire répond non seulement du dol, mais encore des fautes qu'il commet dans sa gestion."*/Wörtliche Übersetzung: *„Der Beauftragte haftet nicht nur für Vorsatz, sondern auch bei Fehlern, die er bei der Geschäftsführung begeht."*.

1001 *„Néanmoins, la responsabilité aux fautes est appliquée moins rigoureusement à celui dont le mandat est gratuit qu'à celui qui reçoit un salaire."*/Wörtliche Übersetzung: *„Nichtsdestotrotz wird der Haftungsmaßstab bei Fehlern von unentgeltlich Beauftragten weniger streng angewandt als bei entgeltlich Tätigen."*.

### cc) Entlassungsbefugnis des Nachlassgerichts, Art. 1026 CC

Das Gericht ist beim Vorliegen wichtiger Gründe (sog. *motif grave*) dazu ermächtigt, den *exécuteur testamentaire* seines Amtes zu entheben, Art. 1026 CC:[1002] Der Begriff des „wichtigen Grundes" ist nicht legaldefiniert. Dies soll eine flexible Auslegung des Art. 1026 CC[1003] ermöglichen, um auf sämtliche Lebenssachverhalte angemessen reagieren zu können.[1004] Ein solcher Grund liegt insbesondere bei einem Streit mit den *héritiers* oder der Schädigung des Nachlasses vor.[1005] Temporäre Verhinderungsgründe (z.B. Krankheit des Amtsinhabers, vorübergehende Abwesenheit) reichen jedoch nicht aus.[1006]

Wie sich aus den Gesetzgebungsmaterialien ergibt, soll das Antragsrecht auf Entlassung des Amtsinhabers nach Art. 1026 CC sowohl den *héritiers* als auch dem *exécuteur testamentaire* selbst zustehen.[1007] Aber auch *légataires* sowie sonstige am Nachlass beteiligten Personen gelten heutzutage als antragsberechtigt.[1008]

### dd) Überwachung durch das Nachlassgericht?

Die Handlungen des *exécuteur testamentaire* werden vom Nachlassgericht nicht überwacht. Das französische Erbrecht geht in diesem Zusammenhang von einer privaten Kontrolle der Erbbegünstigten aus.[1009] Die Nachlassbeteiligten sollen Meinungsverschiedenheiten unter sich klären. Daher prüft das Nachlassgericht nur auf Antrag eines Beteiligten, ob ein wichtiger Grund

---

1002 Siehe Fn. 926.

1003 Siehe Fn. 926.

1004 So jdfls. *Mazeaud-Leveneur*, Dr. Pat. 09/2007, Nr. 162, 58 (59).

1005 *Delfosse/Peniguel*, Rn. 502; *Letellier*, Jurisclasseur Civil 2016, Art. 1025 à 1034, Rn. 63; *Sauvage*, Exécuteur testamentaire, Nr. 52.

1006 In diesem Sinne *Chamoulaud-Trapiers*, Recueil Dalloz 2006, 2577.

1007 *de Richemont*, Rapp. Sénat n° 343, 2005–2006, S. 254.

1008 *Letellier*, Jurisclasseur Civil 2016, Art. 1025 à 1034, Rn. 63 mit Verweis auf ein Urteil des *Cass. civ.* vom 21. Oktober 1901; *Sauvage*, Exécution testamentaire, Nr. 52. Dass der *exécuteur testamentaire* selbst antragsberechtigt ist, ist keine Selbstverständlichkeit, da der CC ihm kein eigenes Kündigungsrecht zuspricht und er gem. Art. 1025 Abs. 2 CC nach freiwilliger Amtsannahme zur Ausführung verpflichtet ist. Ob nun aber die Nachlassbegünstigten oder der Amtsinhaber selbst einen wichtigen Grund anführen, welcher zur Entlassung führt, ist aus prozessökonomischer Sicht allerdings irrelevant. Zu Recht kann der Testamentsvollstrecker daher auch selbst seine Entlassung einfordern, sofern der wichtige Grund tatsächlich besteht.

1009 Zutreffend, wenn auch in anderem Kontext *J. P. Schmidt*, S. 354.

(*„motif grave“*) die Enthebung des Amtsinhabers aus seinen Pflichten notwendig macht, oder ob den Rechtsnachfolgern aufgrund einer Pflichtverletzung des Testamentsvollstreckers Schadensersatz zu zahlen ist.

#### ee) Zusammenfassung

Der Schutz der *héritiers* und *légataires* wird im CC zunächst dadurch bewirkt, dass diese den *exécuteur testamentaire* dazu auffordern können, binnen sechs Monaten nach Beendigung der Testamentsvollstreckung Rechenschaft über die Nachlassabwicklung abzulegen. Fallen ihnen im Zuge der Rechenschaftslegung oder auf andere Weise Pflichtverletzungen des Amtsinhabers auf, so können die *héritiers* den *éxecuteur testamentaire* nach den Regeln des Auftragsrecht auf Schadensersatz in Anspruch nehmen. Überschreitet der *exécuteur testamentaire* in der laufenden Abwicklung die Grenzen seiner Amtsführungsbefugnis, so können die Rechtsnachfolger des Erblassers die Entlassung des Testamentsvollstreckers beim Nachlassgericht beantragen. Dasselbe Recht steht indes auch dem Testamentsvollstrecker selbst zu, wenn er einen wichtigen Grund in seiner Person erfüllt sieht.

Eine gerichtliche Überwachung des *exécuteur testamentaire* seitens der Nachlassgerichte findet nur begrenzt statt, da jedenfalls keine Kontroll*pflicht* besteht. Vielmehr überprüft das zuständige Gericht nur auf Antrag eines Nachlassbeteiligten, ob der Amtsinhaber seine Abwicklungspflichten verletzt hat.

## 3 Bewertung der französischen Testamentsvollstreckung

Das Amt des *exécuteur testamentaire* beginnt mit seiner freiwilligen Amtsannahme, welche er ab Eröffnung des Testamentes abgeben kann. Es endet in den allermeisten Fällen durch Zeitablauf i.S.d. Art. 1032 CC[1010] und damit grundsätzlich nach zwei Jahren, vorbehaltlich einer unbestimmten Verlängerungsmöglichkeit. Dieser Endpunkt wird oft mit dem Ende der Verfügungsbefugnisse der Verwaltungsvollstreckung mit *saisine* verwechselt, welche gem. Art. 1031 CC[1011] nach zwei bis maximal drei Jahren erlöschen, die Testamentsvollstreckung an sich aber unberührt lassen. In den meisten

---

1010 Siehe Fn. 898.
1011 Siehe Fn. 908.

Fällen dürfte das Ende der Verwaltungsbefugnisse mit dem Ende der gesamten Testamentsvollstreckung jedoch zusammenfallen.

Die Rechtsmacht des *exécuteur testamentaire* hängt im hohen Maße davon ab, ob er während seiner Amtszeit die *saisine* übertragen bekommt oder nicht. Ohne sie ist er als Überwachungsvollstrecker nur dazu befugt, die ordentliche Nachlassaufteilung der Begünstigten untereinander zu überwachen. Ferner ist er im Falle eines Gerichtsprozesses aktiv- bzw. passivlegitimiert. Diese Vollstreckungsform stellt zugleich den gesetzlichen Regelfall dar, in welcher der *exécuteur testamentaire* nur im äußersten Notfall Veräußerungsrechte besitzt, um den Nachlass vor der Insolvenz zu bewahren. Bei expliziter testamentarischer Anordnung darf der Amtsinhaber auch Mobiliarvermögen in Besitz nehmen und innerhalb der Grenzen des Vorbehaltserbes verwenden und veräußern. Immobiliarvermögen darf er nur dann in Besitz nehmen, wenn keine *héritiers réservataires* vorhanden sind.

Auffällig ist, dass die Effektivität der Testamentsvollstreckung nach wie vor sehr eingeschränkt ist. Indem das französische Erbrecht grundsätzlich den *héritiers* die *saisine* und somit das Verfügungsrecht zuspricht, sollen diese grundsätzlich auch den Nachlass abwickeln.[1012] Aus diesem Grund ist das Amt des Testamentsvollstreckers im französischen Erbrecht kein essenzielles Amt, was sich auf dessen Ausgestaltung (und in der Konsequenz auch auf dessen Rechtsmacht) auswirkt. Daran änderte auch die Erbrechtsreform 2006 nicht viel,[1013] obwohl dem gesetzgeberischen Willen das Gegenteil zu entnehmen war. Insbesondere die Beschränkung durch die Existenz des *réserve héreditaire* beschneidet den Amtsinhaber in seiner potenziellen Verfügungsgewalt.

Dem Rechtsschutz der Hinterbliebenen misst das französische Recht bei Belastung mit einer Testamentsvollstreckung daher nur eine geringe Bedeutung bei. Im Wesentlichen beschränkt das Gesetz sich auf mittelbare Kontrollbefugnisse, welche sich in einklagbare Rechenschaftspflichten des Amtsinhabers einerseits und der Möglichkeit eines gut zu begründenden Entlassungsantrages andererseits ausdrücken. Bei Fehlverhalten kann außerdem Schadensersatz verlangt werden, wobei der Haftungsmaßstab aus

---

1012 Ähnlich *J. P. Schmidt*, Itinera hereditatis, S. 341.

1013 Gewisse Verbesserungen, vor allem hinsichtlich der Höchstdauer der möglichen *saisine*-Erteilung, sind dennoch zu beobachten, dazu im Detail *J. P. Schmidt*, Itinera hereditatis, S. 347 f.

dem Stellvertretungsrecht abgeleitet wird, was den *exécuteur testamentaire* begünstigt. Ein derart gravierendes Fehlverhalten, das dem Nachlass ernsthaft schadet, ist in Anbetracht der strikten zeitlichen Tätigkeitsbegrenzung sowie der grundsätzlich schwachen Verfügungsbefugnis des Testamentsvollstreckers (auch wenn er die *saisine* besitzt) allerdings nur selten zu befürchten. Haftungsfälle im Zusammenhang mit der Testamentsvollstreckung dürften daher eher die Ausnahme darstellen.

Nicht eindeutig geklärt ist die Frage, welche Rolle dem *mandat à effet posthume* für die französische Nachlassabwicklung zukommt. Das „Problem" der *saisine*-Zuweisung an die *héritiers* kann mit der Ernennung eines *mandataire à effet posthume* zwar umgangen werden, jedoch muss der Erblasser mit den gesetzlich normierten Anordnungsgründen und Formvorschriften relativ hohe Hürden überwinden, bevor er eine postmortale Vollmacht erteilen kann. Gelingt ihm dies, kann er den Nachlass allerdings fremdverwalten lassen – und das ggf. dauerhaft, weswegen das postmortale Mandat eine gute Alternative zur Testamentsvollstreckung sein kann. Die funktionale Vergleichbarkeit dieser postmortalen Verwaltungsform mit der Testamentsvollstreckung (insbesondere der Dauervollstreckung, die vor allem im deutschen Recht auftaucht) muss somit im folgenden Rechtsvergleich thematisiert werden.

# C Rechtsvergleich

Um die in dieser Arbeit gewonnenen Erkenntnisse für eine Verbesserung der §§ 2197 ff. BGB fruchtbar machen zu können, sollen die Regelungen zur Testamentsvollstreckung in den drei Rechtsordnungen nun miteinander verglichen werden. Ziel dieses Vergleichs ist es, die herausgearbeiteten Mängel des deutschen Rechts[1014] in Relation zu den anderen, hier behandelten Rechtsordnungen zu setzen. Gegebenenfalls kann der Rechtsvergleich an dieser Stelle zur Revision des deutschen Rechts inspirieren.[1015]

Der folgende Vergleich soll sich dabei im Aufbau weitestgehend an der Struktur der Länderberichte orientieren. Es hat sich aber gezeigt, dass die Rechtsmacht des Testamentsvollstreckers und der Rechtsschutz der Erben nicht immer sauber voneinander getrennt werden können, da Beschränkungen der Rechtsmacht auch als erbenschützende Maßnahmen interpretiert werden können und umgekehrt. Diese beiden Aspekte sind daher zusammenzufassen. Zu erörternde Vergleichskriterien sind also die Dauer der Testamentsvollstreckung einerseits und das *Kräfteverhältnis* zwischen Testamentsvollstrecker und Erben andererseits.

Stets werden in einem ersten Schritt abstrakte Vergleichspunkte zwischen dem deutschen und dem österreichischen sowie französischen Recht herausgearbeitet, um sodann in einem zweiten Schritt zu ermitteln, ob der inspirative Rückgriff auf die verwandten Regelungen erstrebenswert wäre. Es soll insbesondere untersucht werden, ob sich vergleichbare Regelungen

---

[1014] Siehe oben B.I.5.

[1015] Zu den Funktionen des Rechtsvergleichs siehe bereits oben A.II.

auch in das deutsche Rechtssystem einfügen lassen. Die Erarbeitung von Reformvorschlägen basierend auf den Ergebnissen eines Rechtsvergleichs erscheint nämlich nur dann sinnvoll, wenn ihnen keine vollständige Restrukturierung des in Frage stehenden Heimatrechts vorausgehen muss. Gegebenenfalls ist die Methode der funktionalen Rechtsvergleichung entsprechend zu modifizieren.[1016]

## I Dauer der Testamentsvollstreckung

Allen Rechtsordnungen ist zunächst gemein, dass die Amtsannahme des prospektiven Testamentsvollstreckers freiwillig ist. Meistens stellt die Annahmeerklärung gleichzeitig auch den Beginn der Testamentsvollstreckung[1017] dar – im deutschen Recht stellt dies § 2202 Abs. 1 BGB klar, für das französische Recht ist dies herrschende Meinung[1018] und im österreichischen Recht ist der Beginn erst bei Amtsannahme aufgrund der Negativformulierung des § 817 S. 2 ABGB anerkannt.[1019]

Auch hinsichtlich der Beendigungsgründe sind sich die Rechtsordnungen im Wesentlichen einig: Das Amt des Testamentsvollstreckers findet sein Ende u.a. bei Erledigung der Aufgaben,[1020] Tod[1021] oder Geschäftsunfähigkeit[1022] des Amtsinhabers oder der Entlassung durch die Fachgerichte aus wichtigem Grund.[1023]

Bei genauerer Betrachtung ergeben sich in puncto Zeitablauf dennoch Unterschiede. Im deutschen Recht kommt es maßgeblich darauf an, ob ein

---

1016 Dazu oben A.II.2.

1017 Im deutschen Recht ist die Trennung zwischen abstrakter Testamentsvollstreckung und konkretem ausgeübten Amt zu beachten (siehe dazu oben B.I.2.a). Gemeint ist daher das Amt des deutschen Testamentsvollstreckers.

1018 Siehe die Nachweise in Fn. 901.

1019 Siehe die Nachweise in Fn. 643.

1020 Für Deutschland: Siehe Fn. 93 f.; Für Österreich: Siehe Fn. 652; Für Frankreich: Siehe Fn. 927.

1021 Für Deutschland: § 2225 Alt. 1 BGB; Für Österreich: Siehe Fn. 666; Für Frankreich: Art. 1033 Abs. 2 CC.

1022 Für Deutschland: § 2225 Alt. 2 BGB i.V.m. § 2201 Var. 1 BGB; Für Österreich: Siehe Fn. 667; Für Frankreich: Siehe Fn. 923.

1023 Für Deutschland: § 2227 BGB; Für Österreich: Siehe Fn. 656 ff.; Für Frankreich: Art. 1026 CC, dazu Fn. 926.

Abwicklungs- oder Dauervollstrecker agiert.[1024] Die Abwicklungsvollstreckung i.S.d. §§ 2203 f. BGB kennt nämlich grundsätzlich[1025] keinen Zeitablauf, sondern sieht den Zeitpunkt der „Erledigung der auferlegten Aufgaben" als ihre natürliche Zeitgrenze an. Für die Dauervollstreckung ist die prorogierbare 30-Jahres-Frist des § 2210 BGB zu beachten (und zu kritisieren).[1026] Um den herausgearbeiteten Missstand des deutschen Rechts zu beheben, könnte sich ein Blick in die österreichischen und französischen Regelungen lohnen, um etwaige Lösungswege zu ermitteln, die aus dem deutschen „Endlosschleifendilemma"[1027] herausführen.

## 1 Zeitablauf in Österreich

In Ermangelung von Sondervorschriften stützt sich der Regelungsapparat der österreichischen Testamentsvollstreckung vollständig auf die Rechtsfortbildung durch Rechtsprechung mit Unterstützung seitens des Schrifttums.

Anerkannt ist in diesem Zusammenhang, dass das Amt durch Zeitablauf enden kann[1028] – eine Frist ergibt sich dabei aus der letztwilligen Verfügung des Erblassers. Während auch im deutschen Recht eine privatautonome Fristsetzung durch den Erblasser möglich ist,[1029] hat diese nichts mit der „Endlosschleifen"-Problematik zu tun. Die zu klärende Problematik um die Dauer der deutschen Dauervollstreckung ist in der Auslegung des § 2210 S. 2 BGB verankert. Da diese Vorschrift nur dann den Zeitablauf einer Testamentsvollstreckung regelt, wenn die gegenständliche letztwillige Verfügung sich dazu gerade nicht äußert, können Erkenntnisse aus dem österreichischen Recht zu angeordneten Endpunkten einer Testamentsvollstreckung nicht fruchtbar gemacht werden. Schließlich können diese ausschließlich per letztwilliger Verfügung ausgesprochen werden.

---

1024 Auf Spezialformen der Testamentsvollstreckung ist aus Relevanzgründen nicht einzugehen.

1025 Eine Ausnahme ist beispielsweise die befristete Abwicklungsvollstreckung, was jedoch im Testament explizit anzuordnen ist, siehe dazu *Klinger* in Bengel/Reimann/Holtz/Röhl, 8. Aufl. 2023, § 8 Rn. 46.

1026 Zur Kritik insgesamt oben B.I.2.c).

1027 Dazu oben B.I.2.c)dd)(1).

1028 Siehe Fn. 651.

1029 Dazu *Klinger*, S. 17, 56 ff., 109 ff.; *Klinger* in Bengel/Reimann/Holtz/Röhl, 8. Aufl. 2023, § 8 Rn. 46.

Auf den ersten Blick kennt das österreichische Recht die Dauervollstreckung wohl genauso wenig wie vergleichbare Ämter. Allerdings hat die Untersuchung gezeigt, dass auch in Österreich Dauervollstreckungen angeordnet wurden und sich die Gerichte bereits mit derartigen Testamenten beschäftigt haben.[1030] Bedauerlicherweise haben sich die Gerichte mit diesen Anordnungen inhaltlich aber nicht auseinandergesetzt. Selbst wenn die Existenz der Dauervollstreckungen höchstrichterlich explizit anerkannt worden wäre, würde diese vermutlich genauso wie die „reguläre" Verwaltungsvollstreckung am Makel der jederzeitigen Widerrufbarkeit durch die Erben leiden.[1031] Letztendlich hätte die Dauervollstreckung in Österreich daher wenig praktische Relevanz. Der vergleichende Blick in das österreichische Recht vermag daher keinen Vorschlag darüber zu unterbreiten, wie das deutsche Problem der „Endlosschleife" in § 2210 S. 2 BGB gelöst werden kann.

## 2 Zeitablauf in Frankreich

Eine gesetzliche Grundlage weist jedoch das französische Recht auf. Die Art. 1031 f. CC[1032] zeigen sowohl der Verfügungsbefugnis des Testamentsvollstreckers als auch der Testamentsvollstreckung insgesamt ein zeitliches Ende auf, wobei der Wissenschaft die Trennung dieser Endpunkte zum Teil schwerfällt.[1033] Außerdem ist zu untersuchen, ob die zeitliche Befristung des *mandat à effet posthume* den Problemen des deutschen Rechts eine Lösung aufzeigen kann.

### a) Der Zeitablauf nach Art. 1031 f. CC

Das französische Recht unterscheidet generell, aber auch in zeitlicher Hinsicht nicht zwischen Abwicklungs- und Dauervollstreckung, sondern zwischen

1030 Dazu oben B.II.2.c)cc).

1031 Dazu oben B.II.2.b)bb).

1032 Siehe Fn. 898 und 908.

1033 Dazu im Detail oben B.III.2.b), dort Fn. 918 f. Zugegebenermaßen ist es fraglich, inwiefern eine strikte Trennung der beiden Vorschriften überhaupt nötig ist. Wenn man die Frist des Art. 1032 CC so lange verlängern würde, bis die *héritiers* die Nachlassaufteilung unter Aufsicht des *exécuteur* beendet haben, wäre für die gerichtlich anerkannte Figur des *administrateur provisoire* kein Raum, weil dessen Ernennungsvoraussetzung eine beendete Testamentsvollstreckung ist (siehe dazu oben B.III.2.a) bb)).

Testamentsvollstreckung mit und ohne *saisine*.[1034] Versucht man also, die Art. 1031 f. CC[1035] mit dem deutschen Recht zu vergleichen, so sind die insoweit nach deutscher Rechtslage vergleichbaren Ämter und Vorschriften zu ermitteln. Da der *exécuteur testamentaire* ohne *saisine* grundsätzlich nur Überwachungsrechte besitzt und nur im Notfall Sicherungsmaßnahmen vornehmen darf,[1036] ist er funktional am ehesten mit dem beaufsichtigenden Testamentsvollstrecker aus § 2208 Abs. 2 BGB vergleichbar. Zwar besitzt dieser keine Selbstvornahmerechte, sondern kann im Notfall die ordnungsmäßige Verwaltung durch die Erben nur gerichtlich durchsetzen.[1037] Aber beiden Vollstreckern ist gemein, dass sie keine Verfügungsgewalt über den Nachlass haben und die Erben bei der eigenverantwortlichen Abwicklung nur kontrollieren dürfen. Eine Vergleichsbasis zum Zeitablauf der Dauervollstreckung nach § 2210 BGB lässt sich an dieser Stelle jedoch nicht konstruieren.

Ob die im französischen Recht doch eher streng bemessene Amtszeit eines Testamentsvollstreckers überhaupt ein geeignetes Reformvorbild sein kann, bleibt indes fraglich. Dass starre Fristen der Nachlassabwicklung nicht dienlich sind, zeigt das französische Recht mit der Kunstfigur des *administrateur provisoire*[1038] als Nachfolger des am Zeitablauf gescheiterten *exécuteur testamentaire* eindrücklich. Dass dieser in der Praxis mit dem früheren *exécuteur testamentaire* häufig personenidentisch ist,[1039] macht die provisorische Nachlassverwaltung umso entbehrlicher. Die Testamentsvollstreckung wird lediglich unter anderem Namen fortgeführt. Eine über die Erledigung der Aufgaben hinausgehende zeitliche Begrenzung ist für die Abwicklungsvollstreckung mithin weder erforderlich noch dienlich.[1040] Dieselben Erwägungen gelten auch für den beaufsichtigenden Testamentsvollstrecker, da er letztlich nur die erbeneigene Nachlassabwicklung überwacht. Und auch diese ist beendet, wenn der Nachlass vollständig aufgeteilt ist.

---

1034 Zum Begriff oben B.III.1.b)bb).

1035 Siehe Fn. 898 und 908.

1036 Dazu oben B.III.2.c)aa).

1037 Dazu oben B.I.3.a)cc).

1038 Dazu oben B.III.2.a)bb).

1039 *Malaurie/ Brenner/Aynès*, Rn. 412.

1040 Zur Entbehrlichkeit von Abwicklungsfristen unabhängig vom französischen Recht auch *Weidlich* in Grüneberg, § 2210 Rn. 1.

Ein Vergleich mit den Regelungen zum Zeitablauf des Amtes des Testamentsvollstreckers scheitert also daran, dass die Art. 1031 f. CC[1041] nicht auf längerfristige Testamentsvollstreckungen ausgelegt sind.

### b) Der Zeitablauf des *mandat à effet posthume* im funktionalen Vergleich

Es bleibt also die Suche nach einem funktionalen Vergleichsobjekt.[1042] Dazu ist ein französisches Rechtsinstitut zu ermitteln, welches Fälle der Drittverwaltung (da die Testamentsvollstreckung nach deutschem Recht ein solcher Fall ist) regelt. Darüber hinaus muss die Verwaltung von Fremdvermögen die Grundidee dieses Konstrukts, also dessen *Zweck* sein, da dieser Umstand charakterisierend für die deutsche Dauervollstreckung ist und nur bei Charakteridentität eine funktionale Vergleichsbasis geschaffen ist.[1043]

Wendet man diesen Maßstab auf das französische Erbrecht an, kommt das *mandat à effet posthume* in Betracht. Seit der Erbrechtsreform 2006 in den Art. 812 ff. CC verankert, ist seine Aufgabe – ebenso wie bei der Dauervollstreckung – die Verwaltung des Nachlassvermögens.[1044] Im Gegensatz zur Amtszeit des Dauervollstreckers ist die des *mandataires* allerdings grundsätzlich auf zwei bzw. fünf Jahre begrenzt, Art. 812-1-1 Abs. 2 CC.[1045] Ob zwischen dem *mandataire à effet posthume* und dem Dauertestamentsvollstrecker

---

1041 Siehe Fn. 898, 908.

1042 Zum Begriff der funktionalen Rechtsvergleichung *Zweigert/Kötz*, S. 33 und oben A.II.2. Jüngst wurde kritisiert, dass ein funktionaler Vergleich die Vereinheitlichung von Dauer- und Abwicklungsvollstreckung im Rechtsvergleich aufgrund der unterschiedlichen Zwecksetzung beider Vollstreckungsarten zerstören würde (*J. P. Schmidt*, RabelsZ 86 (2022), 557 (559 f.)). Dennoch ist ein funktionaler Vergleich an dieser Stelle notwendig. Die in dieser Arbeit kritisierte Rechtslage zur Dauer der Testamentsvollstreckung betrifft nur den Dauervollstrecker, sodass eine „Vergleichszersplitterung" an dieser Stelle ohnehin nicht zu befürchten ist. Ferner besteht die Gefahr der Unvollständigkeit des funktionalen Vergleichs nicht, da die Nachlassabwicklung, die potenziell auch durch Erben oder Nachlassverwalter vollzogen werden kann, kein Teil des hier angestellten funktionalen Vergleichs ist.

1043 BayObLGZ 1913, 49 (55); *Dutta* in Löhnig/Dutta et al., S. 222; *W. Zimmermann* in MüKoBGB, § 2209 Rn. 1. Ähnlich auch *Röper*, ZEV 2023, 789 (793): *„Konservierungsgedanke"*; *J. P. Schmidt*, RabelsZ 86 (2022), 557 (558): *„die auf Perpetuierung des Nachlasses gerichtete ‚Dauervollstreckung'"*.

1044 Dazu im Detail oben B.III.1.a)cc).

1045 Siehe Fn. 817.

eine derartige Ähnlichkeit besteht, die einen funktionalen Rechtsvergleich ermöglichen würde,[1046] ist bisher – soweit ersichtlich – noch nicht im Detail diskutiert worden, weswegen sich dieses Kapitel dieser Aufgabe stellt.

### *aa)* Mandat posthume *und Dauervollstreckung im funktionalen Vergleich*

Dass das posthume Mandat Parallelen zum angelsächsischen *Trust*-System aufweist,[1047] könnte dabei ein erstes Indiz für die Vergleichbarkeit mit der Dauervollstreckung sein. Einige Stimmen sehen eine gewisse Ähnlichkeit auch des Dauervollstreckers zum englischen Treuhänder, dem sog. *Trustee*.[1048]

Zuzugeben ist zwar, dass Dauervollstreckung und *mandat posthume* sich in Aufbau und Wirkungsweise nicht vollständig ähneln und vor allem die Regeln zum Zeitablauf (Zwei bzw. Fünf Jahre und 30 bis über 100 Jahre) deutlich auseinandergehen. Eine vollständige Wesensidentität kann aber auch kein funktionaler Vergleichsmaßstab sein. Es muss vielmehr darum gehen, die Grenze zu ermitteln, die (unter Berücksichtigung von Telos und Rechtsfolge der Vergleichsregelungen) zwischen irrelevanten Bagatellunterschieden und unüberbrückbaren strukturellen Differenzen zu ziehen ist.

Eine genauere Gegenüberstellung verrät, dass beide Rechtsfiguren erhebliche Gemeinsamkeiten aufweisen: Sowohl beim posthumen Mandat als auch bei der Dauervollstreckung wird einem durch letztwillige Verfügung

---

1046 Die Vergleichbarkeit der Wirkweise zweier Rechtskonstrukte ist nach einhelliger Auffassung die Voraussetzung für eine funktionale Vergleichbarkeit, dazu im Detail oben A.II.2.

1047 Dazu oben Fn. 803.

1048 Z.B. *OLG Schleswig*, IPRax 2016, 163 Rn. 29; *KG*, ZEV 2012, 593 (594) m. Anm. *Lehmann*; BayObLG, ZEV 2003, 503 (508); *Coing*, FS Heinsius, 79 (81 f.); *Dutta* in Löhnig/Dutta, S. 222 f.; *Kötz*, S. 98 f.; *J. P. Schmidt*, RabelsZ 86 (2022), 557 (558 f.). Zum Begriff des englischen *Trusts* siehe *Kötz*. S. 97 ff., 111. Auch rechtshistorisch spricht vieles für eine Vergleichbarkeit von *Trust* und Dauervollstreckung, hat sich das Konstrukt der Testamentsvollstreckung zumindest im germanischen Rechtsraum aus der Urform der germanischen Treuhand entwickelt, dazu *Reinhard Zimmermann* in Itinera Fiduciae, 269 (275 ff.). Auf die detaillierte Klärung dieser Vergleichsfrage soll diese Arbeit jedoch nicht eingehen.

ernannten Dritten[1049] innerhalb eines gesetzlich festgelegten Zeitraumes[1050] die Verwaltung des Nachlasses auferlegt.[1051] Der Nachlass wird auf diese Weise an den jeweiligen Amtsinhaber gebunden, welcher ihn in der Regel lediglich verwaltet, bis seine Amtszeit zu einem Ende kommt. Die Verwaltung ist dabei in beiden Fällen Mittel zum Zweck, um die Rechtsnachfolger für eine gewisse Dauer an der Nachlassabwicklung zu hindern, solange der Erblasser dies für geboten erachtet. Sowohl der Dauertestamentsvollstreckung als auch dem *mandat posthume* ist mithin die Perpetuierung des Nachlasses gemein.

Gegen eine funktionale Vergleichbarkeit könnte aber der Schluss sprechen, den das Schrifttum[1052] aus der Formulierung des Art. 812-4 Nr. 5 CC[1053] herleiten möchte: Auch bei der Installation eines *mandat à effet posthume* sollen die *héritiers* nämlich grundsätzlich die Verfügungsbefugnis über den Nachlass behalten.[1054] Dies ist kein Versehen, da der Gesetzgeber das Mandat auf diese Weise vom Vorbild der englischen Treuhand abgrenzen wollte und diese Rechtsfolge somit bewusst einführte.[1055] Durch die den Erben zufallende Verfügungsbefugnis könnte man zu dem Schluss kommen, dass dieses Amt dem funktionalen Rechtsvergleich mit der deutschen Dauervollstreckung nicht zugänglich ist. § 2211 BGB entzieht den deutschen Erben bei Anordnung der Testamentsvollstreckung nämlich jegliche Verfügungsbefugnisse über den der Vollstreckung unterworfenen Nachlass.

---

1049 Für Deutschland: § 2197 BGB; für Frankreich: Art. 812 Abs. 1 CC: „*Toute personne peut donner à une ou plusieurs autres personnes, physiques ou morales, mandat d'administrer ou de gérer, sous réserve des pouvoirs confiés à l'exécuteur testamentaire, toute ou partie de sa succession pour le compte et dans l'intérêt d'un ou de plusieurs héritiers identifiés.*"/ Offizielle Übersetzung in *F/F/H*, Frankreich Texte S. 61 f.: „*Vorbehaltlich der dem Testamentsvollstrecker zugewiesenen Befugnisse kann jedermann einer anderen natürlichen oder juristischen Person oder mehreren von ihnen Vollmacht zur Verwaltung oder Geschäftsführung des Nachlasses im Ganzen oder in Teilen auf Rechnung und im Interesse eines oder mehrerer bestimmter Erben erteilen*.".

1050 Für Deutschland: § 2210 BGB; für Frankreich: Art. 812-1-1 Abs. 2 CC, siehe Fn. 817.

1051 Für Deutschland: § 2209 BGB; für Frankreich: Art. 812 Abs. 1 CC, siehe Fn. 1049.

1052 Vgl. die Quellen in Fn. 892.

1053 Siehe Fn. 823.

1054 Vgl. oben B.III.2.a)cc).

1055 *de Richemont*, Rapp. Sénat n° 343, 2005–2006, S. 130: „*Cependant, contrairement au fiduciaire, le mandataire posthume n'aura aucun droit de propriété et ne pourra pas accomplir d'acte de disposition.*"/Wörtliche Übersetzung: „*Jedoch wird der Auftragnehmer, im Gegensatz zum Treuhandnehmer, keine Eigentumsrechte und Verfügungsrechte besitzen.*".

Allerdings hat sich gezeigt, dass der französische Erblasser die Möglichkeit der testamentarischen *saisine*-Zuweisung hat. Dies führt zur Entmachtung der Erben zugunsten des *mandataire*[1056] und kommt der Wirkung des § 2211 BGB gleich.

Zudem ist zu beachten, dass das *mandat à effet posthume* ausweislich der Gesetzgebungsmaterialien den Nachlass vor geschäftsunfähigen oder minderjährigen Erben schützen soll.[1057] Aus diesem Grund ist die Anordnung des postmortalen Mandats nur in diesen Fällen zulässig, vgl. Art. 812-1-1 CC.[1058] Dieser Schutzgedanke wohnt auch der Dauervollstreckung inne.[1059] Jedoch wird er im deutschen Recht durch eine Konservierung der Nachlassmasse und Verfügungsverbote ausgefüllt, während das *mandat à effet posthume* einer gewinnbringenden Verwaltung des Nachlasses dienen soll.[1060] Ob der Nachlassschutz durch Konservierung oder auf andere Weise bewirkt wird, spielt für die Vergleichbarkeit beider Ämter indes keine allzu große Rolle.

Zuletzt lässt auch das *mandat posthume* bei genauerer Betrachtung eine deutlich längere Amtszeit zu, als man zuerst meinen mag: Art. 812-1-1 Abs. 2 S. 2 CC[1061] gestattet bei fortdauernder Geschäftsunfähigkeit oder Minderjährigkeit der Rechtsnachfolger eine wiederholte Verlängerung des Amtes. Die Erben dürfen den Nachlass erst dann selbst verwalten, wenn sie keine Gefahr mehr für den Nachlass darstellen. Kommt das Gericht zu dem Schluss, dass dies nicht der Fall ist, verlängert es die Amtszeit des posthumen Mandats nach eigenem Ermessen. Der Konservierungsgedanke kommt im französischen Recht somit durch eine flexible Verlängerungsoption des Amtes zum Ausdruck.[1062] Wenn auch anders in der Ausgestaltung, kommt die poten-

---

1056 Dazu oben B.III.2.a)cc).

1057 Dazu oben B.III.1.a)cc).

1058 Siehe Fn. 809.

1059 Dazu oben B.I.3.a)bb).

1060 Dazu *Gresser* in Löhnig/Dutta, S. 139.

1061 Siehe Fn. 817.

1062 Inwiefern diese Regelung vor dem Hintergrund auch tatsächlich Wirkung entfalten kann, dass die *héritiers* den Nachlass verkaufen und so die posthume Verwaltung auch beenden können, wenn die Verwaltung aus Schutzgründen eigentlich noch angezeigt wäre, ist sicherlich diskutabel. Indem den *héritiers* die Verfügungsbefugnis über den Nachlass auch bei Drittverwaltung nicht entzogen wird, wird das posthume Mandat unweigerlich seiner Effektivität beraubt und ist daher zwingend darauf angewiesen, dass der Erblasser die Verwaltungsbefugnisse testamentarisch erweitert.

zielle zeitliche Belastung der Rechtsnachfolger eines dem *mandat posthume* unterworfenen Nachlasses der Regelung des § 2210 S. 2 BGB durchaus nahe, garantiert aber zugunsten der durch die Drittverwaltung Belasteten eine turnusmäßige Überprüfung der Anordnungsvoraussetzungen.

Im Ergebnis lässt sich daher eine funktionale Vergleichbarkeit des *mandat à effet posthume* und der Dauervollstreckung festhalten, da sie sich in Wirkungsweise und Funktion stark ähneln und in ihrer jeweiligen Ausgestaltung nur geringfügig voneinander abweichen.

#### *bb) Übertragung der Ergebnisse auf das deutsche Recht*

Die Untersuchung des *mandat à effet posthume* hat gezeigt, dass dieses Amt funktional der Dauertestamentsvollstreckung ähnelt. Indem das französische Recht die Verwaltungsbefugnis dem *mandataire* treuhändisch überträgt, soll der Nachlass vor solchen Rechtsnachfolgern geschützt werden, die mit dem Nachlassvermögen nicht umgehen können. Jedoch ist die grundsätzliche Amtszeit des *mandataire* mit zwei bzw. fünf Jahren wesentlich kürzer als die 30-Jahres-Frist des § 2210 S. 1 BGB. Das *mandat à effet posthume* ist somit nicht unbedingt darauf ausgelegt, den Nachlass übermäßig lange zu binden. Der Konservierungsgedanke kommt aber durch die Möglichkeit der flexiblen und zeitlich nicht begrenzten Verlängerungsoption – gewissermaßen durch die Hintertür – doch noch zum Vorschein.

Das deutsche Recht setzt die Nachlasskonservierung hingegen durch die starre Frist des § 2210 S. 1 BGB um. Aus diesem Umstand darf gleichwohl nicht die Unvergleichbarkeit der beiden Rechtsinstitute hergeleitet werden, ändert dieser Unterschied in der jeweiligen Ausgestaltung der Nachlassperpetuierung nicht das Bestreben, den Nachlass vor „gefährlichen“ Rechtsnachfolgern zu schützen. Es ist dennoch nicht von der Hand zu weisen, dass das *mandat à effet posthume* durch seinen abschließenden Anwendungsbereich auf sehr spezifische Fälle zugeschnitten ist. Die deutsche Dauervollstreckung ist hingegen bewusst weit ausgestaltet und für eine Vielzahl von Konstellationen gedacht,[1063] weswegen nur eine starre, aber großzügige Frist dem vielfältigen Anwendungsbereich der Dauervollstreckung gerecht werden kann.

---

[1063] Für den Anwendungsbereich der Dauervollstreckung siehe. *W. Zimmermann* in MüKoBGB, § 2209 Rn. 3 ff. Diesen Umstand kritisierend *Windel*, S. 247 dort Fn. 25.

Trotz der funktionalen Parallelen gestaltet sich die praktische Übertragung der kurzen französischen Frist mit beliebiger Verlängerungsoption auf Dauervollstreckungen mithin als schwierig: Für eine Übertragung wäre es notwendig, abschließende Fallgruppen mit jeweils unterschiedlichen Amtsfristen zu kodifizieren, um das Amt der Dauervollstreckung nicht seiner Funktionsfähigkeit zu berauben. Genannt sei etwa das Beispiel der *Behindertentestamente* – der Anordnungsgrund dieser Dauervollstreckungen wird sich in zwei bzw. fünf Jahren nicht erledigen, da eine körperliche bzw. geistige Beeinträchtigung regelmäßig ein Leben lang bleibt. Das Nachlassgericht wiederholt anzurufen, um eine offensichtlich fortbestehende Behinderung festzustellen, ist wenig prozessökonomisch.

Man könnte natürlich kritisieren, dass die 30-Jahres-Frist des § 2210 S. 1 BGB in einigen Fällen (beispielsweise, wenn die Verfügungsbefugnis den minderjährigen Erben nur bis zum Eintritt der Volljährigkeit entzogen werden soll), überzogen ist. Möchte der Erblasser die Vollstreckung aus bestimmten Gründen für einen kürzeren Zeitraum anordnen, kann er sie jedoch an auflösende Bedingungen (§ 158 Abs. 2 BGB) oder an ein Enddatum knüpfen und so den gewünschten Individualerfolg erzielen.[1064] Insgesamt ist die verhältnismäßig lange, aber dem Konservierungsgedanken gerecht werdende Regelung des § 2210 S. 1 BGB jedoch hinzunehmen. Die Rechtsfigur des *mandat posthume* ist mithin zwar funktional mit der Dauervollstreckung vergleichbar, fügt sich aber nicht ohne Weiteres in die bestehende deutsche Gesetzessystematik ein.

#### cc) Fazit

Letztendlich ist den Art. 812 ff. CC zwar ein für den Vergleich wichtiger Konservierungszweck zu entnehmen, der den inspirativen Rückgriff auf die Fristregelung des Art. 812-1-1 Abs. 2 CC[1065] grundsätzlich zulassen würde. Da die Dauervollstreckung aber einen sehr viel größeren Anwendungsbereich hat als das posthume Mandat, scheitert die Vergleichbarkeit an dieser Stelle aufgrund systematischer Differenzen. Dem funktionalen Vergleichsansatz

1064 Allg. M, siehe. nur *Klinger* in Bengel/Reimann/Holtz/Röhl, 8. Aufl. 2023, § 8 Rn. 4.
1065 Siehe Fn. 817.

werden an dieser Stelle praktische Grenzen aufgezeigt, die nicht ohne Weiteres zu überwinden sind.[1066]

Ohnehin bildet die 30-Jahres-Frist aus § 2210 S. 1 BGB streng genommen nicht das Zentrum der aufgeworfenen Problematik. Den Unmut der Wissenschaft ruft die Rechtsprechungspraxis hervor, welche die Verlängerungsoption aus § 2210 S. 2 BGB unter Anwendung der Amtstheorie[1067] zu weit auslegt und so unbilligen Ergebnissen zuführt. Darauf hat auch das französische Recht keine Antwort, denn das Dosierungsmodell des *mandat posthume* funktioniert nur, weil die Verlängerungsgründe sich inhaltlich mit dem Anwendungsbereich des Mandats decken. Nach wie vor ist die Lösung des Problems aus dem deutschen Recht herzuleiten – etwa durch die entsprechende Anwendung des § 2109 Abs. 1 S. 2 Nr. 1 BGB auf Dauervollstreckungen.[1068]

## 3 Zusammenfassung und Bewertung

Die Dauer einer Testamentsvollstreckung folgt in den Rechtsordnungen von Deutschland, Österreich und Frankreich grundsätzlich einem ähnlichen Konzept. Die freiwillige Amtsannahme läutet den Beginn der Amtszeit des jeweiligen Testamentsvollstreckers ein. Neben einigen, das Vollstreckungsende einläutenden Standardfällen kennt das deutsche Recht aufgrund seiner Aufteilung in Abwicklungs- und Dauervollstreckung zusätzlich das Ende durch Zeitablauf von 30 Jahren gem. § 2210 S. 1 BGB, welches seit jeher reger Kritik ausgesetzt ist.

Der Vergleich mit dem französischen *mandat à effet posthume* hat Parallelen zur Dauervollstreckung aufgezeigt. Bei näherer Betrachtung hat die Dauervollstreckung neben der generationenübergreifenden Nachlasskonservierung jedoch auch andere Ziele, während das *mandat à effet posthume* grundsätzlich nur eine kurzfristige Erhaltungsmaßnahme für den Nachlass darstellt. Die Übertragung der Frist des Art. 812-1-1 Abs. 2 CC[1069] auf Dauervollstreckungen würde dem weiten Anwendungsbereich von §§ 2209, 2210 S. 1 BGB somit

---

1066 Wie sich noch zeigen wird, muss der funktionale Vergleichsansatz daher weiterentwickelt werden. Siehe dazu unten C.III.4.

1067 Siehe dazu oben B.I.2.c)dd)(1)(b).

1068 Siehe dazu oben B.I.2.c)dd)(1)(d).

1069 Siehe Fn. 817.

nicht gerecht werden. Von einer Übertragung der französischen Mandatsfristen auf die deutsche Dauervollstreckung ist daher Abstand zu nehmen.

## II Das Kräftegleichgewicht der Parteien

Nachdem die Probleme, die dem Zeitfaktor der deutschen Testamentsvollstreckung anhaften, rechtsvergleichend keiner Lösung zugeführt werden konnten, bleibt noch das Kräftegleichgewicht der Parteien in den verschiedenen Rechtsordnungen zu untersuchen.

Da die Rechtsmacht des deutschen Testamentsvollstreckers sehr vielfältig ist und der Vergleich aller Befugnisse der Amtsinhaber in jeder Verästelung zu weit gehen würde, sollen die folgenden Vergleiche lediglich untersuchen, inwiefern ein Kräftegleichgewicht zwischen Testamentsvollstrecker und Erben im deutschen Recht hergestellt werden kann. Im Mittelpunkt der Analyse sollen vor allem die in dieser Arbeit herausgearbeiteten Kritikpunkte stehen, auf die sich die in dieser Arbeit gemachte These des Kräfteungleichgewichts innerhalb der §§ 2197 ff. BGB stützt, nämlich:

1. Die Möglichkeit, Verfügungsbeschränkungen durch das Ausnutzen der Gutglaubensvorschriften der §§ 932 ff. BGB zu umgehen,[1070] was nicht durch geeignete Präventivmaßnahmen[1071] verhindert wird, und
2. Die Ausgestaltung der Entlassungsbefugnis aus § 2227 BGB als Ermessensentscheidung.[1072]

Zuerst wird untersucht, wie das österreichische Recht mit diesen Punkten umgeht, gefolgt vom Vergleich mit dem französischen Recht. Da sowohl Abwicklungs- als auch Dauervollstrecker gem. § 2205 S. 1, 2 BGB mit Verfügungsbefugnissen ausgestattet werden können, spielt die konkrete Art des angeordneten Amtes nach deutschem Recht für den folgenden Vergleich keine Rolle. Die gefundenen Ergebnisse sind universal übertragbar.

---

[1070] Dazu oben B.I.3.a)aa)(1)(d) und B.I.5.b).

[1071] Dazu oben B.I.5.c).

[1072] Dazu oben B.I.4.b)bb).

## 1 Das Kräftegleichgewicht im österreichischen Recht

Im österreichischen Recht ist der Testamentsvollstrecker strukturell bereits deutlich schwächer ausgestattet, da er im Grundsatz nur Überwachungsfunktionen besitzt.[1073] Der Erblasser kann das Amt jedoch auch als Abwicklungsvollstreckung ausgestalten, indem er ihm per letztwilliger Verfügung erlaubt, über Nachlasswerte zu verfügen. Diese österreichische Variante verfolgt den gleichen Zweck wie der deutsche Abwicklungsvollstrecker und hat im Wesentlichen auch identische Befugnisse, sodass sie miteinander vergleichbar sind.[1074] Um die Erben vor den Folgen einer Verwaltungsvollstreckung zu schützen, hat der *OGH* jedoch einige die Abwicklungsvollstreckung beschränkende Grundsatzurteile gefällt.[1075] Ob sich diese Rechtsprechung auch auf deutsche Erbfälle sinnvoll übertragen lässt, soll dieses Kapitel untersuchen.

### a) *OGH* v. 14.02.2008, Az. 2 Ob 1/08y – Entlassungsbefugnis der Erben

Zum einen hat der *OGH* klargestellt, dass der Verwaltungsvollstrecker mit einem Machthaber (aus deutscher Sicht also mit einem Stellvertreter)[1076] gleichzusetzen sei. Er leite seine Verfügungsbefugnis von den Erben als Rechtsnachfolger des Machtgebers ab (vgl. § 810 ABGB).[1077] Aus diesem Grunde dürfen die Erben die Verfügungsrechte des Amtsinhabers widerrufen und ihn (zurück) in die Beaufsichtigungsposition drängen.[1078]

Die Übertragung dieser Grundsätze auf das deutsche Recht dürfte in materiell-rechtlicher Hinsicht schon daran scheitern, dass der Testamentsvollstrecker kein Stellvertreter i.S.d. §§ 164 ff. BGB ist. Vielmehr ist er Partei kraft Amtes und somit aus seiner eigenen Existenz heraus legitimiert.[1079] Somit ist bereits ausgehend von der unterschiedlichen Rechtsnatur der beiden Ämter ein Vergleich in funktionaler Hinsicht unmöglich. Jedenfalls ginge es zu weit, wenn die Erben den Testamentsvollstrecker von sich aus

---

1073 Dazu oben B.II.2.c)aa).

1074 Wie sich aber im folgenden Kapitel noch zeigen wird, stellen die verschiedenen Rechtsnaturen der Ämter den Vergleich an einigen Stellen doch noch vor Schwierigkeiten.

1075 Dazu allgemein oben B.II.2.c).

1076 Zum Begriff siehe Fn. 625.

1077 Siehe Fn. 565.

1078 Dazu oben B.II.2.b)bb) und *OGH*, OeNotZ 2008, 270; OeNotZ 2013, 308.

1079 Dazu oben B.I.1.

zum beaufsichtigenden Testamentsvollstrecker degradieren dürften. Dieser Mechanismus entwertet das Amt in praktischer Hinsicht.[1080] Die (ggf. nicht sehr geschäftserfahrenen) Erben wären in der Konsequenz auf sich allein gestellt, was vor allem dann ungünstig ist, wenn sich die Nachlassaufteilung als kompliziert herausstellt.

Ferner ist das Urteil des *OGH* im Kontext des österreichischen Erbrechts zu lesen, das die Nachlassabwicklung bis zur Verteilungsreife durch einen Notar als Gerichtskommissär vorsieht.[1081] Die Widerrufsbefugnis wurde vom *OGH* vermutlich deshalb gebilligt, weil die Einantwortung[1082] in die Verlassenschaft durch das zwingende Verlassenschaftsverfahren sehr viel staatsnäher ausgestaltet ist, als dies im deutschen Erbrecht der Fall ist. Wo eine professionelle Nachlassabwicklung von Amts wegen stattfindet, ist der Nachlass vor einer Verschleuderung geschützt. Im österreichischen Recht hat eine effektive Testamentsvollstreckung daher keine Priorität. Wichtiger ist seine Ausgestaltung aber dort, wo die Erben den Nachlass im Zweifel selbst abwickeln müssen, wie es beispielsweise das deutsche Recht vorsieht.[1083]

Im Ergebnis ist es daher nicht angezeigt, den deutschen Erben die Möglichkeit einer eigenmächtigen Entlassung des Testamentsvollstreckers an die Hand zu geben.

### b) *OGH* v. 22.05.1998, Az. 2 Ob 105/98z – Entlassungsbefugnis der Verlassenschaftsgerichte

Außerdem gesteht die höchstgerichtliche Rechtsprechungspraxis den Erben das Recht zu, die Entlassung des Amtsinhabers gerichtlich zu beantragen.[1084] Da der Verwaltungsvollstrecker vom österreichischen Erben selbst entlassen werden darf,[1085] gilt diese Entlassungsoption nur für die überwachende Voll-

---

1080 Und das ist tatsächlich die Bilanz, die das österreichische Schrifttum für die Testamentsvollstreckung nach § 816 ABGB zieht, dazu bereits oben B.II.3.

1081 Dazu oben B.II.1.a).

1082 Dazu oben B.II.1.a).

1083 Ähnlich *Welser/Zöchling-Jud*, Bd. II, 14. Aufl. 2015, Rn. 2157.

1084 Vgl. die Grundsatzurteile des *OGH*, OeNotZ 2008, 270; OeNotZ 2013, 308; OeNotZ 1999, 26.

1085 Dazu oben B.II.2.b)bb).

streckung[1086].[1087] Diese Spaltung kennt das deutsche Recht nicht, weswegen zunächst fragwürdig ist, ob die Entlassungsmechanismen der deutschen und österreichischen Rechtsordnung überhaupt miteinander vergleichbar sind.

#### *aa) Ermittlung einer Vergleichsbasis*

Wirft man einen Blick auf die Entlassungsbefugnis der deutschen Nachlassgerichte aus § 2227 BGB, so fällt auf, dass diese in ihrem Anwendungsbereich nicht auf bestimmte Vollstreckungsformen beschränkt ist. Daher könnte an der Vergleichbarkeit der Norm mit der österreichischen Rechtsprechungspraxis gezweifelt werden. Dieser Unterschied lässt sich aber dadurch erklären, dass der Testamentsvollstrecker nach österreichischem Recht eine gespaltene Rechtsnatur hat – indem der verwaltende Vollstrecker ein österreichischer Machthaber und somit im Prinzip Stellvertreter und Auftragnehmer der rechtsnachfolgenden Erben ist, können diese das zwischen ihnen und dem Testamentsvollstrecker bestehende Rechtsverhältnis durch Kündigung beenden. Demgegenüber hat der überwachende Testamentsvollstrecker ein Amt *sui generis* inne, weswegen die Vorschriften des Machthaberschaftsrechts auf ihn nicht anwendbar sind.[1088]

Jedoch bezweckt die Möglichkeit des gerichtlichen Entlassungsantrages, unabhängig von der gespaltenen Rechtsnatur des Testamentsvollstreckers, im österreichischen Recht den Erbenschutz im Allgemeinen. Dass die Verlassenschaftsgerichte den überwachenden Testamentsvollstrecker aus seinem Amt entheben können, resultiert somit nicht aus einer konsequenten Anwendung des Rechts der Machthaberschaft (denn sonst stünde dieses Recht allein den Erben zu), sondern beruht auf einer erbenschützenden Auslegung des § 816 ABGB seitens der Gerichte.[1089] Da die Entlassungsbefugnis der Nachlassgerichte aus § 2227 BGB ebenso dem Erbenschutz dient, kann dieses *OGH*-Urteil zum Vergleich mit der deutschen Testamentsvollstreckung somit herangezogen werden.

---

[1086] Siehe Fn. 606.
[1087] Dazu oben B.II.2.d)aa).
[1088] Dazu oben B.II.2.a).
[1089] Siehe Fn. 606.

### *bb) Ausgestaltung der österreichischen Entlassungsbefugnis der Gerichte*

Zugegebenermaßen lässt sich aus den einschlägigen Entscheidungen zunächst nicht entnehmen, ob die Entlassungsgewalt nun im Ermessen der Verlassenschaftsgerichte liegen soll oder nicht. Festgestellt wird häufig nur, dass das Abhandlungsgericht einen Testamentsvollstrecker aus wichtigen Gründen abberufen kann.[1090] In einer der früheren Entscheidungen zur Entlassungsbefugnis im Jahre 1998 äußerte sich der *OGH* wie folgt:

> *„Zusammengefaßt ist der erk Senat der Meinung, daß der vom Erbl bestimmten Person dann, wenn sie durch einen gesonderten Beschluß des VerlassenschaftsG mit der Verwaltung des gesamten Nachlasses oder der Vornahme einzelner Verwaltungshandlungen betraut wurde, durch einen vom VerlassenschaftsG im Verfahren außer Streitsachen zu fassenden Beschluß die ihr übertragenen Befugnisse zu entziehen sind* (Hervorhebung durch den Verfasser); *wenn wichtige Gründe gegeben sind, (…)"*[1091]

Damit positioniert der *OGH* sich nicht eindeutig zu der Frage, ob er sich mit dieser Entscheidung ein Ermessen auf Rechtsfolgenebene einräumen wollte. Man könnte diese Passage zunächst dergestalt auslegen, als dass das Gericht, das den Testamentsvollstrecker durch Beschluss in sein Amt ernennt, sich im Umkehrschluss (*„actus contrarius"*) auch die Kompetenz vorbehalten will, über seine Entlassung nach eigenem Ermessen zu entscheiden.

Das Bedürfnis, in der gerichtlichen Entlassungsgewalt eine Ermessensentscheidung zu sehen, mag in Anbetracht der weitreichenden Folgen einer Amtsentlassung berechtigt sein. Dem Bedürfnis nach gerichtlichem Ermessen ist jedoch dadurch Genüge getan, dass der Begriff des „wichtigen Entlassungsgrundes", bei welchem es sich um einen unbestimmten Rechtsbegriff handelt, durch das Ermessen der zuständigen Gerichte ausgefüllt wird. Bereits auf diese Weise wird sichergestellt, dass die Verlassenschaftsgerichte in ihrer Entlassungsentscheidung weitestgehend frei sind.

Vor diesem Hintergrund erscheint es nicht geboten, auch die Rechtsfolgenentscheidung dem Ermessen der Verlassenschaftsgerichte zu unterstellen. Die Frage nach einem wichtigen Entlassungsgrund kann komplex sein, sodass sich die Verlassenschaftsgerichte mit der Frage einer Entlassung auch ohne

---

1090 *OGH*, OeNotZ 2015, 310; 2013, 208 (310); 2008, 270.
1091 *OGH*, OeNotZ 1999, 26 (29).

eine doppelte Ermessensausübung ausreichend beschäftigen müssen. Dass ein solcher Mechanismus zu realitätsfremden Ergebnissen führen kann, zeigt die aktuelle Konzeption des § 2227 BGB eindrücklich.[1092] Die Rechtsprechungspraxis des *OGH* ist mithin so zu verstehen, dass der Begriff des „wichtigen Grundes" einen unbestimmten Rechtsbegriff darstellt, welchen das Gericht nach eigenen Ermessen im Einzelfall auslegt, die Entlassung auf der Rechtsfolgenebene aber zwingend auszusprechen ist, sollten die Gerichte zu dem Ergebnis kommen, dass ein wichtiger Entlassungsgrund gegeben ist. Zu demselben Auslegungsergebnis kommt im Übrigen auch die österreichische Kommentarliteratur.[1093]

Auch wenn der Wortlaut sich in den Folgeentscheidungen schleichend zu „kann" entwickelte, lässt sich den Entscheidungen nicht entnehmen, dass sich an der gebundenen Entscheidung etwas ändern sollte. Ohnehin ist zweifelhaft, ob das Wort hier dieselbe Bedeutung haben soll wie im Sprachgebrauch deutscher Juristen.

Es spricht demnach vieles dafür, dass mit der in aktueller Rechtsprechung auftauchenden Formulierung „*(…) kann entlassen (…)*" kein Ermessen gemeint ist. Vielmehr soll die gerichtliche Entlassungsbefugnis erst bestehen, wenn ein wichtiger Grund vorliegt – dann aber zwingend.

Somit entscheiden Verlassenschaftsgerichte auf Antrag der Erben gebunden über die Entlassung des überwachenden Testamentsvollstreckers. Die zwingende Entlassung bei Vorliegen der Voraussetzungen ist ein interessanter Ansatz und könnte in das deutsche Recht zu übertragen sein.

### c) Übertragung der Grundsätze auf das deutsche Recht

Nach abstrakter Erörterung der aufgezeigten *OGH*-Urteile soll nun versucht werden, das österreichische Modell der gebundenen Entlassungsentscheidung bei Vorliegen eines wichtigen Grundes in das deutsche Recht der Testamentsvollstreckung einzubetten.

Bezüglich der Frage, ob die Entlassungsbefugnis der deutschen Nachlassgerichte aus § 2227 BGB gebunden zu gestalten ist, kommen keine ernsthaften

---

1092 Dazu oben B.I.4.b)bb).

1093 *Welser* in Rummel/Lukas, § 816 Rn. 14: „*Das Verlassenschaftsgericht hat* (Hervorhebung durch den Verfasser) *den Exekutor bei Vorliegen wichtiger Gründe zu entheben (…)*".

Zweifel auf. Der Wortlaut der Norm wäre nur leicht abzuändern (z.B. von „kann" zu „hat").

Zwar könnte die gespaltene Rechtsnatur des österreichischen Testamentsvollstreckers die Übertragbarkeit der Grundsätze zur Entlassungspflicht der Verlassenschaftsgerichte vor Herausforderungen stellen. Dem ist jedoch zu entgegnen, dass die *OGH*-Rechtsprechung sich praktisch ohnehin nur auf den überwachenden Testamentsvollstrecker anwenden lassen wird, da der verwaltende Testamentsvollstrecker von den Erben selbst aus seinem Amt entfernt werden kann. Da alle deutschen Testamentsvollstrecker aber Partei kraft Amtes[1094] sind und der Überwachungsvollstrecker ebenfalls als Partei *sui generis* zu verstehen ist, ist die praktische Übertragung der Rechtsprechungspraxis des *OGH* nicht problematisch. Eine Entlassungsbefugnis für sämtliche pflichtwidrig handelnden Testamentsvollstrecker erscheint konsequent, soll der Erbenschutz tatsächlich gelingen. Ein Erbe ist nicht etwa weniger schutzwürdig, weil ein überwachender Testamentsvollstrecker seine Pflichten verletzt. In dieser Hinsicht sollte das deutsche Recht also in Anlehnung an die österreichische Rechtslage reformiert werden.

### d) Ergebnis

Die vom *OGH* entwickelten Grundsätze zur gerichtlichen Aufsicht des verwaltenden Testamentsvollstreckers enthalten wichtige Überlegungen zum Erbenschutz. Insbesondere bietet sich eine Übertragung der Entlassungsrechtsprechung des Amtsinhabers aus wichtigem Grund in das deutsche Recht an. Indem die Entlassung des Testamentsvollstreckers auf Antrag keinen Ermessenspielraum auf der Rechtsfolgenseite vorsieht, führt das österreichische Recht nicht zu den unbefriedigenden Ergebnissen, welche die Anwendung des § 2227 BGB im deutschen Rechtsraum teilweise produziert.[1095]

Zu bedauern bleibt jedoch, dass das österreichische Recht der Testamentsvollstreckung keinen Präventivschutz vor ordnungswidrigen Rechtshandlungen des Testamentsvollstreckers für die Erben beinhaltet – dies begründet sich in der Tatsache, dass die Rechtsmacht des Testamentsvollstreckers im ABGB bereits sehr gering ist. Es bleibt daher zu hoffen, dass das französische Recht eine Lösung für dieses deutsche Problem bereithält.

---

1094 Dazu oben B.I.1.
1095 Dazu oben B.I.4.b)bb)(4).

## 2 Das Kräftegleichgewicht im französischen Recht

Das französische Recht unterscheidet zwischen dem *exécuteur testamentaire* mit oder ohne *saisine*.[1096] Im Wesentlichen ist damit dieselbe Unterscheidung gemeint, die das österreichische Recht vornimmt: Der Amtsinhaber kann Kontroll- bzw. Überwachungsfunktionen besitzen, oder – bei letztwillig verfügter Anordnung der Übertragung der *saisine* – darüber hinaus über die Aufteilung und Verwertung des Vermögens aktiv entscheiden. Ohne die *saisine* hat der Testamentsvollstrecker abgesehen von Notfallmaßnahmen zur Nachlasssicherung (Art. 1029 CC)[1097] weder Verpflichtungs- noch Verfügungsbefugnisse.[1098] Die für den Rechtsvergleich interessanten Aspekte der französischen Rechtslage werden in diesem Kapitel dargestellt.

### a) Das Zustimmungsmodell des Art. 1029 CC

Wie die Analyse der Rechtsmacht des überwachenden Testamentsvollstreckers gezeigt hat, kann dieser (entgegen seiner eigentlichen Rechtsnatur) auch ohne im Besitz der *saisine* zu sein, Nachlassgegenstände in Besitz nehmen und sie zur Sicherung des Nachlasses „veräußern“.[1099] Voraussetzung für den Veräußerungserfolg ist jedoch stets die Zustimmung der Erben in das vom Testamentsvollstrecker in Gang gesetzte Verfügungsgeschäft. Ohne die Zustimmung bzw. ersatzweise die gerichtliche Genehmigung bleibt das Rechtsgeschäft unwirksam.[1100]

Auch wenn diese Vorschrift die Rechtsmacht des überwachenden Testamentsvollstreckers eher erweitern als beschränken soll, bietet Art. 1029 CC[1101] bzw. dessen Wirkweise einen interessanten Denkansatz für den deutschen Erbenschutz: Indem die Erben in vom Testamentsvollstrecker in Gang gesetzte Rechtsgeschäfte nach Art. 1029 CC[1102] zustimmen müssen, sind sie in den Verkaufsvorgang über Nachlassgegenstände involviert und können, sofern das Rechtsgeschäft tatsächlich nicht zur Nachlasssicherung geeignet

---

1096 Dazu oben B.III.2.c)aa) und B.III.2.c)bb).
1097 Siehe Fn. 934.
1098 Dazu oben B.III.2.c)aa)(2).
1099 Dazu oben B.III.2.c)aa).
1100 Dazu oben B.III.2.c)aa)(2).
1101 Siehe Fn. 934.
1102 Siehe Fn. 934.

ist, die Zustimmung verweigern und das Verfügungsgeschäft so vereiteln. Mit anderen Worten: Die französischen Erben werden *vor der Veräußerung* des Nachlassgegenstandes dazu ermächtigt, ein Veto gegen die Wirksamkeit des Rechtsgeschäfts einzulegen. Sie haben also die Möglichkeit, *Präventivmaßnahmen* zu ergreifen, um den Testamentsvollstrecker bei (vermeintlich) rechtswidrigen Maßnahmen zu stoppen. Genau dieser Präventionsmechanismus fehlt dem deutschen Recht der Testamentsvollstreckung. Da er aber auch nicht über eine gerichtliche Einbindung in das Amt des Testamentsvollstreckers erzeugt werden kann,[1103] könnte dieser Weg den Rechtsschutz der Erben nach deutschem Recht nach den Maßstäben verbessern, welche sich in dieser Arbeit als nötiger Mindeststandard herausgestellt haben.[1104]

Zu erörtern bleibt in der Folge, ob ein funktionaler Rechtsvergleich hinsichtlich dieses Aspekts angestellt werden kann. Konkret geht es hierbei nicht darum, Art. 1029 CC[1105] mit einer Norm aus dem deutschen Recht der Testamentsvollstreckung zu vergleichen. Da diese Vorschrift zum Machtapparat des überwachenden Testamentsvollstreckers (also dem ohne *saisine*) gehört, ist zunächst zu erörtern, ob der französische Testamentsvollstrecker mit dem deutschen Gegenstück vergleichbar ist. In dieser Hinsicht bestehen jedoch keine Bedenken, denn in beiden Fällen wird eine dritte Person vom Erblasser mit der Abwicklung seines Nachlasses beauftragt. Die Vergleichbarkeit des französischen mit dem deutschen Testamentsvollstrecker liegt daher nahe.

Man könnte einer generellen Vergleichbarkeit zwar entgegenhalten, dass Art. 1029 CC[1106] nur für den überwachenden Testamentsvollstrecker gilt. Die logische Konsequenz könnte sein, diesen Mechanismus auch im deutschen Recht nur auf die Fälle des § 2208 Abs. 2 BGB zu übertragen.

Dieser Schluss greift jedoch zu kurz: Dass die Regelung des Art. 1029 CC[1107] nicht für jeden *exécuteur*, sondern nur für den überwachenden – den ohne *saisine* – gilt, ist der Konzeption des französischen Testamentsvollstreckerrechts geschuldet. Der Testamentsvollstrecker soll demnach grundsätzlich nicht verfügungsbefugt sein. Art. 1029 CC[1108] drückt insoweit lediglich das

1103 Dazu oben B.I.5.c)aa)(1).
1104 Dazu oben B.I.5.c).
1105 Siehe Fn. 934.
1106 Siehe Fn. 934.
1107 Siehe Fn. 934.
1108 Siehe Fn. 934.

Bestreben aus, den Testamentsvollstrecker zum Schutz des Nachlasses in eine *saisine*-ähnliche Stellung zu befördern. Bei einer verstärkten Rechtsmacht des Testamentsvollstreckers ist nach der Wertung des französischen Rechts aber auch der Rechtsschutz der Erben zu erhöhen, was durch das präventive Zustimmungserfordernis bewerkstelligt wird.

Der Testamentsvollstrecker nach deutschem Recht ist im Grundfall hingegen grundsätzlich auch verfügungsbefugt. Wie bereits im Vergleich von *mandat posthume* und Dauervollstreckung erwähnt,[1109] sind Unterschiede in der rechtlichen Ausarbeitung funktional identischer Rechtskonstrukte jedoch kein Argument gegen die rechtliche Vergleichbarkeit. Es wäre zu kleinteilig, den funktionalen Rechtsvergleich nur in den Verhältnissen *exécuteur* ohne *saisine* versus Testamentsvollstrecker ohne Verfügungsbefugnisse und *exécuteur* mit *saisine* versus Testamentsvollstrecker mit Verfügungsbefugnissen anstellen zu wollen.

Im Ergebnis ist daher festzustellen, dass die beiden Rechtsinstitute „Testamentsvollstrecker" aus dem deutschen sowie französischen Rechtsraum funktional miteinander vergleichbar sind. Daher kann auch über eine Übertragung der zustimmungsbasierten Vollstreckungskontrolle seitens der Erben, wie sie das französische Erbrecht kennt, nachgedacht werden.

### b) Einschränkung der *saisine* (Verfügungsverbote)

Einen einzigartigen Denkansatz bietet das französische Recht ferner in der Art und Weise, wie es die Rechtsmacht des *exécuteur testamentaire* mit *saisine* beschränkt: Die Art. 1030 CC,[1110] 1030-1 CC[1111] nehmen den sog. *quotité indisponible*, also den Erbteil des *héritiers réservataire*, von der Testamentsvollstreckung aus. Dasselbe gilt für gewisse Vermögensbestandteile und insbesondere das Immobiliar- und Kapitalvermögen, sofern Vorbehaltserben existieren und das Erbe angetreten haben. Diese Regelungen formulieren absolute Verfügungsverbote und sollen im Folgenden analysiert werden.

#### *aa) Verfügungsverbot über Immobiliar- und Kapitalvermögen*

Im Gegensatz zum österreichischen Recht weist das französische Recht kein genehmigungsbasiertes Aufsichtsmodell seitens der Gerichte auf, wenn es

---

1109 Dazu oben C.I.2.b)aa).

1110 Siehe Fn. 952.

1111 Siehe Fn. 968.

um Verfügungen über Immobiliar- oder Kapitalvermögen geht. Stattdessen nimmt Art. 1030-1 CC[1112] diese Rechtsgeschäfte vollständig aus dem Anwendungsbereich der Testamentsvollstreckung aus.

Die Sinnhaftigkeit dieses Verbotsmodells ist zu bezweifeln. Es ist zwar zuzugeben, dass ein Missbrauch der Verfügungsrechte gerade im Umgang mit Grundstücken im Nachlass weitreichende Folgen haben kann. Dem Testamentsvollstrecker die Möglichkeit der Verwaltung bzw. Abwicklung dieses Vermögens vollständig zu entziehen, sollte aber in Anbetracht der Erhaltung der Funktionstüchtigkeit von Testamentsvollstreckungen die *ultima ratio* sein. Dass zum Zwecke des Präventivschutzes stattdessen die Pflicht zur Einholung der Zustimmung der Erben denkbar und möglich ist, zeigte bereits der vorherige Blick in Art. 1029 CC[1113].[1114] Der französische Lösungsweg schießt an dieser Stelle ersichtlich über das Ziel hinaus. Der Präventivschutz ist auch über mildere, gleich effektive Mittel zu bewirken. Von einer Übertragung dieses Grundsatzes in das deutsche Recht ist daher abzusehen.

#### *bb) Verfügungsverbot über den* quotité indisponible

Zu diskutieren bleibt noch, wie es sich mit dem Verfügungsverbot über den *quotité indisponible* verhält. Da es das Konstrukt der Vorbehaltserbschaft im deutschen Recht zumindest nicht wortwörtlich gibt, wäre auch hier (unabhängig von der Vorbelastung dieses Verfügungsverbots mit der vorangegangenen *ultima-ratio*-Kritik) ein Rechtsvergleich aus funktionaler Sicht nur möglich, wenn es ein vergleichbares Konstrukt im deutschen Heimatrecht gibt.

In erster Linie kommt dafür das deutsche Pflichtteilsrecht in Betracht. Ähnlich wie im französischen Recht[1115] profitieren auch vom deutschen Pflichtteil nur die nächsten Angehörigen des Erblassers, nämlich Abkömmlinge sowie Ehegatten (§ 2303 BGB), weswegen die Vergleichbarkeit möglich erscheint.

Das deutsche Recht kennt allerdings auch das Pflichtteilsrecht der Eltern und „entfernterer Abkömmlinge“, wenn auch nur bei Fehlen anderer naher Angehöriger, § 2309 BGB.[1116] Ferner setzen das französische Vorbehaltserb-

---

1112 Siehe Fn. 968.

1113 Siehe Fn. 934.

1114 Dazu oben B.III.2.c)aa)(2) und C.II.2.a).

1115 Dazu oben B.III.1.a)aa).

1116 Diese Vorschrift wurde seit ihrer Kodifikation stark kritisiert, z.B. von *Langheineken*, SächsArch 14 (1904), 319 (320); *Raape*, FS Haff, 317 (318).

recht und der deutsche Pflichtteil an verschiedenen Punkten an: Letzterer greift als Mindestgarantie der Berechtigten[1117] nur dann ein, wenn der Erblasser seine grundsätzlich erbwilligen Abkömmlinge durch Verfügung von Todes wegen von der Erbfolge *ausschließt*, § 2303 Abs. 1 S. 1 BGB. Diese Wirkung hat das Vorbehaltserbrecht aufgrund seiner Ausgestaltung als gesetzliches Erbrecht nicht, denn wer das Erbe nicht annimmt, erhält mit dem Erbfall auch keinen lastenfreien Erbteil (Art. 912 Abs. 1 CC a. E.).[1118] Das deutsche Pflichtteilsrecht, das den Berechtigten lediglich einen schuldrechtlichen Anspruch auf Geldzahlung an die Hand gibt, enthält keinen Automatismus, sondern muss aktiv geltend gemacht werden.

Die festgestellten Unterschiede sind allerdings lediglich kosmetischer Natur und lassen sich als Ausdruck der Kodifikationshoheit der verschiedenen Jurisdiktionen erklären. Sie können dem funktionalen Vergleich nicht entgegenstehen. Einen Schutz vor endgültiger Enterbung bietet das Vorbehaltserbrecht genauso wie das Pflichtteilsrecht. Er entsteht dadurch, dass die Entscheidung über die endgültige Beerbung mit dem freiwilligen Erbantritt bei den *héritiers réservataires* liegt. Die funktionale Vergleichbarkeit ist mithin gegeben.

### c) Entlassungsbefugnis der französischen Nachlassgerichte

Die französischen Nachlassgerichte können den Testamentsvollstrecker gem. Art. 1026 CC[1119] aus wichtigem Grund entlassen. Auch hier ist der Wortlaut *„peut être relevé“*, also „kann entlassen werden“, auszulegen. Wie aber bereits festgestellt wurde,[1120] dürfte die juristische Wortbedeutung derartiger Signalwörter ein rein deutsches Phänomen sein. Unter Berücksichtigung der Erörterungen des österreichischen Rechts ist eine Vergleichbarkeit daher ebenfalls anzunehmen. Sollte man dies anders sehen, kann auf die Übertragung dieser Grundsätze in das deutsche Recht jedoch verzichtet werden, da das österreichische Recht bereits zur Reform inspiriert.[1121]

---

1117 So auch *Lange* in MüKoBGB, § 2303 Rn. 1; ähnlich *Oechsler*, AcP 200 (2000), 603 (610 ff.).

1118 Siehe Fn. 759: „(…) *s’ils sont appelés à la succession et s’ils acceptent*“.

1119 Siehe Fn. 926.

1120 Dazu oben C.II.1.b).

1121 Dazu oben C.II.1.c).

### d) Übertragung der Grundsätze auf das deutsche Recht

Nach der Erkenntnis, dass einerseits die französische Verfügungsbeschränkung über das Pflichtteilserbe und andererseits die Entlassungsregelung des Art. 1026 CC[1122] funktionale Parallelen zum deutschen Recht aufweisen, ist in einem zweiten Schritt zu klären, inwiefern eine Übertragung dieser Regelungen tatsächlich mit dem deutschen Rechtssystem vereinbar wäre. Vorauszuschicken ist, dass für die Implementierung der gebundenen Entlassung dieselben Argumente gelten, die bereits im Vergleich zur österreichischen Entlassungsbefugnis erörtert wurden.[1123] Dieser Abschnitt beschäftigt sich daher ausschließlich mit dem Zustimmungsvorbehalt der Erben in Rechtsgeschäfte, die auf Art. 1029 CC[1124] basieren, sowie mit dem Einfluss des *quotité indisponible* auf die Testamentsvollstreckung.

#### *aa) Zum Zustimmungsvorbehalt der Erben in Sicherungsmaßnahmen aus Art. 1029 CC*

Zuerst ist zu analysieren, inwieweit sich der Zustimmungsvorbehalt der Erben in Sicherungsmaßnahmen aus Art. 1029 CC[1125] in die §§ 2197 ff. BGB integrieren lässt.

Innerhalb der Vorschriften zum Recht der Testamentsvollstreckung fällt dabei zuerst § 2206 Abs. 2 BGB auf. Nach dieser Vorschrift ist der Erbe verpflichtet, zur Eingehung von zur ordnungsgemäßen Verwaltung des Testamentsvollstreckers erforderlichen Verbindlichkeiten seine Einwilligung zu erteilen. Diese Vorschrift ist allerdings nur auf Verpflichtungs- und nicht auf Verfügungsgeschäfte anwendbar, um welche es vorliegend aber gehen soll. Ferner kodifiziert diese Vorschrift kein Wirksamkeitserfordernis für das vom Testamentsvollstrecker in Gang gesetzte Verfügungsgeschäft, sondern gewährt dem Testamentsvollstrecker einen Anspruch gegen die Erben, in das Eingehen eines Verpflichtungsgeschäfts auch gegen ihren Willen zuzustimmen.[1126] § 2206 Abs. 2 BGB möchte den Erben also nicht in seinem Rechtsschutz bestärken, sondern den Testamentsvollstrecker in seiner

---

1122 Siehe Fn. 926.

1123 Dazu oben C.II.1.

1124 Siehe Fn. 934.

1125 Siehe Fn. 934.

1126 *W. Zimmermann* in MüKoBGB, § 2206 Rn. 10 f.

Rechtsmacht. Es ist daher nach einer anderen Möglichkeit zu suchen, um einen Zustimmungsvorbehalt der Erben in das deutsche Recht einzupflegen.

In systematischer Hinsicht gibt § 2206 Abs. 2 BGB dabei nicht zuletzt den entscheidenden Hinweis: Der Anspruch auf Einwilligung, den diese Vorschrift gewährt, zielt auf die vorherige Zustimmung i.S.d. § 183 S. 1 BGB ab.[1127] Die §§ 2197 ff. BGB lassen folglich eine Anwendung der §§ 182 ff. BGB zu – was auch nicht verwunderlich ist, da der allgemeine Teil des BGB systematisch in allen Büchern Anwendung finden muss.

Nichtsdestotrotz ist diese Erkenntnis wichtig, da sie beweist, dass sich ein Zustimmungserfordernis seitens der Erben in die §§ 2197 ff. BGB einbauen lässt, ohne dass rechtliche Lücken entstehen. Erteilen die Erben vor Ausübung des Rechtsgeschäfts ihre Einwilligung, greift § 183 BGB und das Verfügungsgeschäft wird wirksam, § 185 Abs. 1 BGB. Ansonsten ist der Vertrag schwebend unwirksam, bis die Erben entweder ihre Genehmigung erklären (dann: Wirksamkeit, § 185 Abs. 2 S. 1 BGB i.V.m. § 184 BGB), oder sie verweigern (dann: endgültige Unwirksamkeit). Die Regelung eines Zustimmungsvorbehalts bzw. das Abhängigmachen der Wirksamkeit eines Verfügungsgeschäfts von der Zustimmung der Erben wäre also im deutschen Recht nicht systemwidrig, wie beispielsweise die §§ 104 ff. BGB hinsichtlich beschränkt geschäftsfähiger Personen beweisen.

Die Zustimmungsgrundsätze aus Art. 1029 CC[1128] lassen sich also in das deutsche Recht übertragen. Gleichwohl wird im folgenden Reformvorschlag[1129] zu beachten sein, dass eine entsprechende Regelung hinsichtlich der Verfügungsgeschäfte einzuführen sein wird. Gleichzeitig wird die Regelung des § 2206 S. 2 BGB zu Verpflichtungsgeschäften des Testamentsvollstreckers zu reformieren sein, um einen Wertungswiderspruch innerhalb der §§ 2197 ff. BGB zu vermeiden.

#### *bb) Zur Verfügungsbeschränkung über den* quotité indisponible

Die Frage nach der Übertragbarkeit von Verfügungsbeschränkungen über den Pflichtteil ist nicht so leicht zu beantworten, wie es einige Literaturmeinungen

---

[1127] Statt vieler *W. Zimmermann* in MüKoBGB, § 2206 Rn. 10 f.

[1128] Siehe Fn. 934.

[1129] Dazu unten D.II.

zunächst vermuten lassen.[1130] Schwierigkeiten ergeben sich insbesondere dadurch, dass der deutsche Pflichtteil als schuldrechtlicher Anspruch ausgestaltet ist. Nur falls das französische Noterbrecht tatsächlich einen Geldzahlungsanspruch begründen würde, wäre kein wesentlicher Unterschied zum deutschen Recht erkennbar, weswegen sich in der Konsequenz ein Verfügungsverbot über den Pflichtteil der Erben in das deutsche Recht einfügen ließe.

Verfechter der Vergleichbarkeit erklären, dass das französische Recht das Vorbehaltserbe auch als Geldanspruch regele, wie sich aus Art. 924 CC[1131] ergeben soll.[1132] Die Erfüllung des Vorbehaltserbes *in natura* soll nur ausnahmsweise in den Fällen des Art. 924-1 CC[1133] möglich sein.[1134] In diese Richtung

---

1130 So wird der Regelungskomplex um den *quotité indisponible* bisweilen unreflektiert als „Pflichtteilsrecht" bezeichnet, z.B. *Lammerding*, S. 85; *Döbereiner* in Süß, Frankreich Rn. 116. Dass zum deutschen Pflichtteilsrecht ein Unterschied besteht, thematisieren die Verfasser wenn überhaupt nur am Rande.

1131 *„Lorsque la libéralité excède la quotité disponible, le gratifié, successible doit indemniser les héritiers réservataires à concurrence de la portion excessive de la libéralité, quel que soit cet excédent.*

*Le paiement de l'indemnité par l'héritier réservataire se fait en moins prenant et en priorité par voie d'imputation sur ses droits dans la réserve.*"/Offizielle Übersetzung von *F/F/H*, Frankreich Texte, S. 108 f.: *„Übersteigt die Freigiebigkeit den verfügbaren Teil, so hat der Begünstigte, erbberechtigt oder nicht erbberechtigt, die Vorbehaltserben in Höhe des übersteigenden Teils der Freigiebigkeit zu entschädigen, gleich wie hoch dieser Überschuss ist.*

*Die Leistung der Entschädigung durch den Vorbehaltserben erfolgt durch Minderempfang und vorzugsweise im Wege der Anrechnung auf seine Berechtigung am Vorbehaltsanteil.*".

1132 *Döbereiner* in Süß, Frankreich Rn. 116.

1133 *„Le gratifié peut exécuter la réduction en nature, par dérogation à l'article 924, lorsque le bien donné ou légué lui appartient encore et qu'il est libre de toute charge dont il n'aurait pas déjà été grevé à la date de la libéralité, ainsi que de toute occupation dont il n'aurait pas déjà fait l'objet à cette même date.*

*Cette faculté s'éteint s'il n'exprime pas son choix pour cette modalité de réduction dans un délai de trois mois à compter de la date à laquelle un héritier réservataire l'a mis en demeure de prendre parti.*"/Offizielle Übersetzung von *F/F/H*, Frankreich Texte, S. 109: *„Der Begünstigte kann in Abweichung von Artikel 924 die Herabsetzung in Natur erfüllen, wenn ihm der geschenkte oder vermachte Gegenstand noch gehört und frei jeder Belastung ist, von der er nicht bereits zum Zeitpunkt der Freigiebigkeit betroffen gewesen wäre, sowie von jedem Besitzrecht, dem er nicht bereits zu dem selben Tag unterworfen gewesen wäre.*

*Diese Befugnis erlischt, wenn er seine Wahl für diese Art der Herabsetzung nicht innerhalb einer Frist von drei Monaten von dem Zeitpunkt an erklärt, an dem ein Vorbehaltserbe ihn zur Entscheidung aufgefordert hat.*".

1134 *Döbereiner* in Süß, Frankreich Rn. 116.

scheint auch die französische Literatur zu argumentieren. Zwar spricht das Schrifttum dort nicht explizit von einem Zahlungsanspruch, jedoch thematisieren sie den genauen Übertragungsmodus des Nachlassvermögens zu den *héritiers réservataires* insgesamt selten. Stattdessen – und dies kann nur als Konsequenz der praktischen Umsetzung des Vorbehaltserbrechts bewertet werden –[1135] beschäftigen sich die einschlägigen Quellen ausschließlich damit, wie genau die Herabsetzungs- und Rückforderungsrechte aus Art. 924 CC[1136] umzusetzen seien.[1137]

Der Vergleichbarkeitsthese wird allerdings entgegengetreten.[1138] Und wie diese Arbeit bereits herausarbeitete,[1139] sieht der Code Civil tatsächlich ein Vorbehaltserbrecht vor, welches den Erben von Gesetzes wegen eine dingliche Rechtsposition am Nachlass einräumt.[1140] Anders als *Döbereiner* meint, regelt Art. 924 CC[1141] keinen generellen Geldzahlungsanspruch, sondern bestimmt lediglich, dass etwaige Rückzahlungsansprüche bei überschießenden Verfügungen über den *quotité disponible* grundsätzlich in Geld an die Vorbehaltserben zu leisten sind, da diese im Besitz der *saisine héreditaire* sind.[1142] Dass das Vorbehaltserbrecht nicht ausschließlich auf einen Geldzahlungsanspruch abzielt, wird auch von der Legaldefinition des Begriffs in Art. 912 Abs. 1 CC[1143] klargestellt. Da hier von „*(…) biens et droits successoraux (…)*“, also von Nachlassgegenständen und -rechten die Rede ist, ist das Noterbrecht nicht auf Geldzahlungsansprüche beschränkt. Dass diese Legaldefinition nicht so recht mit den Mechanismen der Art. 924 ff. CC harmonieren will,[1144] mag

---

1135 So auch *Tisserand-Martin*, Mélanges Batteur, 589 (592).

1136 Siehe Fn. 1132.

1137 Beispielsweise *Mikalef-Toudic*, Mélanges Guével, 369 (387 ff.); *Tisserand-Martin*, Mélanges Batteur, 569 (590 ff.).

1138 Z.B. *Tisserand-Martin*, Mélanges Batteur, 589 (593).

1139 Siehe oben B.III.1.a)aa).

1140 *Lammerding*, S. 85 ff.; *Limbach* in F/F/H, Frankreich Rn. 115, 228.

1141 Siehe Fn. 1132.

1142 Das scheint *Döbereiner* aber auch selbst zu erkennen, indem er einerseits anerkennt, dass das Noterbrecht noch als materielles Erbrecht ausgestaltet und im Folgenden die unstimmige Rechtsnatur des Erbrechts kritisiert (*Döbereiner* in Süß, Frankreich Rn. 116).

1143 Siehe Fn. 759.

1144 So *Tisserand-Martin*, Mélanges Batteur, 589 (593).

zutreffen, ändert jedoch nichts an der grundsätzlichen Dogmatik des Vorbehaltserbrechts im CC.

Selbst wenn man das französische Pflichtteilsrecht als schuldrechtlichen Geldzahlungsanspruch qualifizieren möchte, steht die Binnensystematik des deutschen Erbrechts dem funktionalen Vergleich entgegen. Pflichtteilsansprüche i.S.d. § 2303 Abs. 1 S. 2 BGB gehören gem. § 1967 Abs. 2 BGB zu den Nachlassverbindlichkeiten. Da deren Erfüllung zumindest grundsätzlich zu den Aufgaben des Abwicklungsvollstreckers gehört (vgl. § 2203 BGB), ist dieser im Gegensatz zum französischen *exécuteur* auch für die Auszahlung der Pflichtteilsansprüche zuständig.[1145] Ist die Abwicklungsvollstreckung im Einzelfall derart gegenständlich beschränkt, dass der zu verwaltende Nachlass zumindest dem Geldwert nach unter dem Pflichtteil liegt, sähe sich der Amtsinhaber mit widersprüchlichen Regelungen konfrontiert: Einerseits müsste er sich des Nachlasses bedienen, um die Pflichtteilsberechtigten zu befriedigen, andererseits dürfte er auf die ihnen zustehende Geldsumme oder, falls diese nicht vorhanden ist, ggf. zu liquidierende Nachlassgegenstände nicht zugreifen. Dieser Widerspruch ließe sich zwar dadurch beheben, dass man die Pflichtteilsansprüche aus dem Anwendungsbereich des § 1967 Abs. 2 BGB ausklammert. Bei Nachlassabwicklungen ohne Testamentsvollstreckung wäre es für die haftenden Erben dann aber ein leichtes, sich für die Auszahlung unzuständig zu erklären, da Pflichtteilsansprüche dann keine Nachlassverbindlichkeiten mehr wären. Das Pflichtteilsrecht müsste also deutlich modifiziert werden, bevor eine Verfügungsbeschränkung des Testamentsvollstreckers diesbezüglich Sinn ergibt. Um eine umständliche Reform des Rechts der Nachlassverbindlichkeiten zu vermeiden, ist von einer Übertragung der französischen Rechtslage daher abzusehen – unabhängig von der Anspruchsnatur des französischen Pflichtteilsrechts.[1146]

## e) Fazit

Das Kräftegleichgewicht zwischen Testamentsvollstrecker und Erben bleibt im französischen Recht auch dann ausgeglichen, wenn der Testamentsvollstrecker

---

1145 *OLG Köln*, ZEV 2018, 425; *W. Zimmermann* in MüKoBGB, § 2203 Rn. 9.

1146 Ähnlich auch *Coing*, FS Heinsius, 79 (81 f.), welcher die Errichtung eines *Trust* im deutschen Recht ablehnt, da *„die Einführung des Trusts (...) erhebliche Änderungen voraussetzen"* würde.

ein Mehr an Rechten erhält. Überträgt man diese Rechtslage auf das deutsche Recht, so fällt auf, dass der deutsche Testamentsvollstrecker grundsätzlich über den Nachlass verfügen darf – und das ohne Pflicht zur Einholung der Zustimmung der Erben. Der Abwicklungsvollstrecker ist also noch stärker als der aus 1029 CC[1147] ermächtigte *exécuteur testamentaire.* Warum das Kräfteverhältnis im deutschen Recht dennoch derart unausgeglichen ist, bleibt offen. Wie die Untersuchung bewiesen hat, lässt die Systematik des BGB aufgrund der Regelung der §§ 182 ff. BGB die Einarbeitung entsprechender Zustimmungsrechte für die Erben nach französischem Vorbild zu.

Anders steht es hingegen um das Verfügungsverbot für den *quotité indisponible* nach französischem Recht: Indem die *saisine* des Testamentsvollstreckers zum Schutz der Erben in bestimmten Punkten – vor allem hinsichtlich der gesetzlichen Verfügungsbeschränkungen in Höhe des *quotité indisponible* – zwingend eingeschränkt wird, ist er seiner Funktionstüchtigkeit teilweise zu sehr beraubt. Verfügungsbeschränkungen sollten im deutschen Recht weiterhin zur Disposition des Erblassers stehen. Nicht zuletzt würde das Verbot, über den Wert des Pflichtteils zu verfügen, im deutschen Recht nicht ohne Weiteres umsetzbar sein.

## 3 Ergebnis

Als Ergebnis sind folgende Erkenntnisse zusammenzutragen:

Die Betrachtung des Kräftegleichgewichts im österreichischen Recht lässt erkennen, dass es auch möglich ist, eine gerichtliche Entlassungsbefugnis zu normieren, die kein „doppeltes gerichtliches Ermessen" einräumt. Bereits die Formulierung des Entlassungsgrundes als wichtigen Grund lässt den mit der Frage befassten Gerichten genügend Spielraum, um jeden Fall individuell zu bewerten und einer vernünftigen Entscheidung zuzuführen. Eine Ermessensentscheidung auf Rechtsfolgenebene ist daher nicht geboten.

Darüber hinaus kann im Vergleich zum Kräfteverhältnis zwischen Testamentsvollstrecker und Erben im französischen Recht die Zustimmung der Rechtsnachfolger in gewisse Rechtsgeschäfte als zwingende Wirksamkeitsvoraussetzung eine Reform des deutschen Rechts sinnvoll stützen. Je nach

[1147] Siehe Fn. 934.

Betrachtungsweise gilt dies ebenso für die gerichtliche Pflicht zur Entlassung des Testamentsvollstreckers bei wichtigem Grund.

## III Fazit

Die Untersuchung hat gezeigt, dass einem Rechtsvergleich, der die Funktion der zu vergleichenden Rechtsfiguren und gesetzlichen Grundlagen erforscht, auf den ersten Blick meist keine Bedenken entgegenstehen. So spielt besonders in dieser Arbeit die Rechtsnatur des Testamentsvollstreckers in den jeweiligen Rechtsordnungen nur selten eine tragende Rolle.[1148] Nur wenn die Rechtsnatur der Testamentsvollstreckung der einzige Grund für eine bestimmte Regelung oder Rechtsprechungspraxis ist, steht sie der funktionalen Vergleichbarkeit entgegen. Der funktionale Vergleichsansatz muss allerdings weiterentwickelt werden, wenn er praktisch haltbare Ergebnisse produzieren will, denn die funktionale Vergleichbarkeit garantiert für sich betrachtet noch keine Übertragbarkeit der Vergleichsgrundsätze in das deutsche Recht. Die Analyse der Gesetzessystematik, die von einer auf eine Rechtsvergleichung gestützten Reform betroffen ist, muss in einen funktionalen Rechtsvergleich einbezogen werden, um den Reformerfolg sicherzustellen.

Doch bevor diese Arbeit den funktionalen Vergleichansatz weiterzuentwickeln versucht, werden die drei bedeutsamsten Vergleichsbefunde konkretisiert.

### 1 Die Außenseiterstellung der deutschen 30-Jahres-Frist

Große Unterschiede lassen sich bereits bei der Frage nach der angemessenen Höchstdauer einer Testamentsvollstreckung erkennen. Die 30-Jahres-Frist der Dauervollstreckung ist dabei ein deutsches Phänomen, was daran liegen mag, dass die Dauervollstreckung weder im österreichischen noch im französischen Recht existiert.

Die österreichische Testamentsvollstreckung ist in Ermangelung von Spezialvorschriften (ein genereller Vorwurf, den sich das österreichische Testamentsvollstreckungsrecht gefallen lassen muss) nur dann an eine Frist gebunden, wenn eine solche letztwillig angeordnet wurde. Dieser Umstand

---

1148 So generell auch *Dutta* in Basedow/Hopt/Zimmermann, Bd. II, S. 1478.

erschwert den Rechtsvergleich. Der französische *exécuteur testamentaire* darf sein Amt grundsätzlich nur zwei Jahre lang ausüben, wobei es hinsichtlich seiner Aufsichtsfunktion unendlich verlängert werden kann. Somit ist eine lang anhaltende Testamentsvollstreckung zumindest im Grundsatz möglich. Der *exécuteur testamentaire* ohne *saisine* ist jedoch allenfalls mit dem (für § 2210 S. 1 BGB irrelevanten) beaufsichtigenden Testamentsvollstrecker i.S.d. § 2208 Abs. 2 BGB vergleichbar. Demgegenüber darf die verstärkte Testamentsvollstreckung mit *saisine* ausnahmslos höchstens drei Jahre Bestand haben.

Der *mandataire posthume* im französischen Recht kommt nicht an die 30-jährige Amtszeit des Dauervollstreckers heran, allerdings kann seine grundsätzlich auf fünf Jahre begrenzte Amtszeit ebenso potenziell endlos verlängert werden. Aufgrund der herausgearbeiteten konzeptionellen Unterschiede der beiden Ämter ist eine Vergleichbarkeit in praktischer Hinsicht allerdings abzulehnen.

Dass die Abwicklungsvollstreckung weder nach deutschem noch nach österreichischem Recht einer Frist unterliegt, ist zu begrüßen. Sie setzt sich selbst ein natürliches Ende, indem sie bei Erledigung der Abwicklungsaufgaben automatisch entfällt.

## 2 Die beaufsichtigende Testamentsvollstreckung als romanisch-germanisches Grundmodell

Obwohl Österreich und Frankreich unterschiedlichen Rechtskreisen angehören, sind Testamentsvollstrecker in ihrer Rechtsmacht in beiden Rechtsordnungen ähnlich beschränkt.[1149] Grundsätzlich nur beaufsichtigend tätig, helfen sie den primären Nachlassabwicklern lediglich bei ihrer Aufgabe und fungieren als Kontrollinstanz. Alle darüber hinausgehenden Befugnisse werden ihnen nur sehr restriktiv gewährt und deren konkrete Ausgestaltung wirkt sich unterschiedlich stark auf das Kräfteverhältnis zwischen Amtsinhaber und Rechtsnachfolgern aus. Dabei ist der Trend zu erkennen, dass Rechtsordnungen mit staatsnahen Nachlassabwicklungen deutlich schwächere Testamentsvollstreckungen zulassen als solche, die von den Erben vollzogen werden.[1150] Schon vor diesem Hintergrund war es von Bedeutung,

---

[1149] *J. P. Schmidt*, RabelsZ 86 (2022), 557 (558).

[1150] Staatsnähe beweist beispielsweise der Erbfall in Österreich, da bei jeder Verlassenschaftsabwicklung ohnehin ein Notar als Gerichtskommissär mit der Aufteilung der Vermögensmasse betraut wird. Vgl. dazu *Dutta* in Basedow/Hopt/

die Testamentsvollstreckung im Kontext des jeweils nationalen Erbrechts darzustellen.[1151]

Im Gegensatz dazu hat der deutsche Testamentsvollstrecker das Ringen um die Herrschaftsstellung im Spannungsfeld zu den Erben gewonnen. Zugute kommt ihm, dass das Recht der Testamentsvollstreckung im BGB sehr detailliert geregelt ist. Dort, wo den Erben ihre Rechtsmacht genommen wird, wächst sie dem Testamentsvollstrecker an. In der Folge sind die Erben öfter handlungsunfähig als dies gewollt sein kann. Den §§ 2197 ff. BGB ist eine Knebelwirkung vorzuwerfen, die von der Grundform der deutschen Testamentsvollstreckung (der Abwicklungsvollstreckung) ausgeht und sich in der Dauervollstreckung nur noch intensiviert. Was das deutsche Recht von dem in Kontinentaleuropa wohl favorisierten Grundkonzept der Testamentsvollstreckung hält, ist deutlich zu erkennen: Der beaufsichtigende Testamentsvollstrecker ist in § 2208 Abs. 2 BGB geregelt – die amtliche Überschrift: „*Beschränkung der Rechte des Testamentsvollstreckers* (Hervorhebung durch den Verfasser), *Ausführung durch den Erben*". Die Testamentsvollstreckungsart, die im österreichischen Recht als Grundmodell praktiziert wird, bewertet das deutsche Recht als Beschneidung der Rechte des Amtsinhabers.

## 3 Differenzen im Erbenschutz

Der Rechtsschutz der deutschen Rechtsnachfolger ist vergleichsweise schwach ausgestaltet. Trotzdem hält die herrschende Auffassung die Gesetzeslage in dieser Hinsicht für vollkommen, sodass sich die Nachlassgerichte (dogmatisch zutreffend) jeglichem Analogieschluss zur Aufsicht des Amtsinhabers verwehren.[1152]

Was eine zu lückenhafte Rechtslage für einen Unterschied im Rechtsschutz machen kann, zeigt das österreichische Recht dagegen eindrücklich: Hier haben die Erben durch eine wohlwollende und teils übergriffig-erbenschützende Rechtsprechung eine so starke Stellung inne, dass eine Testamentsvollstreckung oft sinnlos erscheint. Eine Nachlassabwicklung durch einen

---

Zimmermann, Bd. II, S. 1477 ff. Ähnlich sieht das *Reinhard Zimmermann* in Itinera Fiduciae, 269 (290).

1151 Ähnlich und insb. mit wichtigen Aussagen zum österreichischen wie französischen Recht auch *J. P. Schmidt*, RabelsZ 86 (2022), 557 (559).

1152 Dazu oben B.I.5.c)aa)(1).

Testamentsvollstrecker dürfte daher häufig schon an der Amtsannahme scheitern. Die allen Widrigkeiten zum Trotz angetretenen Ämter werden dadurch belastet, dass zumindest die verwaltende Testamentsvollstreckung durch die Erben widerrufen werden kann.

Das französische Recht hingegen involviert die Erben generell stärker in die Testamentsvollstreckung. Erhält der *exécuteur testamentaire* die *saisine* über den Nachlass, ist er einigen Verfügungsverboten unterworfen, dessen Überschreiten den Rechtsnachfolgern verschiedene Ansprüche zur Rückabwicklung dieser Rechtsgeschäfte gewährt. Ordnet der Erblasser keine *saisine*-Zuweisung an, darf der Amtsinhaber nur zur Nachlasserhaltung Rechtsgeschäfte in Gang setzen. Diese werden erst wirksam, wenn die Erben das Rechtsgeschäft billigen. Dieser – auch dem deutschen Recht bekannte –[1153] Zustimmungsmodus ist für einen ausgeglichenen Erbenschutz von essenzieller Bedeutung, da auf diese Weise anordnungswidrige Veräußerungen im Vorhinein verhindert werden können.

Auch die Entlassungsregelung des § 2227 BGB ist unzureichend, da die Ermessensbefugnis der Nachlassgerichte, gepaart mit dem unbestimmten Rechtsbegriff des wichtigen Grundes auf Tatbestandsebene, die oberlandesgerichtliche Entscheidungspraxis teils willkürlich erscheinen lässt. In dieser Hinsicht bietet sowohl die französische Rechtsordnung mit Art. 1026 CC[1154] als auch die Rechtsprechungspraxis des *OGH*[1155] einen alternativen Blickwinkel an: In beiden Fällen ist der Amtsinhaber bei Vorliegen eines wichtigen Grundes zwingend zu entlassen, eine gefahrenträchtige Abwägungsentscheidung steht den Spruchkörpern in der Rechtsfolgenentscheidung also nicht zu. Nicht nur macht dieser Umstand einmal mehr deutlich, wie ähnlich sich das französische und österreichische Recht entgegen ihrer unterschiedlichen Rechtskreiszugehörigkeiten sind,[1156] sondern er bekämpft ferner die Gefahr des Rechtsmissbrauchs, welche § 2227 BGB aufgrund seiner konzeptionellen Schwächen innewohnt. Zwar lässt sich empirisch (noch) nicht erkennen, dass die Nachlassgerichte diese Vorschrift tatsächlich missbräuchlich zur

---

1153 Man werfe beispielsweise einen Blick in das bereits in dieser Arbeit besprochene Betreuungsrecht, siehe oben B.I.5.c)aa)(1)(c)(bb), oder die §§ 104 ff. BGB.

1154 Siehe Fn. 926.

1155 Vgl. die Nachweise in Fn. 1090.

1156 Ähnlich auch *Dutta* in Dutta/Löhnig et al., S. 222.

Rettung einer fehlerhaften Testamentsvollstreckung anwenden,[1157] einige zweifelhafte Entscheidungen sind jedoch bereits gefallen.[1158] Eine Abschaffung der Ermessensentscheidung nach österreichisch-französischem Vorbild ist daher zu befürworten.

## 4 Plädoyer für einen funktional-systematischen Vergleichsansatz

Schließlich hat die Untersuchung gezeigt, dass der funktionale Vergleich zwar einige Parallelen zu vermeintlich unterschiedlichen Komplexen und rechtlichen Themen herstellen kann; zu einer Gesetzesreform inspirieren kann er isoliert betrachtet aber nur selten. Unabdinglich war stets die anschließend angestrengte Untersuchung, ob die Systematik des deutschen Rechts eine Übertragung der funktional vergleichbaren Grundsätze auch hergibt. Nur die Verbindung von funktionalen und systematischen Erwägungen konnte für diese Arbeit effektive Ergebnisse erzielen. Ferner berücksichtigt diese Methode das Wesen des untersuchten Heimatrechts und sorgt dafür, dass eine Implementierung der herausgearbeiteten Alternativlösungen in das deutsche Recht seinen *ordre public* nicht verletzt, was z.B. bei der Übertragung der Regelungen zum französischen *mandataire à effet posthume* auf die deutsche Dauervollstreckung aufgrund der jeweils stark voneinander abweichenden Anwendungsbereiche zu befürchten gewesen wäre. Die oben aufgeworfenen Defizite,[1159] die dem funktionalen Vergleich tatsächlich zugesprochen werden müssen, können durch einen *funktional-systematischen Ansatz* beseitigt werden. Dieser untersucht im ersten Schritt die funktionale Vergleichbarkeit verschiedener Rechtsobjekte und ermittelt im zweiten Schritt, ob eine Übertragung der als vergleichbar herausgearbeiteten Grundsätze vom ausländischen Recht in das deutsche Recht wirklich ohne größere Umstrukturierungen möglich und mithin praktikabel ist.

---

1157 Dazu oben B.I.4.b)bb)(4).
1158 Dazu oben B.I.4.b)bb)(4).
1159 Dazu oben A.II.2.

# D Reformvorschläge

Trotz der teils unüberbrückbaren Unterschiede können einige Erkenntnisse aus dem österreichischen sowie französischen Recht also für eine Reform des deutschen Rechts fruchtbar gemacht werden.

Keine Antwort fand der vorgenommene Rechtsvergleich für die Frage der unendlichen Perpetuierung bei Dauervollstreckungen durch den Mechanismus des § 2210 S. 2 BGB. Hilfsweise bietet sich an dieser Stelle jedoch der nationale Vergleich unter Bezugnahme auf die zeitlichen Grenzen einer Nacherbfolge an, worauf sich der erste Reformvorschlag stützt. Zweitens wird eine Novellierung der §§ 2205, 2206 BGB auf Basis des französischen Zustimmungsmodus in Art. 1029 CC[1160] ausgearbeitet. Der letzte Vorschlag widmet sich der Anpassung der gerichtlichen Entlassungsbefugnis aus § 2227 BGB, welcher sowohl auf französischer als auch auf österreichischer Basis erfolgt.

## I Die Reform des § 2210 BGB

Es bietet sich an, § 2210 BGB wie folgt zu ergänzen:

***§ 2210 Dreißigjährige Frist für die Dauervollstreckung (n.F.)***[1161]

*Eine nach § 2209 getroffene Anordnung wird unwirksam, wenn seit dem Erbfall 30 Jahre verstrichen sind. Der Erblasser kann jedoch anordnen, dass die Verwaltung*

[1160] Siehe Fn. 934.

[1161] Änderungen des geltenden Rechts sind mit Unterstreichungen kenntlich gemacht.

*bis zum Tode des Erben oder des Testamentsvollstreckers oder bis zum Eintritt eines anderen Ereignisses in der Person des einen oder des anderen fortdauern soll, und derjenige, in dessen Person das Ereignis eintreten soll, zur Zeit des Erbfalls lebt. Die Vorschrift des § 2163 Abs. 2 findet entsprechende Anwendung.*

Die unterstrichene Ergänzungsklausel ist § 2109 BGB entnommen. Auf diese Weise wird genau der bislang fehlende Gleichlauf zwischen Testamentsvollstreckung und Nacherbfolge hergestellt, den die Begründer des BGB ohnehin im Sinn hatten.[1162] Dieser Reformvorschlag durchbricht unter Anwendung der hiesig vertretenen Generationentheorie[1163] die Endlosschleifenproblematik des § 2210 S. 2 BGB, indem er die Vorschrift nach dem Vorbild von § 2109 Abs. 2 S. 2 Nr. 1 BGB modelliert.

Der vorgenommene Eingriff in § 2210 S. 2 BGB ist minimal und schafft es dennoch, einen angemessenen Kompromiss zwischen dem Vollstreckungsinteresse des Erblassers einerseits und dem Verfügungsinteresse der Erben an ihrem (Nachlass-)Eigentum andererseits zu finden. Mehr als eine Generation sollte ein Erblasser unter dem Vorwand der Testierfreiheit allerdings nicht überspringen dürfen, was dieser Vorschlag ebenfalls berücksichtigt.

## II Ein novellierter Zustimmungsvorbehalt

Der nächste Reformvorschlag soll einen Präventivschutz zugunsten der Erben einbauen, um sie vor rechtswidrigen Handlungen des Amtsinhabers zu schützen, die zu einem gutgläubigen Wegerwerb von Nachlassgegenständen führen können. Wie sich im Rechtsvergleich gezeigt hat, bietet es sich dafür an, sowohl auf der Verfügungs- als auch der Verpflichtungsebene ein Zustimmungssystem einzubauen, welches es den Erben ermöglicht, in bestimmte Amtshandlungen des Testamentsvollstreckers vor deren Vollzug einzugreifen. Dieser Mechanismus ist notwendig, da eine gerichtliche Überwachungspflicht gegen wesentliche Grundsätze des deutschen Erbrechts verstoßen würde. Der Präventivschutz ist daher im gesetzlichen Schuldverhältnis herzustellen, das die Erben mit dem Testamentsvollstrecker verbindet.

---

1162 Dazu oben B.I.2.c)dd)(1) und insb. Fn. 109.
1163 Dazu oben B.I.2.c)dd)(1)(a).

## 1 Für Verfügungsgeschäfte

Auf der Verfügungsebene ist folgender Reformvorschlag zu machen:

*§ 2205 **Verwaltung des Nachlasses, Verfügungsbefugnis** (n.F.)*[1164]

*Der Testamentsvollstrecker hat den Nachlass zu verwalten. Er ist insbesondere berechtigt, den Nachlass in Besitz zu nehmen und über die Nachlassgegenstände zu verfügen. Zu unentgeltlichen Verfügungen ist er nur berechtigt, soweit sie einer sittlichen Pflicht oder einer auf den Anstand zu nehmenden Rücksicht entsprechen. Verfügungen über Grundstücke, Schiffe und Schiffsbauwerke, Hypothekenforderungen, Grund- und Rentenschulden, Wertpapiere sowie für Rechtsgeschäfte, die den Großteil des Nachlasses aufzehren würden, bedürfen der Zustimmung der Erben. § 185 BGB gilt entsprechend.*

Bei der Frage, wo das Zustimmungserfordernis für Verfügungsgeschäfte des Amtsinhabers zu installieren ist, kommt als Antwort nur § 2205 BGB in Betracht, da dort die Verfügungsbefugnis des Testamentsvollstreckers geregelt ist. Die Angliederung der Novelle an diese Vorschrift ist daher in dogmatischer Hinsicht am schlüssigsten.

Der ausgearbeitete Formulierungsvorschlag ist von Art. 1029 CC[1165] inspiriert. Das französische Erbrecht drückt mit dieser Vorschrift aus, dass die Rechtsnachfolger des Erblassers den Amtsinhaber bei riskanten Rechtsgeschäften kontrollieren und zügeln können. Auf diese Weise stellt das französische Recht einen Präventivschutz sicher, welcher dem deutschen Recht zur Testamentsvollstreckung fehlt, auf diese Weise jedoch eingeführt werden kann. Die zu Art. 1029 CC[1166] ausgearbeitete Rechtslage soll sich diese Novelle zu Eigen machen. Dies gilt insbesondere für die Grundsätze der absoluten Unwirksamkeit von nicht gebilligten Rechtsgeschäften, aber auch für das Recht des Testamentsvollstreckers auf Feststellungsklage bei unbefugter Verweigerung.[1167] Nur eine gegenseitige Kontrollmöglichkeit sorgt für ein Kräftegleichgewicht.

Die größte Aufgabe innerhalb dieses Reformvorschlags ist die Festlegung der genehmigungsbedürftigen Rechtsgeschäfte. Der Katalog des § 2205 S. 4

[1164] Änderungen des geltenden Rechts sind mit Unterstreichungen kenntlich gemacht.

[1165] Dazu oben B.III.2.c)aa)(2) und Fn. 934.

[1166] Siehe Fn. 934.

[1167] Dazu oben B.III.2.c)aa)(2).

(n.F.) ist letztendlich an §§ 2113, 2114 BGB sowie Art. 1030-1 Abs. 1 CC[1168] angelehnt. Da diese Vorschriften im Kern den Schutz der Nacherben (§§ 2113, 2114 BGB) sowie die Vorbehaltserben (Art. 1030-1 Abs. 1 CC)[1169] zum Gegenstand haben, lässt sich deren Regelungsgehalt auf diesen Reformvorschlag übertragen.

Während sich das Verfügungsverbot des Testamentsvollstreckers hinsichtlich des *quotité indisponible* – wie oben herausgearbeitet – nicht in das deutsche Pflichtteilsrecht einarbeiten lässt,[1170] kann die Aufzählung der Rechtsgeschäfte auf diese Weise gleichwohl an dieser Stelle nutzbar gemacht werden.

Die Aufzählung musste zum Zwecke des mit dieser Vorschrift bezweckten Präventivschutzes jedoch um eine Auffangklausel ergänzt werden, da weder Art. 1029 CC[1171] noch die §§ 2112 ff. BGB eine solche beinhalten. Dieser Umstand wird durch den Anhang des Verfügungsverbots über „*Rechtsgeschäfte, die den Großteil des Nachlasses aufzehren würden*" behoben. Was den Großteil des Nachlasses darstellt, soll hierbei der gerichtlichen Rechtsfortbildung überlassen werden. Als erste Auslegungsstütze könnte die Regelung des § 1365 BGB gelten, welche die Verfügung eines Ehegatten „über Vermögen im Ganzen"[1172] verbietet. Gegen die vollständige Übertragung der Definition dieses Begriffs bestehen jedoch Bedenken: Zunächst deckt sich der Schutzzweck von § 1365 BGB nicht mit dem mit der Novelle bezweckten Präventivschutz. § 1365 BGB bezweckt einerseits den Erhalt der wirtschaftlichen Kraft der Ehegemeinschaft und andererseits die Sicherung des Zugewinnausgleichs.[1173] Ferner gilt sie nur für Verfügungen über einzelne Gegenstände, die wirtschaftlich einen Großteil des Ehevermögens ausmachen (z.B. Immobilien).[1174] Während diese von § 2205 S. 4 BGB (n.F.) ebenfalls umfasst sein sollen, soll der Reformvorschlag auch wiederholte Verfügungen über einzelne Gegenstände der gerichtlichen Genehmigung unterwerfen, sofern sie insgesamt

---

1168 Siehe Fn. 968.

1169 Siehe Fn. 968.

1170 Dazu oben C.II.2.b).

1171 Siehe Fn. 934.

1172 Nach der herrschenden *Einzeltheorie* ist für diesen Begriff nicht am Wortlaut zu haften, weshalb auch die Verfügung über einen einzelnen Gegenstand, der gleichzeitig einen Großteil des gesamten Vermögens ausmachte, in den Anwendungsbereich der Norm fällt, BGHZ 35, 135 (143).

1173 *E. Koch* in MüKoBGB, § 1365 Rn. 1 f. m.w.N.

1174 *E. Koch* in MüKoBGB, § 1365 Rn. 14.

einen gewissen Wesentlichkeitsfaktor überschreiten. Nur so kann eine Aushöhlung des Nachlasses auch tatsächlich verhindert werden.

Man mag an dieser Stelle einwerfen, dass die Einführung eines unbestimmten Rechtsbegriffs zunächst für Rechtsunsicherheit sorgt. Das hat den Gesetzgeber in der Vergangenheit allerdings auch nicht davon abgehalten, unbestimmte Rechtsbegriffe in das Gesetz einzupflegen – beispielshaft genannt seien an dieser Stelle die Begriffe der Sittenwidrigkeit oder des Gebots von Treu und Glauben in §§ 138, 242 BGB oder (sogar im Recht der Testamentsvollstreckung) der Begriff der ordnungsmäßigen Verwaltung in §§ 2206 Abs. 1 S. 1 BGB.[1175] Die höchstrichterliche Rechtsprechung hat sämtliche unbestimmte Rechtsbegriffe in der Vergangenheit gut angenommen, sodass eventuell aufkommende Zweifel unbegründet sind. Es ist immerhin die Aufgabe der Rechtsprechung, unbestimmte Rechtsbegriffe auszufüllen.

Zuletzt muss beachtet werden, dass ein Präventivschutz auch nur dann Wirkung entfalten kann, wenn die Genehmigung des Rechtsgeschäfts seitens des Nachlassgerichts zur absoluten Wirksamkeitsvoraussetzung wird. Einerseits wäre dies zu bewerkstelligen, wenn § 2205 S. 4 BGB (n.F.) zum Verbotsgesetz i.S.d. § 134 BGB erklärt werden würde.[1176] Ein solches Vorgehen ist aber nicht nötig, da der Reformvorschlag dahingehend formuliert ist, dass die §§ 182 ff. BGB sowie § 135 S. 1 BGB ohnehin Anwendung finden. Auf § 185 BGB weist die neue Fassung des § 2205 BGB insofern nur klarstellend hin.

## 2 Für Verpflichtungsgeschäfte

Hinsichtlich der Verpflichtungsbefugnis des Testamentsvollstreckers wird der Reformvorschlag wie folgt formuliert:

*§ 2206 Eingehung von Verbindlichkeiten (n.F.)*[1177]

(1) *Der Testamentsvollstrecker ist berechtigt, Verbindlichkeiten für den Nachlass einzugehen, soweit die Eingehung zur ordnungsmäßigen Verwaltung erforderlich ist. Die Verbindlichkeit zu einer Verfügung über einen Nachlassgegenstand*

---

1175 Dazu oben B.I.3.a)aa)(1).

1176 Zum Begriff des Verbotsgesetzes *Ulrici*, JuS 2005, 1073 (1075).

1177 Änderungen des geltenden Rechts sind mit Unterstreichungen erkenntlich gemacht.

*kann der Testamentsvollstrecker für den Nachlass auch dann eingehen, wenn er zu der Verfügung berechtigt ist.*

(2) *§ 2205 S. 3 und 4 finden entsprechende Anwendung. Das Recht des Erben, bei Erteilung der Zustimmung die Beschränkung seiner Haftung für die Nachlassverbindlichkeiten geltend zu machen, bleibt unberührt.*

Zur Begründung kann auf das vorangegangene Kapitel verwiesen werden, da der Reformvorschlag ebenfalls auf § 2205 S. 3 und 4 BGB (n.F.) verweist. Lediglich klarstellend sei erwähnt, dass ein Gleichlauf zwischen Verpflichtungs- und Verfügungsgeschäft wünschenswert ist, um keine Haftungsfälle gem. § 311a Abs. 2 BGB für den Testamentsvollstrecker auszulösen. Somit ist eine gleichförmige Neufassung im Lichte des Trennungs- und Abstraktionsprinzips zum Schutz aller Beteiligten geboten.

Den Suffix der alten Fassung „*(...) unbeschadet des Rechts, die Beschränkung seiner Haftung für die Nachlassverbindlichkeiten geltend zu machen.*" gilt es zu erhalten. Willigt der Erbe in ein Rechtsgeschäft ein oder ersetzt die gerichtliche Einwilligung die des Erben, soll er sich nach wie vor in die Nachlassinsolvenz retten dürfen, da sich insoweit nichts an seinem Schutzbedürfnis ändert.

## III Die Reform der Entlassungsoption des § 2227 BGB

Zuletzt widmet sich diese Arbeit der Frage nach einer Neufassung des § 2227 BGB.

***§ 2227 Entlassung des Testamentsvollstreckers (n.F.)***[1178]

*Das Nachlassgericht <u>hat</u> den Testamentsvollstrecker auf Antrag eines der Beteiligten zu entlassen, wenn ein wichtiger Grund vorliegt; ein solcher Grund ist insbesondere grobe Pflichtverletzung oder Unfähigkeit zur ordnungsgemäßen Geschäftsführung.*

Inspiriert sowohl von der französischen als auch der österreichischen Rechtslage,[1179] verhindert die Abschaffung der Ermessensentscheidung an dieser Stelle, dass die Testamentsvollstrecker trotz grober Pflichtverletzung (oder

1178 Änderungen des geltenden Rechts sind mit Unterstreichungen kenntlich gemacht.

1179 Dazu oben C.II.1.b) und C.II.2.c).

Unfähigkeit zur Geschäftsführung)[1180] im Amt verweilen und so weitere, potenziell schädliche Rechtshandlungen durchführen können.

Die in § 2227 BGB normierte doppelte Ermessensausübungsbefugnis der Gerichte ist nicht geboten und darüber hinaus gefahrenträchtig: Die Untersuchung hat gezeigt, dass die zuständigen Senate sich teils damit begnügen, Ermessensentscheidungen auf die Aussage zu stützen, dass die Vollstreckung noch nicht erledigt und die bisherige Abwicklung zufriedenstellend gewesen sein soll.[1181] Vor oberflächlichen Beschlüssen mit potenziell weitreichenden Folgen ist der Erbe zu schützen. Die vorgeschlagene Novelle vermag diese Selbstverständlichkeit, die bereits im österreichischen sowie französischen Rechtsraum praktiziert wird, auch ins deutsche Recht einzupflegen.

---

1180 Wobei es primär um die groben Pflichtverletzungen geht, da sich bei einer Unfähigkeit zur Geschäftsführung die Entlassungsreife des Amtsinhabers aufdrängt und auch in der Praxis zufriedenstellend umgesetzt wird.

1181 So zumindest *OLG Zweibrücken*, BeckRS 2009, 7397.

# E Schlussbetrachtung

Die in dieser Arbeit angestellte Untersuchung hat ergeben, dass der Testamentsvollstrecker durch die aktuelle deutsche Gesetzeslage in eine faktische Alleinherrschaftsstellung erhoben wird, wogegen sich die Erben als legitime Rechtsnachfolger und Eigentümer der fremdverwalteten Erbmasse gegen schädigende Handlungen, seien sie bewusst oder unbewusst erfolgt, kaum zur Wehr setzen können. Die dabei vertretene These, dass der deutsche Testamentsvollstrecker über eine zu große Rechtsmacht verfügt, hinter der die Erben auf unangemessen eingeschränkte Weise zurücktreten müssen, hat sich bestätigt. *De lege lata* ist das Kräfteverhältnis in einem unerträglichen Maße unausgeglichen.[1182]

In zeitlicher Hinsicht ist der gesetzlich mögliche Eintritt einer „Endlosschleife“[1183] bei Dauervollstreckungen kritisch zu betrachten.[1184] Der *BGH* löst den Konflikt zwischen dem Konservierungsinteresse des Erblassers und dem Eigentumsinteresse der Erben dabei auf unzulängliche Weise.[1185] So ist dem Erblasser die „Herrschaft aus dem Grabe“ letztlich möglich, obwohl der Gesetzgeber den sog. „*Familien-Fideikommissen*“ eigentlich längst eine Absage erteilte.[1186]

1182 Siehe oben B.I.5.d).
1183 Siehe oben B.I.2.c)dd)(1).
1184 Siehe oben B.I.5.a).
1185 Siehe oben B.I.2.c)dd)(1)(d).
1186 Siehe oben B.I.2.c)dd)(1)(d) und insb. Fn. 134.

Betrachtet man die Rechtsmacht des Testamentsvollstreckers, so stört die im Außenverhältnis unkontrollierte Möglichkeit des gutgläubigen Erwerbs.[1187] Gepaart mit dem abstrakten Vertrauen, das dem Testamentsvollstreckerzeugnis teils (zu Unrecht) zugesprochen wird,[1188] besteht ein nicht zu verachtendes Missbrauchspotential, welches durch Schadensersatzansprüche und Entlassungsanträge in ideeller Hinsicht nicht aufgefangen werden kann.[1189]

Wie die rechtsvergleichende Untersuchung[1190] gezeigt hat, ist es aber möglich, die rechtliche Stellung der Erben zu stärken, ohne den Amtsinhaber seiner im Kern berechtigten Rechtsmacht zu sehr zu berauben. Ein gleichmäßiges Kräfteverhältnis kann durch engere zeitliche Grenzen und eine stärkere Einbeziehung der Rechtsnachfolger in die Tätigkeit des Testamentsvollstreckers erreicht werden.[1191] Da die ständige Rechtsprechung sich der analogen Anwendung bereits vergleichbarer Regelungen (wobei besonders das Betreuungsrecht von Bedeutung ist)[1192] dogmatisch konsequent versperrt,[1193] muss der Gesetzgeber die Erbenrechte stärken. Ein denkbarer und geeigneter Präventivschutz entsteht mit der Einführung eines Zustimmungserfordernisses der Erben für bestimmte Verfügungsgeschäfte des Testamentsvollstreckers als Wirksamkeitsvoraussetzung.

Zuletzt eröffnet das faktisch doppelte Ermessen des § 2227 BGB die Möglichkeit für Entscheidungen, die einem pflichtwidrig handelnden und nicht schützenswerten Amtsinhaber dennoch zugutekommen können.[1194] Dies ist weder wünschenswert noch üblich, wie der Blick auf kontinentaleuropäische Nachbarrechtsordnungen zeigt.[1195]

Letztendlich bleibt festzuhalten, dass sich die festgestellten Defizite des deutschen Rechts der Testamentsvollstreckung durch kleinere Gesetzesreformen beseitigen lassen. Wie der Rechtsschutz der Rechtsnachfolger in der Testamentsvollstreckung funktionieren kann, zeigen vor allem die

---

1187 Siehe oben B.I.3.a)aa)(1)(d).

1188 Siehe oben B.I.3.a)aa)(1)(d) und insb. Fn. 197.

1189 Siehe oben B.I.5.c).

1190 Siehe oben C.

1191 Für die vertretenen Reformvorschläge siehe oben D.

1192 Siehe oben B.I.5.c)aa)(1)(c)(bb).

1193 Siehe oben B.I.5.c)aa)(1)(c)(cc)(bbb).

1194 Siehe oben B.I.4.b)bb)(4).

1195 Siehe oben B.II.2.d)aa) und B.III.2.d).

Nachbarstaaten Frankreich und Österreich. Aber auch der Blick in benachbarte Rechtsgebiete des BGB bietet einen gewissen Mehrwert. *De lege lata* sind die einer Testamentsvollstreckung unterworfenen Erben in Deutschland jedenfalls einer unvollkommenen Rechtslage ausgesetzt.

# Literaturverzeichnis


*Achille, Alexander/Gebhard, Albert/Spahn, Peter:* Protokolle der Kommission für die zweite Lesung des Entwurfs des Bürgerlichen Gesetzbuches, Bd. 5, 1. Auflage, Berlin 1899 (zit.: *Achille/Gebhard/Spahn*, Prot. V, S.)

*Aubry, Charles/Rau, Charles/Esmein, Paul:* Droit Civil Français, 9. Band, 6. Auflage, Paris 1953 (zit.: *Aubry/Rau*, S.)

*Bamberger, Heinz Georg/Roth, Herbert/Wolfgang, Hau/Poseck, Roman:* Kommentar zum Bürgerlichen Gesetzbuch, Band 5, 5. Auflage, München 2023 (zit.: *Autor* in Bamberger/Roth/Hau/Poseck, § Rn.)

*Basedow, Jürgen/Hopt, Klaus J./Zimmermann, Reinhard:* Handwörterbuch des Europäischen Privatrechts, Band II, Kauf – Zwingendes Recht, 1. Auflage, Tübingen 2009 (zit.: *Autor* in Basedow/Hopt/Zimmermann, Bd. II, S.)

*Beaubrun, Marcel:* Anmerkung zu Cass. civ. v. 10. Mai 2007, Bull. civ. 2007 I, n° 05-14366, in: Répertoire du notariat Defrénois 2007 1,2, S. 1432–1443 (zit.: *Beaubrun*, Defrénois 2007 1,2, Anfang (Fundstelle))

*Bengel, Manfred/Reimann, Wolfgang:* Handbuch der Testamentsvollstreckung, 7. Auflage, München 2020 (zit.: *Autor* in Bengel/Reimann, 7. Aufl. 2020, § Rn.)

*Bengel, Manfred/Reimann, Wolfgang/Holtz, Michael/Röhl, Christoph:* Handbuch der Testamentsvollstreckung, 8. Auflage, München 2023 (zit.: *Autor* in Bengel/Reimann/Holtz/Röhl, 8. Aufl. 2023, § Rn.)

*Bestelmeyer, Horst:* Die Entwicklung des Erbrechts in den Jahren 2001 bis 2003, in: Der deutsche Rechtspfleger 2004, S. 679–690 (zit.: *Bestelmeyer*, RPfleger 2004, Anfang (Fundstelle))

*Bork, Reinhard:* Allgemeiner Teil des Bürgerlichen Gesetzbuchs, 4. Auflage, Tübingen 2016 (zit.: *Bork*, Rn.)

*Bötticher, Eduard:* Erbe und Gemeinschuldner als gewillkürte Prozeßstandschafter des Nachlaß- und Konkursverwalters, in: JuristenZeitung 1963, S. 581–586 (zit.: *Bötticher*, JZ 1963, Anfang (Fundstelle))

*Boulanger, François:* Droit international des successions, nouvelles approches comparatives et jurisprudentielles, 1. Auflage, Paris 2004 (zit.: *Boulanger*, Rn.)

*Brand, Oliver*: Grundfragen der Rechtsvergleichung – ein Leitfaden für die Wahlfachprüfung, in: Juristische Schulung 2003, S. 1082–1089 (zit.: *Brand*, JuS 2003, Anfang (Fundstelle))

*Bredemeyer, Dierk:* Erbrechtliche Legitimation durch Erbschein, Europäisches Nachlasszeugnis, Testament oder Vollmacht, in: Zeitschrift für Erbrecht und Vermögensnachfolge 2016, S. 65–71 (zit.: *Bredemeyer*, ZEV 2016, Anfang (Fundstelle))

*Bund, Elmar:* Aufgaben und Risiko des Testamentsvollstreckers – BGHZ 41, 23, in: Juristische Schulung 1966, S. 60–65 (zit.: *Bund*, JuS 1966, Anfang (Fundstelle))

*Bungert, Hartwin:* Rechtskrafterstreckung eines österreichischen Einantwortungsbeschlusses, in: Praxis des Internationalen Privat- und Verfahrensrechts 1992, S. 225–232 (zit.: *Bungert*, IPRax 1992, Anfang (Fundstelle))

*Burandt, Wolfgang/Rojahn, Dieter/Balomatis, Argiris:* Erbrecht, 4. Auflage, München 2022 (zit.: *Autor* in Burandt/Rojahn, § Rn.)

*Bydlinski, Franz:* Letztwillige Verwaltungsanordnungen, in: Juristische Blätter 1981, S. 72–79 (zit.: *Bydlinski*, JBl 1981, Anfang (Fundstelle))

*Chamoulaud-Trapiers, Annie:* Les exécuteurs testamentaires, in: Recueil Dalloz 2006, S. 2577–2580 (zit.: *Chamoulaud-Trapiers*, Recueil Dalloz 2006, Anfang (Fundstelle))

*Coing, Helmut:* Übernahme des Trusts in unser internationales Privatrecht? in: Festschrift für Theodor Heinsius zum 65. Geburtstag am 25. September 1991 (hrsg. v. Kübler, F./Mertens, H.-J.), Berlin/New York 1991, S. 79–88 (zit.: *Coing*, FS Heinsius, Anfang (Fundstelle))

*Ders.:* Rechtsformen der privaten Vermögensverwaltung, insbesondere durch Banken, in USA und Deutschland – Zugleich ein Beitrag zur Frage der Übernahme des Trustrechts –, in: Archiv für die civilistische Praxis 167. Jahrgang (1967), S. 99–131 (zit.: *Coing*, AcP 167 (1967), Anfang (Fundstelle))

*de Coninck, Julie:* The Functional Method of Comparative Law: *Quo Vadis?*, in: Rabels Zeitschrift für ausländisches und internationales Privatrecht 74. Jahrgang (2010), S. 318–350 (zit.: *de Coninck*, RabelsZ 74 (2010), Anfang (Fundstelle))

*Damrau, Jürgen:* Gegenständlich beschränkte Testamentsvollstreckung und Vermächtnisvollstreckung über einzelne Nachlassgegenstände, in: Zeitschrift für Erbrecht und Vermögensnachfolge 2023, S. 1–8 (zit.: *Damrau*, ZEV 2023, Anfang = Fundstelle)

*Ders.:* Der Nachlaß vor Beginn des Testamentsvollstreckeramtes, in: Zeitschrift für Erbrecht und Vermögensnachfolge 1996, S. 81–84 (zit.: *Damrau*, ZEV 1996, Anfang (Fundstelle))

*Ders.:* Pflegschaft für den unbekannten Testamentsvollstrecker, in: Festschrift für Hermann Lange zum 70. Geburtstag am 24. Januar 1992 (hrsg. v. Medicus, D.), Stuttgart/Berlin/Köln 1992, S. 797–804 (zit.: *Damrau*, FS H. Lange, Anfang (Fundstelle))

*Danwerth, Christopher:* Konvaleszenz – Ein (un)bekannter Rechtsbegriff?, in: Juristische Ausbildung 2014, S. 559–566 (zit.: *Danwerth*, Jura 2014, Anfang = Fundstelle)

*Delfosse, Alain/Peniguel, Jean-François*: La réforme des successions et des libéralités, 1. Auflage, Paris 2006 (zit.: *Delfosse/Peniguel*, Rn.)

*Demharter, Johann*: Kommentar zur Grundbuchordnung, 33. Auflage, München 2023 (zit.: *Demharter*, GBO, 26. Aufl., § Rn.)

*Dengler, Andreas:* Das Klagerecht des Testamentsvollstreckers, in: Österreichische Notariats-Zeitung 1978, S. 106–107 (zit.: *Dengler*, OeNotZ 1978, Anfang (Fundstelle))

*Döbereiner, Christoph:* Die gewillkürte Erbfolge und das Pflichtteilsrecht nach dem neuen französischen Erbrecht, in: Zeitschrift für Europäisches Privatrecht 2010, S. 589–619 (zit.: *Döbereiner*, ZEuP 2010, Anfang (Fundstelle))

*Dostal, Boris:* Die Vererbung von Gesellschaftsanteilen im französischen Recht, in: Zeitschrift für Erbrecht und Vermögensnachfolge 1997, S. 96–103 (zit.: *Dostal*, ZEV 1996, Anfang (Fundstelle))

*Ebenroth, Carsten Thomas:* Erbrecht, 1. Auflage, München 1992 (zit.: *Ebenroth*, Erbrecht, Rn.)

*Eccher, Bernhard:* Erbrecht, Bürgerliches Recht Band VI, 7. Auflage, Wien 2020 (zit.: *Eccher*, Erbrecht, Rn.)

*Eckelskemper, Heinrich:* Die Vergütung des Testamentsvollstreckers eine „Nicht-enden-wollende Geschichte"? – Zugleich eine Anmerkung zur Rechtsprechung des schleswig-holsteinischen OLG, insbesondere RNotZ 2010, 267 –, in: Rheinische Notar-Zeitschrift 2010, S. 242–249 (zit.: *Eckelskemper*, RNotZ 2010, Anfang (Fundstelle))

*Edenfeld, Stefan:* Lebenslange Bindungen im Erbrecht? in: Deutsche Notarzeitschrift 2003, S. 4–20 (zit.: *Edenfeld*, DNotZ 2003, Anfang (Fundstelle))

*Ehn, Reinhard:* Der Testamentsvollstrecker, in: Österreichische Notariats-Zeitung 1977, S. 36–38 (zit.: *Ehn*, OeNotZ, 1977, Anfang (Fundstelle))

*Ehrenzweig, Armin:* System des österreichischen allgemeinen Privatrechts, Band II/2, 2. Auflage, Wien 1937 (zit.: *Ehrenzweig*, Privatrecht II/2, S.)

*Ehrenzweig, Armin/Ehrenzweig, Adolf/Kralik, Winfried:* System des österreichischen allgemeinen Privatrechts, 4. Buch, das Erbrecht, 3. Auflage, Wien 1983 (zit.: *Ehrenzweig/Kralik*, Erbrecht, S.)

*Eisele, Jörg/Bechtel, Alexander:* Der Schadensbegriff bei den Vermögensdelikten, in: Juristische Ausbildung 2018, S. 97–103 (zit.: *Eisele/Bechtel*, JuS 2018, Anfang (Fundstelle))

*Ferid, Murad/Firsching, Karl/Hausmann, Rainer:* Internationales Erbrecht, Band III, Frankreich–Japan, 123. Ergänzungslieferung, München November 2022 (zit.: *F/F/H*, Frankreich, Rn. bzw. Texte S.)

*Ferid, Murad/Sonnenberger, Hans Jürgen:* Das französische Zivilrecht, Band 1/1, Allgemeine Lehren des französischen Zivilrechts: Einführung und allgemeiner Teil des Zivilrechts, 2. Auflage, Heidelberg 1994 (zit.: *Ferid/Sonnenberger*, Bd. 1/1, Rn.)

*Dies.:* Das französische Zivilrecht, Band 3, Familienrecht/Erbrecht, 2. Auflage, Heidelberg 1987 (zit.: *Ferid/Sonnenberger*, Bd. 3, Rn.)

*Ferrari, Susanne/Likar-Peer, Gundula-Maria:* Erbrecht, 2. Auflage, Wien 2020 (zit.: *Autor* in Ferrari/Likar-Peer, Rn.)

*Fischer-Czernak, Constanze:* Verfügungen über Bankkonten nach § 810 ABGB, in: Zeitschrift für Familien- und Erbrecht 2018, S. 216–218 (zit.: *Fischer-Czernak*, EF-Z 2018, Anfang (Fundstelle))

*Frind, Frank:* Insolvenzgerichtliche Konzentration und Verfahrenskontrolle – Plädoyer zur Beachtung einer Wechselwirkung, in: Zeitschrift für das gesamte Insolvenz- und Sanierungsrecht 2009, S. 952–958 (zit.: *Frind*, ZInsO 2009, Anfang (Fundstelle))

*Ganter, Hans Gerhard:* Die Aufsicht des Insolvenzgerichts und ihre Grenzen, in: Zeitschrift für das gesamte Insolvenz- und Sanierungsrecht 2017, S. 2517–2524 (zit.: *Ganter*, ZInsO 2017, Anfang (Fundstelle))

*Godechot, Sara:* L'articulation du trust et du droit des successions, 1. Auflage, Paris 2004 (zit.: *Godechot*, Rn.)

*Graf, Georg:* Die Durchsetzung des Erblasserwillens gegenüber dem Erben, 1. Auflage, Wien 2013 (zit.: *Graf*, S.)

*Gresser, Edmond:* Grundzüge des geänderten französischen Erbrechts (ab 1. Januar 2007), in: Zeitschrift für die Steuer- und Erbrechtspraxis 2006, S. 407–412 (zit.: *Gresser*, ZErb 2006, Anfang (Fundstelle))

*Grimaldi, Michel:* Droit de successions, 8. Auflage, Paris 2020 (zit.: *Grimaldi*, Successions, Rn.)

*Ders.:* Successions et libéralités, in: Revue trimestrielle de droit civil 2007, S. 600–616 (zit.: *Grimaldi*, RTDciv 2007, Anfang (Fundstelle))

*Ders.:* Le mandat á effet posthume, in: Répertoire du notariat Defrénois 2007 1,1, S. 3–12 (zit.: *Grimaldi*, Defrénois 2007 1,1, Anfang (Fundstelle))

*Ders.:* La jurisprudence et la date du testament olographe, in: Répertoire du notariat Defrénois 1984 1, S. 1105–1121 (zit.: *Grimaldi*, Defrénois 1984 1, Anfang (Fundstelle))

*Groll, Michael/Steiner, Anton:* Praxis-Handbuch Erbrechtsberatung, 6. Auflage, Köln 2024 (zit.: *Autor* in Groll/Steiner, Rn.)

*Gruber, Michael/Kalss, Susanne/Müller, Katharina/Schauer, Martin:* Erbrecht und Vermögensnachfolge, 2. Auflage, Wien 2018 (zit.: *Autor* in G/K/M/S, § Rn.)

*Grüll, Julius:* Testamentsvollstrecker und Abhandlungspfleger, in: Österreichische Notariats-Zeitung 1956, S. 38–41 (zit.: *Grüll*, OeNotZ 1956, Anfang (Fundstelle))

*Grüneberg, Christian:* Kommentar zum Bürgerlichen Gesetzbuch, 82. Auflage, München 2023 (zit.: *Autor* in Grüneberg, § Rn.)

*Grunewald, Barbara/Maier-Reimer, Georg/Westermann, Harm Peter:* Handkommentar zum Bürgerlichen Gesetzbuch, 17. Auflage, Münster/Köln 2023 (zit.: *Autor* in Erman, § Rn.)

*Gschnitzer, Franz/Faistenberger, Christoph:* Österreichisches Erbrecht, 2. Auflage, Wien/New York 1964 (zit.: *Gschnitzer/Faistenberger*, S.)

*Guével, Didier:* Droit des successions et des libéralités, 1. Auflage, Paris 2009 (zit.: *Guével*, Rn.)

*Habersack, Mathias:* Münchener Kommentar zum Bürgerlichen Gesetzbuch, Band 7, §§ 705–853, 8. Auflage, München 2020 (zit.: *Autor* in MüKoBGB, § Rn.)

*Habscheid, Walther Jakob:* Schiedsverfahren und Freiwillige Gerichtsbarkeit, in: Zeitschrift für Zivilprozeß 66. Jahrgang (1953), S. 188–209 (zit.: *Habscheid*, ZZP 66 (1953), Anfang (Fundstelle))

*Hau, Wolfgang/Poseck, Roman:* Beck'scher Online-Kommentar BGB, 63. Edition, Stand 01.11.2023, München 2023 (zit.: *Autor* in BeckOKBGB, § Rn.)

*Hausmann, Rainer/Hohloch, Gerhard/Ahrens, Claus:* Handbuch des Erbrechts, 2. Auflage, Berlin 2010 (zit.: *Autor* in Hausmann/Hohloch, S.)

*Henckel, Wolfram:* Insolvenzrechtsreform zwischen Vollstreckungsrecht und Unternehmensrecht, in: Festschrift für Franz Merz (hsrg. v. Gerhardt, W./Henckel, W./ Kilger, J./Kreft, G.), Köln 1992, S. 197–215 (zit.: *Henckel*, FS Merz, Anfang (Fundstelle))

*Herberth, Udo Wilhelm:* Die Vergütung des Testamentsvollstreckers und die Vergütung des personal representative, Diss. Regensburg 1997 (zit.: *Herberth*, S.)

*Höland, Armin:* Erwerberschutz durch Redlichkeit. Rechtsscheinaspekte des redlichen Erwerbs nach dem Vermögensschutz, in: Archiv für die civilistische Praxis 198. Jahrgang (1998), S. 539–598 (zit.: *Höland*, AcP 198 (1998), Anfang (Fundstelle))

*Horber, Ernst:* Kommentar zur Grundbuchordnung, 16. Auflage, München 1983 (zit.: *Horber*, GBO, 16. Aufl., § Anm.)

*Ders.:* Kommentar zur Grundbuchordnung, 11. Auflage, München 1970 (zit.: *Horber*, 11. Aufl., § Anm.)

*Imhof, Wilhelm/Riedel, Hermann:* Grundbuchrecht, Bd. 2: §§ 13–124 GBO, 5. Auflage, Berlin/Boston 2020 (zit.: *Imhof/Riedel*, GBO, § Rn.)

*Iro, Gert M.:* Ist der Testamentsvollstrecker in der Einantwortungsurkunde einzutragen?, in: Österreichische Notariats-Zeitung 1977, S. 18–21 (zit.: *Iro*, OeNotZ 1977, Anfang = Fundstelle)

*Jarass, Hans/Pieroth, Bodo:* Kommentar zum Grundgesetz, 17. Auflage, München 2022 (zit.: *Autor* in Jarass/Pieroth, Art. Rn.)

*Jauernig, Othmar:* Kommentar zum Bürgerlichen Gesetzbuch, 19. Auflage, München 2023 (zit.: *Autor* in Jauernig, § Rn.)

*Jess, Philipp:* Die ordnungsmäßige Verwaltung i.S.d. § 2216 Abs. 1 BGB als Grundlage der rechtlichen Befugnisse des verwaltenden Testamentsvollstreckers, 1. Auflage, Frankfurt a.M. 2005, zugl. Diss. Kiel 2005 (zit.: *Jess*, S.)

*Joachim, Norbert:* Guter Glaube und Rechtsscheinswirkung des Testamentsvollstreckerzeugnisses, in: Zeitschrift für Erbrecht und Vermögensnachfolge 2017, S. 499–503 (zit.: *Joachim*, ZEV 2017, Anfang (Fundstelle))

*Johannsen, Kurt Herbert:* Erbrecht in der Rechtsprechung des Bundesgerichtshofes 1977 und 1978, in: Wertpapier-Mitteilungen 1979, S. 598–609 (zit.: *Johannsen*, WM 1979, Anfang (Fundstelle))

*Ders.:* Die Rechtsprechung des Bundesgerichtshofs auf dem Gebiete des Erbrechts – 11. Teil: Ergänzungen –, in: Wertpapier-Mitteilungen 1973, S. 530–550 (zit.: *Johannsen*, WM 1973, Anfang (Fundstelle))

*Kegel, Gerhard:* Nemo *minus* iuris transfere protest, quam ipse habet, oder warum Erbteilungsverbote so kraftlos sind, in: Festschrift für Richard Lange (hrsg. v. Warda, G./Waider H./v. Hippel, R./Meurer, D.), 1. Auflage, Berlin/New York 1976, S. 927–941 (zit.: *Kegel*, FS R. Lange, Anfang (Fundstelle))

*Keim, Christopher:* Testamentsvollstreckung und postmortale Vollmachten zugunsten anderer Personen, in: Zeitschrift für Erbrecht und Vermögensnachfolge 2023, S. 275–280 (zit.: *Keim*, ZEV 2023, Anfang = Fundstelle)

*Ders.:* Gekauft ist nicht geschenkt – Der Nachweis der Entgeltlichkeit von Verfügungen des Testamentsvollstreckers im Grundbuchverkehr, in: Zeitschrift für Erbrecht und Vermögensnachfolge 2007, S. 470–475 (zit.: *Keim*, ZEV 2007, Anfang (Fundstelle))

*Ders.:* Teilung der Verfügungsbefugnis zwischen Testamentsvollstrecker und Erben durch den Willen des Erblassers?, in: Zeitschrift für Erbrecht und Vermögensnachfolge 2002, S. 132–137 (zit.: *Keim*, ZEV 2002, Anfang (Fundstelle))

*Kerschner, Ferdinand/Vonkilch, Andreas:* Kommentar zum Allgemeinen Bürgerlichen Gesetzbuch, §§ 797–824, 3. Auflage, Wien 2021 (zit.: *Autor* in Klang, § Rn.)

*Kerstan, Thomas:* Die §§ 2305 bis 2307 BGB in der notariellen Praxis, in: Rheinische Notar-Zeitschrift 2021, S. 561–586 (zit.: *Kerstan*, RNotZ 2021, Anfang (Fundstelle))

*Kessal-Wulf, Sibylle:* Münchener Kommentar zum Bürgerlichen Gesetzbuch Band 11: Erbrecht, §§ 1922–2385, §§ 27–35 BeurkG, 9. Auflage, München 2022 (zit.: *Autor* in MüKoBGB, § Rn.)

*Kipp, Theodor :* Über Doppelwirkungen im Recht, insbesondere über die Konkurrenz von Nichtigkeit und Anfechtbarkeit, in: Festschrift für Ferdinand von Martitz (hrsg. v. d. Berliner juristischen Fakultät), 1. Auflage, Berlin 1911, S. 211–233 (zit.: *Kipp*, FS Martitz, Anfang = Fundstelle)

*Kipp, Theodor/Coing, Helmut:* Erbrecht, 14. Auflage, Tübingen 1990 (zit.: *Kipp/Coing*, § römische Ziffer arabische Ziffer)

*Klang, Heinrich/Fenyves, Attila/*Kletečka, *Andreas/Schauer, Martin:* Kommentar zum Allgemeinen Bürgerlichen Gesetzbuch, 1. Auflage, Wien 2010 (zit.: *Autor* in K/S, § Rn.)

*Klinger, Julian*: Die latente Testamentsvollstreckung, 1. Auflage, Berlin 2021, zugl. Diss. Bochum 2020 (zit.: *Klinger*, S.)

*Klumpp, Hans-Hermann:* Amtspflichten eines Testamentsvollstreckers bei Einsetzung eines GmbH-Beirats, in: Zeitschrift für Erbrecht und Vermögensnachfolge 2006, S. 257–260 (zit.: *Klumpp*, ZEV 2006, Anfang (Fundstelle))

*Knorr, Benjamin:* Problemkreise bei der Nachfolge des Testamentsvollstreckers, in: Neue Juristische Wochenschrift 2018, S. 2598–2600 (zit.: *Knorr*, NJW 2018, Anfang = Fundstelle)

*Koch, Elisabeth:* Münchener Kommentar zum Bürgerlichen Gesetzbuch, Band 9, Familienrecht I, §§ 1297–1588, 9. Auflage, München 2022 (zit.: *Autor* in MüKoBGB, § Rn.)

*Koch, Harald:* Über die Entbehrlichkeit der „gewillkürten. Prozeßstandschaft", in: JuristenZeitung 1984, S. 809–815 (zit.: *H. Koch*, JZ 1984, Anfang (Fundstelle))

*Kössinger, Reinhard/Kössinger, Winfried/Najdecki, Damian/Nieder, Heinrich/Zintl, Josef:* Handbuch der Testamentsgestaltung, 6. Auflage, München 2020 (zit.: *Autor* in Nieder/Kössinger, § Rn.)

*Kötz, Hein:* Trust und Treuhand, 1. Auflage, Göttingen 1963, zugl. Diss. Hamburg 1962 (zit.: *Kötz*, S.)

*Koziol, Helmut/Bydlinski, Peter/Bollenberger, Raimund:* Kurzkommentar zum ABGB, 6. Auflage, Wien 2020 (zit.: *Autor* in K/B/B, 6. Aufl. 2020, § Rn.)

*Dies.:* Kurzkommentar zum ABGB, 2. Auflage, Wien/New York 2007 (zit.: *Autor* in K/B/B, 2. Aufl. 2007, § Rn.)

*Koziol, Helmut/Welser, Rudolf:* Grundriß des bürgerlichen Rechts, Band II, Sachenrecht, Familienrecht, Erbrecht, 5. Auflage, Wien 1979 (zit.: *Koziol/Welser*, Bd. II, 5. Aufl. 1979, S.)

*Koziol, Helmut/Welser, Rudolf/Jud, Brigitta/Rabl, Christian/Zöchling-Jud, Brigitta:* Grundriss des bürgerlichen Rechts, Band II, Schuldrecht Allgemeiner Teil, Schuldrecht Besonderer Teil, Erbrecht, 14. Auflage, Wien 2015 (zit.: *Welser/Zöchling-Jud*, Bd. II, 14. Aufl. 2015, Rn.)

*Krätzschel, Holger/Falkner, Melanie/Döbereiner, Christoph:* Nachlassrecht, 12. Auflage, München 2022 (zit.: *Autor* in Krätzschel/Falkner/Döbereiner, § Rn.)

*Kroiß, Ludwig/Ann, Christoph/Mayer, Jörg:* Nomos-Kommentar zum BGB, Erbrecht, Band 5: §§ 1922–2385, 6. Auflage, Baden-Baden 2021 (zit.: *Autor* in NoKoBGB, § Rn.)

*Krüger, Wolfgang/Rauscher, Thomas:* Münchener Kommentar zur Zivilprozessordnung, Band 1: §§ 1–354, 6. Auflage, München 2020 (zit.: *Autor* in MüKoZPO, § Rn.)

*Kunz, Lena:* Postmortale Privatautonomie und Willensvollstreckung, 1. Auflage, Sipplingen 2015, zugl. Diss. 2011 (zit.: *Kunz*, S.)

*Lammerding, Barbara Maria:* Das Recht auf den Pflichtteil im deutschen und französischen Recht *de lege lata* und *de lege ferenda*, 1. Auflage, Hamburg 2013, zugl. Diss. 2012 (zit.: *Lammerding*, S.)

*Lange, Heinrich:* Die Rechtsmacht des Testamentsvollstreckers und ihre Grenzen, in: Juristische Schulung 1970, S. 101–108 (zit.: *H. Lange*, JuS 1970, Anfang (Fundstelle))

*Ders.:* Erwerb, Sicherung und Abwicklung der Erbschaft, 4. Denkschrift des Erbrechtsausschusses der Akademie für deutsches Recht, 1. Auflage, Tübingen 1940 (zit.: *Autor* in H. Lange, 4. Denkschrift, S.)

*Lange, Heinrich/Kuchinke, Kurt:* Erbrecht, 5. Auflage, München 2001 (zit.: *Lange/Kuchinke*, Erbrecht, § Kap. Ziff.)

*Lange, Knut Werner:* Pflichten des Erben bei angeordneter Testamentsvollstreckung – Was meint ChatGPT dazu?, in: Zeitschrift für Erbrecht und Vermögensnachfolge 2023, S. 565–570 (zit.: *K. W. Lange*, ZEV 2023, Anfang (Fundstelle))

*Ders.:* Erbrecht, 3. Auflage, München 2022 (zit.: *K. W. Lange*, Erbrecht, § Rn.)

*Ders.:* Testamentsvollstreckung an einem GmbH-Anteil, in: Festschrift 25 Jahre Deutsches Notarinstitut (hrsg. v. Limmer, P./Hertel, C./Herrler, S./Weber, J.), 1. Auflage, München 2018, S. 665–676 (zit.: *K. W. Lange*, FS 25 Jahre DNotI, Anfang (Fundstelle)

*Langheineken, Paul:* Das Pflichtteilsrecht entfernterer Abkömmlinge und der Eltern, in: Sächsisches Archiv für Deutsches Bürgerliches Recht 14. Jahrgang (1904), S. 319–347 (zit.: *Langheineken*, SächsArch 14 (1904), Anfang (Fundstelle))

*Lauer, Carolin:* Der Testamentsvollstrecker in der Grauzone rechtlicher Befugnisse, Diss. Würzburg 1999 (zit.: *Lauer*, S.)

*Lefebvre, Francis:* Les successions et les libéralités après la réforme, 1. Auflage, Levallois 2006 (zit.: *Lefebvre*, Rn.)

*Lehmann, Hannes:* Die unbeschränkbare Verfügungsbefugnis des Testamentsvollstreckers, in: Archiv für die civilistische Praxis 188. Jahrgang (1988), S. 1–23 (zit.: *Lehmann*, AcP 188 (1988), Anfang (Fundstelle))

*Lequette, Yves:* La règle de l'unité de la succession après la loi du 3 Décembre 2001 : continuité ou rupture ?, in: Études offertes au Doyen Philippe Simler (hrsg. v. Abry, B.), Paris 2006, S. 167–184 (zit.: *Lequette*, Études Simler, Anfang (Fundstelle))

*Letellier, François:* Testaments – Exécuteur testamentaire, in: Jurisclasseur Civil Code, Art. 1002 à Art. 1126 à 1130, Stand 13.01.2016, Paris 2016 (zit.: *Letellier*, Jurisclasseur Civil 2016, Art. 1025 à 1035, Rn.)

*Leveneur, Laurent:* Code Civil 2023, 42. Auflage, Paris 2022 (zit.: *Leveneur*, S.)

*Lissner, Stefan:* Die Aufsichtspflicht des Insolvenzgerichts, in: Zeitschrift für das gesamte Insolvenz- und Sanierungsrecht 2012, S. 957–964 (zit.: *Lissner*, ZInsO 2012 Anfang (Fundstelle))

*Löhnig, Martin:* Testamentsvollstreckung, zugleich Besprechung *BGH* v. 05.12.2007 – IV ZR 275/06, in: Juristische Arbeitsblätter 2008, S. 469–471 (zit.: *Löhnig*, JA 2008, Anfang = Fundstelle))

*Löhnig, Martin/Dutta, Anatol/Gottwald, Peter/Grziwotz, Herbert/Henrich, Dieter/Reimann, Wolfgang/Schwab, Dieter:* Testamentsvollstreckung in Europa, 1. Auflage, Bielefeld 2018 (zit.: *Autor* in Löhnig/Dutta, S.)

*von Lübtow, Ulrich:* Insichgeschäfte des Testamentsvollstreckers, in: Juristische Zeitung 1960, S. 151–159 (zit.: *v. Lübtow*, JZ 1960, (Anfang (Fundstelle))

*Ludyga, Hannes:* juris-Praxiskommentar BGB, Band 5: Erbrecht, 10. Auflage, Saarbrücken 2023 (zit.: *Autor* in jurisPK-BGB, § Rn.)

*von Maercken, Kurt:* Der Testamentsvollstrecker mit selbstständigem Verwaltungsrecht (§ 2209 BGB), Diss. Erlangen 1920 (zit.: *v. Maercken*, S.)

*Malaurie, Philippe/Brenner, Claude/Aynès, Laurent:* Droit des successions et des libéralités, 10. Auflage, Paris 2022 (zit.: *Malaurie/Brenner/Aynès*, Rn.)

*Mayer, Jörg:* Einstweilige Anordnungen des Nachlassgerichts gegen den Testamentsvollstrecker – zugleich ein Beitrag zum Grundrechtsschutz für den Testamentsvollstrecker, in: Zeitschrift für Erbrecht und Vermögensnachfolge 2013, S. 469–475 (zit.: *Mayer*, ZEV 2013, Anfang (Fundstelle))

*Mayer, Jörg/Bonefeld, Michael/Tanck, Manuel:* Testamentsvollstreckung, 5. Auflage, Bonn 2022 (zit.: *Autor* in Mayer/Bonefeld/Tanck, § Rz)

*Mazeaud-Leveneur, Sabine:* L'exécuteur testamentaire, in: Droit & Patrimoine 09/2007, Nr. 162, S. 58–61 (zit.: *Mazeaud-Leveneur*, Dr. Pat. 09/2007, Nr. 162, Anfang (Fundstelle))

*Migsch, Erwin:* Die sogenannte Pflichtschenkung, in: Archiv für civilistische Praxis 173. Jahrgang (1973), S. 46–70 (zit.: *Migsch*, AcP 173 (1973), Anfang = Fundstelle)

*Mikalef-Toudic, Véronique:* Proposition de réforme de la réserve héréditaire : que restera-t-il de la réserve héréditaire du Code de 1804 ? in: Mélanges en l'honneur du doyen Didier Guével (hrsg. v. Cuzacq, M./Haftel, B./Mephi, M.), 1. Auflage, Paris 2021, S. 369–382 (zit.: *Mikalef-Toudic*, Mélanges Guével, Anfang (Fundstelle))

*Milzer, Lutz:* Das Behindertentestament – ist die Messe gelesen? in: Neue Zeitschrift Familienrecht 2019, S. 1046–1049 (zit.: *Milzer*, NZFam 2019, Anfang (Fundstelle))

*Mohr, Jochen:* Berechnung des Schadens nach der Differenzhypothese, in: Juristische Ausbildung 2010, S. 327–339 (zit.: *Mohr*, Jura 2010, Anfang (Fundstelle))

*Mondel, Christoph:* Das Recht der Kuratoren, 3. Auflage, Wien 2021 (zit.: *Mondel*, Kuratoren, Rn.)

*Ders.:* Die praktische Handhabung der Benützung, Verwaltung und Vertretung des Nachlasses, in: Österreichische Notariats-Zeitung 2006, S. 225–234 (zit.: *Mondel*, OeNotZ 2006, Anfang (Fundstelle))

*Müller, Klaus:* Zur Heilung der fehlenden Verpflichtungsbefugnis eines Testamentsvollstreckers, in: JuristenZeitung 1981, S. 370–380 (zit.: *Müller*, JZ 1981, Anfang (Fundstelle))

*Mugdan, Benno:* Die gesammten Materialien zum Bürgerlichen Gesetzbuch für das Deutsche Reich, zweites Buch, Recht der Schuldverhältnisse, 1. Auflage, Berlin 1899 (zit.: *Mugdan*, Bd. II, S.)

*Mugdan, Benno/Falkmann, Rudolf:* Die Rechtsprechung der Oberlandesgerichte auf dem Gebiete des Zivilrechts, 40. Jahrgang (1920) (zit.: *Gericht* in OLGR 40 (1920), Anfang (Fundstelle))

*Muscheler, Karlheinz:* Erbrecht, Band II, 2. Auflage, Mohr Siebeck Tübingen 2012 (zit.: *Muscheler*, Erbrecht, Rn.)

*Ders.:* Pflicht des Testamentsvollstreckers zur Kündigung seines Amtes, in: Neue Juristische Wochenschrift 2009, S. 2081–2087 (zit.: *Muscheler*, NJW 2008, Anfang (Fundstelle))

*Ders.:* Die Entlassung des Testamentsvollstreckers, in: Archiv für die civilistische Praxis 197. Jahrgang (1997), S. 226–304 (zit.: *Muscheler*, AcP 197 (1997), Anfang (Fundstelle))

*Ders.:* Die Freigabe von Nachlaßgegenständen durch den Testamentsvollstrecker, in: Zeitschrift für Erbrecht und Vermögensnachfolge 1996, S. 402–406 (zit.: *Muscheler*, ZEV 1996, Anfang = Fundstelle)

*Ders.:* Die Haftungsordnung der Testamentsvollstreckung, 1. Auflage, Tübingen 1994, zugl. Habil. Freiburg 1991/1992 (zit.: *Muscheler*, Haftungsordnung, S.)

*Nicod, Marc:* La sauvetage judiciaire du testament olographe non daté, in: Répertoire notariale Defrénois, La revue du notariat 2014, S. 628–630 (zit.: *Nicod*, Defrénois 2014, Anfang (Fundstelle))

*Neuschwander, Walter:* Testamentsvollstrecker und unentgeltliche Verfügung, in: Zeitschrift für das Notariat in Baden-Württemberg 1978, S. 73–75 (zit.: *Neuschwander*, BWNotZ 1978, Anfang (Fundstelle))

*Nirk, Rudolf:* Anmerkung zu BGH, Urt. v. 28.11.1962 – V ZR 9/61, in: Neue Juristische Wochenschrift 1963, S. 300 (zit.: *Nirk*, NJW 1963, Anfang = Fundstelle)

*Oderkerk, Marieke:* The Need for a Methodological Framework for Comparative Legal Research—Sense and Nonsense of "Methodological Pluralism" in Comparative Law, in: Rabels Zeitschrift für ausländisches und internationales Privatrecht Jahrgang 79 (2015), S. 589–623 (zit.: *Oderkerk*, RabelsZ 79 (2015), Anfang (Fundstelle))

*Oechsler, Jürgen:* Pflichtteil und Unternehmensnachfolge von Todes wegen, in: Archiv für civilistische Praxis 200. Jahrgang (2000), S. 603–626 (zit.: *Oechsler*, AcP 200 (2000), Anfang (Fundstelle))

*Pérès, Cécile/Potentier, Philippe:* Rapport du groupe de travail, La réserve héréditaire, 1. Auflage, Paris 2019 (zit.: *Pérès/Potentier*, Rapport du groupe de travail, La réserve héréditaire, S.)

*Pérès, Cécile/Vernières, Christophe:* Droit des successions, 1. Auflage, Paris 2018 (zit.: *Pérès/Vernières*, Rn.)

*Peiser, Heinrich:* Handbuch des Testamentsrechts, Reprint, Berlin/Boston 2018 (zit.: *Peiser*, S.)

*Pickel, Michael:* Die Haftung des Testamentsvollstreckers und seine Versicherung, Diss. Köln 1986 (zit.: *Pickel*, S.)

*Planck, Gottlieb/Strohal, Emil/Fritz, André:* Planck's Kommentar zum Bürgerlichen Gesetzbuch: nebst Einführungsgesetz, Band 5 Erbrecht (§§ 1922–2385), 4. Auflage, Berlin 1930 (zit.: *Autor* in Planck, § Anm.)

*Planiol, Marcel/Ripert, Georges/Trasbot, André/Loussouarn, Yvon:* Traité pratique de droit civil français, Tome V, Donations et testaments, 2. Auflage, Paris 1957 (zit.: *Trasbot/Loussouarn*, Rn.)

*Raape, Leo:* Die Einrede der Erbunwürdigkeit aus § 2345 II i.V. mit § 2083 mit Bezug auf § 2309 BGB, in: Festschrift Karl Haff zum siebzigsten Geburtstag dargebracht (hrsg. v. Bussmann, K./Grass, N.), Innsbruck/Innrain 1950, S. 317–322 (zit.: *Raape*, FS Haff, Anfang (Fundstelle))

*Rauscher, Thomas:* Internationales Privatrecht, 5. Auflage, Heidelberg 2017 (zit.: *Rauscher*, Rn.)

*Reimann, Wolfgang:* Die Ergänzung letztwilliger Stiftungsgeschäfte – insbesondere bei Testamentsvollstreckung, in: Zeitschrift für Erbrecht und Vermögensnachfolge 2023, S. 9–15 (zit.: *Reimann*, ZEV 2023, Anfang (Fundstelle))

*Ders.:* Erbe gegen Testamentsvollstrecker, Machtverteilung und Risiken bei der Verwaltung des Nachlasses, in: Zeitschrift für die gesamte erbrechtliche Praxis 2017, S. 186–195 (zit.: *Reimann*, ErbR 2017, Anfang (Fundstelle))

*Ders.:* Anmerkung zu OLG Karlsruhe, Beschluss v. 24.08.2012 – 11 Wx 88/12, in: Zeitschrift für Erbrecht und Vermögensnachfolge 2013, S. 207–208 (zit.: *Reimann*, ZEV 2013, Anfang = Fundstelle)

*Ders.:* Anmerkung zu BGH v. 05.12.2007 – IV ZR 275/06, in: Zeitschrift für Erbrecht und Vermögensnachfolge 2008, S. 142 (zit.: *Reimann*, ZEV 2008, Anfang = Fundstelle)

*Ders.:* Die „rules against perpetuities" im deutschen Erbrecht, in: Neue Juristische Wochenschrift 2007, S. 3034–3037 (zit.: *Reimann*, NJW 2007, Anfang (Fundstelle))

*Ders.:* Zur Beweislast im Testamentsvollstreckerhaftpflichtverfahren, in: Zeitschrift für Erbrecht und Vermögensnachfolge 2006, S. 186–189 (zit.: *Reimann*, ZEV 2006, Anfang (Fundstelle))

*Ders.:* Ende der Testamentsvollstreckung durch Umwandlung? in: Zeitschrift für Erbrecht und Vermögensnachfolge 2000, S. 381–385 (zit.: *Reimann*, ZEV 2000, Anfang (Fundstelle))

*Ders.:* Die Kontrolle des Testamentsvollstreckers, in: Zeitschrift für das gesamte Familienrecht 1995, S. 588–593 (zit.: *Reimann*, FamRZ 1995, Anfang (Fundstelle))

*Reithmann, Christoph:* Die Vergütung des Testamentsvollstreckers im notariellen Testament – Bezugnahme auf Tabellen – in: Zeitschrift für Erbrecht und Vermögensnachfolge 2001, S. 385–387 (zit.: *Reithmann*, ZEV 2001, Anfang = Fundstelle)

*Reuter, Dieter/Martinek, Michael:* Ungerechtfertigte Bereicherung, 1. Auflage, Tübingen 1983 (zit.: *Reuter/Martinek*, 1. Aufl. 1983, S.)

*Rheinstein, Max:* Einführung in die Rechtsvergleichung, 2. Auflage, München 1987 (zit.: *Rheinstein*, S.)

*Röper, Justin:* Abstraktes Vertrauen in Testamentsvollstreckerzeugnisse, in: Zeitschrift für Erbrecht und Vermögensnachfolge 2023, S. 789–794 (zit.: *Röper*, ZEV 2023, Anfang (Fundstelle))

*Roth, Wolfgang:* Andeutungstheorie und Ermittlung des Erblasserwillens, in: NJW-Spezial 2017, S. 103 (zit.: *Roth*, NJW-Spezial 2017, Anfang = Fundstelle)

*Ders.:* Möglichkeiten einer Beendigung der Testamentsvollstreckung, in: NJW-Spezial 2011, S. 39 (zit.: *Roth*, NJW-Spezial 2011, Anfang = Fundstelle)

*Röthel, Anne:* Erbrechtliche Wirkungsgrenzen (§§ 2109, 2210 BGB) als Intentionalitätsgrenzen, in: Festschrift für Dieter Reuter zum 70. Geburtstag (hrsg. v. Martinek, M./Rawert, P./Weitemeyer, B.), Berlin/New York 2010, S. 307–323 (zit.: *Röthel*, FS Reuter, Anfang (Fundstelle))

*Rott, Eberhard/Kornau, Michael Stephan/Zimmermann, Rainer:* Praxishandbuch Testamentsvollstreckung, 3. Auflage, Wiesbaden 2022 (zit.: *Rott/Kornau/Zimmermann*, § Rn.)

*Rummel, Peter/Lukas, Meinhard:* Kommentar zum Allgemeinen Bürgerlichen Gesetzbuch, §§ 531–824 ABGB, 4. Auflage, Wien 2014 (zit.: *Autor* in Rummel/Lukas, § Rn.)

*Sacco, Rodolfo/Rossi, Piercarlo:* Einführung in die Rechtsvergleichung, 3. Auflage, Baden-Baden 2017 (zit.: *Sacco/Rossi*, Kap. § Rn.)

*Sarres, Ernst:* Die Auskunfts- und Rechenschaftspflicht nach § 666 BGB im System der erbrechtlichen Auskunftsansprüche, in: Zeitschrift für Erbrecht und Vermögensnachfolge 2008, S. 512–517 (zit.: *Sarres*, ZEV 2008, Anfang (Fundstelle))

*Ders.:* Die Auskunftspflichten des Testamentsvollstreckers, in: Zeitschrift für Erbrecht und Vermögensnachfolge 2000, S. 90–94 (zit.: *Sarres*, ZEV 2000, Anfang (Fundstelle))

*Sasse, Stefan:* Grenzen der Vermögensperpetuierung bei Verfügungen durch den Erblasser, 1. Auflage, Frankfurt 1997, Zugl. Diss. Berlin 1996 (zit.: *Sasse*, S.)

*Sauvage, François:* Exécution testamentaire, in: Dalloz Répertoire de Droit Civil, Tome V (hrsg. v. Savaux, É./Aubert, J.-L./Raynaud, R.) Paris Juni 2021 (zit.: *Sauvage*, Exécution testamentaire, Nr.)

*Savatier, M. René:* Jurisprudence en matière de Droit Civil, successions et libéralités, in: Revue Trimestrielle de Droit Civil 1952, S. 527–532 (zit.: *Savatier*, RTDciv 1952, Anfang (Fundstelle))

*Schild, Christian:* Das unbesetzte Testamentsvollstreckeramt, 1. Auflage, Aachen 1998, zugl. Diss. Regensburg 1998 (zit.: *Schild*, S.)

*Schladebach, Marcus:* Praktische Konkordanz als verfassungsrechtliches Kollisionsprinzip. Eine Verteidigung, in: Der Staat 53. Jahrgang (2014), S. 263–268 (zit.: *Schladebach*, Der Staat 53 (2014), Anfang (Fundstelle))

*Schlüter, Wilfried:* Grenzen der Testierfreiheit – Grenzen einer „Herrschaft aus dem Grabe", in: Festgabe Zivilrechtslehrer 1934/1935 (hrsg. v. Hadding, W.), 1. Auflage, Berlin/

New York 1999, S. 575–591 (zit.: *Schlüter*, FG Zivilrechtslehrer 1934/1935, Anfang (Fundstelle))

*Schmidt, Jan Peter:* Itinera hereditatis – Strukturen der Nachlassabwicklung in historisch-vergleichender Perspektive, 1. Auflage, Tübingen 2022, zugl. Habil. Regensburg 2020 (zit.: *J. P. Schmidt*, Itinera hereditatis, S.)

*Ders.:* Buchbesprechung zu Testamentsvollstreckung in Europa (hrsg. v. Martin Löhnig, Anatol Dutta, Peter Gottwald, Herbert Grziwotz, Dieter Henrich, Wolfang Reimann, Dieter Schwab), in: Rabels Zeitschrift für ausländisches und internationales Privatrecht 86. Jahrgang (2022), S. 557–561 (zit.: *J. P. Schmidt*, RabelsZ 86 (2022), Anfang (Fundstelle))

*Ders.:* Dinglich wirkende Vermächtnisse im Kollisionsrecht, in: Rabels Zeitschrift für ausländisches und internationales Privatrecht 77. Jahrgang (2013), S. 1–30 (zit.: *J. P. Schmidt*, RabelsZ 77 (2013), Anfang (Fundstelle))

*Schmidt, Oliver:* Die Errichtung von Unternehmensträgerstiftungen durch Verfügung von Todes wegen und Testamentsvollstreckung, in: Zeitschrift für Erbrecht und Vermögen 2000, S. 438–440 (zit.: *O. Schmidt*, ZEV 2000, Anfang (Fundstelle))

*Schoppmeyer, Heinrich:* Münchener Kommentar zur Insolvenzordnung, Band 1, §§ 1–79 InsO, InsVV, 4. Auflage, München 2019 (zit.: *Autor* in MüKoInsO, § Rn.)

*Schubert, Claudia:* Münchener Kommentar zum Bürgerlichen Gesetzbuch, Band 1, §§ 1–240, 9. Auflage, München 2021 (zit.: *Autor* in MüKoBGB, § Rn.)

*Schubert, Werner:* Anmerkung zu BGH v. 05.12.2007 – IV ZR 275/06, in: Juristische Rundschau 2009, S. 62 (zit.: *W. Schubert*, JR 2009, Anfang = Fundstelle)

*Schulze, Reiner:* Handkommentar zum BGB, 11. Auflage, Baden-Baden 2022 (zit.: *Autor* in Schulze, § Rn.)

*Schweda, Patrick:* Kein Zugriff auf gesperrte Bankkonten mittels Amtsbestätigung, Judikatur – Meinungsstand – alternativer Lösungsansatz, in: Interdisziplinäre Zeitschrift für Familienrecht 2019, S. 120–127 (zit.: *Schweda*, iFamZ 2019, Anfang (Fundstelle))

*Schwimann, Michael/Kodek, Georg:* ABGB Praxiskommentar, Band 4, §§ 531–858 ABGB, 5. Auflage, Wien 2019 (zit.: *Autor* in S/K, § Rn.)

*Semmler, Nadja:* Die Rechtsmacht des Testamentsvollstreckers, 1. Auflage, Hamburg 2006, zugl. Diss. Trier 2006 (zit.: *Semmler*, S.)

*Sipp-Mercier, Béatrice:* Die Abwicklung deutsch-französischer Erbfälle in der Bundesrepublik Deutschland und in Frankreich, 1. Auflage, Bielefeld 1985, zugl. Diss. Regensburg 1982 (zit.: *Sipp-Mercier*, S.)

*Soergel, Theodor:* Kommentar zum Bürgerlichen Gesetzbuch mit Einführungsgesetz und Nebenwirkungen, Band 22 Erbrecht, 13. Auflage, Stuttgart 2003 (zit.: *Autor* in Soergel, § Rn.)

*Sprung, Rainer/Fink, Herbert:* Letztwillig angeordnete Nachlaßverwaltung im österreichischen Recht, in: Juristische Blätter 1996, S. 205–218 (zit.: *Sprung/Fink*, JBl 1996, Anfang (Fundstelle))

*Spruzina, Claus:* Zum Umfang des Vertretungsrechts des erbantrittserklärten Erben, in: Zeitschrift für Erb- und Familienrecht 2019, S. 20–21 (zit.: *Spruzina*, EF-Z 2019, Anfang (Fundstelle))

*von Staudinger, Julius:* Kommentar zum Bürgerlichen Gesetzbuch, 2. Buch, Recht der Schuldverhältnisse, Berlin/Boston 2017 (zit.: *Autor* in Staudinger, § Rn.)

*Ders.:* Kommentar zum Bürgerlichen Gesetzbuch, 5. Buch, Erbrecht: §§ 2197–2228 (Testamentsvollstrecker), Neubearbeitung, Berlin/Boston 2022 (zit.: *Autor* in Staudinger, § Rn.)

*Ders.:* Kommentar zum Bürgerlichen Gesetzbuch, 5. Buch, Erbrecht: §§ 2353–2370 (Erbschein), Neubearbeitung, Berlin/Boston 2023 (zit.: *Autor* in Staudinger, § Rn.)

*Steiner, Anton:* Vereinbarungen zwischen dem Testamentsvollstrecker und den Erben, in: Zeitschrift für Erbrecht und Vermögensnachfolge 2020, S. 330–334 (zit.: *Steiner*, ZEV 2020, Anfang (Fundstelle))

*Sternal, Werner:* Kommentar zum FamFG, 21. Auflage, München 2023 (zit.: *Autor* in Sternal, § Rn.)

*Strobel, Benedikt:* Rechtsschutz gegen den pflichtwidrig handelnden Testamentsvollstrecker, in: Neue Juristische Wochenschrift 2020, S. 3745–3750 (zit.: *Strobel*, NJW 2020, Anfang (Fundstelle))

*Ders.:* Die Vollmacht des Testamentsvollstreckers, in: Zeitschrift für Erbrecht und Vermögensnachfolge 2020, S. 589–596 (zit.: *Strobel*, ZEV 2020, Anfang (Fundstelle))

*Thiele, Clemens:* Der digitale Nachlass – Erbrechtliches zum Internet und seinen Diensten, in: Zeitschrift für IT-Recht, Rechtsinformation und Datenschutz 2010, S. 167–171 (zit.: *Thiele*, jusIT 2010/79, Anfang (Fundstelle))

*Süß, Rembert:* Erbrecht in Europa, 4. Auflage, Bonn 2020 (zit.: *Autor* in Süß, Länderbericht Rn.)

*Ders.:* Das Vindikationslegat im Internationalen Privatrecht, in: Rabels Zeitschrift für ausländisches und internationales Privatrecht 65. Jahrgang (2001), S. 245–263 (zit.: *Süß*, RabelsZ (65) 2001, Anfang (Fundstelle))

*Terré, François/Lequette, Yves/Gaudemet, Sophie:* Les successions, Les libéralités, 4. Auflage, Paris 2014 (zit.: *Terré/Lequette/Gaudemet*, Rn.)

*Tiedtke, Klaus:* Der Testamentsvollstrecker als gesetzlicher oder gewillkürter Prozeßstandschafter, in: JuristenZeitung 1981, S. 429–432 (zit.: *Tiedtke*, JZ 1981, Anfang = Fundstelle)

*Tisserand-Martin, Alice:* La réserve héréditaire, une institution mise à mal par la réduction en valeur des dispositions universelles, in: Mélanges en l'honneur de la Professeure Annick Bateur – Regards humanistes sur le droit (hrsg. v. Alleaume, C./Arsène, D./ Bacache, M./Basire, Y./Bazin-Beust, D./Beauruel, M.), Paris 2021, S. 589–599 (zit.: *Tisserand-Martin*, Mélanges Batteur, Anfang (Fundstelle))

*Ulrici, Bernhard:* Verbotsgesetz und zwingendes Gesetz, in: Juristische Schulung 2005, S. 1073–1076 (zit.: *Ulrici*, JuS 2005, Anfang (Fundstelle))

*van Venrooy, Gerd J.:* Unwirksamkeit der unzeitigen Kündigung in den gesetzlich geregelten Fällen, in: JuristenZeitung 1981, S. 53–58 (zit.: *van Venrooy*, JZ 1981, Anfang (Fundstelle))

*Verweijen, Stephan:* Zur eingeschränkten Vertretungsbefugnis der erbantrittserklärten Erben gem. § 810 ABGB, in: Fachzeitschrift für Wirtschaftsrecht 2019, S. 313–314 (zit.: *Verweijen*, ecolex 2019, Anfang (Fundstelle))

*Ders.:* Keine Barabhebungen oder Bankomatkarten mit einer Amtsbetätigung gem. § 172 AußStrG, in: Zeitschrift für Familien- und Erbrecht 2018, S. 272–274 (zit.: *Verweijen*, EF-Z 2018, Anfang (Fundstelle))

*Vialleton, Henri:* La place de la saisine dans le système dévolutif français actuel, in: Mélanges en l'honneur de Paul Roubier, Tome II : Droit privé, propriété industrielle, littéraire et artistique (hrsg. v. Faculté de droit et des sciences économiques de Lyon), Paris 1961, S. 283–301 (zit.: *Vialleton*, Mélanges Roubier, Anfang (Fundstelle))

*Vogel, Hermann:* Kann das Nachlaßgericht die Testamentsvollstreckung auf dem Wege über § 2227 BGB aufheben?, in: Juristische Wochenschrift 1934, S. 1400 (zit.: *Vogel*, JW 1934, Anfang = Fundstelle)

*Voirin, Pierre:* Anm. zu Cass. civ. vom 24. Juni 1952, in: La Semaine Juridique, Édition générale 1952, Band II, Nr. 7179 (zit.: *Voirin*, Semaine Juridique 1952, Bd. II, Nr. 7179)

*Voirin, Pierre/Goubeaux, Gilles:* Droit Civil, Tome 2, Régimes Matrimoniaux, Successions – Libéralités, 29. Auflage, Issy-lex-Moulineaux 2016 (zit.: *Voirin/Goubeaux*, Rn.)

*Weidlich, Dietmar:* Neuere Entwicklungen beim Behindertentestament, in: Zeitschrift für Erbrecht und Vermögensnachfolge 2020, S. 136–142 (zit.: *Weidlich*, ZEV 2020, Anfang (Fundstelle))

*Welser, Rudolf:* Der Erbrechts-Kommentar, §§ 531–824 ABGB, 1. Auflage, Wien 2019 (zit.: *Welser*, Erbrecht § Rn.)

*Ders.:* Anmerkungen zum ErbRÄG 2015, in: Österreichische Notariats-Zeitung 2018, S. 1–11 (zit.: *Welser*, OeNotZ 2018, Anfang (Fundstelle))

*Wellenhofer, Marina:* Höchstdauer einer Testamentsvollstreckung, zugleich Besprechung *BGH* v. 05.12.2007 – IV ZR 275/06, in: Juristische Schulung 2008, S. 281–283 (zit.: *Wellenhofer*, JuS 2008, Anfang (Fundstelle))

*Wendt, Roland:* Der Regent und sein Vollstrecker: Regieren aus dem Grab – unbegrenzt?, Beschränkungen des Testamentsvollstreckers, Teil 1: Bindung und Dauer, in: Zeitschrift für die gesamte erbrechtliche Praxis 2018, S. 178–185 (zit: *Wendt*, ErbR 2017, Anfang (Fundstelle))

*Werner, Rüdiger:* Wie man einen Testamentsvollstrecker loswird, in: Zeitschrift für Erbrecht und Vermögensnachfolge 2010, S. 126–130 (zit.: *Werner*, ZEV 2010, Anfang (Fundstelle))

*Windel, Peter A.:* Über die Modi der Nachfolge in das Vermögen einer natürlichen Person beim Todesfall, 1. Auflage, Heidelberg 1998, zugl. Habil. Heidelberg 1996 (zit.: *Windel*, S.)

*Winkler, Karl:* Der Testamentsvollstrecker, 23. Auflage, Regensburg 2020 (zit.: *Winkler*, Rn.)

*Wirner, Helmut:* „Le mort saisit le vif“ oder „hereditas iacens“ – Eine Grundsatzfrage bei der Abwicklung österreichisch-deutscher Erbfälle –, in: Festschrift für Helmut Schippel zum 65. Geburtstag (hrsg. v. der Bundesnotarkammer), München 1996, S. 981–991 (zit.: *Wirner*, FS Schippel, Anfang (Fundstelle))

*Würdinger, Markus:* Doppelwirkungen im Zivilrecht – Eine 100-jährige juristische Entdeckung, in: Juristische Schulung 2011, S. 769–773 (zit.: *Würdinger*, JuS 2011, Anfang = Fundstelle)

*Ders.:* Die Analogiefähigkeit von Normen – Eine methodische Untersuchung über Ausnahmevorschriften und deklaratorische Normen –, in: Archiv für die civilistische Praxis 206. Jahrgang (2006), S. 946–979 (zit.: *Würdinger*, AcP 206 (2006), Anfang (Fundstelle))

*Zankl, Wolfgang:* Vertretungs- und schadensersatzrechtliche Aspekte der Testamentsvollstreckung, in: Juristische Blätter 1998, S. 293–299 (zit.: *Zankl*, JBl 1998, Anfang (Fundstelle))

*Ders.:* Testamentsvollstreckung und Nachlassverwaltung, in: Österreichische Notariats-Zeitung 1998, S. 71–73 (zit.: *Zankl*, OeNotZ 1998, Anfang (Fundstelle))

*von Zeiller, Franz:* Commentar über das allgemeine bürgerliche Gesetzbuch für die gesammten Deutschen Erbländer der Oesterreichischen Monarchie, Band 2.1, Wien 1812 (zit.: *v. Zeiller*, S.)

*Zeuner, Albrecht:* Zur Stellung des wirklichen und des vermeintlichen Testamentsvollstreckers gegenüber Nachlaß und Erben, in: Festschrift für Otto Mühl (hrsg. v. Damrau, J./Kraft, A./Fürst, W.), Stuttgart/Berlin/Köln/Mainz 1981, S. 721–735 (zit.: *Zeuner*, FS Mühl, Anfang (Fundstelle))

*Zimmer, Maximilian:* Die Fortdauer der Testamentsvollstreckung über den Zeitraum von 30 Jahren hinaus, in: Neue Juristische Wochenschrift 2008, S. 1125–1128 (zit.: *Zimmer*, NJW 2008, Anfang = Fundstelle)

*Zimmermann, Rainer:* Der superbefreite und superermächtigte Testamentsvollstrecker – Teil 1, in: Zeitschrift für Erbrecht und Vermögensnachfolge 2021, S. 141–147 (zit.: *Rainer Zimmermann*, ZEV 2021, Anfang (Fundstelle))

*Ders.:* Der superbefreite und superermächtigte Testamentsvollstrecker – Teil 2, in: Zeitschrift für Erbrecht und Vermögensnachfolge 2021, S. 222–227 (zit.: *Rainer Zimmermann*, ZEV 2021, Anfang (Fundstelle))

*Zimmermann, Reinhard: Heres fiduciarius?* Rise and Fall of the Testamentary Executor, in: Itinera Fiduciae, Trust and Treuhand in Historical perspective (hrsg. v. Helmholz, Richard H./Zimmermann, Reinhard), 1. Auflage, Berlin 1998 (zit.: *Reinhard Zimmermann*, in Itinera Fiduciae, Anfang (Fundstelle))

*Zimmermann, Walter:* Die Kontrolle des Testamentsvollstreckers durch die Erben, in: Zeitschrift für Erbrecht und Vermögensnachfolge 2024, S. 68–75 (zit.: *W. Zimmermann*, ZEV 2024, Anfang (Fundstelle))

*Ders.:* Die Testamentsvollstreckung, 5. Auflage, Berlin 2019 (zit.: *W. Zimmermann*, Testamentsvollstreckung, Rn.)

*Ders.:* Das neue Nachlassverfahren nach dem FamFG, in: Zeitschrift für Erbrecht und Vermögensnachfolge 2009, S. 53–58 (zit.: *W. Zimmermann*, ZEV 2009, Anfang (Fundstelle))

*Ders.:* Anmerkung zu BGH v. 05.12.2007 – IV ZR 275/06, in: Zeitschrift für das gesamte Familienrecht 2008, S. 504–505 (zit.: *W. Zimmermann*, FamRZ 2008, Anfang (Fundstelle))

*Ders.:* Anmerkung zu OLG München v. 08.09.2005 – 32 Wx 58/05, in: Zeitschrift für Erbrecht und Vermögensnachfolge 2006, S. 174–175 (zit.: *W. Zimmermann*, ZEV 2006, Anfang = Fundstelle)

*Ders.:* Die angemessene Testamentsvollstreckervergütung, in: Zeitschrift für Erbrecht und Vermögensnachfolge 2001, S. 334–340 (zit.: *W. Zimmermann*, ZEV 2001, Anfang (Fundstelle))

*Zippelius, Reinhold/Würtenberger, Thomas:* Juristische Methodenlehre, 12. Auflage, München 2021 (zit.: *Zippelius/Würtenberger*, S.)

*Zweigert, Konrad:* Rechtsvergleichung, System und Dogmatik, in: Festschrift für Eduard Bötticher zum 70. Geburtstag am 29. Dezember 1969 (hrsg. v. Bettermann, K. A./ Zeuner, A.), S. 443–449, 1. Auflage, Berlin 1969 (zit.: *Zweigert*, FS Bötticher, Anfang (Fundstelle))

*Zweigert, Konrad/Kötz, Hein:* Einführung in die Rechtsvergleichung, 3. Auflage, Tübingen 1996 (zit.: *Zweigert/Kötz*, S.)

# Rechtsprechungsverzeichnis

***Deutschland***

BVerfG v. 26.04.2022 – 1 BvR 1619/17, NJW 2022, 1583
BVerfG v. 25.03.2009 – 1 BvR 909/08, NJW-RR 2010, 156
BVerfG v. 19.01.1999 – 1 BvR 2161/94, BVerfGE 99, 341
BVerfG v. 14.12.1994 – 1 BvR 720/90, BVerfGE 91, 346
BVerfG v. 03.11.1981 – 1 BvL 11/77, 1 BvL 85/78, 1 BvR 47/81, BVerfGE 58, 377

BFH v. 22.07.1988 – III R 44/84, BB 1988, 2024

BGH v. 23.09.2022 – V ZR 148/21, NJW 2023, 781
BGH v. 14.09.2022 – IV ZB 34/21, FamRZ 2022, 1807
BGH v. 18.09.2020 – V ZR 8/19, NJW 2020, 3711
BGH v. 24.07.2019 – XII ZB 560/18, ZEV 2020, 41
BGH v. 10.05.2017 – XII ZB 614/16, ZEV 2017, 407
BGH v. 01.02.2017 – XII ZB 299/15, ZEV 2017, 267
BGH v. 24.02.2016 – IV ZR 342/15, NJW-RR 2016, 457
BGH v. 20.11.2013 – IV ZR 54/13, NJW 2014, 782
BGH v. 05.07.2013 – V ZR 81/12, NJW 2013, 3446
BGH v. 27.07.2013 – XII ZB 679/11, FGPrax 2013, 167
BGH v. 01.03.2013 – V ZR 92/12, NJW 2013, 1946
BGH v. 15.11.2012 – 8 AZR 705/11, NJOZ 2013, 709
BGH v. 19.01.2011 – IV ZR 7/10, BGHZ 188, 96
BGH v. 25.11.2009 – VIII ZR 318/18, NJW 2010, 610
BGH v. 14.07.2008 – II ZR 202/07, NJW 2008, 3361

BGH v. 05.12.2007 – IV ZR 275/06, BGHZ 174, 346
BGH v. 29.06.2006 – IX ZR 48/04, NZI 2006, 592
BGH v. 10.02.2004 – X ZR 117/02, BGHZ 158, 63
BGH v. 19.01.2000 – IV ZR 157/98, ZEV 2000, 195
BGH v. 04.11.1998 – IV ZR 266/97, NJW-RR 1999, 574
BGH v. 12.01.1998 – II ZR 23/97, NJW 1998, 1313
BGH v. 21.04.1997 – II ZR 175/95, BGHZ 135, 244
BGH v. 22.01.1997 – IV ZR 283/95, NJW 1997, 1362
BGH v. 13.05.1996 – II ZR 222/95, NJW 1996, 2226
BGH v. 08.02.1995 – XII ZR 24/94, FamRZ 1995, 797
BGH v. 24.10.1990 – IV ZR 296/89, NJW 1991, 842
BGH v. 08.03.1989 – IVa ZR 353/87, NJW-RR 1989, 642
BGH v. 03.02.1989 – V ZR 190/87, BGHZ 106, 354
BGH v. 16.03.1988 – IVa ZR 163/97, NJW 1988, 1390
BGH v. 03.12.1986 – IVa ZR 90/85, NJW 1987, 1070
BGH v. 09.05.1984 – IVa ZR 234/82, NJW 1984, 2464
BGH v. 07.03.1984 – IVa ZR 152/82, NJW 1984, 2939
BGH v. 07.07.1982 – IVa ZR 36/81, NJW 1983, 40
BGH v. 19.09.1980 – V ZR 78/79, NJW 1981, 111
BGH v. 03.07.1980 – IVa ZR 38/80, NJW 1980, 2461
BGH v. 06.07.1977 – IV ZR 17/76, BGHZ 69, 235
BGH v. 24.11.1971 – IV ZR 228/69, WM 1972, 101
BGH v. 24.09.1971 – V ZB 6/71, NJW 1971, 2264
BGH v. 01.06.1967 – II ZR 150/66, BGHZ 48, 214
BGH v. 07.11.1966 – III ZR 48/66, WM 1967, 25
BGH v. 22.01.1964 – V ZR 37/62, BGHZ 41, 23
BGH v. 25.09.1963 – V ZR 130/61, BGHZ 40, 115
BGH v. 05.07.1963 – V ZB 7/63, BGHZ 40, 54
BGH v. 15.05.1963 – V ZR 141/61, NJW 1963, 1613
BGH v. 28.11.1962 – V ZR 9/61, BGHZ 38, 281
BGH v. 21.03.1962 – V ZR 157/61, NJW 1962, 1058
BGH v. 14.02.1962 – V ZR 92/60, NJW 1962, 912
BGH v. 13.07.1961 – V ZB 9/61, BGHZ 35, 296
BGH v. 29.05.1961 – VII ZR 46/60, BGHZ 35, 180
BGH v. 28.04.1961 – V ZB 17/60, BGHZ 35, 135
BGH v. 27.02.1961 – II ZR 196/59, WM 1961, 479

BGH v. 10.06.1959 – V ZR 25/58, NJW 1959, 1820
BGH v. 30.04.1959 – III ZR 24/58, NJW 1959, 1429
BGH v. 29.04.1959 – V ZR 11/58, BGHZ 30, 67
BGH v. 09.10.1957 – IV ZR 217/57, BGHZ 25, 275
BGH v. 15.02.1952 – V ZR 54/51, BGHZ 5, 173

RG v. 06.03.1938 – IV 257/37, JW 1938, 1454
RG v. 20.01.1938 – 1 Wx 17/38, JW 1938, 959
RG v. 28.10.1937 – IV 127/37, RGZ 156, 70
RG v. 11.10.1935 – VII 48/35, RGZ 149, 19
RG v. 23.06.1931 – VII 237/130, RGZ 133, 128
RG v. 07.11.1930 – VI 763/29, RGZ 130, 131
RG v. 30.09.1929 – IV 800/28, RGZ 125, 380
RG v. 09.07.1925 – IV 514/24, RGZ 111, 247
RG v. 06.07.1922 – IV 715/21, RGZ 105, 246
RG v. 04.10.1920 – IV 222/20, RGZ 100, 95
RG v. 04.01.1916 – VII 220/15, RGZ 87, 432
RG v. 10.12.1913 – V 303/13, RGZ 83, 348
RG v. 04.01.1913 – IV 496/12, RGZ 81, 166
RG v. 15.02.1911 – V 110/10, RGZ 75, 299
RG v. 17.10.1910 – V 601/09, RGZ 74, 215
RG v. 03.02.1910 – IV 166/09, RGZ 72, 26

BerlVerfGH v. 23.12.1992 – VerfGH 38/92, NJW 1993, 513

BayObLG v. 19.11.2004 – 1 Z BR 85/04, NJOZ 2005, 1067
BayObLG v. 15.09.2004 – 1 Z BR 61/04, ZEV 2005, 207
BayObLG v. 01.10.2002 – 1 Z BR 83/02, NJW-RR 2003, 224
BayObLG v. 11.07.2001 – 1 Z BR 131/00, ZEV 2002, 155
BayObLG v. 06.08.2001 – 1 Z BR 8/01, NJWE-FER 2001, 262
BayObLG v. 08.06.2001 – 1 Z BR 74/00, ZEV 2002, 24
BayObLG v. 26.01.2000 – 1 Z BR 214/98, NJWE-FER 2000, 212
BayObLG v. 18.12.1997 – 1 Z BR 97/97, ZEV 1998, 348
BayObLG v. 18.07.1997 – 1 Z BR 83/97, ZEV 1997, 381
BayObLG v. 05.10.1993 – 1 Z BR 39/93, RPfleger 1994, 213
BayObLG v. 24.01.1991 – BReg. 1a Z 62/89, FamRZ 1991, 615

BayObLG v. 24.08.1990 – BReg. 1a Z 29/90, FamRZ 1991, 235
BayObLG v. 20.06.1990 – BReg. 1a Z 19/89, NJW-RR 1990, 1420
BayObLG v. 18.01.1989 – BReg. 2 Z 4/89, NJW-RR 1989, 587
BayObLG v. 24.02.1988 – BReg. 1 Z 48/86, BayObLGZ 1988, 42
BayObLG v. 05.11.1987 – BReg. 1 Z 43/87, NJW-RR 1988, 645
BayObLG v. 05.11.1987 – BReg. 1 Z 42/87, NJW-RR 1988, 387
BayObLG v. 29.03.1976 – BReg. 1 Z 9/76, NJW 1976, 1692
BayObLG v. 12.12.1972 – BReg. 1 Z 70/71, BayObLGZ 1972, 379
BayObLG v. 09.04.1964 – BReg. 1 Z 186/63, BayObLGZ 1964, 153
BayObLG v. 14.04.1961 – BReg. 1 Z 132/1959, BayObLGZ 1961, 155
BayObLG v. 10.04.1959 – BReg. 1 Z 178/58, NJW 1959, 1920
BayObLG v. 28.10.1958 – BReg. 1 Z 24/58, BayObLGZ 1958, 299
BayObLG v. 27.11.1953 – BReg. 2 Z 224/53, BayObLGZ 1953, 357
BayObLG v. 10.02.1912 – BReg. III Z 7/1912, BayObLGZ 1913, 49

KG v. 13.11.2018 – 1 W 323/18, ZEV 2019, 27
KG v. 29.01.1971 – 1 W 11794/70, OLGZ 1971, 220
KG v. 09.04.1951 – 1 W 572/51, JR 1951, 732
KG v. 21.10.1943 – I Wx 439/43, DNotZ 1944, 9
KG v. 05.09.1936 – 1 Wx 296/36, JW 1937, 475
KG v. 19.11.1931 – 1 b X 726/31, JW 1932, 1390

OLG Bremen v. 24.01.2013 – 3 W 26/12, ZEV 2013, 335

OLG Celle v. 26.05.1978 – 10 Wx 10/78, OLGZ 1978, 442

OLG Düsseldorf v. 20.04.2023 – I-3 Wx 157/22, ZEV 2023, 675
OLG Düsseldorf v. 24.01.2023 – I-3 Wx 105/22, ZEV 2023, 404
OLG Düsseldorf v. 12.08.2022 – I-3 Wx 71/22, ZEV 2023, 82
OLG Düsseldorf v. 22.06.2017 – 3 Wx 42/16, FamRZ 2018, 217
OLG Düsseldorf v. 10.02.2017 – I-3 Wx 20/16, FamRZ 2017, 1272
OLG Düsseldorf v. 18.12.2012 – 3 Wx 260/11, BeckRS 2013, 00410
OLG Düsseldorf v. 01.02.1999 – 3 Wx 411/98, ZEV 1999, 226
OLG Düsseldorf v. 17.06.1994 – 3 Wx 218/94, ZEV 1994, 302
OLG Düsseldorf v. 09.08.1952 – 7 U 96/52, NJW 1952, 1259

OLG Frankfurt v. 14.12.2023 – 21 W 120/23, ZEV 2024, 230
OLG Frankfurt v. 22.09.2016 – 20 W 158/16, FamRZ 2017, 488
OLG Frankfurt v. 15.10.2010 – 4 U 134/10, ZEV 2011, 605
OLG Frankfurt v. 16.02.2000 – 9 U 76/99, MDR 2000, 788
OLG Frankfurt v. 06.02.1998 – 20 W 51/95, NJW-RR 1998, 795

OLG Hamburg v. 18.04.2019 – 2 W 4/19, ZEV 2020, 290
OLG Hamburg v. 04.07.2018 – 2 W 32/18, FamRZ 2019, 1016

OLG Hamm v. 31.01.2023 – 15 W 269/22, ZEV 2023, 378
OLG Hamm v. 22.12.2011 – 15 W 712/10, ZErb 2012, 195
OLG Hamm v. 11.08.2009 – 15 Wx 115/09, FGPrax 2009, 267
OLG Hamm v. 11.12.2007 – 15 W 242/07, NJW-RR 2008, 1687
OLG Hamm v. 07.11.2001 – 27 U 64/01, NJW-RR 2002, 729
OLG Hamm v. 19.02.2001 – 5 U 185/00, ZEV 2001, 275
OLG Hamm v. 06.11.2000 – 15 W 314/00, ZEV 2001, 278
OLG Hamm v. 06.11.2000 – 15 W 188/00, ZEV 2001, 271
OLG Hamm v. 21.10.1993 – 15 W 195/93, FamRZ 1994, 1419
OLG Hamm v. 30.08.1985 – 15 W 115/85, OLGZ 1986, 1
OLG Hamm v. 19.12.1972 – 15 W 286/72, OLGZ 1973, 258

OLG Karlsruhe v. 13.01.2016 – 11 Wx 108/15, NJOZ 2017, 652
OLG Karlsruhe v. 20.05.2014 – 19 U 220/12, BeckRS 2015, 7559
OLG Karlsruhe v. 24.08.2013 – 11 Wx 88/12, ZEV 2013, 205

OLG Koblenz v. 21.02.2017 – 5 W 73/17, BeckRS 2017, 127120
OLG Koblenz v. 13.08.2013 – 1 W 294/13, FamRZ 2014, 1665

OLG Köln v. 30.10.2019 – 16 U 59/19, FamRZ 2020, 463
OLG Köln v. 23.01.2018 – 22 U 77/16, ZEV 2018, 425
OLG Köln v. 03.04.2017 – 2 Wx 72/17, FGPrax 2017, 133
OLG Köln v. 01.10.1999 – 19 U 167/98, ZEV 2000, 231
OLG Köln v. 05.07.1994 – 22 U 15/95, NJW-RR 1995, 202
OLG Köln v. 08.10.1986 – 2 Wx 57/86, OLGZ 1987, 280
OLG Köln v. 28.02.1969 – 2 Wx 188/68, OLGZ 1969, 281

OLG Königsberg v. 20.04.1920 – 2 U 149/19, Seuff'A 75. Jahrgang (1920), Nr. 227

OLG München v. 27.11.2023 – 34 Wx 203/23 e, ZEV 2024, 95
OLG München v. 25.05.2023 – 33 Wx 36/23 e, ZEV 2024, 168
OLG München v. 21.06.2021 – 33 U 1651/21, ErbR 2022, 266
OLG München v. 16.07.2020 – 34 Wx 463/19, NJW-RR 2020, 1210
OLG München v. 09.07.2020 – 31 Wx 455/19, NJW-RR 2020, 1084
OLG München v. 15.11.2017 – 20 U 5006/16, ErbR 2018, 105
OLG München v. 16.05.2017 – 31 Wx 7/17, ZEV 2017, 710
OLG München v. 27.05.2011 – 34 Wx 93/11, ZEV 2011, 590
OLG München v. 30.12.2008 – 31 Wx 99/08, ZEV 2009, 293
OLG München v. 07.09.2008 – 31 Wx 3/08, NJW-RR 2008, 1690
OLG München v. 08.09.2005 – 32 Wx 58/05, ZEV 2006, 173
OLG München v. 04.07.1990 – 15 U 5818/89, NJW-RR 1991, 477

OLG Naumburg v. 23.02.2021 – 2 Wx 31/20, ZEV 2021, 385
OLG Naumburg v. 19.12.2005 – 10 Wx 10/05, ZErb 2006, 199

OLG Nürnberg v. 22.09.2016 – 15 W 509/16, ZEV 2017, 98

OLG Saarbrücken v. 26.07.2023 – 5 U 98/22, ZEV 2024, 305
OLG Saarbrücken v. 17.01.2023 – 5 W 98/22, ZEV 2023, 669
OLG Saarbrücken v. 16.11.2022 – 5 U 11/22, ZEV 2023, 591
OLG Saarbrücken v. 06.08.2018 – 5 W 2/18, ZEV 2019, 29
OLG Saarbrücken v. 30.01.2018 – 5 W 95/17, ZEV 2018, 406

OLG Schleswig v. 01.12.2015 – 3 Wx 42/15, FamRZ 2016, 1705
OLG Schleswig v. 06.07.2015 – 3 Wx 41/15, FamRZ 2016, 667

OLG Stuttgart v. 01.08.2022 – 8 W 159/22, ZEV 2023, 482
OLG Zweibrücken v. 16.03.2006 – 3 W 42/06, ZEV 2007, 31
OLG Zweibrücken v. 31.10.2003 – 3 W 147/03, FGPrax 2004, 33
OLG Zweibrücken v. 29.09.1998 – 3 W 161/98, BeckRS 2009, 7397
OLG Zweibrücken v. 29.01.1997 – 3 W 219/96, FGPRax 1997, 109
OLG Zweibrücken v. 29.12.1981 – 3 W 102/81, BeckRS 1981, 3155

FG Bremen v. 05.09.2016 – 2 K 79/14, BeckRS 2016, 95805

LG Berlin v. 15.02.2006 – 28 O 487/04, ZEV 2006, 506

LG Düsseldorf v. 08.07.1987 – 25 T 234/87, NJW 1987, 3141

LG Hamburg v. 02.07.1999 – 303 O 100/99, NJW-RR 2000, 653

LG Köln v. 09.01.1989 – 11 T 410/88, MittRhNotK 1989, 172

LG Saarbrücken v. 10.12.2008 – 5 T 341/08, FamRZ 2009, 1252

LG Verden v. 22.12.1954 – 2 T 447/54, MDR 1955, 231

***Frankreich***

Cass. civ. v. 10.06.2015 – 14.10-377, Bull. civ. 2015 I, Nr. 141
Cass. civ. v. 15.05.2008 – 06-19.535, Bull. civ. 2008 I Nr. 140
Cass. civ. v. 10.05.2007 – 05-14.366, Bull. civ. 2007 I Nr. 182
Cass. civ. v. 11.02.2003 – 99-12.626, Bull. civ. 2003 I Nr. 46
Cass. civ. v. 30.06.1992 – 90-19.021, Bull. civ. 1992 I Nr. 215
Cass. civ. v. 04.12.1990 – 89-11.352, Bull. civ. 1990 I Nr. 274
Cass. civ. v. 09.03.1983 – 82-11.259, Bull. civ. 1983 I Nr. 95
Cass. civ. v. 09.04.1941 – ohne Aktenzeichen, La Semaine Juridique 1942 II Nr. 2033
Cass. civ. v. 10.02.1903 – ohne Aktenzeichen, Recueil Dalloz 1904, 113

Cour d'Appel de Riom v. 26.10.1964 – ohne Aktenzeichen, Recueil Dalloz 1965, 202

Tribunal Civ. Laval v. 21.07.1943, ohne Aktenzeichen, Gazette 1942 II, 152

***Österreich***

OGH v. 09.09.2015 – 2 Ob 45/15d, SZ 2015/96
OGH v. 28.10.2013 – 8 Ob 55/13s, EF-Z 2014, 87
OGH v. 14.03.2013 – 1 Ob 3/13t, OeNotZ 2013, 308

OGH v. 27.01.2011 – 2 Ob 148/10v, OeNotZ 2011, 250
OGH v. 22.07.2009 – 3 Ob 84/09p, RZ 2010, 145
OGH v. 14.02.2008 – 2 Ob 1/08y, OeNotZ 2008, 270.
OGH v. 16.10.2003 – 2 Ob 239/03s, OeNotZ 2004, 149
OGH v. 16.05.2002 – 6 Ob 196/01v, OeNotZ 2002, 334
OGH v. 22.05.1998 – 2 Ob 105/98z, OeNotZ 1999, 26
OGH v. 06.03.1997 – 10 Ob 507/95, OeNotZ 1998, 79
OGH v. 03.09.1996 – 10 Ob 2204/96g, JBl 1997, 643
OGH v. 14.02.1995 – 10 Ob 534/94, OeNotZ 1995, 278
OGH v. 14.05.1992 – 6 Ob 536/92 (6 Ob 537/92), JBl 1993, 310
OGH v. 27.07.1978 – 3 Ob 85/78, RIS-Justiz RS0012206
OGH v. 03.03.1970 – 8 Ob 48/70, OeNotZ 1971, 12
OGH v. 11.06.1968 – 8 Ob 141/68, SZ 41/70
OGH v. 22.11.1962 – 5 Ob 256/62, RIS-Justiz RS0008131
OGH v. 02.02.1955 – 7 Ob 44/55, SZ 28/31
OGH v. 19.07.1934 – 4 Ob 83/34, SZ 16/189

www.ingramcontent.com/pod-product-compliance
Ingram Content Group UK Ltd.
Pitfield, Milton Keynes, MK11 3LW, UK
UKHW021932290926
8980IPUK00016B/1593

9 783631 940211